U0106837

敦煌石窟全集

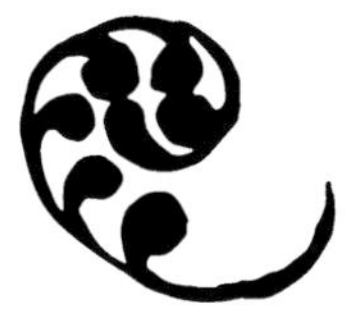

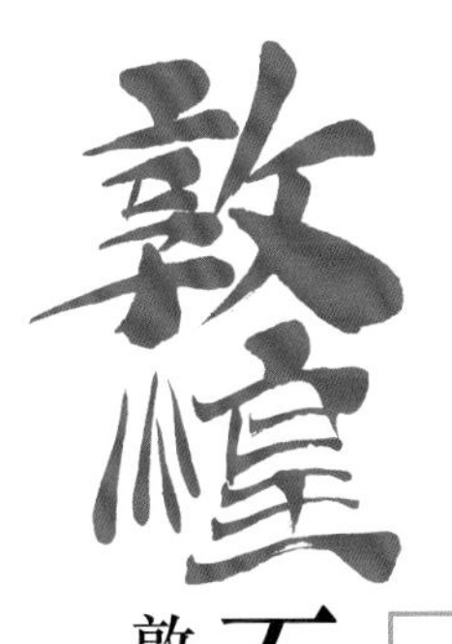

敦煌石窟全集 18

敦煌研究院主編

山水畫卷

本卷主編　趙聲良

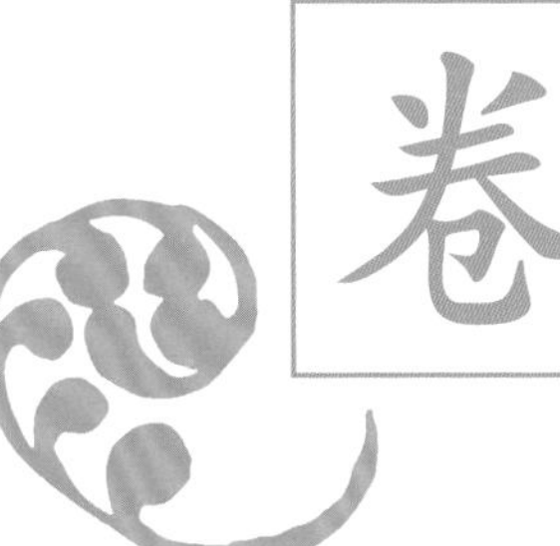

商務印書館

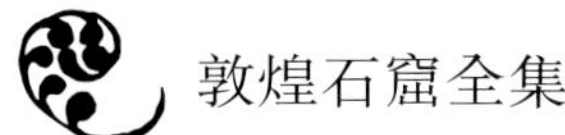

敦煌石窟全集

主編單位 ……………… 敦煌研究院

主　　編 ……………… 段文杰

副 主 編 ……………… 樊錦詩（常務）

編著委員會（按姓氏筆畫排序）
主　　任 ……………… 段文杰　樊錦詩（常務）
委　　員 ……………… 吳　健　施萍婷　馬　德　梁尉英　趙聲良

出版顧問 ……………… 金沖及　宋木文　張文彬　劉　杲　謝辰生
羅哲文　王去非　金維諾　周紹良　馬世長

出版委員會
主　　任 ……………… 彭卿雲　沈　竹　劉　煒（常務）
委　　員 ……………… 樊錦詩　龍文善　黃文昆　田　村
總 攝 影 ……………… 吳　健
藝術監督 ……………… 田　村

山水畫卷

主　　編 ……………… 趙聲良

攝　　影 ……………… 張偉文

封面題字 ……………… 徐祖蕃

出 版 人 ……………… 陳萬雄
策　　劃 ……………… 張倩儀
責任編輯 ……………… 田　村
設　　計 ……………… 呂敬人
出　　版 ……………… 商務印書館（香港）有限公司
香港筲箕灣耀興道 3 號東滙廣場 8 樓
http://www.commercialpress.com.hk
製　　版 ……………… 中華商務彩色印刷有限公司
香港新界大埔汀麗路 36 號中華商務印刷大廈
印　　刷 ……………… 中華商務彩色印刷有限公司
香港新界大埔汀麗路 36 號中華商務印刷大廈
版　　次 ……………… 2022 年 4 月第 1 版第 2 次印刷

ISBN 978 962 07 5291 9

All inquiries should be directed to:
The Commercial Press (Hong Kong) Ltd.
8/F., Eastern Central Plaza, No.3 Yiu Hing Road, Shau Kei Wan, Hong Kong

前　言

理想世界裏的奇山秀水

在敦煌石窟壁畫中保存的山水畫面，絢麗多姿，數量可觀，從中不僅可以觀賞到古代山水畫實例，還可以探尋北朝至元代一千年間石窟壁畫中山水畫發展演變的過程。

自古以來，中華民族就對自然山水有着濃厚的興趣。據《周禮》記載，三千年前的周王室曾把山嶽圖形繪在禮器和國王的冕服上，以示對自然神的崇敬。這大約是文獻記載中最早的山嶽圖像。秦代，由於軍事和政治的需要，首次將山嶽、河流繪成地圖。東漢時盛行用星宿、山川的圖形裝點祠堂和墓室。當然這些裝飾性圖案還算不上山水畫，但它足以表明中國人熱愛自然山水由來已久。

山水畫的興起與文化人的山水觀密切相關。春秋時期儒家學者孔子曾說："仁者樂山，智者樂水"，他從山水中看到了高尚的人格。孔子的山水觀對後世產生了深遠的影響。莊子的美學則強調對自然界的觀賞，他說："山林歟，皋壤歟，與我欣欣然樂焉！"抒發山林原野給予人的暢快之情。

魏晉時期，社會動蕩，很多文人厭倦政治，歸隱山林，寄情於山水之間。於是，欣賞、品味大自然蔚然成風，在文學上產生了山水詩，在繪畫上萌發了山水畫。當時的著名畫家宗炳，提出了"山水以形媚道而仁者樂"，是對孔子"仁者樂山"思想的發展。東晉畫家顧愷之從會稽返，有人問他山川之美，他答道："千岩競秀，萬壑爭流，草木蒙籠其上，若雲興霞蔚。"這句對於山水的讚美之詞反映了當時的文人流連山水，寄情自然。魏晉時期的審美思想與繪畫實踐促進了中國山水畫的興起。

到了隋唐時期，山水已成為獨立的畫種，並達到了很高的藝術境界。出現了展子虔、李思訓、王維、張璪、朱審、王墨等以畫山水著稱的畫家。唐代的山水畫色彩豐富，稱為青綠山水，到唐末五代以後，水墨山水畫逐漸成了山水畫的主流。宋代畫論中出現了“着色山水”這個詞，説明當時大多數山水畫是不用色的，如果用了色，就得專門強調是着色的，而宋人仿唐的所謂“青綠山水”也與唐人的繪畫有一定的距離。宋代以後，士大夫畫家與普通畫工由於出身、地位的不同，繪畫的審美觀以至技法都有很大的不同，使中國的繪畫分成了兩條不同的道路，士大夫則基本不涉足壁畫。而在唐代，那些有名的畫家如吳道子、李思訓等，他們的主要作品是寺院中的壁畫。唐宋繪畫的差異性，使宋代以後人們對唐代繪畫的認識不全面，特別是在山水畫中，水墨畫興起以後，唐代流行的那種青綠山水就漸漸受到冷淡。

在傳世品基本佚失了的今天，人們對唐代山水畫的認識就顯得十分單薄。加之歷代戰亂和自然災害，中原古都如長安、洛陽及江南都會南京、杭州等地的宮殿名剎蕩然無存，其壁畫真跡也已化為泥土，我們很難了解唐宋名家壁畫的具體面貌。所幸的是，遠在大漠邊陲的敦煌卻為我們保存了認識古代山水畫的可靠資料，這些壁畫是解開中國宋代以前山水畫史之謎的一把鑰匙。

敦煌石窟是作為佛教信徒修持和禮拜場所而開鑿的，因此，壁畫不僅表達了對佛教理念的崇拜，也表達了對美好環境的嚮往。壁畫中的山水圖像是以佛教內容為中心，作為裝飾和人物活動的背景出現的，其畫面數量之多，描繪之精，時代延續之久在古代藝術中都是絕無僅有的。在印度和西域壁畫中，雖也畫出一些植物和簡單的象徵性風景，但絕沒有像敦煌壁畫這樣大量的山水畫。表明了中國傳統山水審美意識對佛教壁畫的強烈影響。

敦煌壁畫的山水畫大體經過了以下四個發展階段：

一、早期。從北朝至隋近二百年間，山水畫的基本形式代代相襲。石窟開鑿的初期，雖然以吸收外來藝術為主要傾向，但中原的藝術因素也執着地進入了佛教洞窟，對於山水的表現就是例證之一。在早期洞窟裏的佛教故事畫中佈滿了山林景物，畫面生動而富有想像力，這些山林及狩獵場面的樣式顯然源自漢代繪畫。北周至隋代，作為佛教故事背景的山水表現出真實而自然的山巒、林木等景物。這些壁畫印證了唐人記載的"人大於山"、"水不容泛"的早期山水畫特徵。

二、唐代前期。出現了以整面牆壁為構圖的大型經變畫，取代了早期橫卷式故事畫構圖，為山水創作提供了新的空間，氣勢宏偉的全景式山水畫得以展現。不僅在敘事性的經變畫中表現出繁富的山水場景，即使在以淨土圖為中心的經變畫中也表現出自然而和諧的山水風景。畫面敷彩由裝飾性的色彩相間轉為色調統一的青綠山水。造型表現出山峯、斷崖、溝壑、坡地、河流、泉水等多種複雜的地形地貌，並出現了眾多的植物品種。在第103、217等窟的法華經變、第172、320等窟的觀無量壽經變中，山水畫都可以視作獨立的作品。

三、唐代後期。中唐以後，山水畫沿着青綠山水畫的道路發展的同時，產生了具有水墨畫特徵的新因素，在第112等窟壁畫以及敦煌出土的絹畫中可以看出這種新的風格。此外，這一時期，屏風式壁畫的興起，也促進了獨立山水畫的發展，並為壁畫中立軸式構圖開闢了新路。

四、晚期。包括五代、北宋、西夏、元代。五代以後，敦煌曹氏政治勢力衰弱，與中原王朝的關係不似以前那麼密切。敦煌壁畫的製作趨向保守，但仍然出現了像第61窟那樣獨立的巨幅《五台山圖》，這是一鋪五代時期絕無僅有的以山水畫為主體的鴻篇巨製。西夏至元代，敦煌石窟的開鑿已進入了尾聲。西夏前期壁畫繼承了曹氏畫院的傳統，但更趨於簡淡，山水景物描繪極少。西夏晚期至元代，山水畫又出現高潮。在榆林窟第2、3窟出現了山水畫的新風，特別是第3窟規模宏大、技藝精湛的水墨山水畫，一改過去青綠山水的風格，顯示出兩宋山水畫對佛教壁畫的巨大影響。

一千多年間，每個時代都在敦煌石窟留下山水畫跡，這些作品在多大程度上反映了當時中國山水畫的風貌，則隨時代不同而有所不同。北朝後期的山水畫風大致與中原一致；隋唐時期，由於朝廷努力經營西域，不僅中原的藝術能迅速傳到敦煌，而且中原的著名畫家到敦煌作畫的可能性也很大。此時的山水畫不應視作邊陲地區之作，而是當時具普遍意義的流行風格。五代以後，中國的山水畫發生了深刻的變化，然而，由於中原王朝更迭頻繁，政權衰弱，無暇顧及西北，此時壁畫中的山水技法因循守舊，缺乏新意，與內地的山水畫差距很大。西夏晚期至元代，兩宋以來山水畫的傳統影響波及北方，在榆林窟出現了規模宏大的水墨山水畫。

關於敦煌壁畫中的山水畫，近年來一些著作有所提及，也有不少研究論文發表，但均未將它作為一個完整的體系來論述。本書把敦煌壁畫中的山水畫按時代發展的脈絡進行全面的介紹，以一個形象絢麗的剖面展示出中國山水畫發展史的一個重要方面。

目錄

自然天趣　心馳神往

早期：北朝至隋（公元421—618年）

敦煌石窟開鑿之初——魏晉南北朝，正是中國山水畫蓬勃興起的時代，據記載，著名的畫家顧愷之、戴逵、宗炳、王微等人都長於山水。然而他們的山水畫跡到唐代就已經很難看到了，只有顧愷之的《洛神賦圖》和《女使箴圖》還有摹本傳世。敦煌壁畫中的山水圖像，則是這一時期留下的真實可靠的山水畫資料，從中可以品味中國山水畫萌發期的狀況。

在敦煌早期壁畫中，山林樣式繼承了漢代的表現形式，山巒平列，尤其是狩獵場面與漢代的狩獵圖如出一轍。北魏以後，在故事畫中，常常在橫長畫面中畫出斜向排列的山巒，既可作為故事的背景，又可分隔故事場次，有時還採用小山頭堆積的形式，用以表現高山。北周和隋代，隨着長卷式故事畫的繁榮，對山水風景有了比較深入而細緻的刻畫，值得注意的是樹木的表現在西魏以後出現了很多新的技法，水的表現也多了起來。新技法繪製的山水生動而又富於想像力，體現當時從中原傳來的風格和形式。

第一節 裝飾背景的北朝山水

魏晉南北朝的山林繪畫基本沿襲漢代的技法和形式，唐代張彥遠曾在《歷代名畫記》中將其特徵概括為，“畫山水則羣峯之勢，若鈿飾犀櫛，或水不容泛，或人大於山，率皆附以樹石，映帶其地，列植之狀，若伸臂布指。”那時的繪畫是以表現人物為主，特別是敦煌作為佛教的壁畫，必須要表現佛、菩薩的神聖和崇高，形象也要畫得突出，所以“人大於山”從繪畫上來說是必然的，也有其合理性。從早期壁畫中可以看出，山水畫在萌芽期經歷了較長的探索過程。其間，東晉南朝的山水畫作，隨着中原藝術的潮流而影響到敦煌。

北涼時期敦煌的山水圖像很少，北魏的洞窟，通常在四壁下部畫出一排起伏的山巒，如同是一道邊飾，具有裝飾性。這樣的山巒形象一直沿續到隋代。北魏壁畫中的山巒以第254、251、248等窟出現較多，山巒的畫法幾乎都是近似三角形的形式，一面平滑，一面還有兩三道波形線，山頭與山頭相連或疊壓，並分別以紅、黑、白、綠、藍等色染出，色彩在這裏僅僅起裝飾作用。由於它的形狀像連續的駝峯，有學者把這樣的山巒稱作“駝峯式”山巒。這一類山巒的樣式和畫法，與漢代畫像石、畫像磚中的山巒非常接近。

北魏洞窟基本上都是中心塔柱窟，多在四壁下部畫金剛力士，金剛力士的

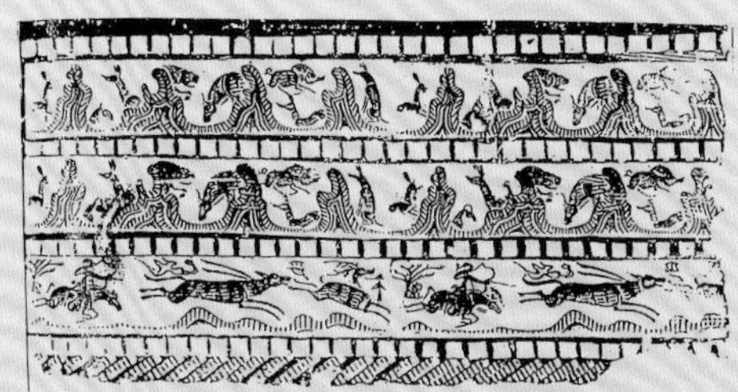

陝西咸陽出土的西漢畫像磚

腳下畫出一列起伏的山巒，象徵着須彌山。佛經上說：一個大千世界包括一千個中千世界，一個中千世界包括一千個小千世界，而每個世界上都存在着“九山八海”，其中心就是須彌山。須彌山上有兜率天宮，金剛力士就鎮守在須彌山四周。山巒通常用土紅、石綠等色以粗線條畫出輪廓，或全部平塗。此外，在說法圖中，還畫出象徵着佛所居的靈鷲山，如第254窟西壁的白衣佛等畫面中。在第254窟、第263窟的降魔變中，還可見到魔軍中有手托山巒的形象。

第257窟，是北魏時期的代表洞窟。西壁畫有著名的“九色鹿”故事畫。表現九色鹿從河裏把溺人救出等情節中，描繪出山巒和河流。在長卷式畫面的下部是長長的一列山巒。畫面的左側因煙薰而模糊，但仍能看出一條河自左上部向右下側流下，河水用線描出波紋，並以青綠色暈染。河中的九色鹿背負溺水人向岸邊走去，沿河兩岸各畫出一列斜向排列的山巒，表現出縱深的空間感。另外這些山巒還有一個作用就是在橫長

的畫面中分隔出一個個場面，用於表現故事發展的一個個情節。這是北朝故事畫構圖的基本形式。

同窟南壁的“沙彌守戒自殺”故事，開頭部分表現小沙彌剃髮出家及師父給沙彌講法的情景，描繪了綿延的山巒，山中有一個圓拱狀禪窟，一位高僧坐在一個四足凳上，沿畫面上部的山巒又朝水平方向向右延伸，畫出一列山巒。表現遠山的景致。表明畫家有意描繪山水的遠近關係。北壁的“須摩提女因緣”中，描繪應須摩提女之請，佛與弟子們浩浩蕩蕩由天而降的情景。其中有一位佛弟子乘坐的是山嶽，畫師把他畫在五座山峯之上，本想表現巨大的山峯，但只能用山頭堆積的辦法，卻看不出雄偉的樣子。龍門石窟賓陽中洞的故事浮雕中，也可以看到像這樣表現崇山峻嶺的場面。

在北魏的山巒中，樹畫得較少，九色鹿本生故事畫中，僅在山巒旁邊畫出一些小花草，沒有出現樹木，但在“沙彌守戒自殺”故事畫的結束部分，畫出了一棵孤立的大樹，有人在樹下歇息，不難看出，在山水畫中樹與山的結合表現得較晚。

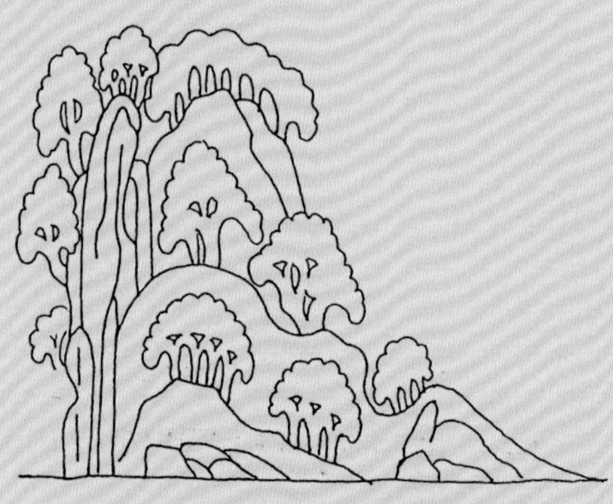

河南洛陽龍門賓陽洞浮雕

北魏後期，南方的文化藝術大規模地影響到北方，在洛陽發現的北魏孝子棺畫像石刻中，出現了新的山水樹木表現手法。北魏末至西魏，魏宗室東陽王元榮出任瓜州刺史，中原的山水畫新風也隨着元榮家族從中原傳入了敦煌。第249、285窟的壁畫就體現出了中原的新風格。

西魏的第249窟是一個覆斗頂形窟，窟頂除了畫出阿修羅外還畫了中國傳統的神東王公和西王母。阿修羅王的身後是高大的須彌山。須彌山上大下小，在須彌山上建有宮殿，那就是帝釋天所居的忉利天宮。須彌山下有大海，阿修羅王雙腳站在大海中，但海水還沒有淹過他的膝蓋。這些充滿神話色彩的內容，使山水也增添了幾分神奇。令人興味盎然的是不僅東王公、西王母的內容與酒泉丁家閘5號墓的壁畫非常一致，而且在覆斗頂四坡下部描繪山巒的構成形式也完全一樣。比起北魏時期的故事畫來，這裏的空間更大，山水樹木得到更為自由的表現。對山頭的暈染則往往通過相同顏色的深淺變化來表現山巒的層次，這種深淺相遞變化更富有裝飾性。窟頂

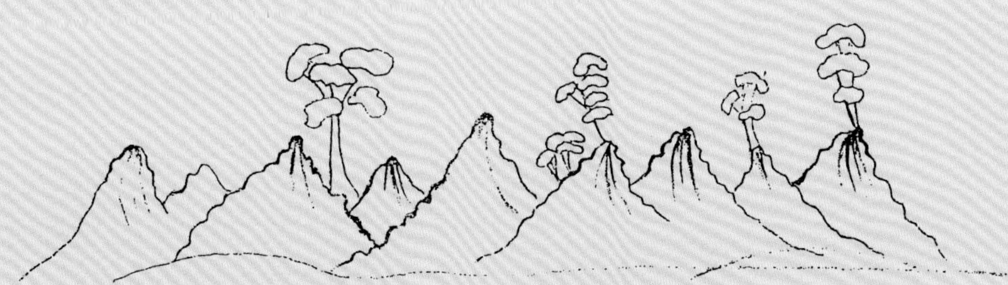

甘肅酒泉丁家閘魏晉墓壁畫山巒

北坡畫出一羣活動於山中的野豬，野豬的上部又畫出三座山峯，與下部的山峯相對，表現出一定的遠近關係，在西側的狩獵場面中，也有類似的表現。

西魏第285窟開鑿於公元538年，可以說是受中原影響的典型洞窟。窟頂畫出伏羲、女媧等中國傳統的神話題材，其中山水的佈局與第249窟十分接近，也是在窟頂四披的下沿畫出山水樹木。在這裏主要為表現在山中修行的禪僧，畫出僧人們在草庵裏坐禪的形象。草庵外是起伏的山巒和樹林，山中還有走獸出沒。樹木茂密，樹葉連成一片像一頂頂帽子，罩在山巒上部的叢林上，具有濃厚的裝飾意味。

第285窟南壁的“五百強盜成佛”故事畫，描繪的是五百強盜作亂，後被官軍抓獲，把他們的眼睛刺瞎並放逐山林，由於佛的慈悲感化，他們皈依佛法，終於得救。畫面中描繪出五百強盜在山林中活動及聽佛說法的情節。隨着故事情節的發展，用斜向排列的山巒分隔出一個個空間，表現各個場次，具有連環畫的效果。同時斜向的山巒表現出了一定的深度。這裏值得注意的是樹木大量出現了，搖曳多姿的楊柳，亭亭玉立的竹林，以及很多不知名的樹木，使山水景物變得豐富多彩了。此外，畫家還在山巒和樹林的旁邊畫出水池，池中碧波蕩漾，水鳥嬉戲其間，別有情趣。

北周以後，橫卷式故事畫高度發展，作為故事畫背景的山水也得以大量表現。如第428窟的“薩埵本生”和“須達那拏本生”便是代表作。“薩埵本生”故事畫描繪薩埵王子與兄長一起去山中出遊時，見到餓虎，心生慈悲，於是投崖飼虎。“須達拏本生”則描繪太子須達傾國庫施捨人民，又將鎮國之象施給了婆羅門，終於觸怒了國王，將他逐出國外，於是須達拏太子攜妻帶子入山中修行。這兩鋪故事畫都是以三條橫長的畫面相連續，詳細地表現了故事內容。作為背景畫出了連綿不斷的山巒和樹木。山巒的畫法是一個個山頭斜向連續，在橫長的畫面中形成波浪式的起伏，同時把畫面分隔成一個個小小的單元，按時間順序條理清晰地把故事描繪出來。山頭用石青、土紅等色平塗，看起來是為了表現一種裝飾性，山巒只不過是舞台上的一種道具而已，並不是寫實性的表現。另外，這些錯落起伏的山巒從畫面整體來看，還表現出一種韻律和節奏的美來，使橫長的畫面顯得活躍而充滿生氣。樹木穿插於山巒之中，表現各種不同的樣式。如婆娑搖曳的柳樹，挺拔的楊樹，枝繁葉茂的槐樹等。特別是東壁南側的“薩埵本生”故事畫中，描繪薩埵王子的兩個哥哥得知王子

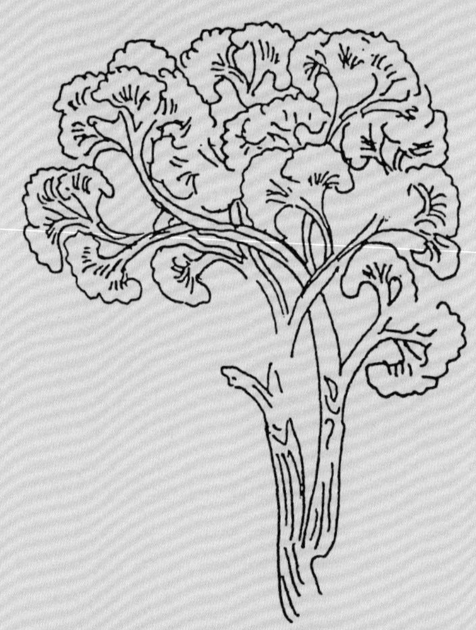

江蘇南京出土的六朝《竹林七賢圖》畫像磚

已捨身飼虎的消息後，快馬加鞭地趕回宮中報告父王，這一情節，背景中樹木也隨着兩人騎馬奔跑而向前傾斜，表現在風中搖擺的樹木，十分生動。

北周第296窟南北兩壁及窟頂都畫出了佛教故事畫。特別是南北兩壁的“須闍提本生”和“五百強盜成佛”故事畫中，畫出十分茂密的樹木，人物則相對地畫得較小，畫家已經注意到人物與景物的比例關係，並使之和諧起來。

第299窟窟頂的北坡畫有“睒子本生”，圖中描繪了睒子在山中侍奉父母，卻不幸被進山打獵的國王誤射而死，由於睒子的善行感動了帝釋天，終於被天人救活。畫面表現睒子在泉水邊取水，被國王誤射的一剎那。一邊是幽靜的山林，一邊是奔馳而來的人馬，一動一靜形成對比，烘托出富有戲劇性的氣氛。色彩濃麗的山水畫作為故事畫的舞台背景，顯示出了十分重要的作用。

北周壁畫很注意對水的表現，故事畫中的河流、水池、大海等內容都描繪得很細緻。此外還在一些裝飾圖案中描繪水池和波紋。如第428窟窟頂平棋圖案中，描繪水池中的蓮花，中央是一朵大蓮花，四周畫出水波紋，墨線勾勒的鐵線描自然流暢，變化豐富，用淡藍色染出，與中央紅色的蓮花相映成趣，典雅而富有裝飾性。

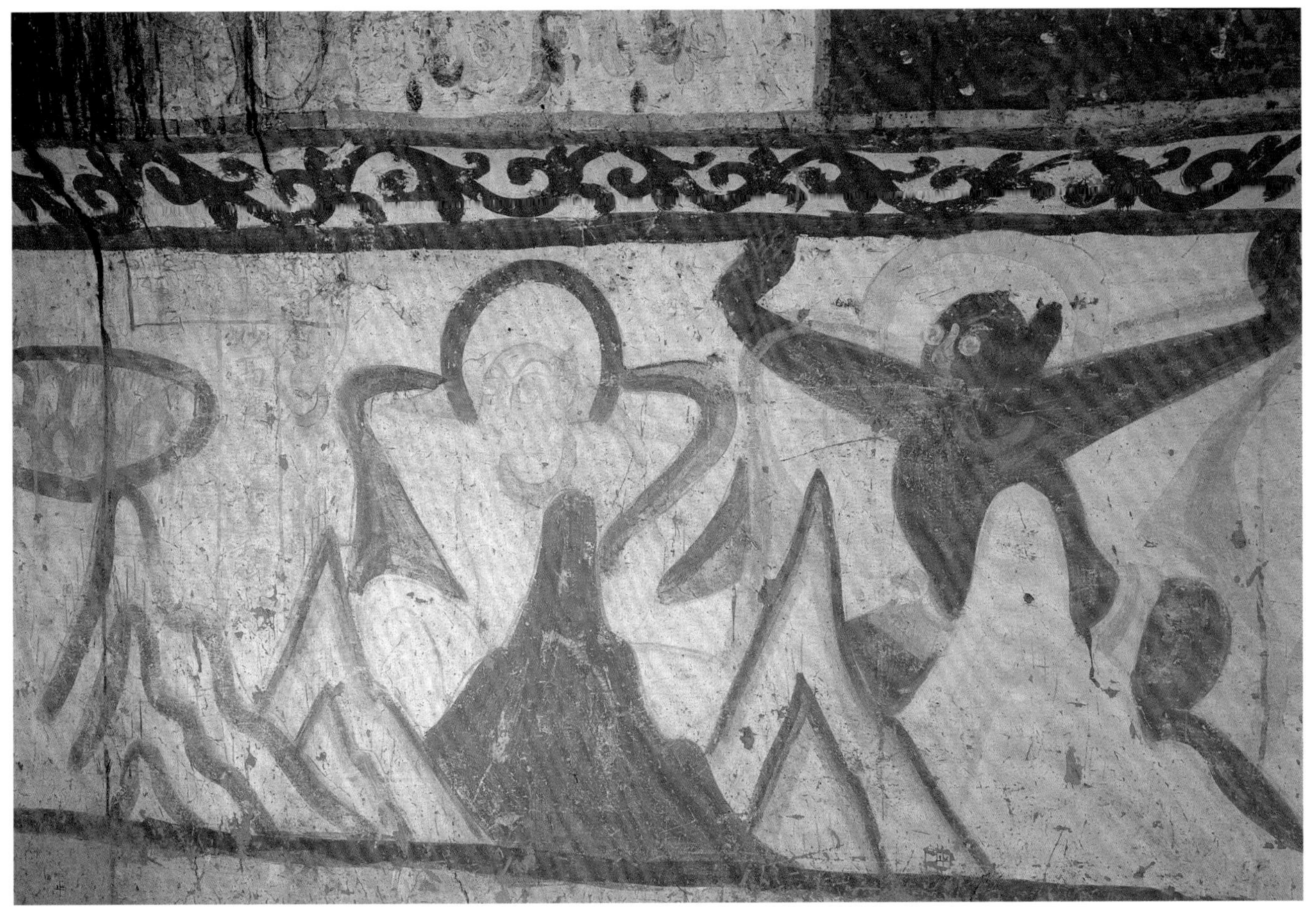

1　山巒與藥叉

北魏的洞窟多在四壁和中心柱下部畫出藥叉，藥叉本是古印度信仰中的土地神，活動於山巒之間。圖中山巒呈三角形，按水平方向排列，用土紅、石綠等色平塗出。這是早期典型的山巒形式，其風格承繼於魏晉壁畫。

北魏　莫251　中心柱下

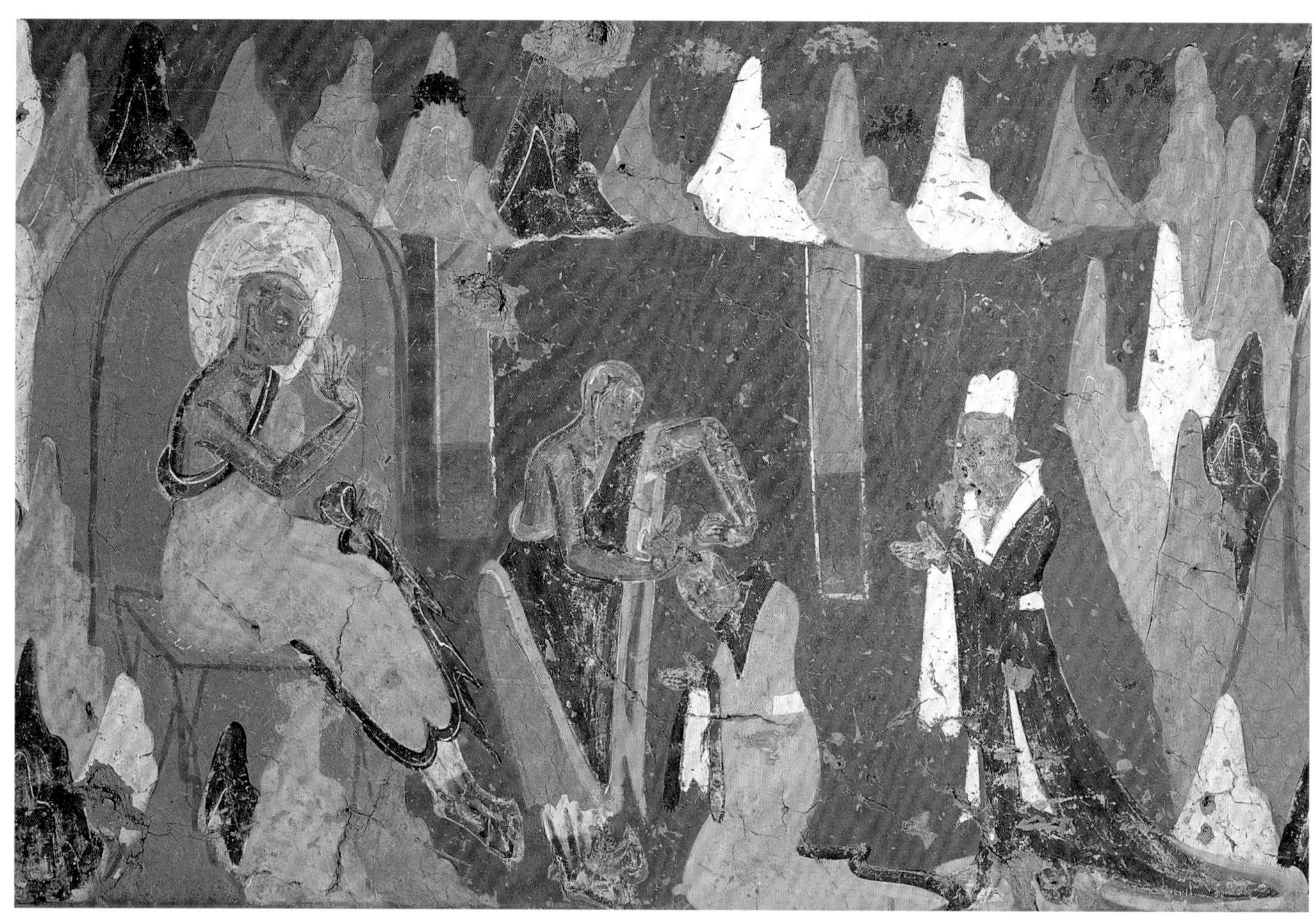

2 山巒與禪窟

故事畫中表現小沙彌剃度出家的情節。山中的禪窟被畫成石林中的穹廬，人大於山，山巒在畫面中起裝飾作用。上部的一列山巒表現遠山的景色。

北魏 莫257 南壁

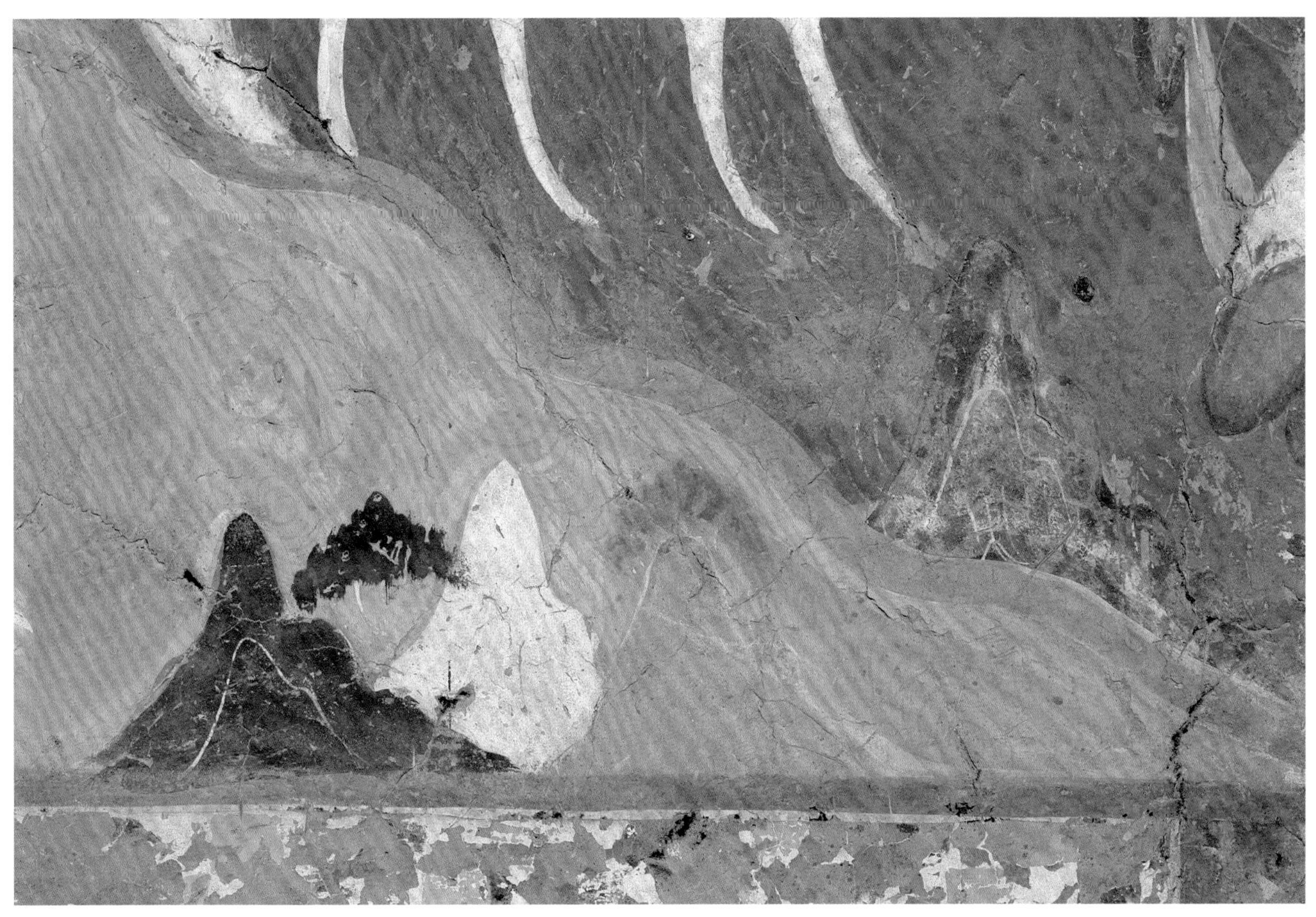

3 山水

“九色鹿”故事畫中的山水，表現印度恆河河水從山間流過，綠色的河水泛起細密的波紋，與土紅色的岸邊形成鮮明的對比，斜向的河流和山巒排列，體現出一定的透視感。

北魏 莫257 西壁

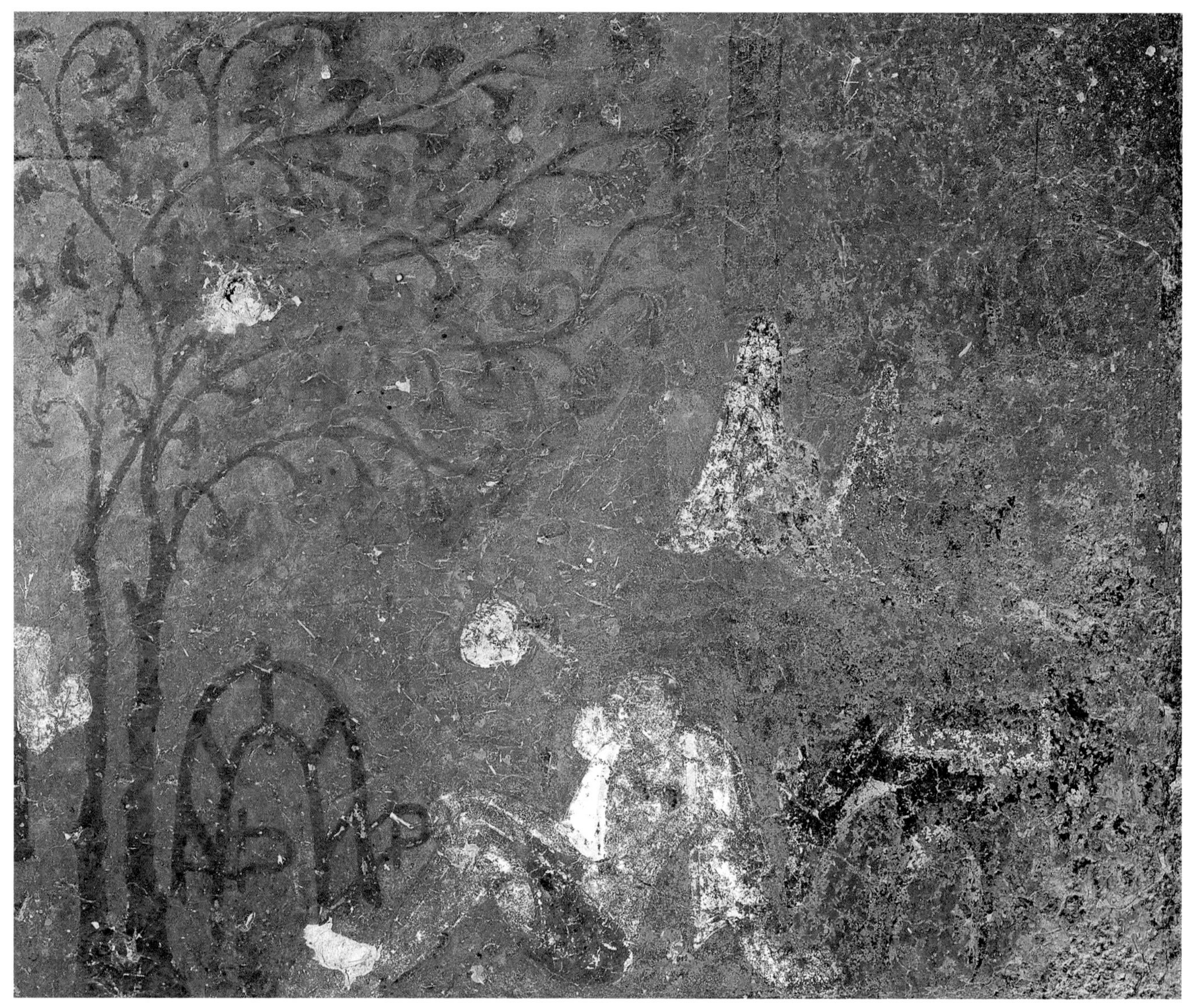

4 樹下小憩

這是在故事畫之間補繪的小品，一位行旅者卸下鞍具在樹下納涼歇晌，樹木高大，枝葉繁茂，與人物的比例相適應。

北魏 莫257 南壁

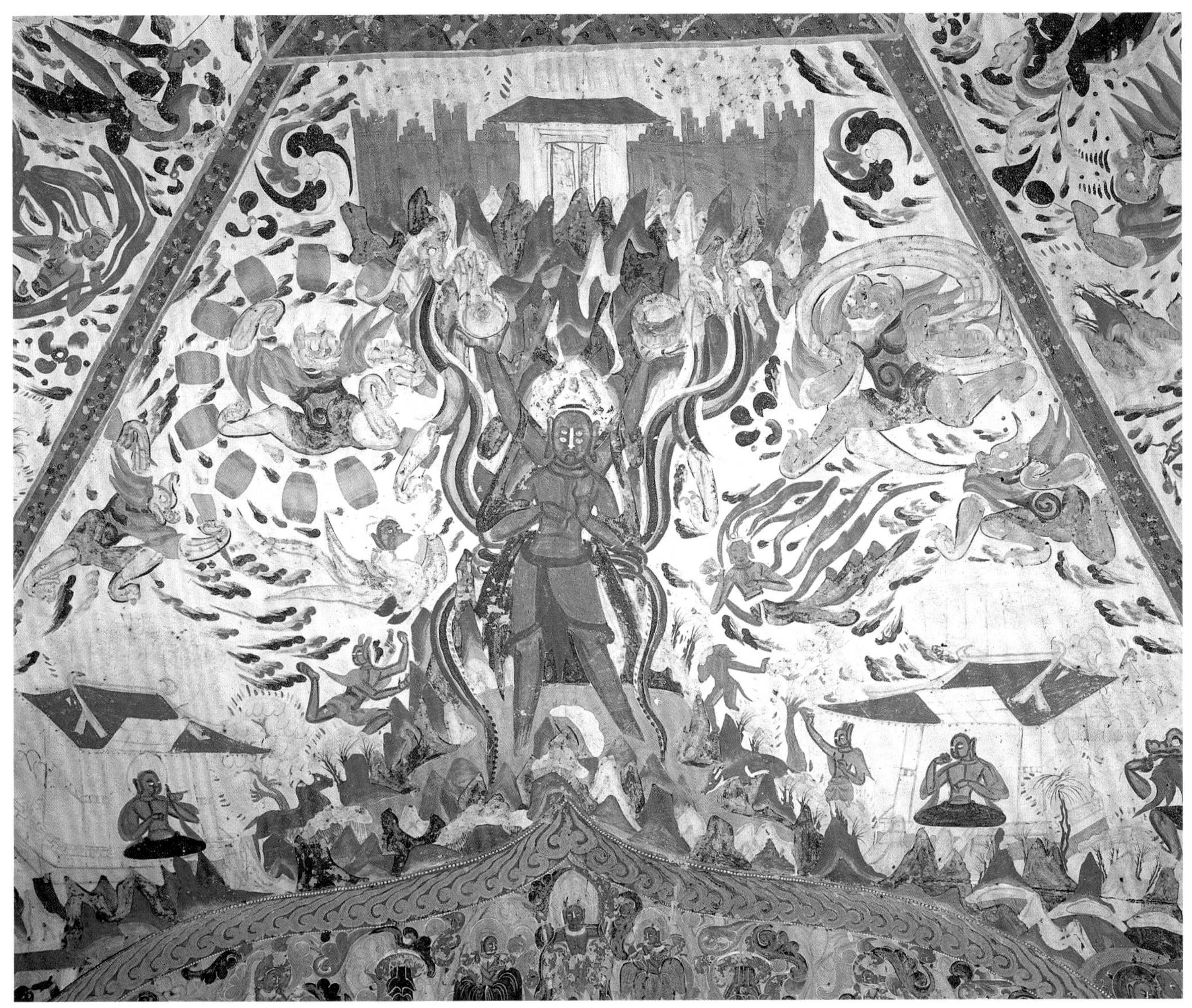

5 **大海中的須彌山**

阿修羅是印度傳説中的神，力大無比，他雙手分別托着日、月，站在大海中，而大海像一泓池水，岸邊是山川樹木。在他背後的須彌山及忉利天宮直入蒼穹。

西魏 莫249 西坡

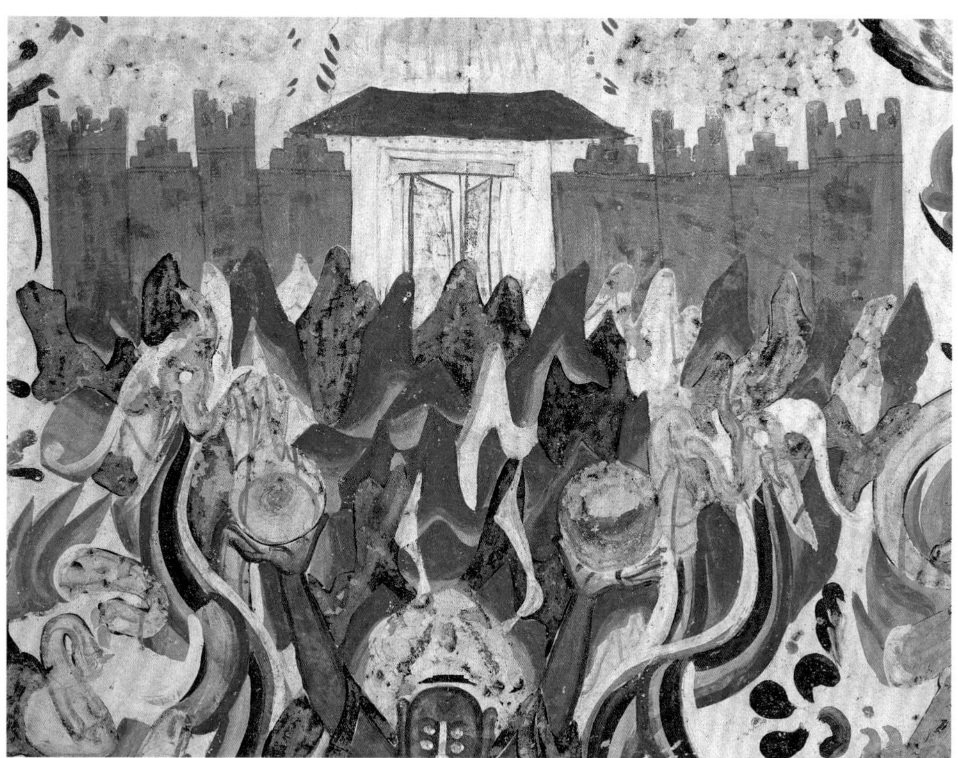

6 須彌山山峯

此圖是前圖的局部。須彌山通常被畫成束腰形，像一隻高足杯，用不同的色彩平塗出層層疊疊的山峯，既有變化，又富有裝飾性。

西魏 莫249 西坡

7 山中狩獵

狩獵圖是漢魏時期壁畫中的重要題材。畫面上的獵人正在捕鹿、射虎，場面十分驚險。山巒小於人物，以不同的顏色染出，具有凹凸的效果，上部畫出遠山，表現出空間感。

西魏 莫249 北坡

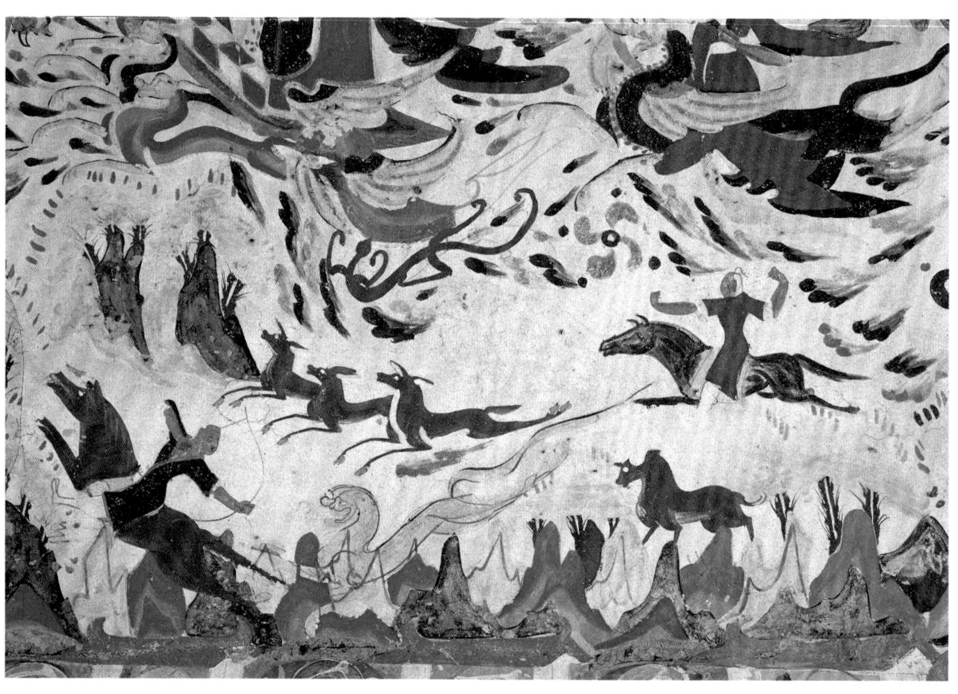

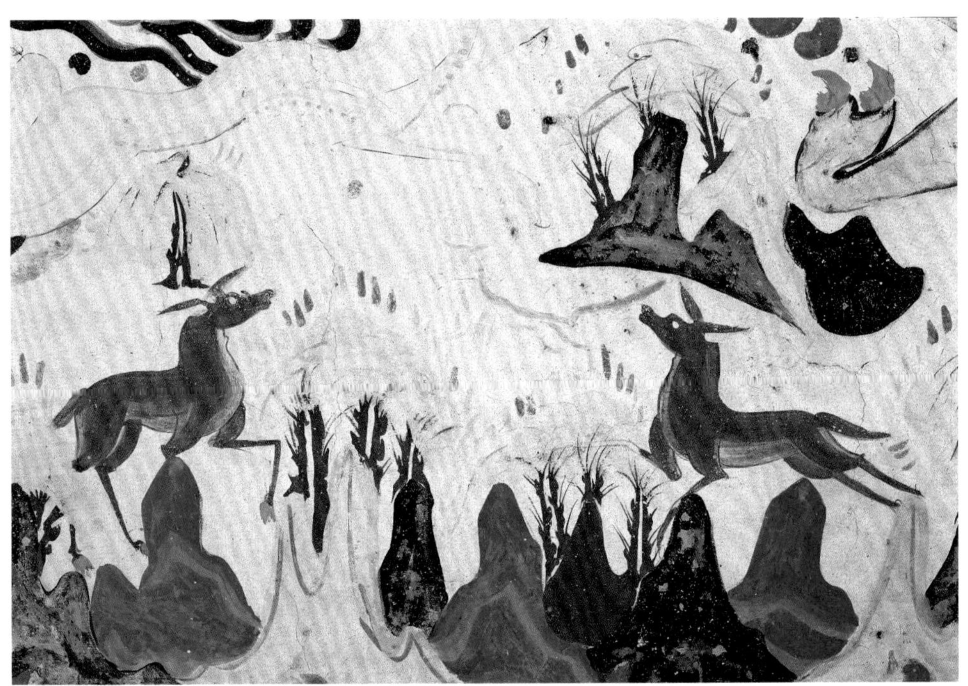

8 山林中的鹿

在山林中，一隻鹿昂首眺望，另一隻鹿飛奔而來。近處的山巒呈三角形，用黑、白、土紅、石青等不同顏色平塗，表現層次關係。山上的樹生出柔軟的細枝條，樹冠呈雲朵形，外加色點，富有裝飾性。

西魏　莫249　南坡

9 山林中的野牛

野牛在山林中奔跑，連天空的雲氣也很富動感。高山相疊，山巒成列，林木成排，以裝飾性的手法畫出，具有簡略概括的特徵。

西魏　莫249　北坡

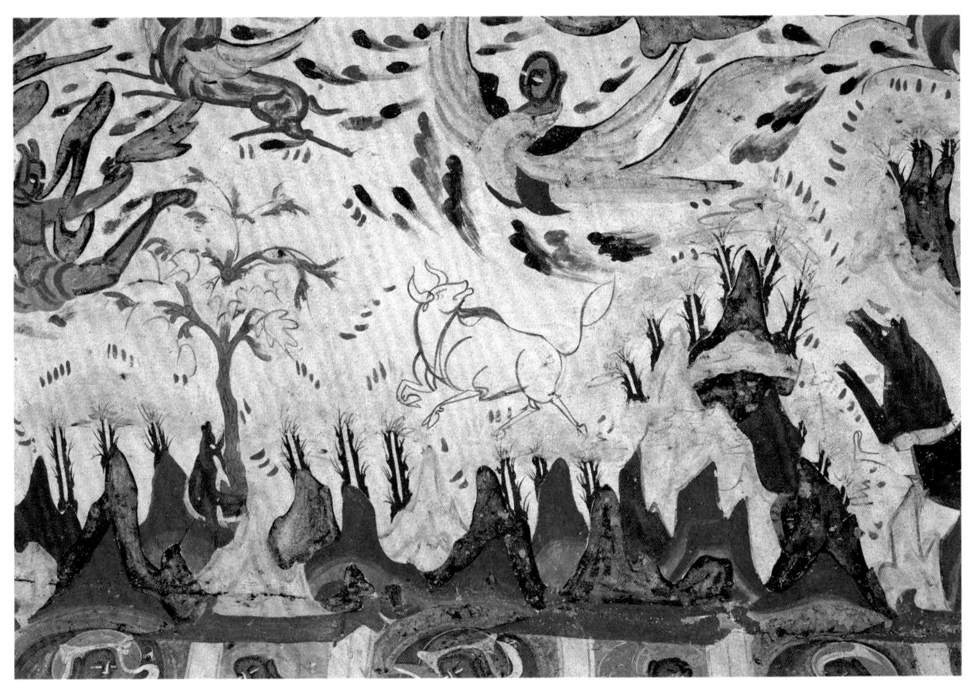

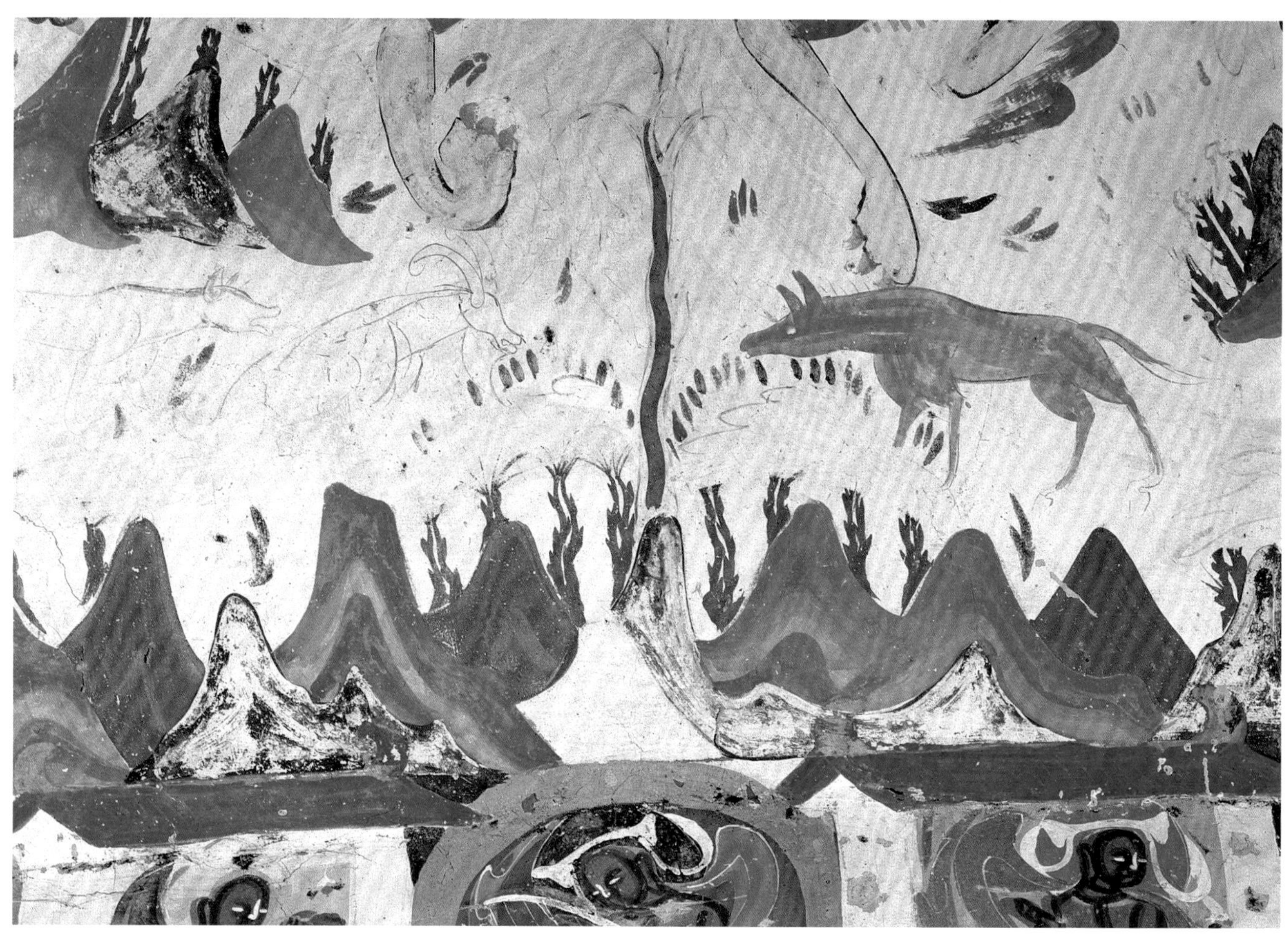

10 山林中的野獸

山林中，狼與山羊相對峙，這樣驚心動魄的場面，增添了山水畫的情趣。動物的形象以較淡的色彩畫出，山巒則用艷麗的色彩染出，突出山水的裝飾作用。樹木的畫法已注意到樹幹與枝叉的特徵，由於色彩脱落，樹葉本來的顏色已看不出。

西魏 莫249 北坡

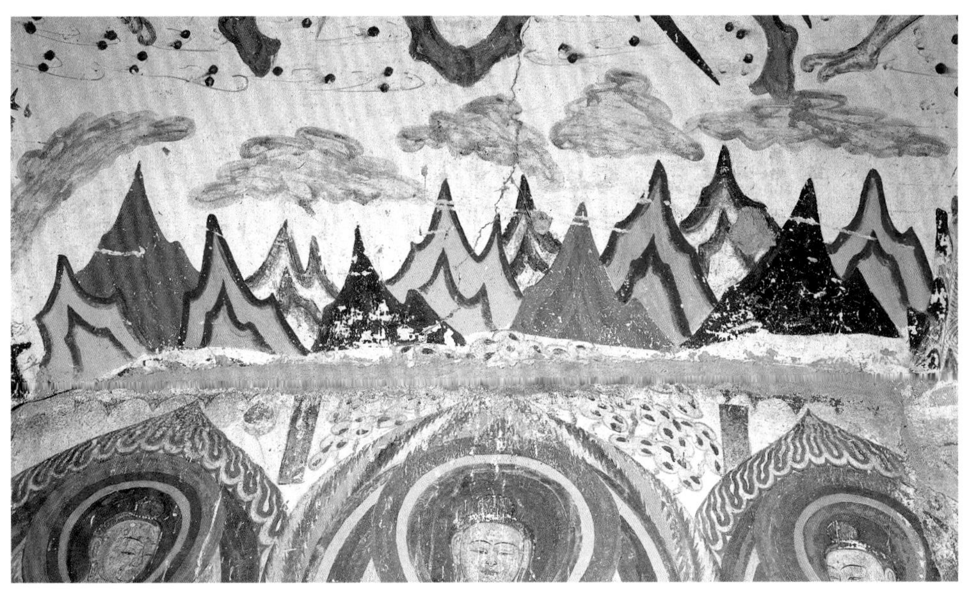

11 山巒與雲

在高聳的山峯上飄動着一朵朵雲彩。山巒沿輪廓線進行暈染，造成一種凹凸的效果，表現出深遠感。這樣的手法與當時的裝飾圖案表現手法一致，是西域式暈染法在山水中的運用。

西魏 莫285 東坡

12 山中禪僧

禪僧在山中結草為庵，靜心修行，草庵外的樹林中有鹿羣奔跑飲水，環境和平幽靜。草庵周圍以三角形的小山巒表現高山的景色。

西魏 莫285 西壁

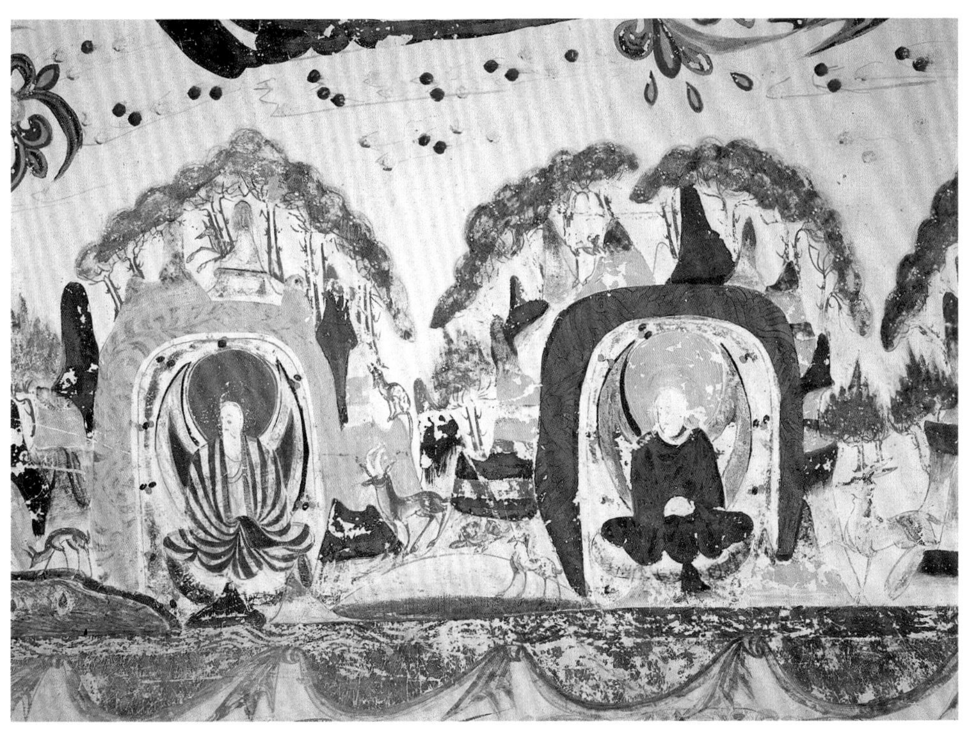

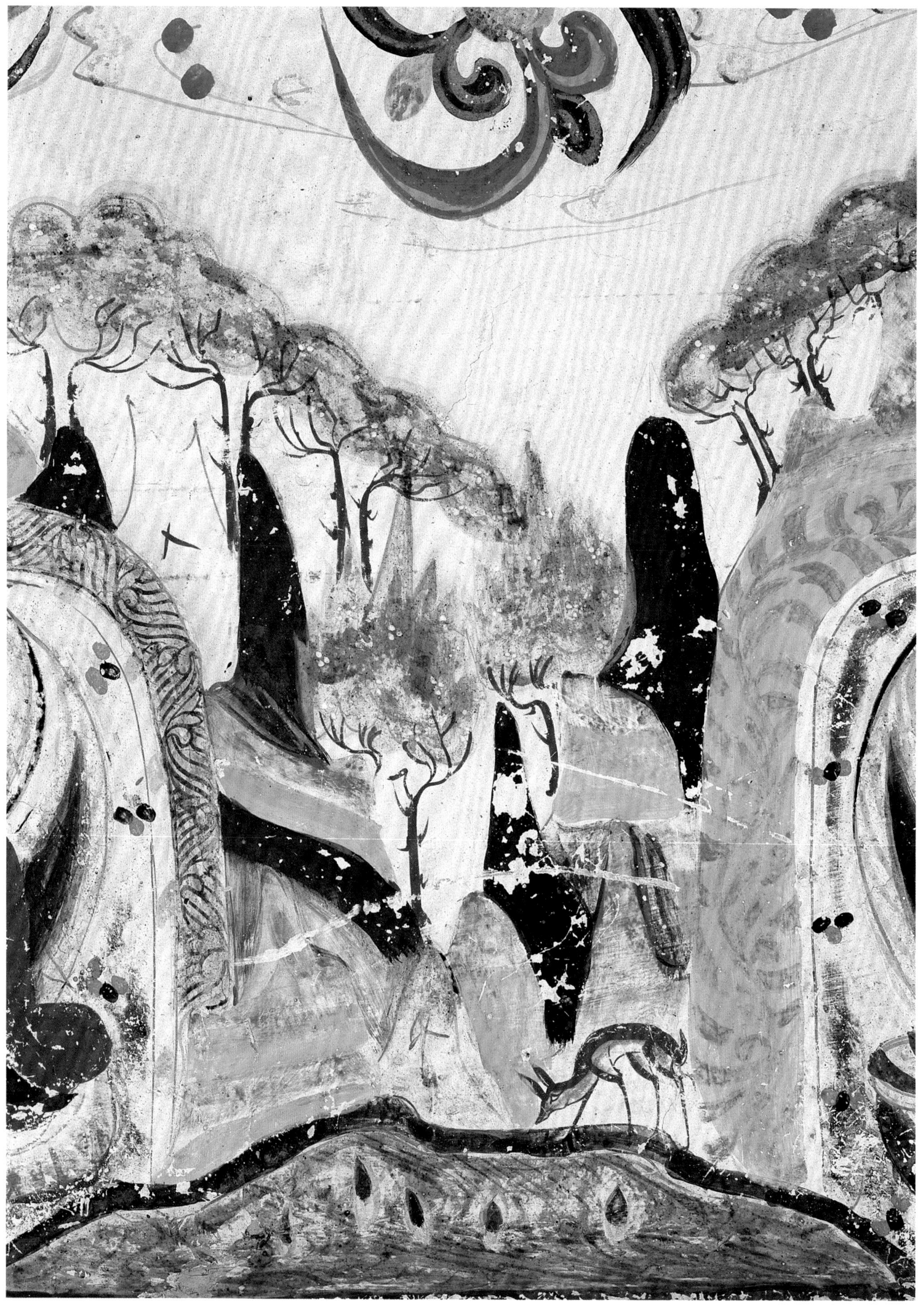

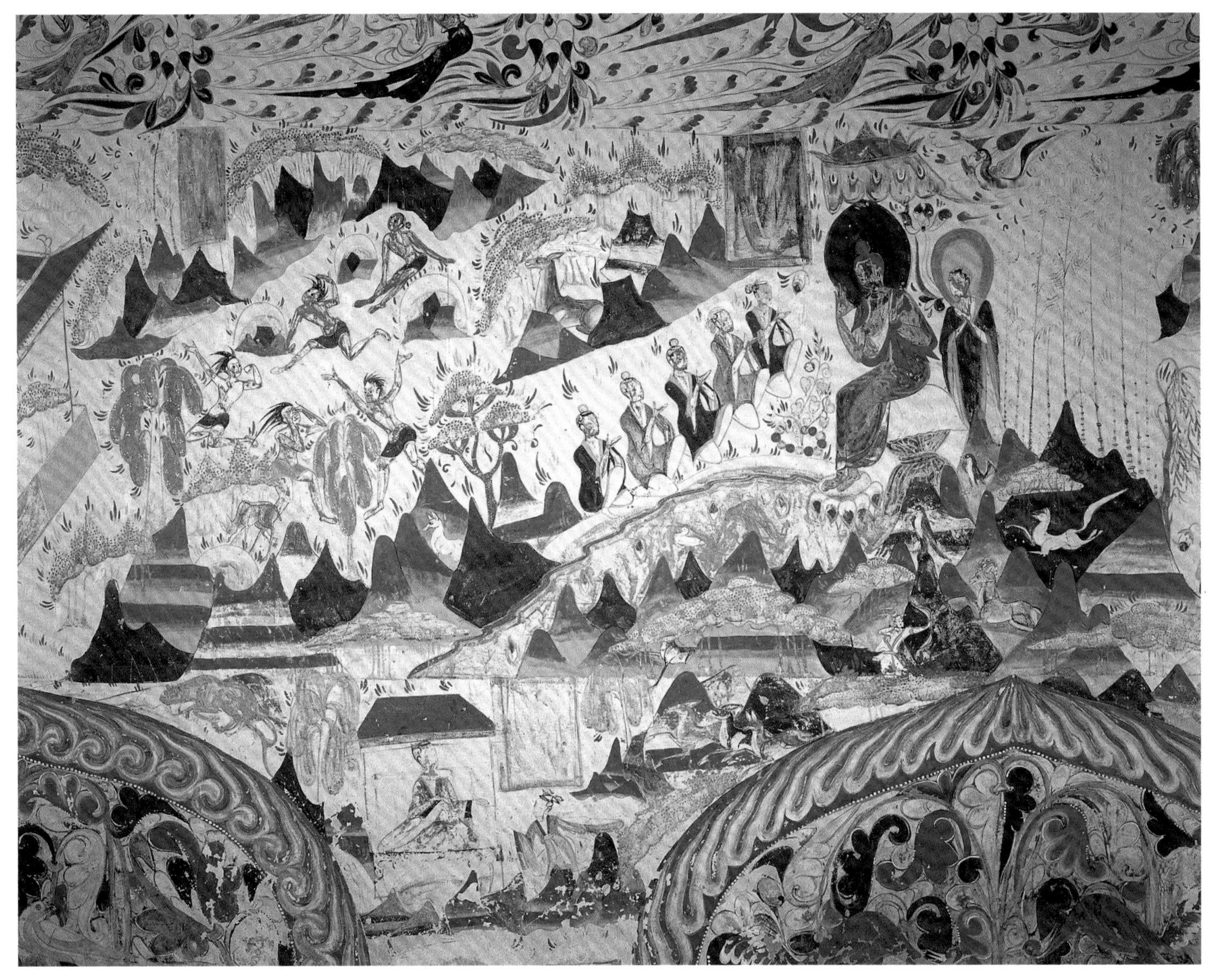

14 山中聽法

在“五百強盜成佛”故事中，橫卷式的故事畫以斜向的山巒分隔出不同情節。圖中表現如來為五百強盜說法的情景，四周山巒重重，樹木茂盛，水波蕩漾。山中還畫出飛禽走獸，生動活潑。

西魏 莫285 南壁

13 山中飲水的鹿

在草庵之間，以多種變化的顏色畫出重巒疊嶂，悠遠而險峻。山谷中有一池清水，小鹿正在池邊飲水，氣氛和諧而寧靜。

西魏 莫285 西壁

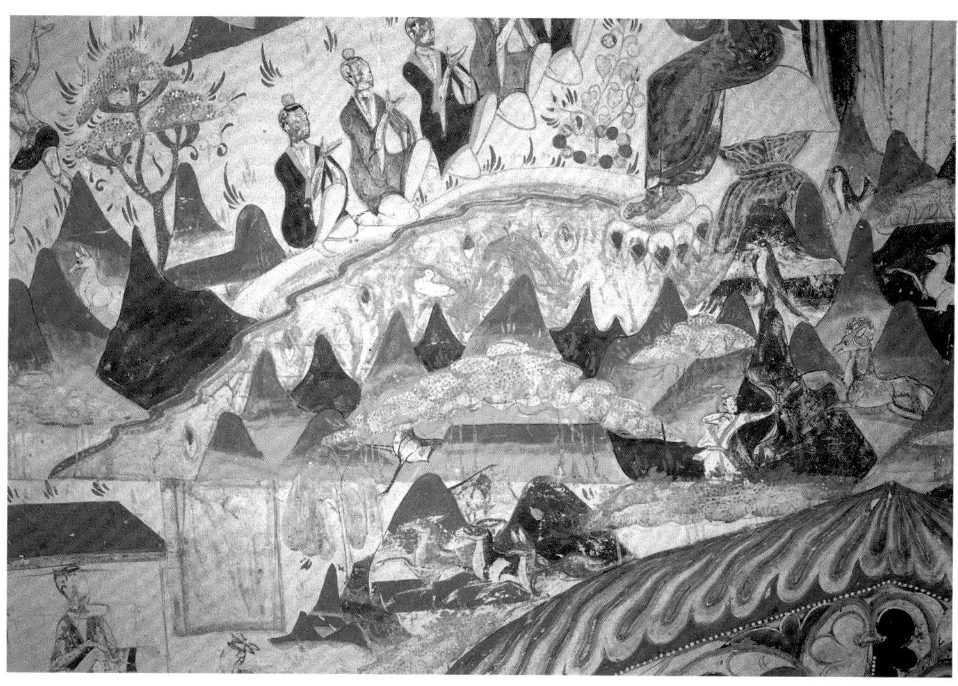

15 山林與水池

此圖是前圖的局部。在佛說法場面中畫出水池，水中有蓮花生出，水鳥在里面游來游去。水池邊的山林中有獵人在狩獵。水波以流暢的細線勾出，色彩明淨，有透明感。

西魏 莫285 南壁

16 山林與水池

水池中水鳥在戲水棲息，池邊有一頭野驢伏地飲水，表現出獨特的山野氣氛。池中以墨線畫出波浪，又用綠色渲染，山巒用色豐富。

西魏 莫285 南壁

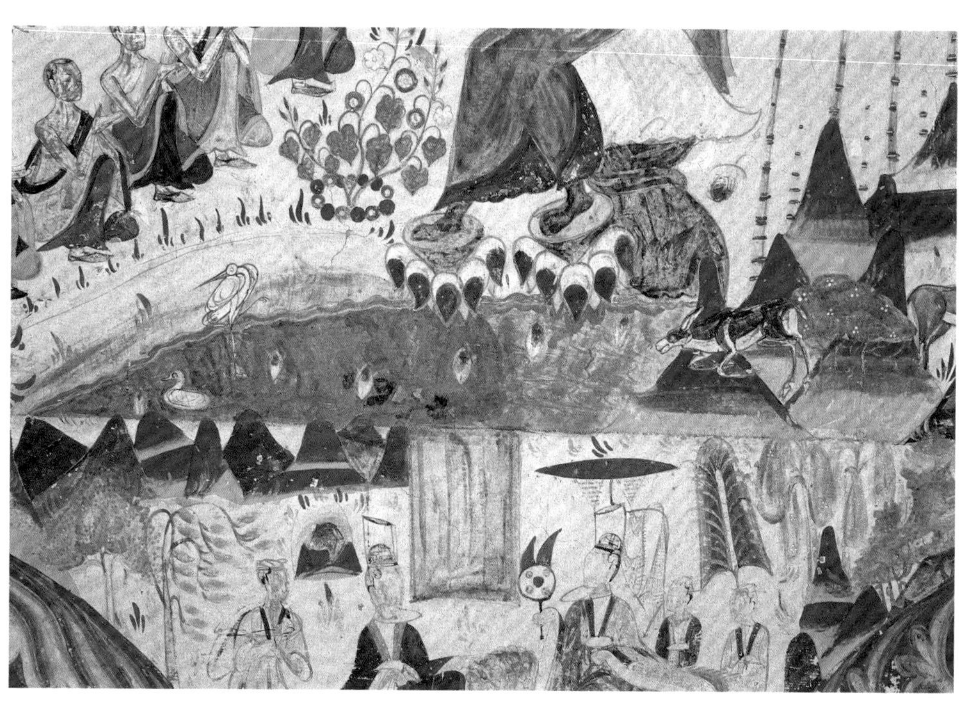

17 山巒

山峯的形狀有尖有圓，一些山峯採用水平線分段暈染，色彩鮮明，表現山巒的層次和雲氣變化，這是西魏以後出現的新方法。

西魏 莫285 南壁

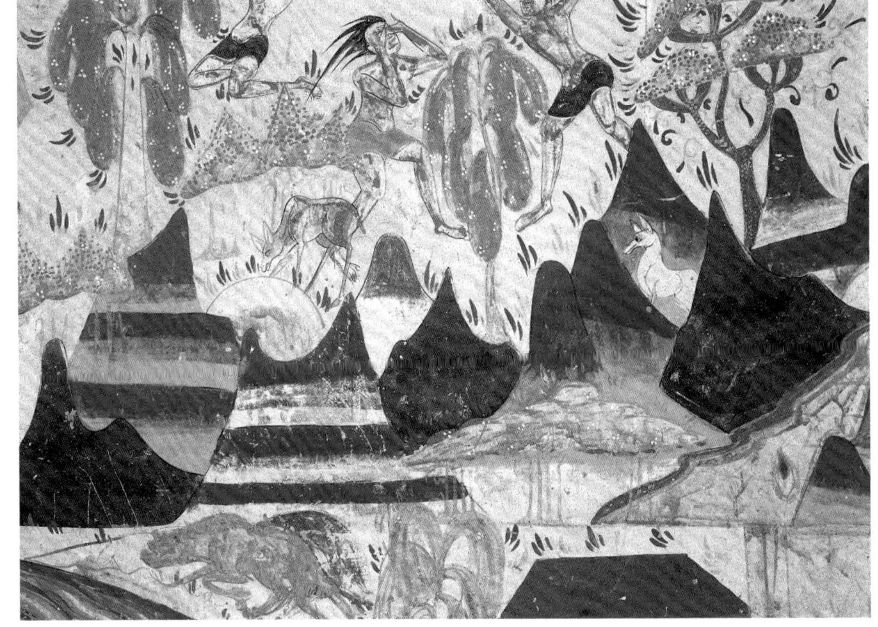

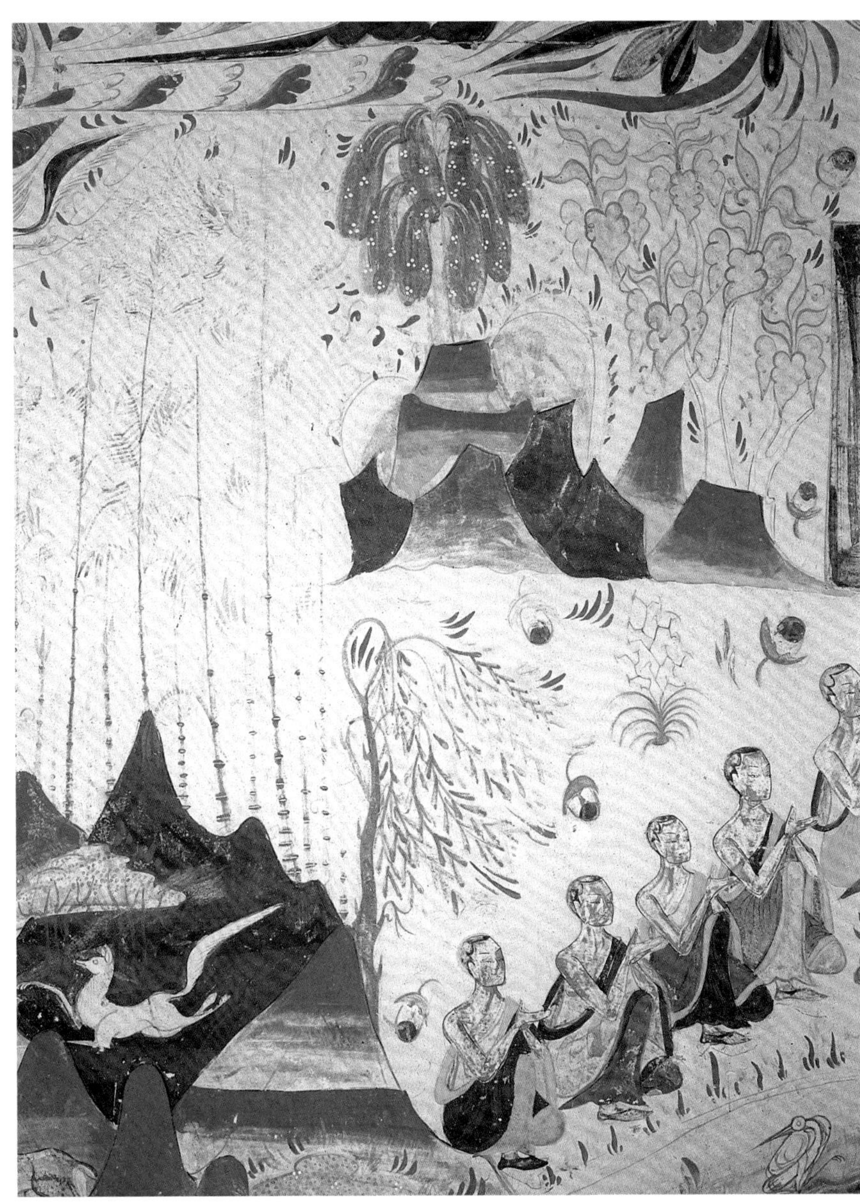

18 垂柳修竹

早期所畫的樹木通常強調其裝飾性，但此圖中的樹木卻畫得比較寫實，可見垂柳依依，修竹挺拔，柏樹粗壯，樹木特徵明確。

西魏 莫285 南壁

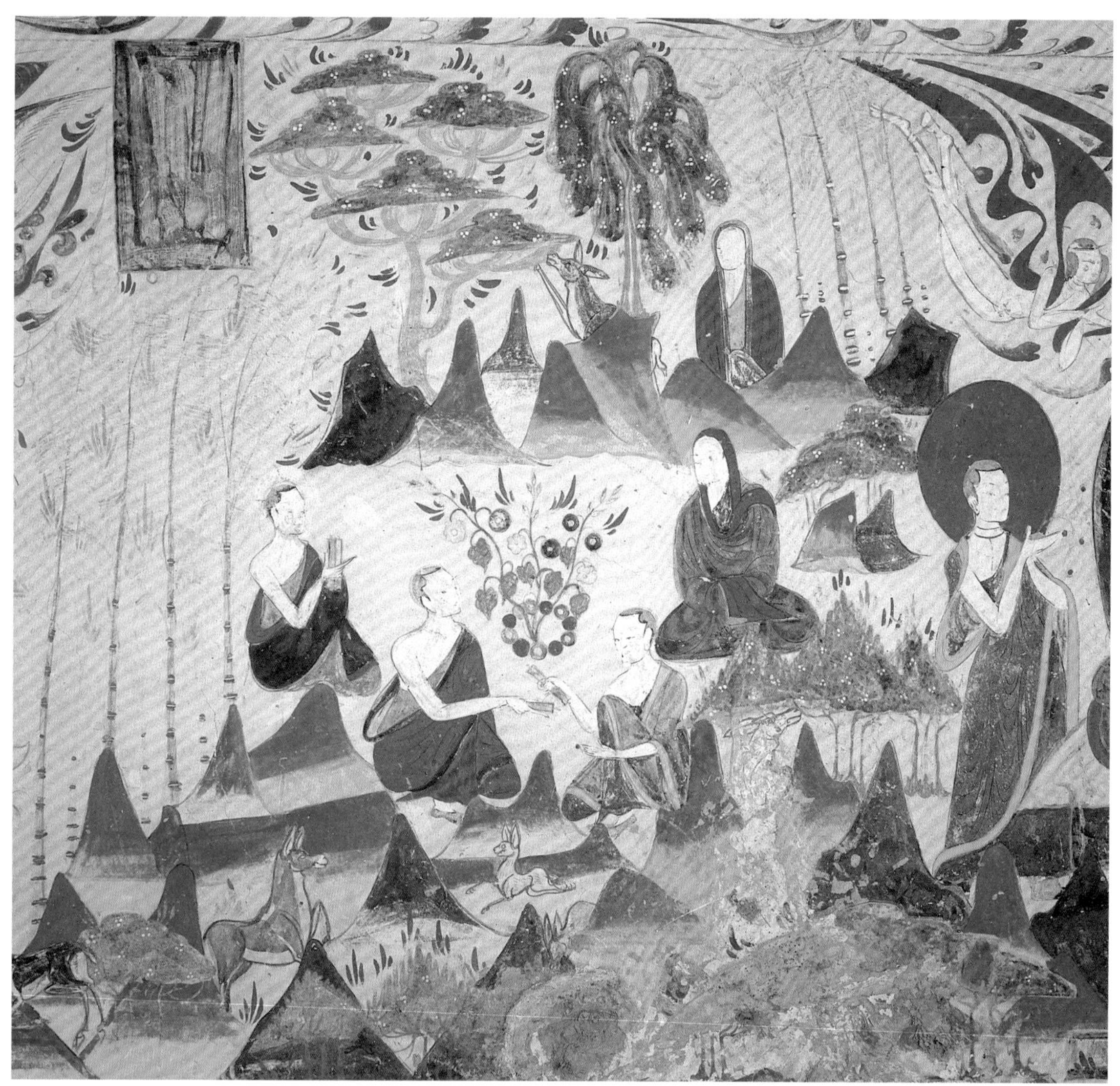

19 山中修行

這是表現五百強盜皈依佛門後修行的場景。在一組山巒形成的風景中，人物活動其間，山中長着修長的竹子及高低錯落的樹木。

西魏 莫285 南壁

20 大樹

故事畫中的樹木，樹冠為九個雲朵形，相間排列，每個雲朵形樹冠下有三叉樹枝，形象概括，用色濃厚，具有很強的裝飾性。

西魏 莫285 南壁

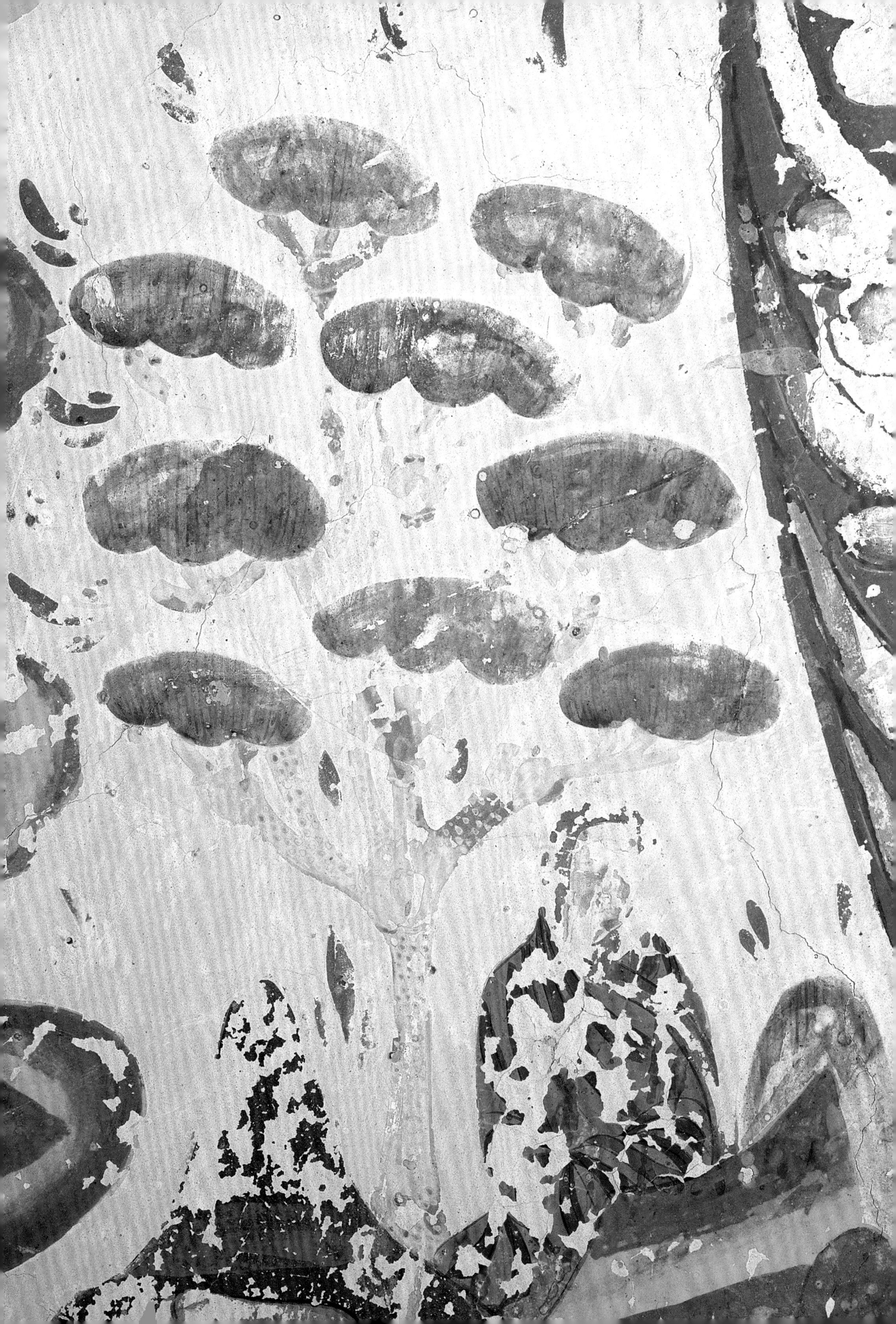

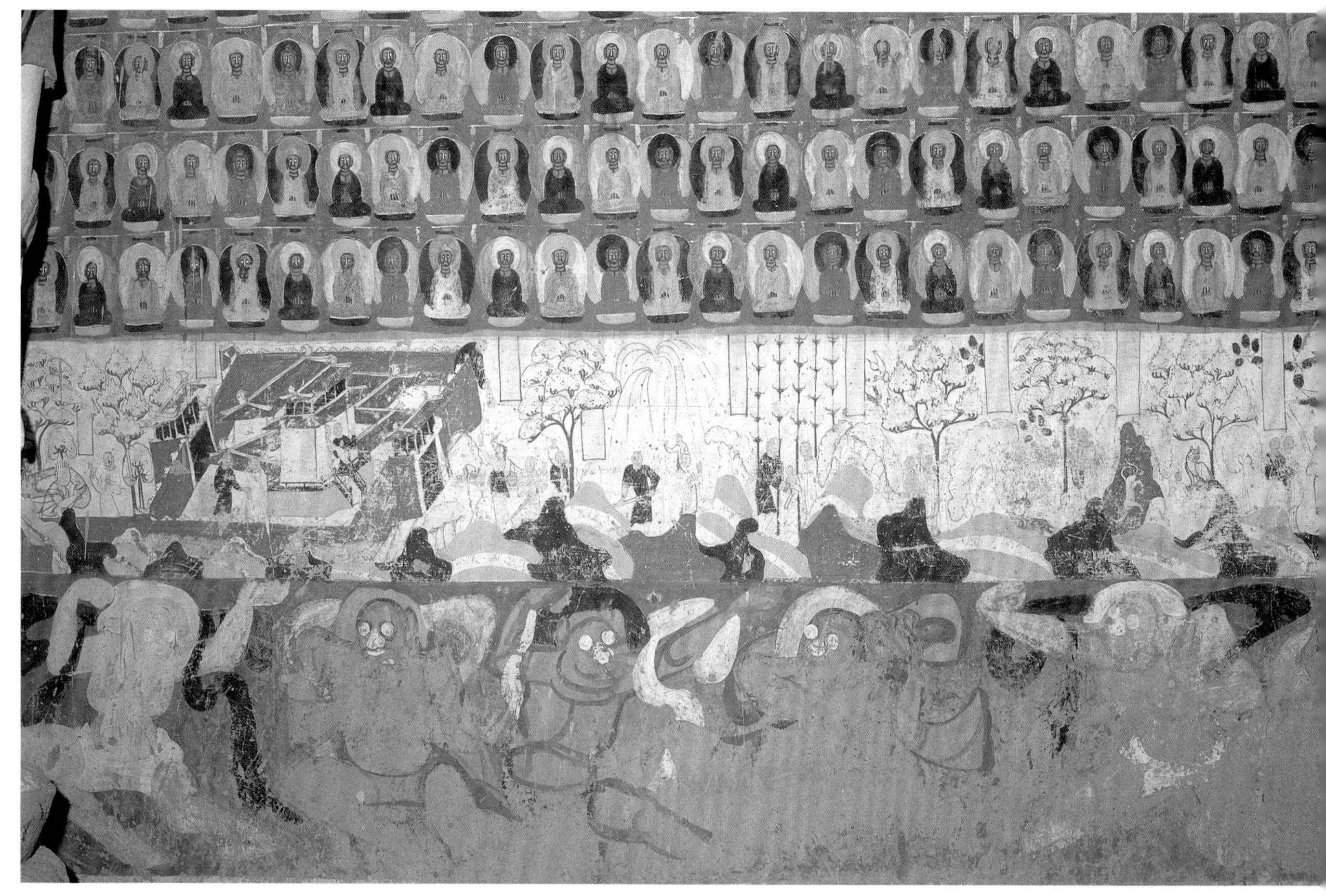

21 山中林木

“須闍提本生”故事畫，表現須闍提太子與父母逃亡在樹林中時，太子以自身的肉救活父母的事跡。畫面用長卷式來展開故事情節，高高的樹木把畫面分出一個個空間，起伏的山巒又把畫面聯繫起來，既有分割又有統一。

北周 莫296 北壁

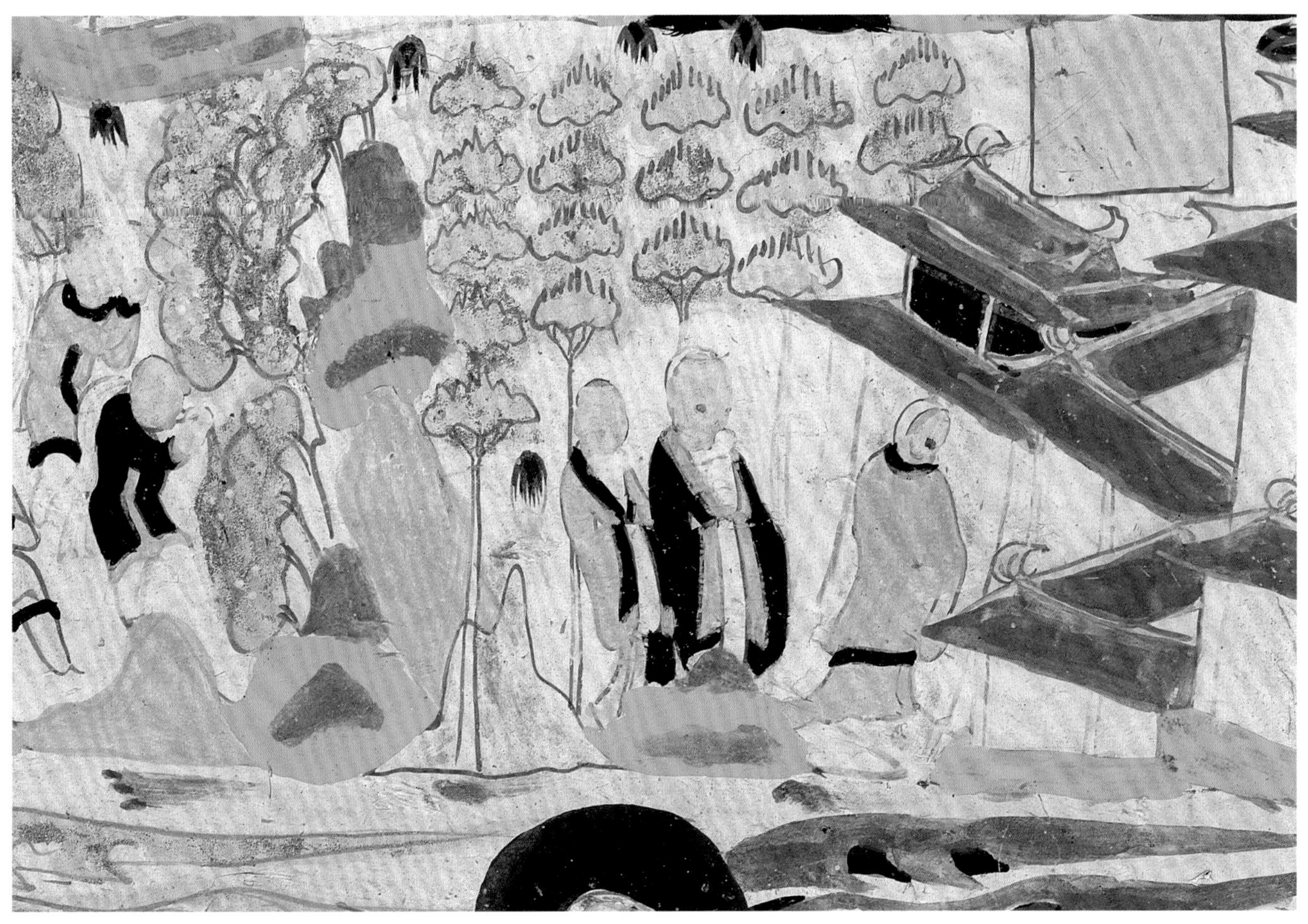

22 山峯樹木

在善事太子故事中，以石青畫出高山，並用石綠水平分段暈染，山峯上的樹木畫得很小，而殿堂外的樹則畫得較高大。由此可以看出不同的段落採用不同的比例。

北周 莫296 東坡

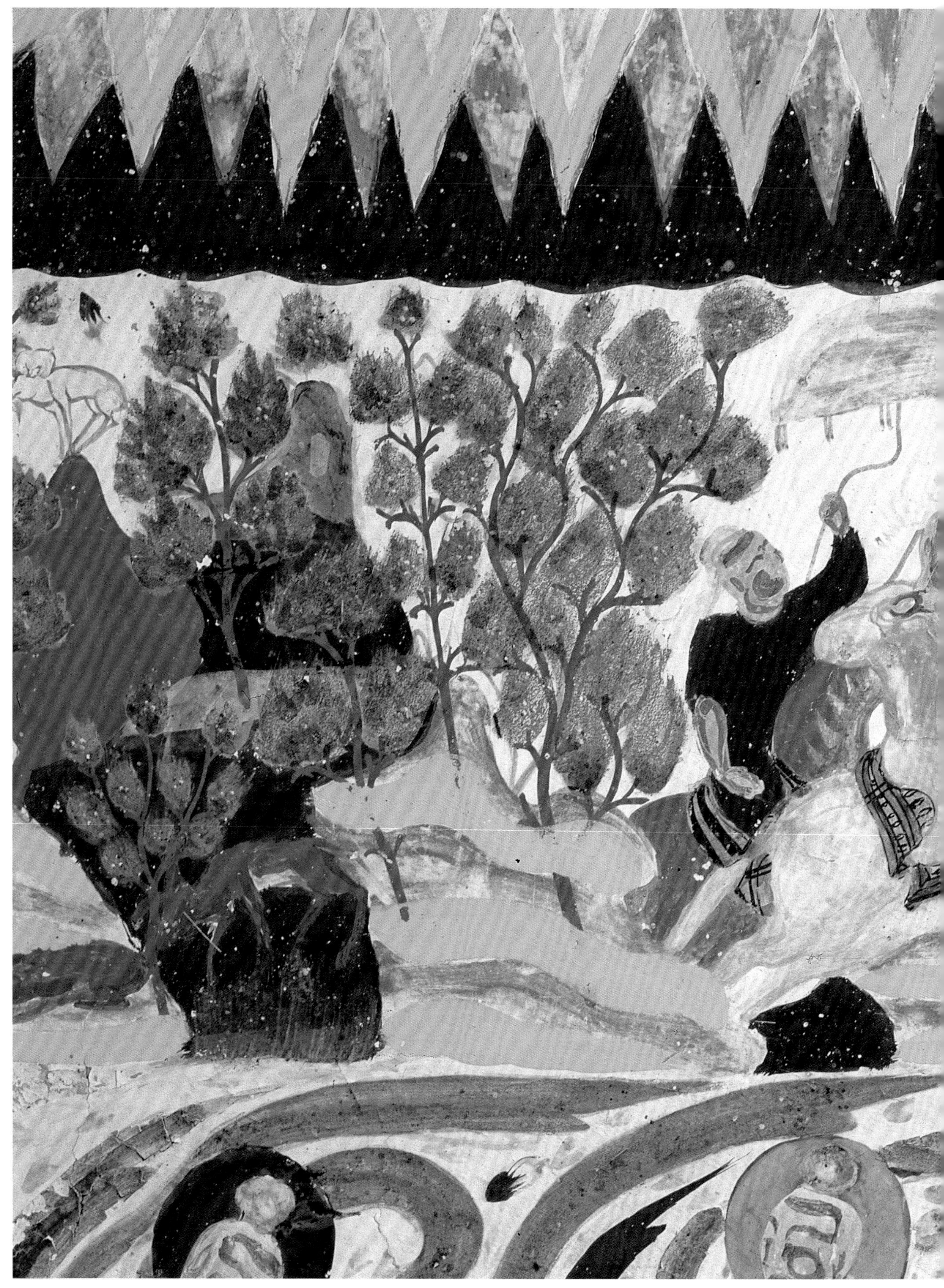

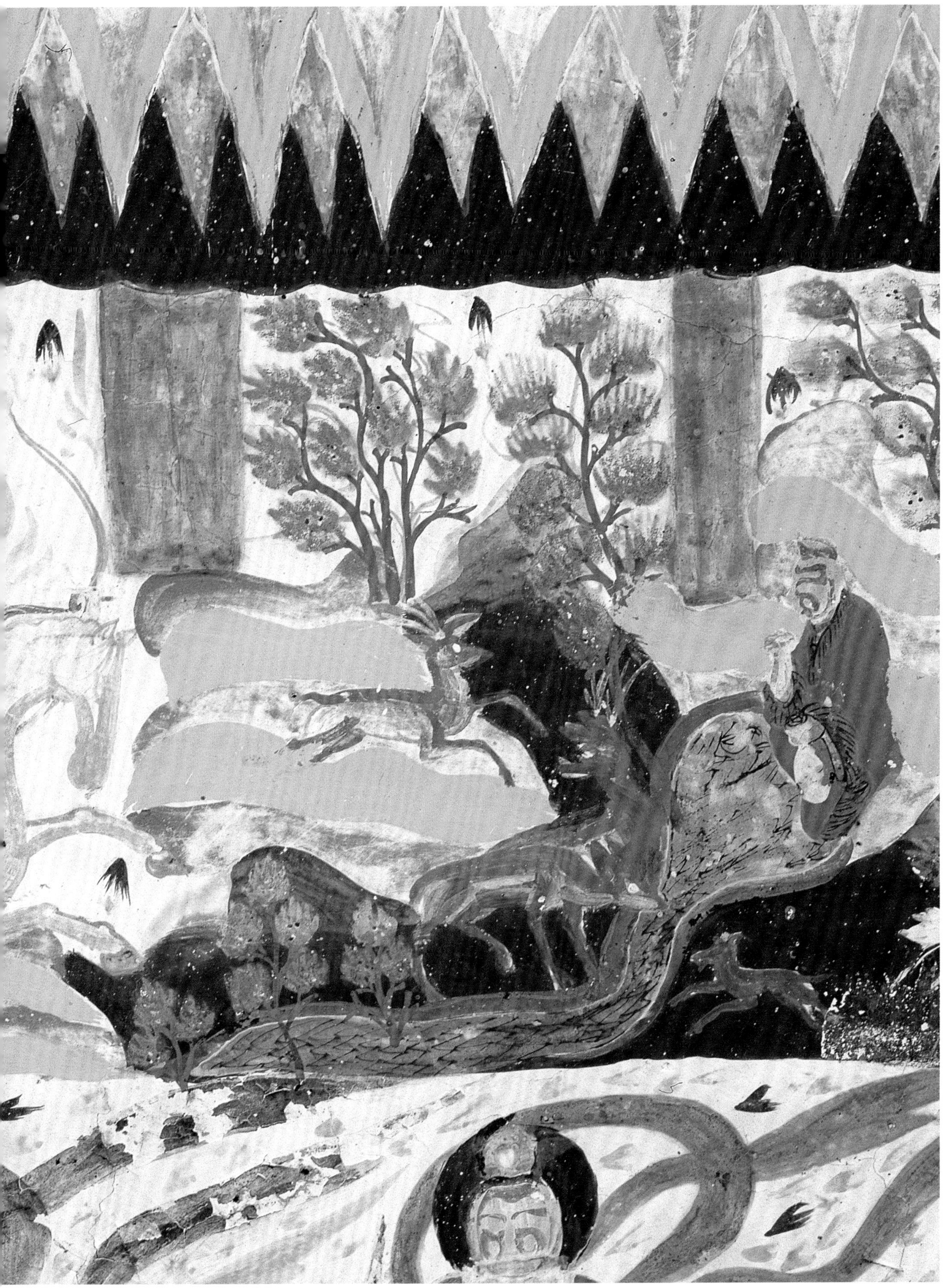

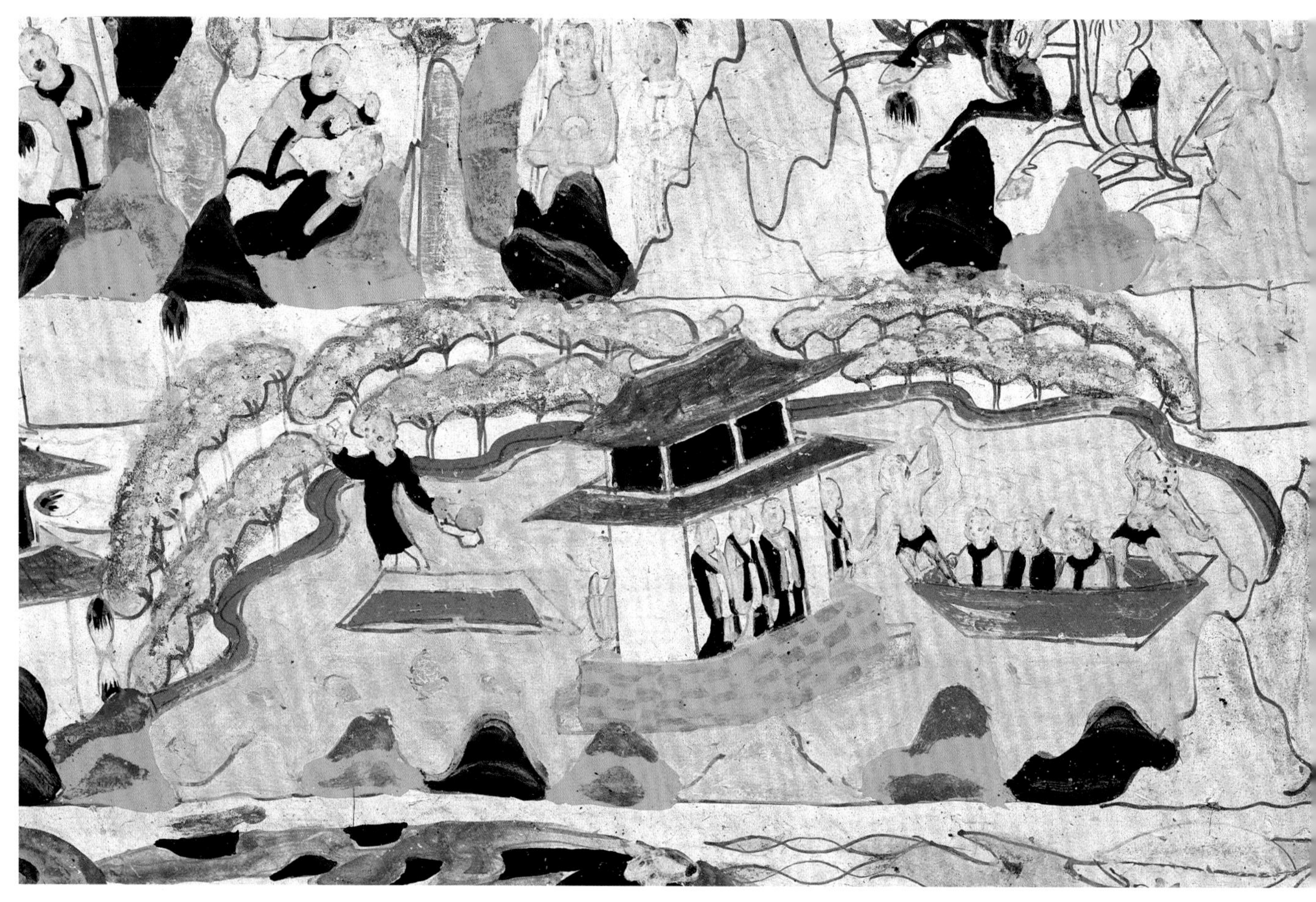

24 泛舟入海

在善事太子故事中，表現善事太子一行人泛舟入海的情節。圖中的大海像一個水池，在海中央有一座房子，表示太子前往取寶的龍宮。

北周 莫296 東坡

23 山中騎射 ◀ 見上頁

在“睒子本生”故事中，表現睒子在山中侍奉父母，不幸被狩獵的國王誤射，其後又得天人救活的故事。山中樹木茂密，流水清清，表現自然的風景。山水樹木色彩濃重艷麗，富有裝飾性。

北周 莫296 東坡

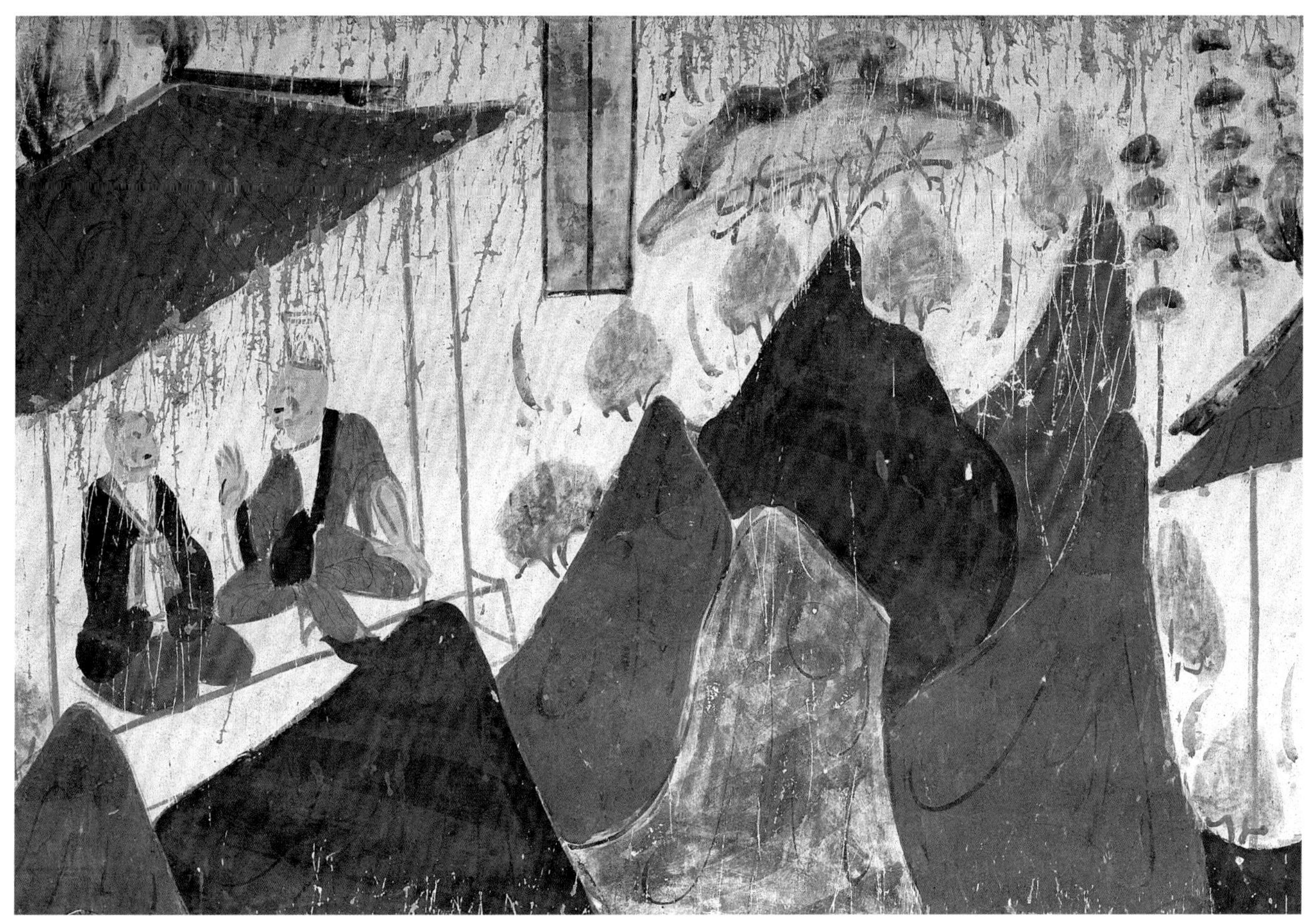

25 山下殿堂

在"須達拏本生"故事中，表現須達拏太子在宮中向父王求施白象的情節。殿堂一側的山峯用不同的顏色畫出層次。

北周 莫428 東壁

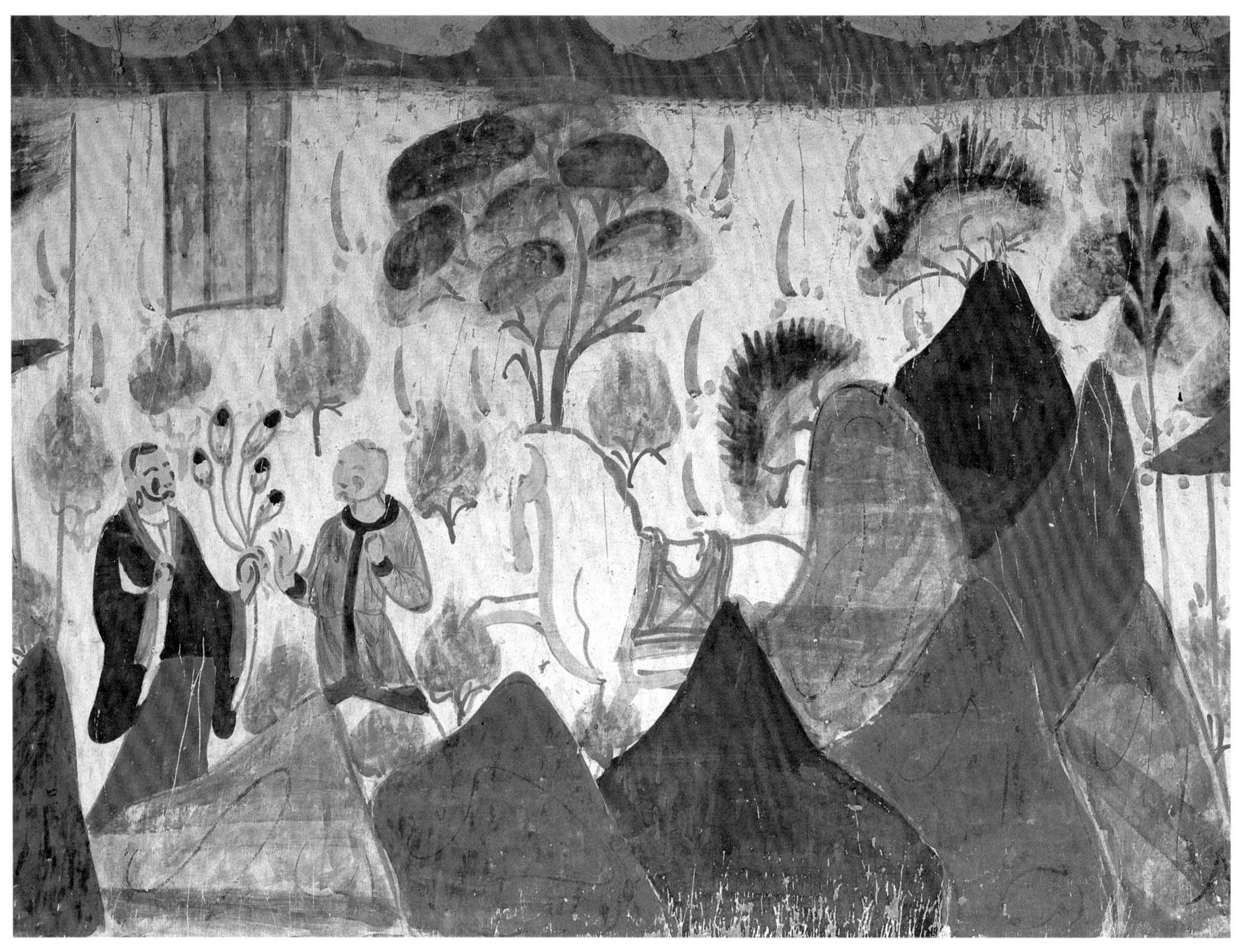

26 **山林出行**

在“須達拏本生”故事中，表現須達拏太子辭別父王出遊的情節。山峯用石青和土紅相間畫出，既是背景，又起到分割情節的作用。林木的枝條畫得柔韌而優美。

北周 莫428 東壁

第二節　繁縟的隋代山水

隋朝統一了中國，在短短的三十七年內，敦煌開鑿了七十多個洞窟，體現出隋代藝術宏大的氣魄。隋代壁畫中，故事畫大量出現，內容空前豐富，表現手法細膩而精緻。在長卷式故事畫中，山水景物被大量地描繪，雖然這是北魏以來就流行的形式，但隋代壁畫中山水樹木刻畫之精細與繁富卻是前代所無法比擬的。第419、420、423、303等窟的山水樹木都具有代表性。隋代畫家展子虔等都很擅長畫宮殿樓閣，在敦煌壁畫中可看出隋代的建築畫畫得很多。反映了中原新畫風的影響。隋末第276窟的壁畫還出現了表現岩石的新技法，對唐代繪畫的發展產生了深遠的影響。

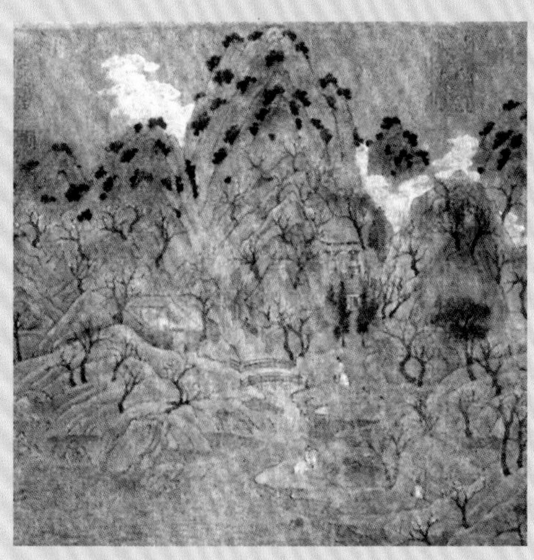

隋展子虔《遊春圖卷》(傳)

隋代故事畫繼承北周的傳統，依然用山水樹木作背景。但山水樹木在畫面中所佔有的比重越來越大，人物相對畫得較小。開鑿於開皇四年（公元584年）的第302窟，在人字坡頂上畫出了橫卷式故事畫“薩埵本生”和福田經變，作為背景，以赭色的山巒、綠色的樹木分佈在素面的牆上，顯得質樸而簡淡。這一時期不像北朝故事畫那樣用人物形象擠滿畫面，而是留出了一定的空白，畫面上部還有天空中飛翔的小鳥，這些富於想像力的表現，使畫面產生了一定的空間感。

第303窟在四壁及中心柱的下沿畫出山巒、樹木。北魏以來，在洞窟中的這一位置通常是畫金剛力士，山水作為金剛力士的背景。而在這個洞窟，第一次描繪出沒有佛教內容的山水。看起來最初是由於佛教的需要而畫出山水作為背景，在這裏則已經把本來固有的佛教內容拋開，成為純粹的山水畫了。儘管山巒形象及色彩的表現依然是漢畫的古老傳統，卻標誌着山水畫的審美意識已超越了表現佛教主題的需要。北朝的故事畫往往因為表現複雜的內容而把山水擠在畫面的下部邊上，但在第303窟卻沒有這種擁擠之感，四壁下部橫卷式畫面中，稀稀落落地分佈着山巒和樹木，樹林中還畫出鹿、羊等動物，或在覓食，或在奔跑，表現出山林自然的氣息。樹林的表現也很有趣味，有的整齊排列，有的則枝幹彎曲，呈現出如舞蹈般的動態，具有裝飾性。駝峯式的山頭也體現出不同的形態，山巒的用色簡淡而和諧，除了赭紅色以外，就是黑色、白色。山巒上由深到淺的着色方法，似乎類似於後來的"皴法"。

第419窟在窟頂人字坡兩側畫"須達拏本生"和"薩埵本生"故事畫，第420窟在窟頂畫出法華經變。這兩窟的畫法非常相似。在山嶽的表現上，比起北周以前那種光禿禿的山頭來，隋代壁畫中的山巒層次豐富，如第419窟的"薩埵本生"故事畫中，在山巒的上部往往畫出一層綠色的植物，就像帽子一樣，細密的線條，如草如苔。山巒重疊時，層次就變得非常豐富。這一手法，一直影響到唐代壁畫中的山水，如盛唐第217窟的山頭上就有類似的表現。這兩窟的山巒都用石綠、石青、赭石等多種顏色混合染出。由於時代久遠，壁畫大多已經變黑，但當初一定是十分絢麗燦爛的。

第420窟窟頂的法華經變中所畫靈鷲山，無論在造型上還是在技法上都表現得格外突出。靈鷲山是釋迦牟尼經常説法之地，一般認為是由於山中多有鷲鷹，因此當地人稱其為靈鷲山。也有的佛經説是因山的形狀似鷲鷹而得名，壁畫中的靈鷲山畫得就像一隻鳥，看來當時是根據佛經的內容創作的形象。

在第423窟，人字坡頂的"須達拏本生"故事中，通過連續起伏的山巒，形成波浪狀的曲線，組合成一個個單元，在這些圓形的畫面中，展開一個個故事情節。從畫面構成來説，打破了北朝以來那種橫長畫面整齊卻單一的格局，比較自然地表現山巒，使山水的表現走向一個新的階段。

隋代末年的第276窟，在南北兩壁與西壁交接處附近，分別畫出奇崛的山峯，北壁的最下部是一個山坡，上部是堅硬的岩石，頂部岩石向一側翹出，顯得很險峻。岩石用赭紅線條勾勒，在有的部分染出石青和赭紅色，表現出岩石的陰陽向背。在岩石上還畫出一些樹木。岩石與樹木、與人物的比例還不太諧調，但這與傳統的山岩畫法已完全不同，不再停留在對山巒的概括性籠統的描繪，而是把山岩作為近景來加以具體刻畫，強調岩石細部的質感。此後，敦煌壁畫中的山巒表現開始注重近景與遠景的區別，空間關係的表現進入了一個新階段。像276窟這樣對近景岩石的刻畫，除了在唐代第103、217等窟壁畫中可以看到外，在西安附近出土的唐李賢墓、李重潤墓壁畫中也可以看到。只是到了唐代，描繪得更細膩，岩石與樹木、建築之間的關係更加協調。

隋代對水的描繪也漸趨豐富。第420窟窟頂在觀音救難的場面裏畫出了河流與海洋中的水，一條河流由遠而近流下，河中有人遇難，河邊站着慈祥的觀音菩薩，向河裏伸出手臂，正在搭救溺水者。曲折的河流上窄下寬，體現出由遠至近的空間距離。左側的大海中有人遇難，數人乘着小船航行於狂風大浪之中，情況十分危急；右邊也畫出數人乘船航行於大海，一隻張着大口的怪獸正朝小船虎視眈眈。佛經上說凡遇到水災海難時，只要口頌觀音名號就可以消災免難，但畫面中的大海並沒有遼闊的海面，卻像小小的水池一樣，在水池中還長出蓮花。左邊描繪出風暴中的海浪，捲起的旋渦像是植物的藤蔓，令人想起彩陶紋飾中的波浪紋，那樣圖案化的處理方法仍是一脈相承的。由此可見，當時敦煌的畫師還未掌握描繪大海及波浪的技法。

同窟窟頂在羣鳥聽法的場面裏還繪有水池，佛坐在高台上說法，前面有很多鳥伸長脖子在聆聽佛法，山丘後面的水池中也有很多水鳥面佛靜聽，佛的身後是長長垂下的柳樹，環境優美，襯托出佛法的莊嚴。第420窟不僅在窟頂畫出河流、大海和水池，還在西壁佛龕兩側的維摩詰經變中再次描繪出綠色的水池，水池中蓮花盛開，水鳥嬉戲其間。一些隋代洞窟的說法圖中在下部也畫了水池，這是表現西方世界的淨水池，綠色染出的水池中，用細線勾出水波和漣漪。

隋代的說法圖中出現有大量的樹木。北朝以來，說法圖通常是在中央畫出佛的形象，兩側依次分別畫出菩薩和弟子，上部是華蓋、飛天。隋代的說法圖則往往在佛的身後或兩側畫出很多枝繁葉茂的樹木，形成了樹下說法的格局。有一部分樹木還可以辨認出特徵來，如松樹、柳樹、菩提樹、梧桐樹等。當然大多數樹木難以辨認其種屬，因為當時並非對景寫生，而往往是根據裝飾的需要來描繪的。第244、309、311、390等窟中，都可以看到說法圖中各種各樣的樹木，千姿百態，目不暇接。如果說在故事畫中的樹木主要是配合山巒而畫出的，那麼在說法圖中，樹木則要考慮與人物的比例關係，所以往往畫得很高大，於是樹幹、樹枝、樹葉等要素就刻畫得更為具體了。如第276窟南北兩壁的說法圖中，就可看出樹木的具體刻畫。北壁的菩薩身後的松樹體現出挺拔直立的特點，西壁的樹表現出梧桐枝繁葉茂的特徵，每一張樹葉都用線描具體地勾出輪廓；南壁的樹類似槐樹，樹葉採用“介”字點法。在每一棵樹粗壯的樹幹上，都仔細地畫出了樹的紋理。

隋代壁畫的山水風景中，山巒與建築相結合形成故事畫的背景，層次更加豐富。殿堂宅院大量進入背景畫面是隋代壁畫的一大特色，從佛經故事的內容看，除了有在野外山林中的故事外，還有很多情節是發生在宮殿豪宅內的。在造型上山巒通常都是曲線和圓弧形，而建築則往往是直線和折線形成的角，直線與弧線，使畫面中剛柔相補，豐富多姿。建築物的大量介入，使畫師更注重人物與景物的比例關係。隋代繪畫在比例方面有了很大的進步。

隋代是一個充滿變革的時代，也是一個承前啟後的時代，壁畫中的山水已經具有了山巒、河流、池水、樹木、建築等要素，並且初步形成描繪岩石、樹木、水波、風浪的技法，其中有些技法被後世所繼承、沿用。

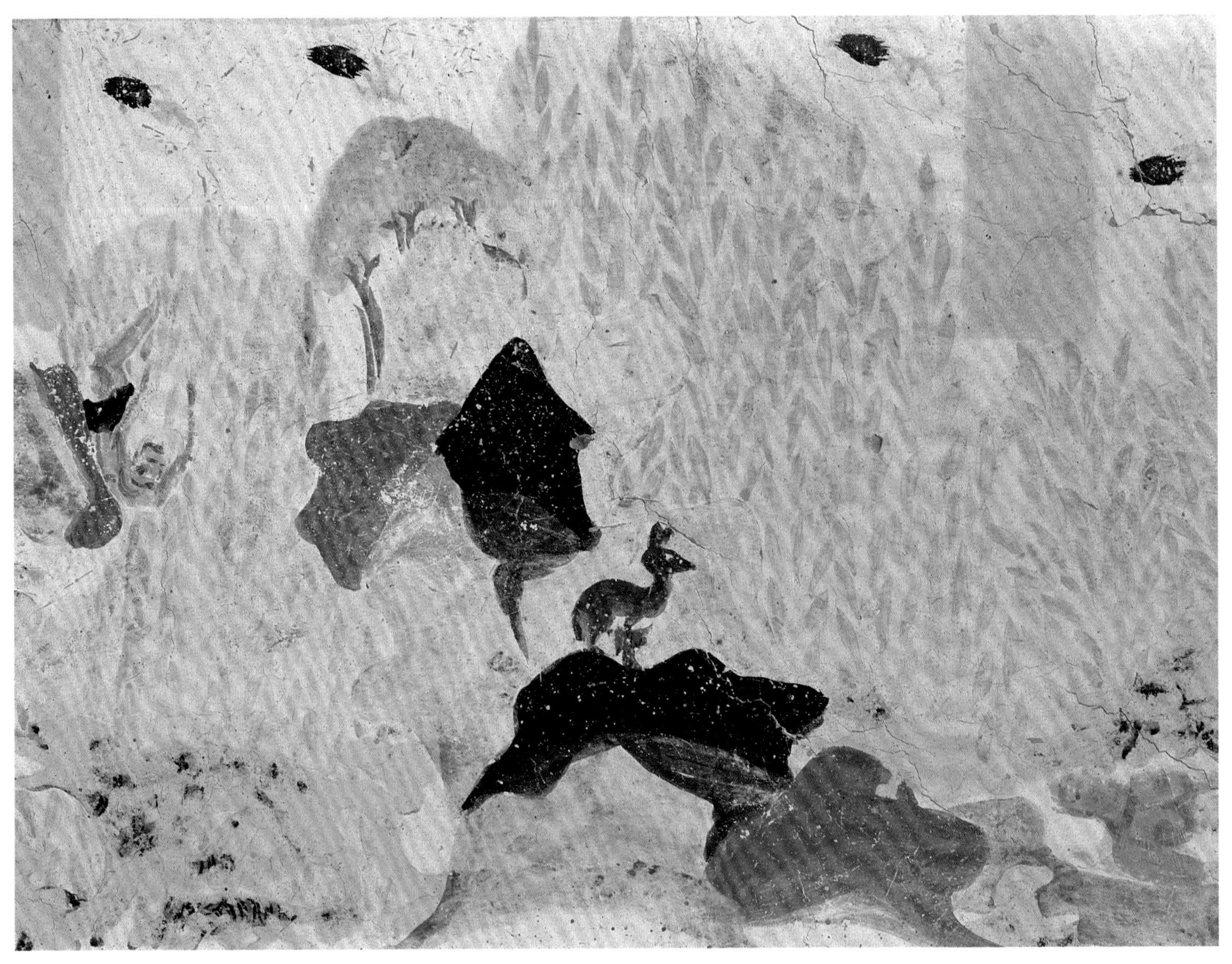

27 山頂小鹿

在“薩埵本生”故事畫中，站在山頂的小鹿驚恐地看着山下老虎吃人的場景。山峯錯落，色彩夸張，樹林排列整齊，形成圖案般的背景。

隋 莫302 西坡

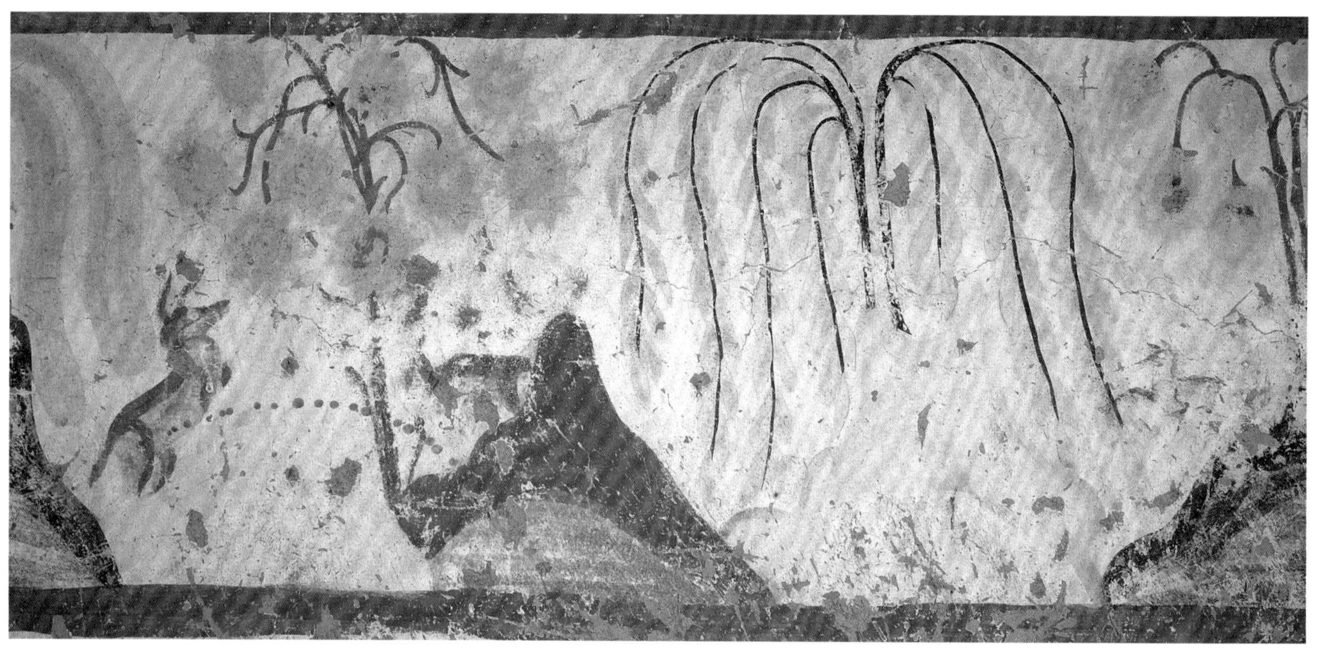

28 山中林木

山巒形態與北朝時期相似，依然是駝峯式，用黑、白、土紅等色分別染出，樹木富有圖案般的裝飾性。榆樹枝葉茂盛，一隻小鹿立起欲吃樹葉，柳樹畫得隨意自由。此窟四壁下部都畫出山巒樹木的景色，是莫高窟早期壁畫中十分獨特的一例。

隋 莫303 北壁下部

29 山林奔鹿

鹿羣在叢林中奔跑，躍過一道道山巒，山林中充滿了生氣。樹的枝幹隨意上下彎曲，顯得很柔韌，具有榆樹的特點。

隋 莫303 北壁下部

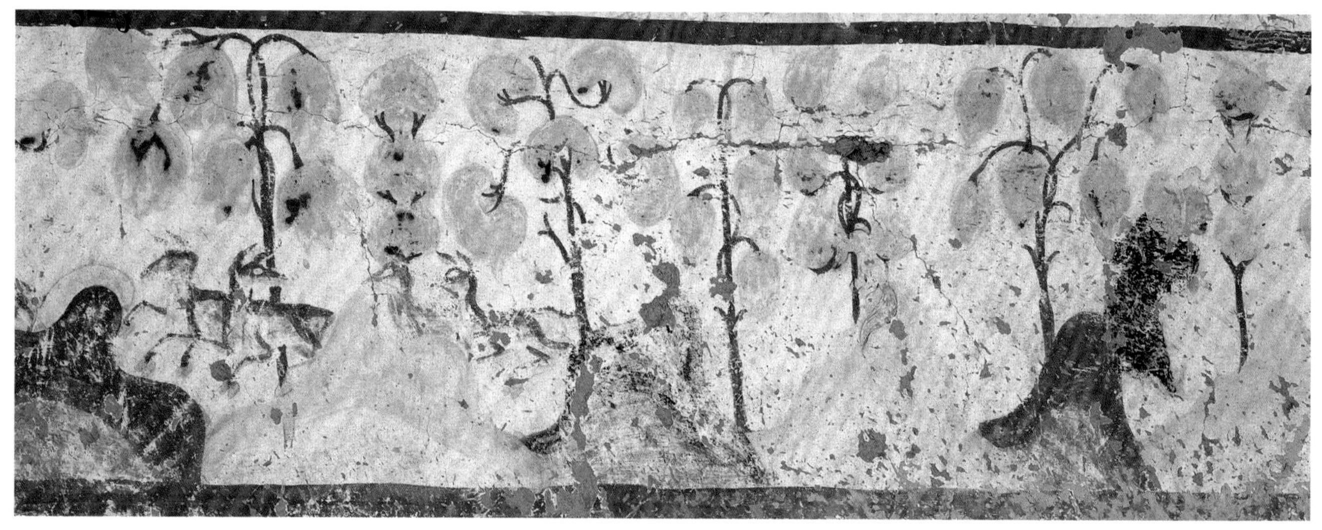

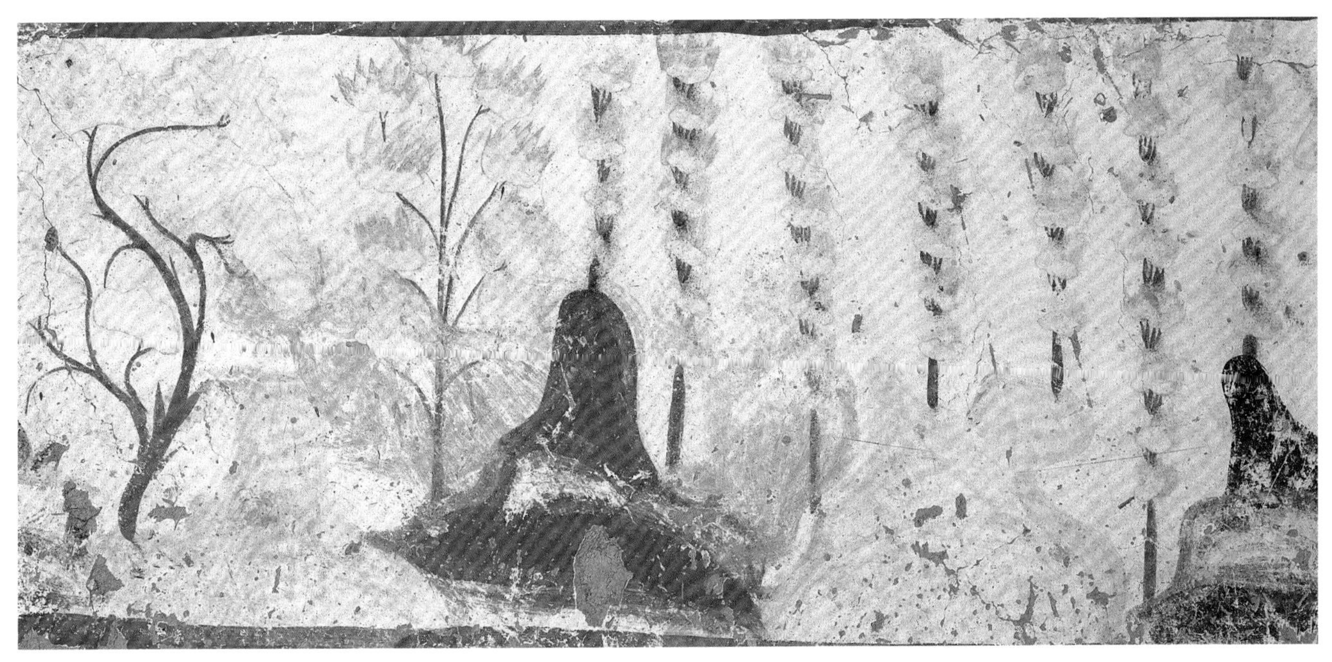

30 白楊樹林

一排筆直挺立的樹，有北方的白楊樹的特點。另一株大樹枝幹彎曲，似乎是由於強風的搖拽所致。樹木或直或曲，富有情趣，直者亭亭玉立，彎曲者有如舞蹈般的動感。

隋　莫303　南壁下部

31 山巒及樹林

山巒、樹木、動物構成了此窟山水畫卷的主要內容，山巒的描繪一種是以重色暈染，一種是不加暈染，其中以線描繪岩石的紋理。在山與山之間用色彩的濃淡來表現其層次變化，在顏色較淡的山巒中，可以看出表現山石紋理的線條，當初可能是根據這些線條的範圍來上顏色的。

隋　莫303　南壁下部

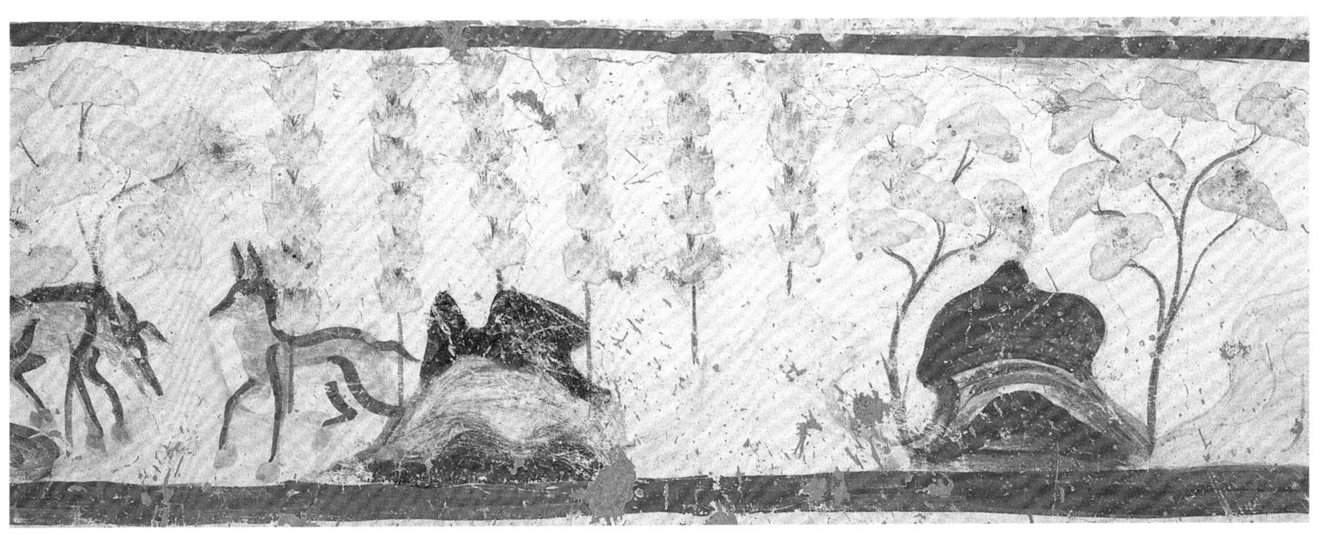

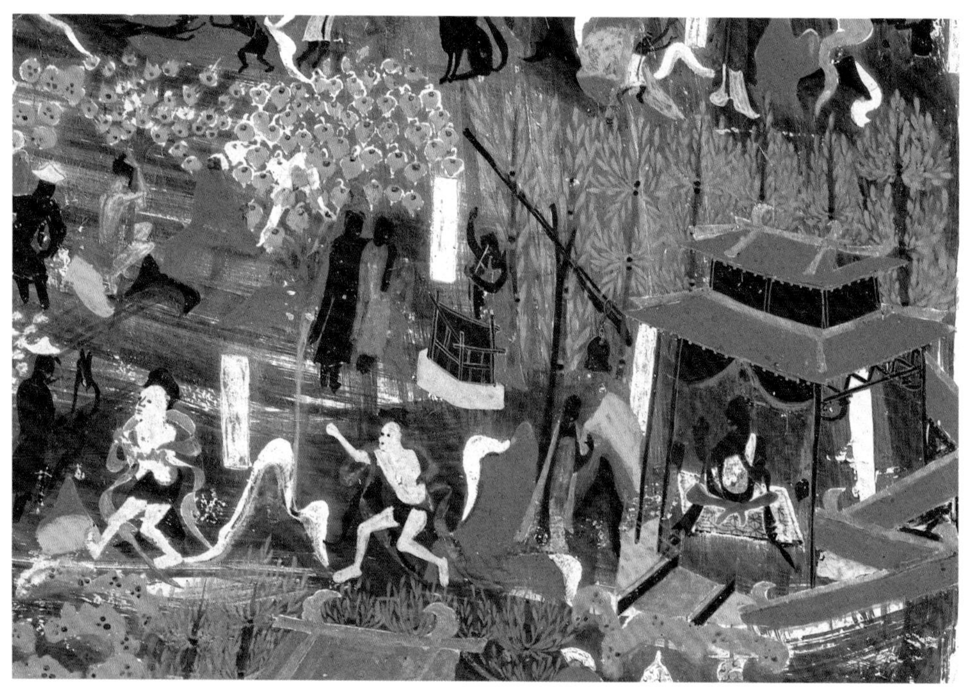

32 **山居**

“須達拏本生”講述國王將太子須達拏放逐到山中的故事，畫面上山中樹木茂密，太子夫人和兩個孩子正在井邊打水。壁畫用色厚重，現在大部變色，但仍可看出山巒和樹木運筆的線條之美。

隋 莫419 東坡

33 **山林出行**

須達拏太子乘馬行進在山林之間，由於變色嚴重，一部分畫面變得撲朔迷離，但仍可看出細部表現得非常細膩。樹木作裝飾性處理，形態多樣，山巒的畫法是用石綠色弧線強調了岩石的質感和層次。

隋 莫419 東坡

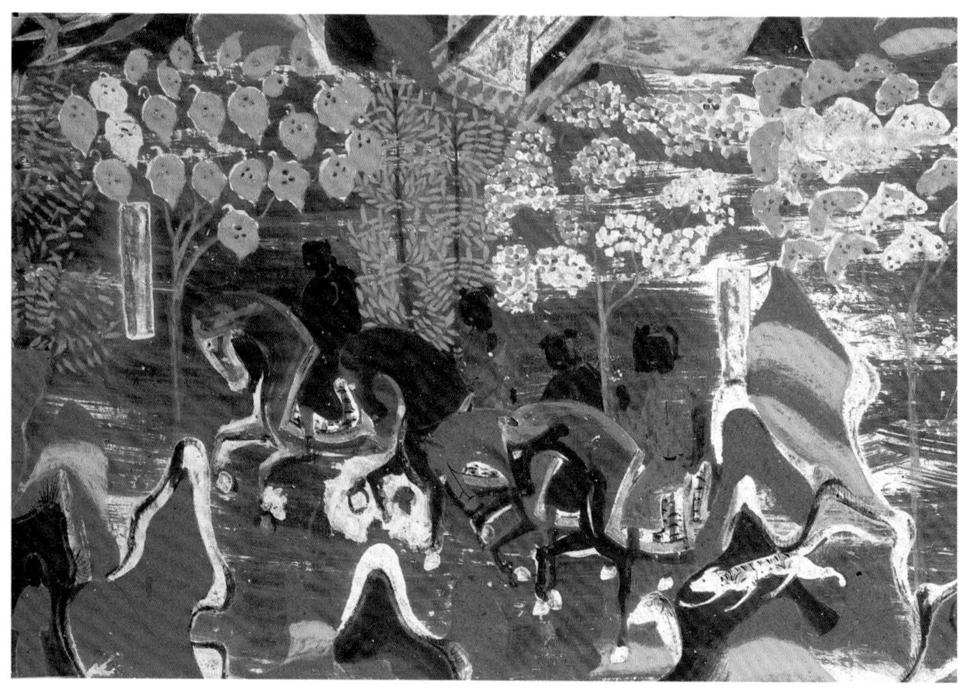

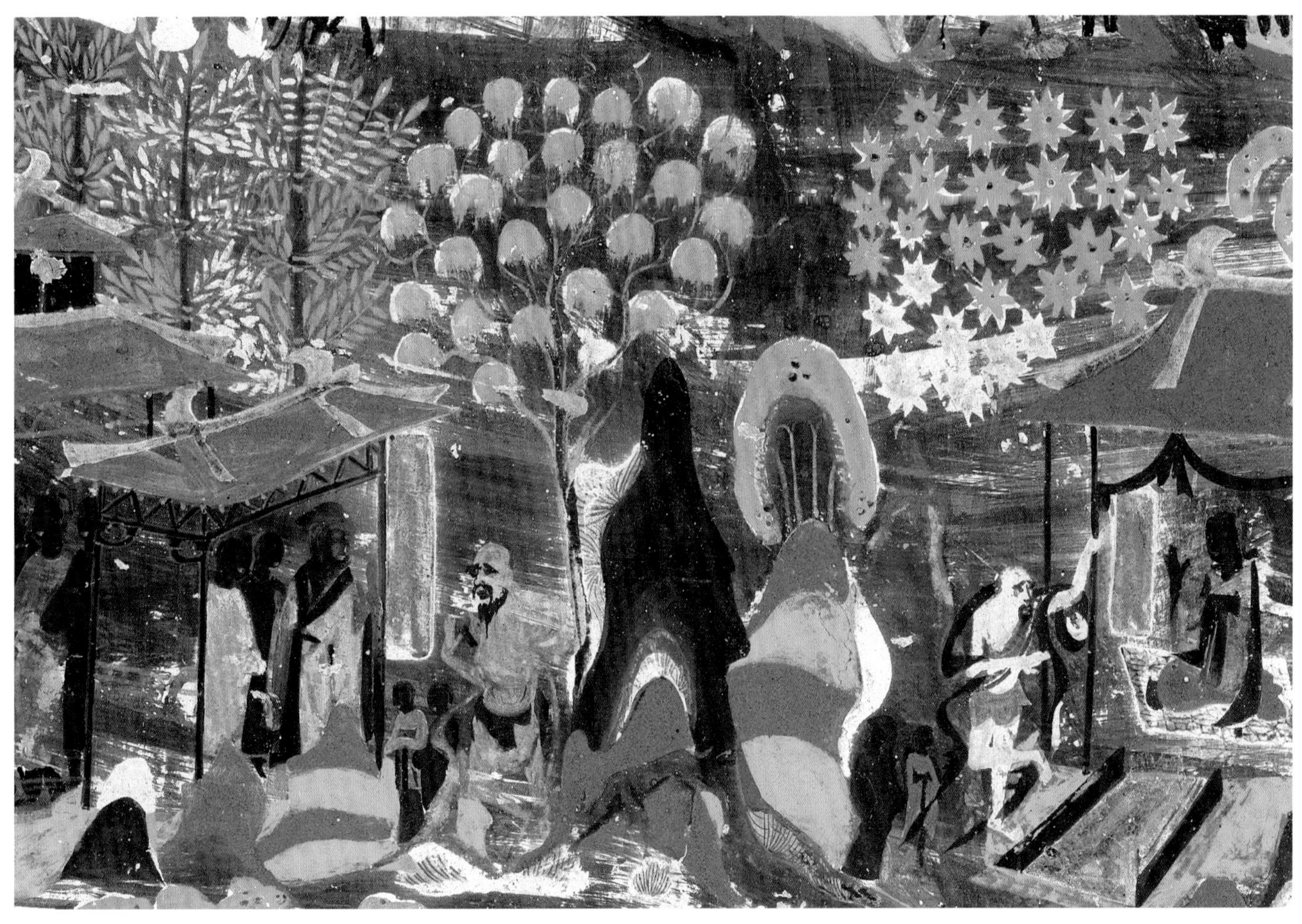

34 **山巒樹木與殿堂**

在殿堂之間，山巒將畫面分割成兩個情節。山巒的比例已經明顯增大，輪廓線靈活生動，色彩運用豐富，具有裝飾性。山峯上的林木與殿堂外的樹在比例上形成不協調的對比。

隋 莫419 窟頂東坡

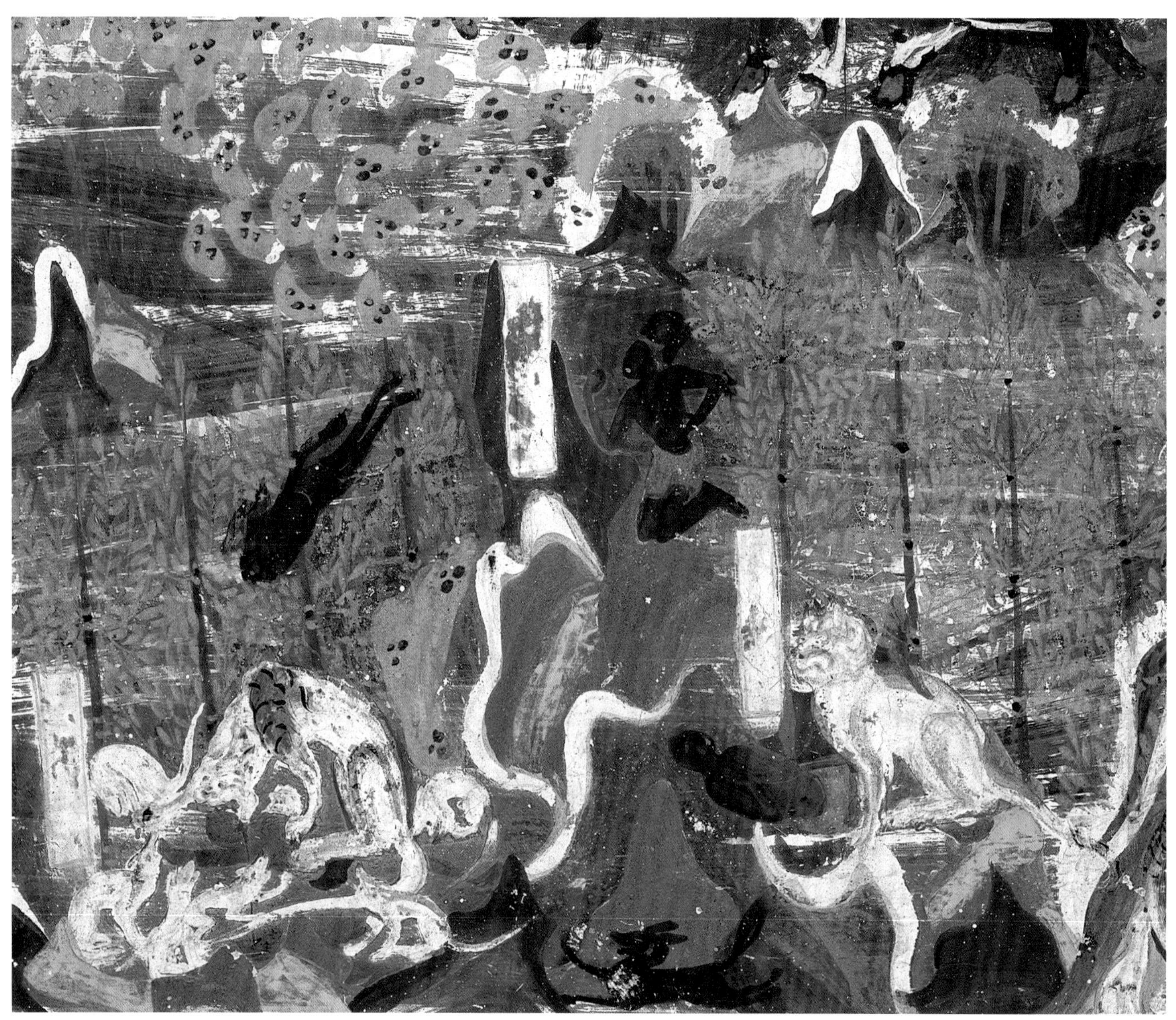

35 投崖飼虎

在“薩埵本生”中記述了薩埵王子投崖飼虎的故事。圖中王子從山頂跳下，山峯高大險峻，輪廓突出，背景用相對整齊的樹林襯托。

隋 莫419 窟頂西坡

36 山中餓虎

飢餓的雌虎蹲踞在山谷中，回首顧盼幼崽。在山峯一側聳立着高大的樹，樹幹粗壯挺拔，樹枝彎曲穿插，姿態自然生動。

隋 莫419 西坡

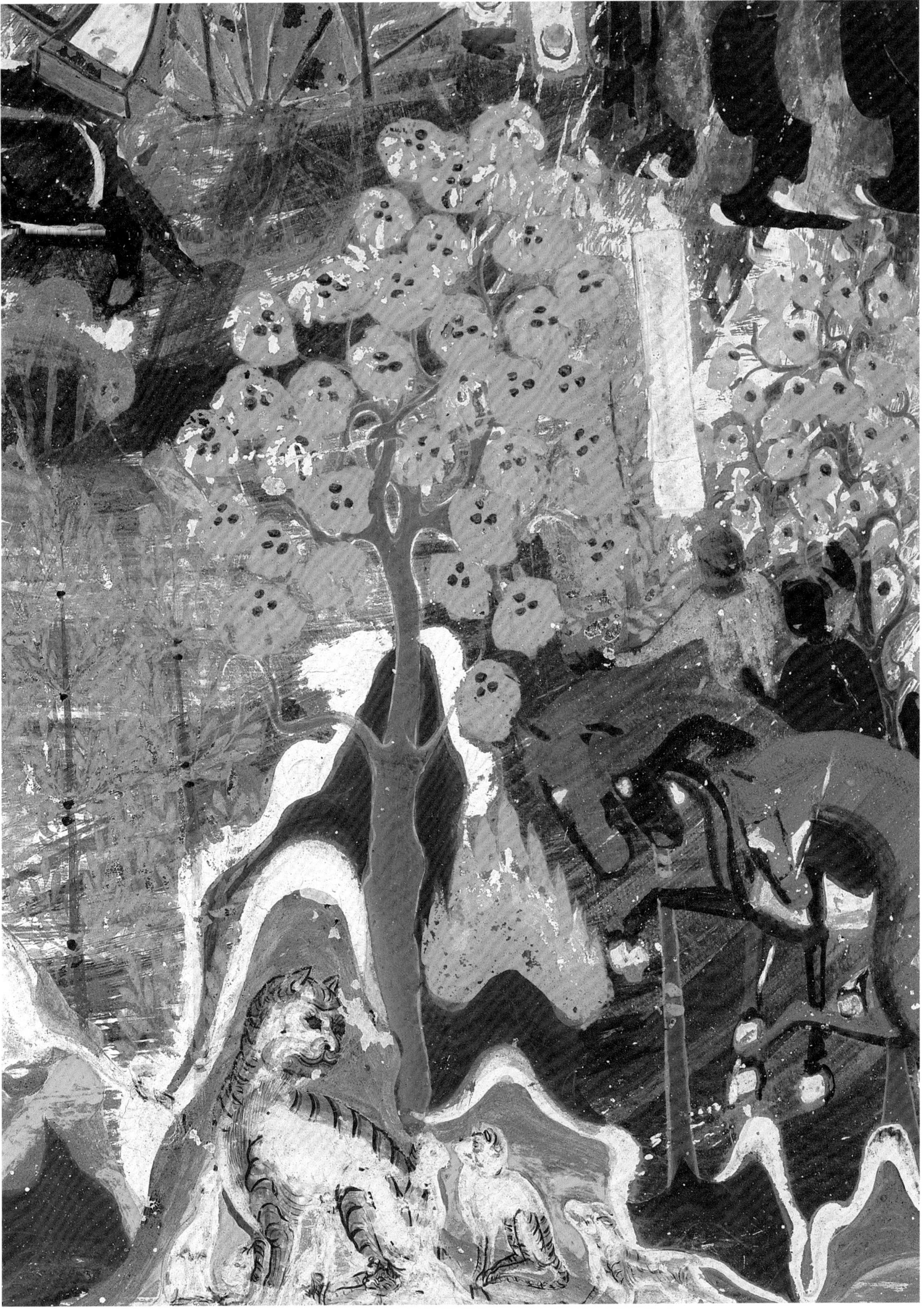

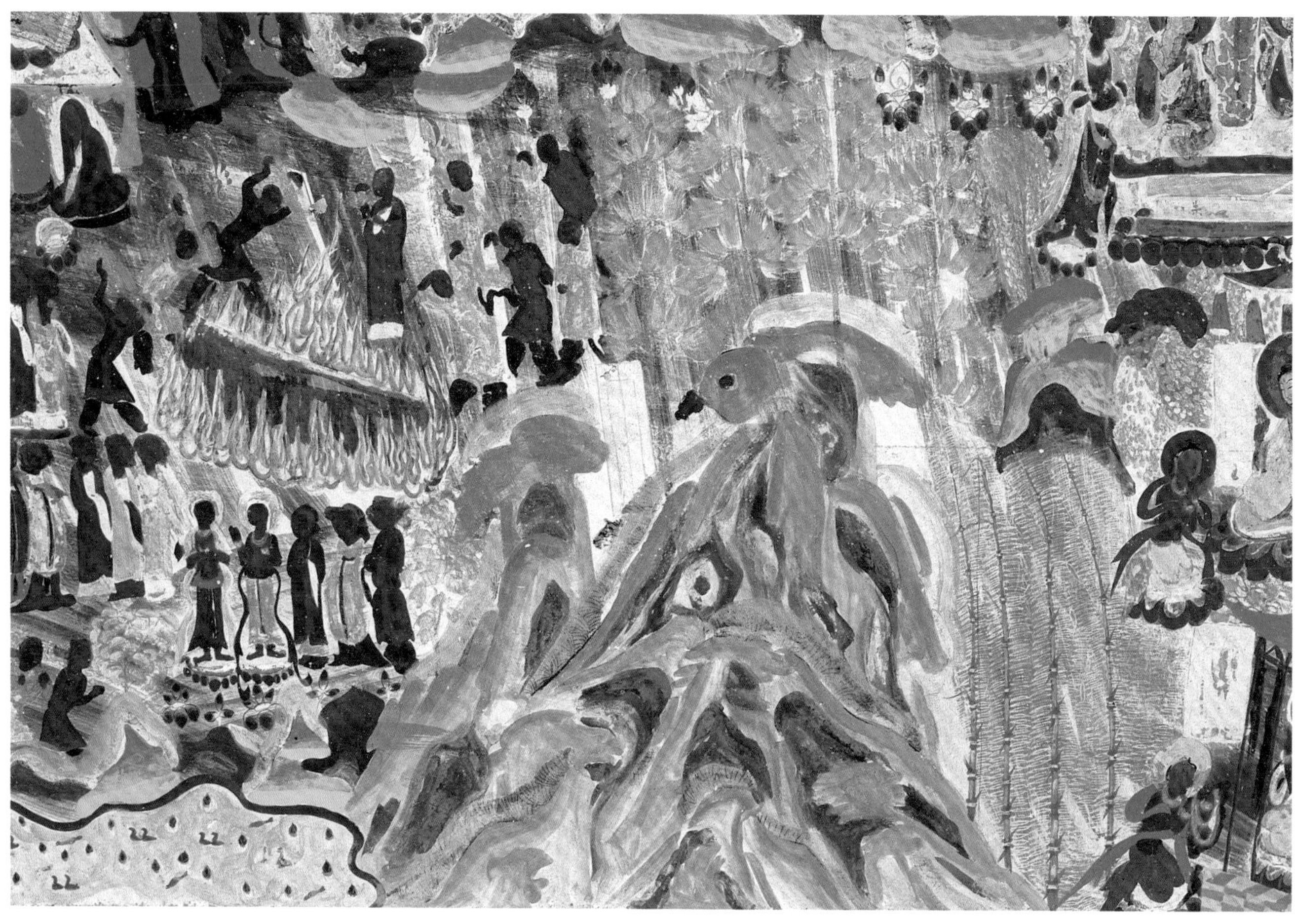

37 **靈鷲山**

靈鷲山是釋迦牟尼佛說法的地方，據佛經記載，靈鷲山因其形似鷲鷹而得名。圖中這樣高聳的山峯，在隋代以前的壁畫中尚未見到。山巒的輪廓染出綠色，並在其上繪密集的線條以表現植物，這是隋代的新畫法。

隋 莫420 東坡

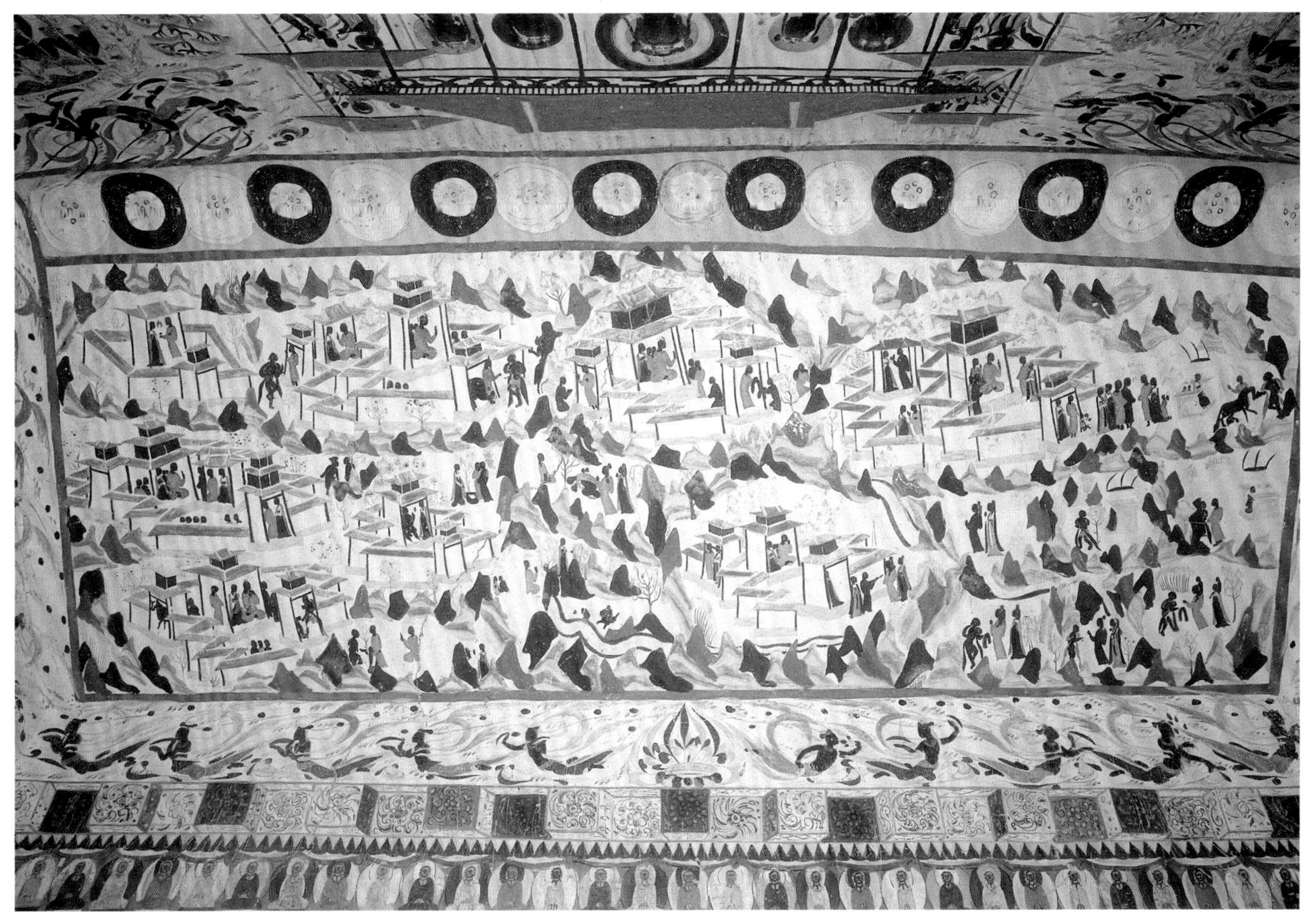

38 **山巒**

在"須達拏本生"故事畫中，通過連續而起伏的山巒，形成一個個大小不等的畫面，來展開故事情節，改變了早期的橫卷式構圖。山巒表現波狀的起伏，形成一種音樂般的節奏。

隋 莫423 東坡

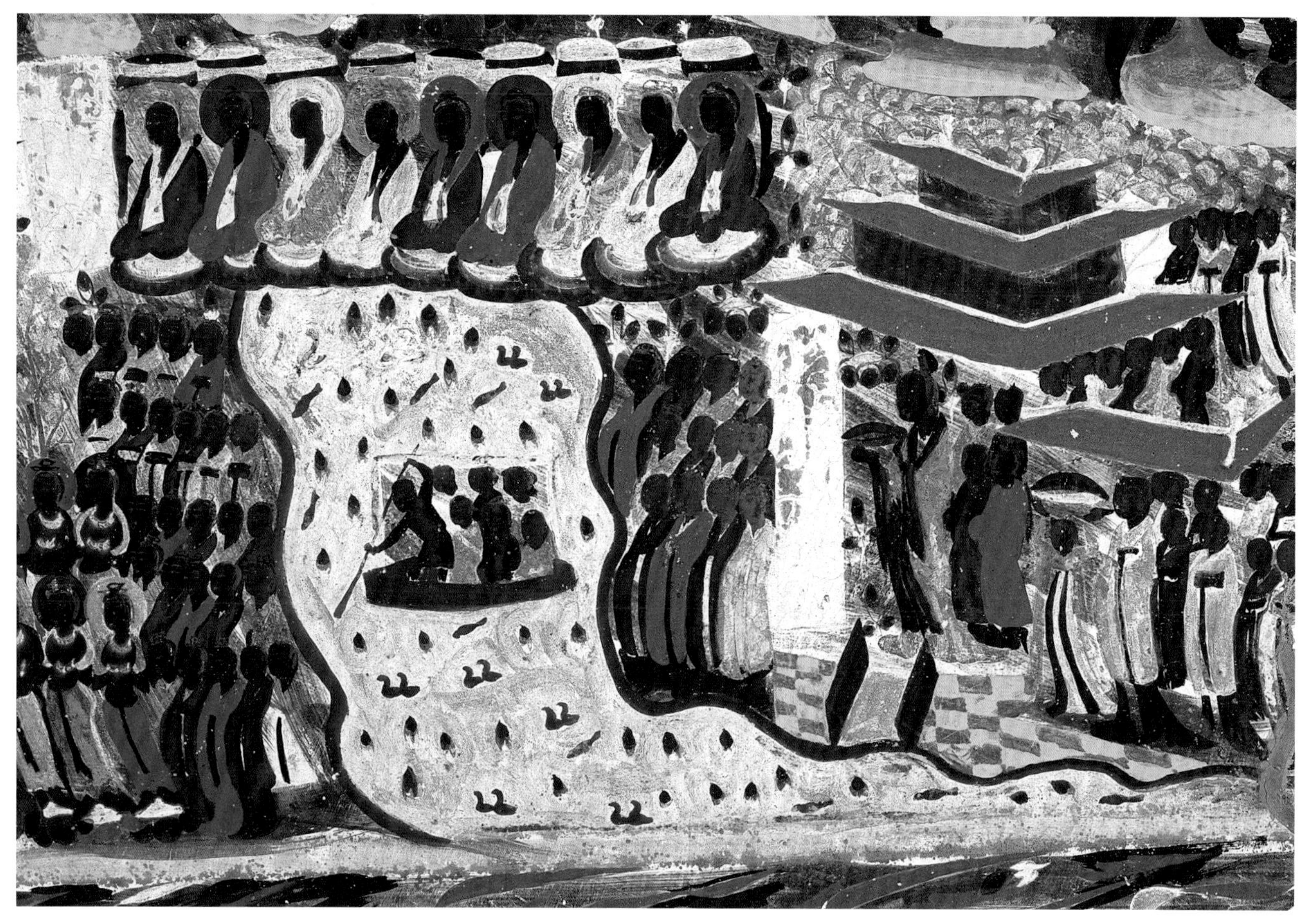

39 **渡海**

在宏偉的宮殿前，一羣人正在乘船渡海，水中漂浮着蓮花，並有成對的水鳥和大魚。海水用綠色畫出。

隋 莫420 北坡

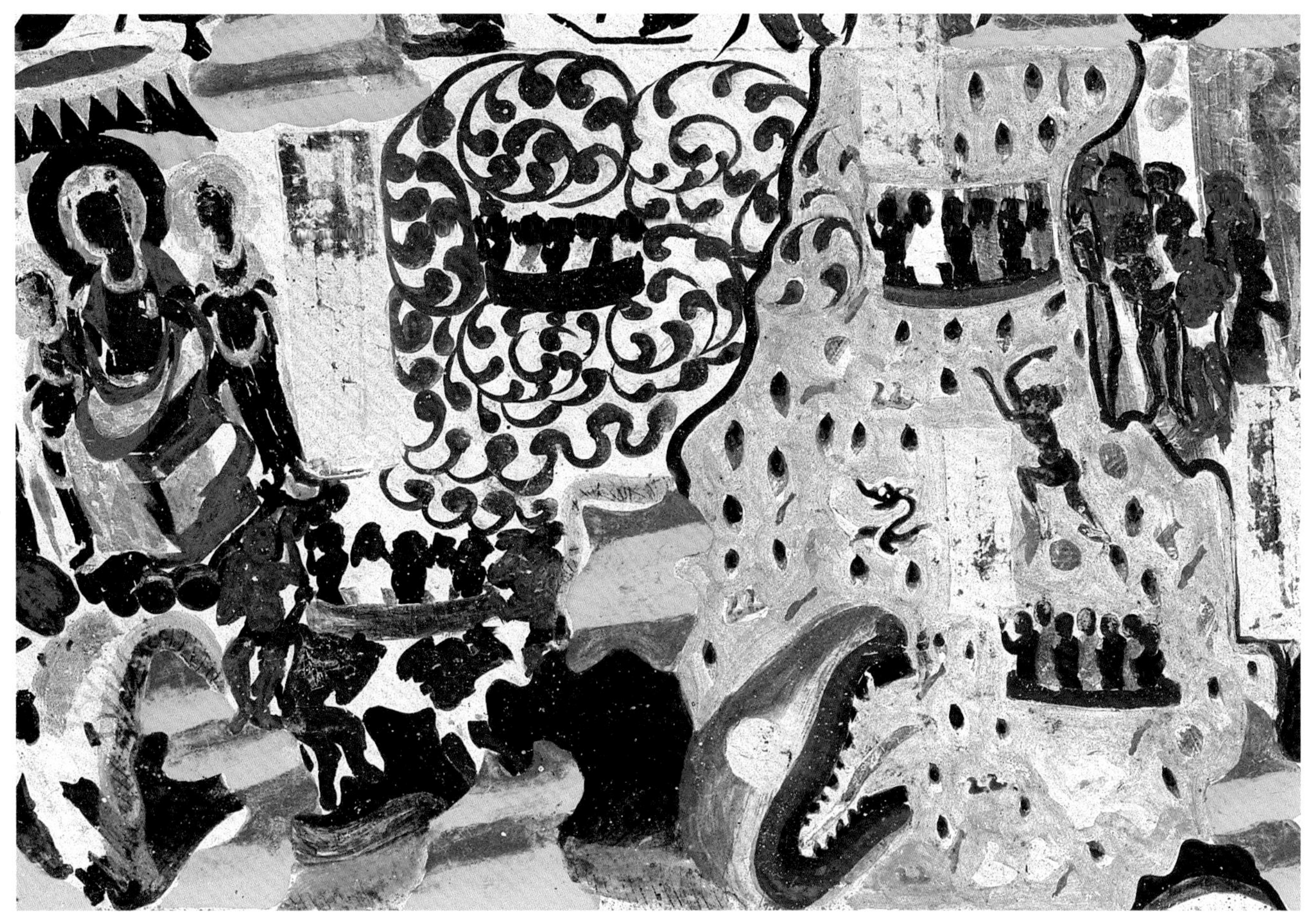

40 **海上風浪**

在表現觀音菩薩救海難的情節中，描繪人們乘船在海上航行，遭遇到風浪的場面。海浪層層旋轉，像是纏枝忍冬紋，具有圖案的特徵。

隋 莫420 窟頂東坡

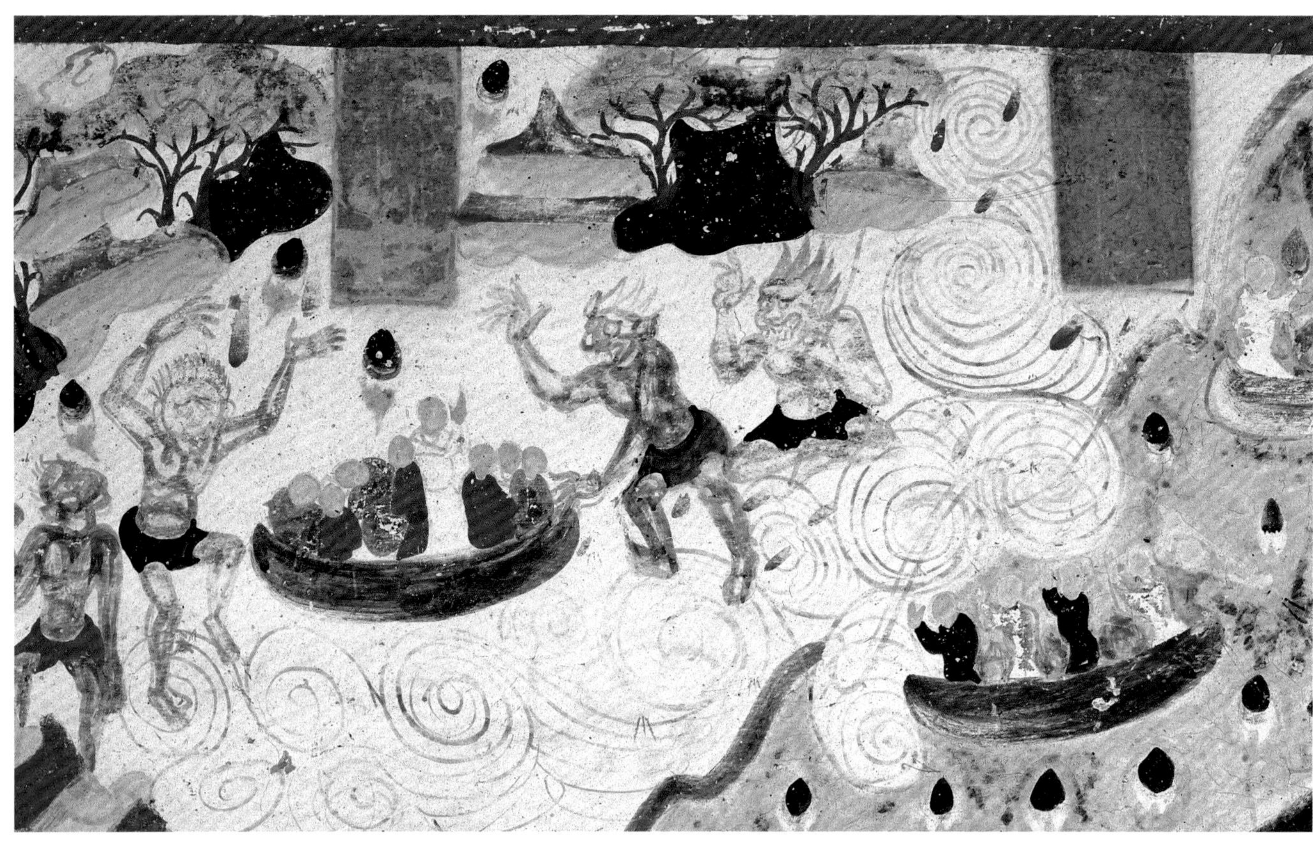

41 海上風浪

在觀音菩薩救海難的場面裏，人們乘船順流而下，河流的盡頭是大海，海中風浪大作。圖中用圓形的漩渦紋表現大海的波浪，具有裝飾性，這樣的畫法是承繼彩陶紋的傳統。

隋 莫303 窟頂東坡

42 說法圖中的樹

畫在說法圖中的樹是佛的象徵，樹的枝幹穿插呈魚形，富有裝飾性。

隋 莫302 南壁

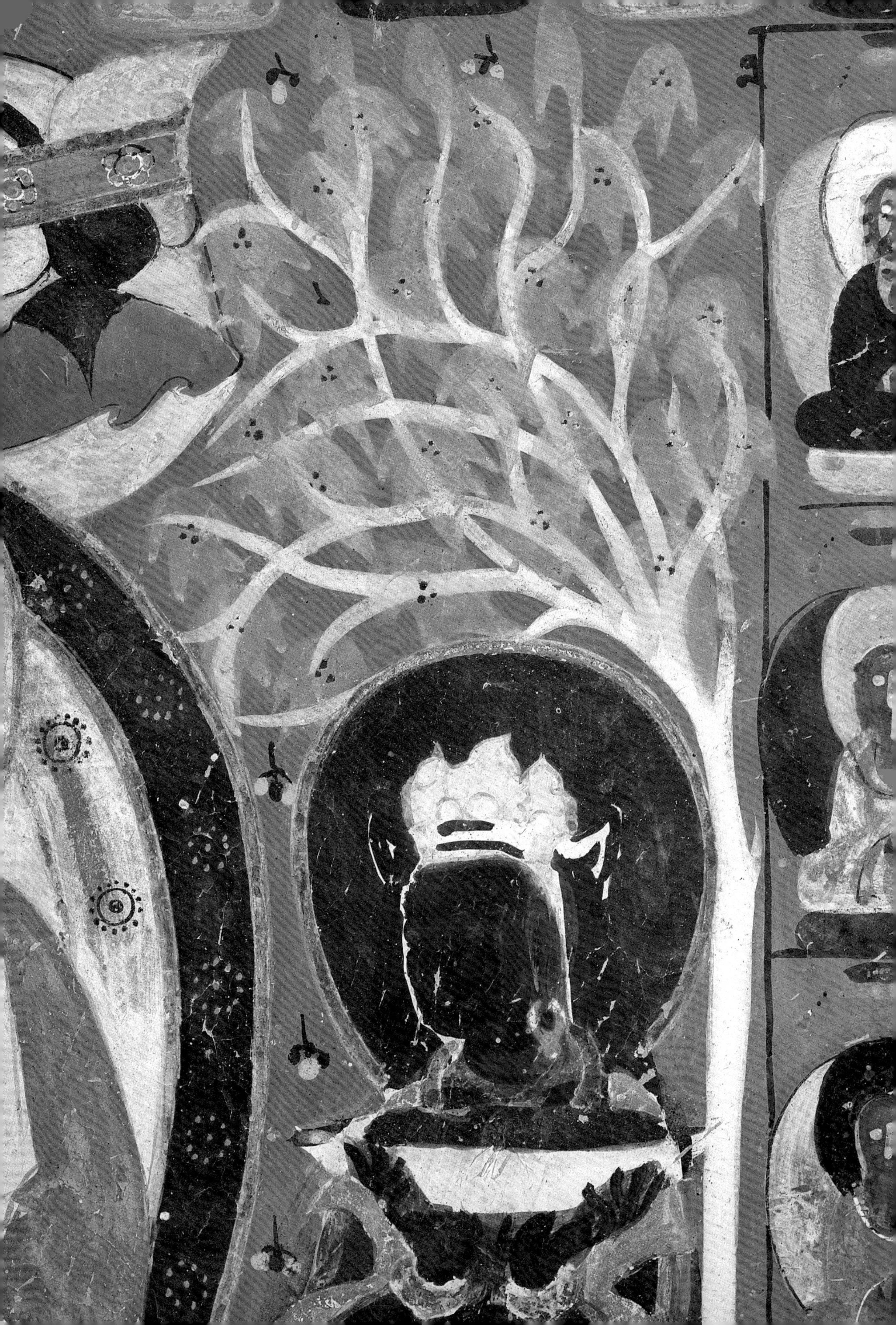

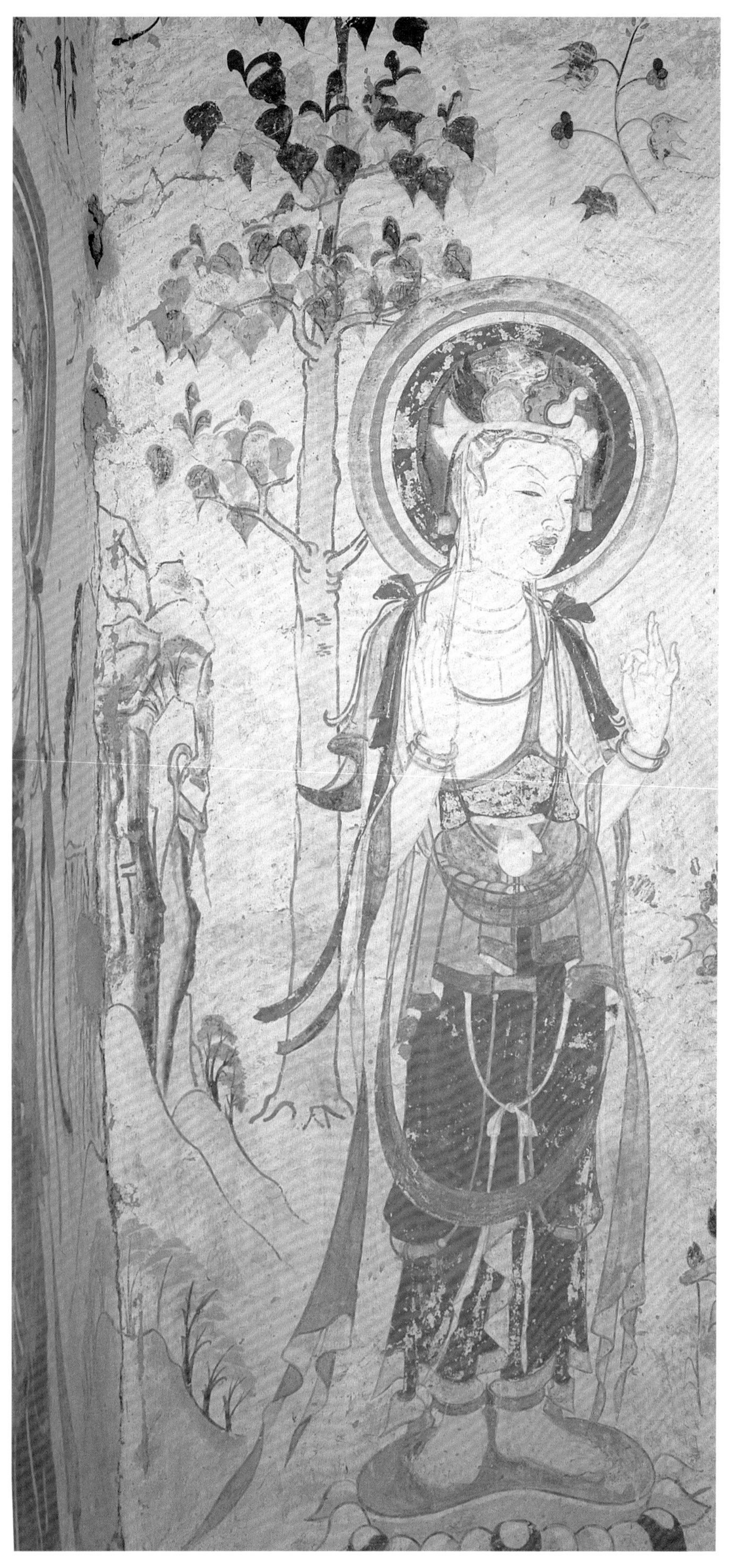

43 菩薩及山岩樹木

畫在菩薩身後的山峯、岩石，在輪廓線內，又以色彩加以暈染，表現出一定的立體感，山上長着樹木。菩薩旁邊的菩提樹，樹的根、幹、枝、節、葉都刻畫得很具體，其勾描技法對後世產生了深遠的影響。

隋 莫276 西壁龕外南側

44 樹

樹的枝葉刻畫得十分寫實，樹枝曲折有力，樹葉下垂，已經變黑，與其他洞窟的壁畫比較，可知當時是綠色的。

隋 莫276 南壁

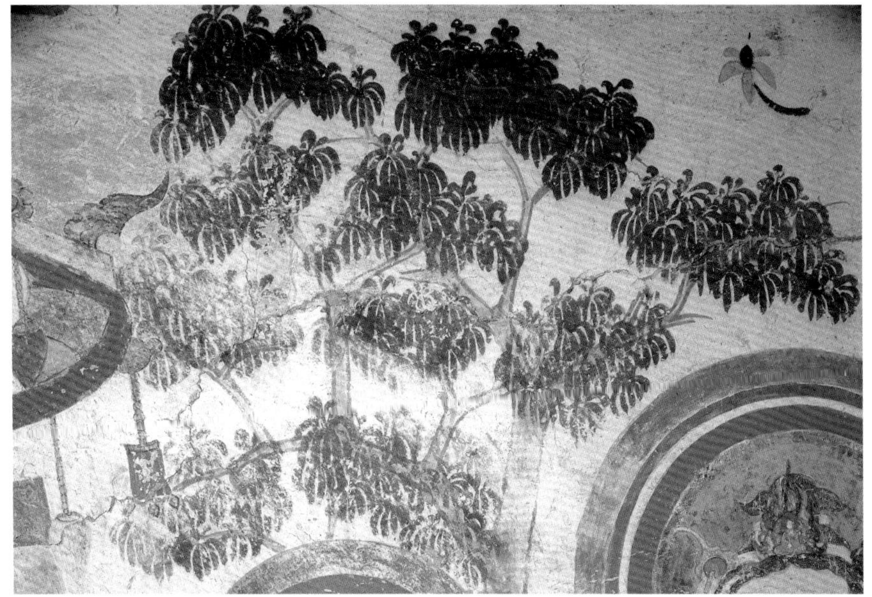

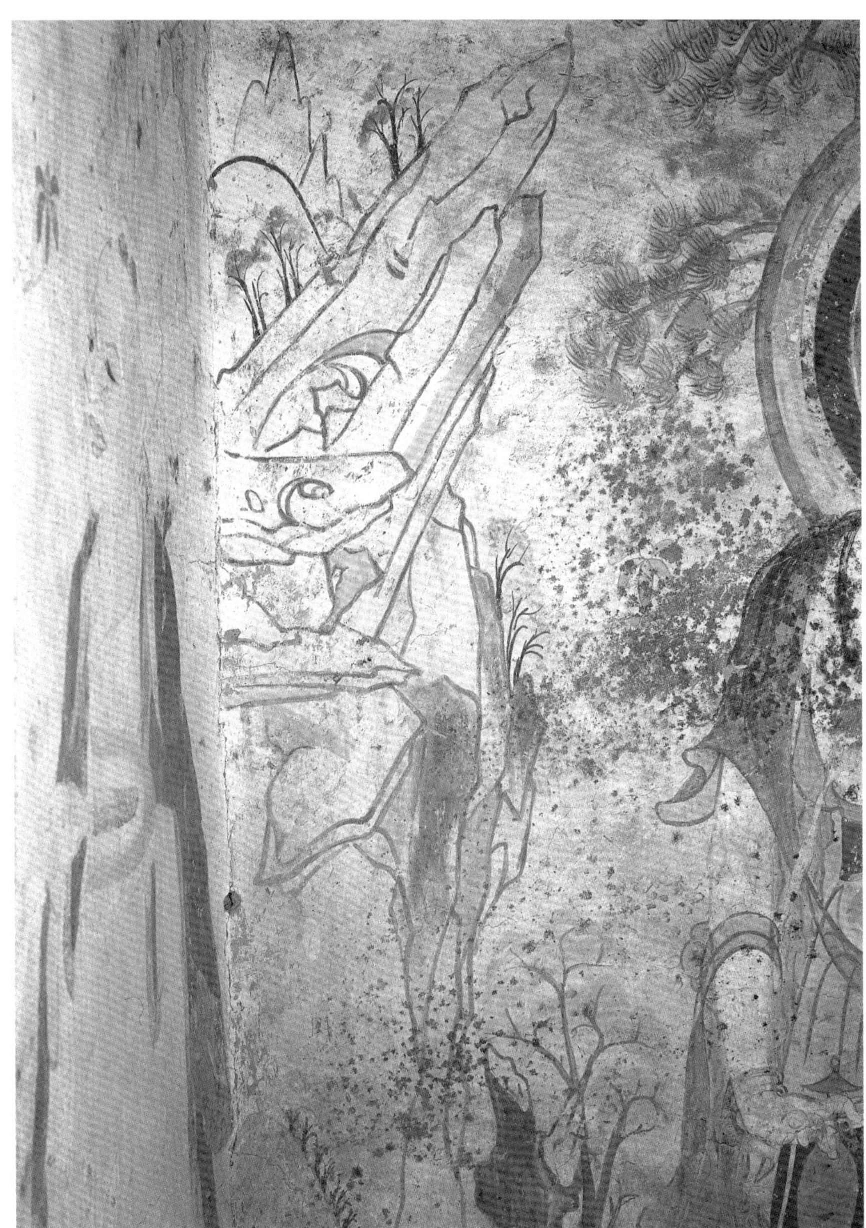

45 山岩

山岩崢嶸，上有岩洞，山岩一側的枯樹上生出新枝。石的描繪改變了早期那種象徵的畫法，而趨向於寫實，通過線描勾勒，表現出岩石的質感。

隋 莫276 北壁

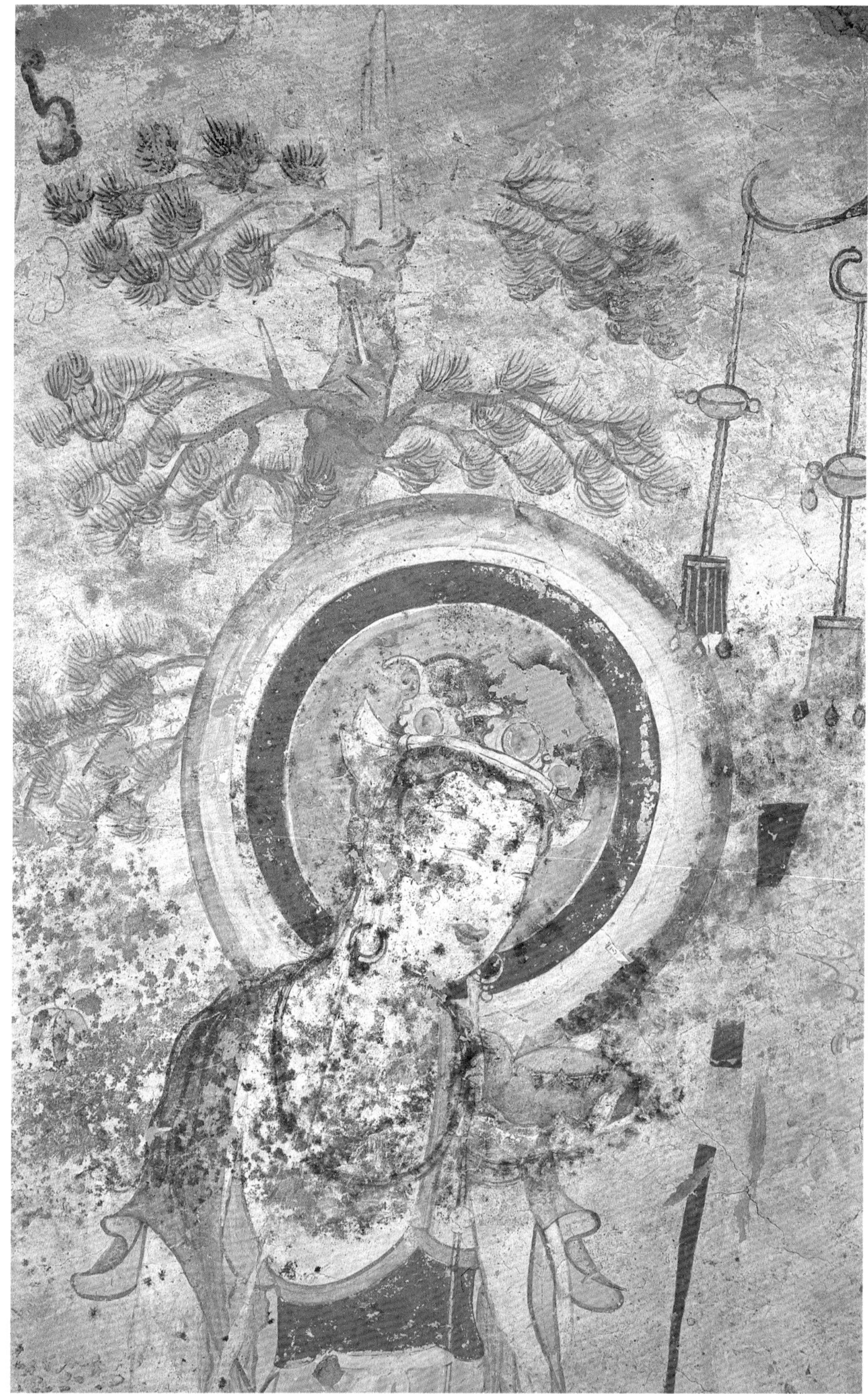

46 **松樹**

松樹的松針、樹幹、枯枝等描繪具體而寫實，明顯擺脱了圖案化的傾向。據記載，隋唐時出現了一些以畫松樹著名的畫家，提高了畫樹的技法，敦煌壁畫從側面反映這一史實。

隋 莫276 北壁

壯闊華美　氣度雍容

唐代前期（公元618—781年）

按敦煌石窟的分期，唐代前期包括初唐、盛唐。唐前期，隨着中國與西域諸國的頻繁交往，處於絲路要衝的敦煌已成為一個佛教文化的中心，長安、洛陽的藝術很快就能傳到敦煌，敦煌壁畫的發展差不多與中原同步。

文獻中記載的長安、洛陽一帶佛教寺院壁畫的經變畫等內容，絕大多數都能在敦煌壁畫中找到，説明當時敦煌壁畫藝術與中原寺院壁畫密切相關。在當時如吳道子、朱審、韋偃等畫家曾經在寺院壁畫中畫出了獨立的山水畫。敦煌雖然沒有出現完全獨立的山水畫，但如第217、103、148等窟的壁畫中的山水畫已具有相對獨立的意義了。

唐代壁畫中的山水畫不僅畫幅增多，而且在技法上越來越成熟，比例也逐漸協調。對山、石、樹木的刻畫細緻深入，巖石肌理、樹木的枝幹、葉以及雲、水的描繪技法都表現出一定的寫實性，對於空間的處理，已表現出一定的遠近關係，尤其是通過山水景物宏大的空間來烘托出佛國境界。從這些山水壁畫中，大致可以推知李思訓一派“青綠山水”的風格，同時，還可以感受到唐代多種山水畫風並存的繁榮狀態。

第一節　故事畫中的山水新格局

唐代以後，石窟裏流行大型經變畫，但卻依然有描畫得很生動有趣的故事畫，較有代表性的是第209、323窟。唐代故事畫與早期的相比，形式產生了很大的變化，首先是突破了橫卷式構圖，採用大空間的表現形式，山水不僅僅是分隔畫面的手段了，其次，在人與山水風景的比例方面，也逐步走向成熟。

初唐第431窟西壁，描繪出觀無量壽經變的“未生怨”故事。畫面採用了橫卷式構圖，但全部故事都在一座很大的宮城之中展開，宮牆外面是山崖和樹木。故事發展的順序不像早期壁畫那樣按一定的方向連續進行，而是根據畫面佈局的需要來安排情節。這樣，背景就可視為一幅相對完整的山水圖。

初唐第209窟南壁西側、西壁和北壁西側的故事畫，都採用縱向佈局的形式，作為故事畫背景的山水景物畫得很大。在佛說法場景中，人物的形象相對縮小，可以看出畫師是在有意擺脱“人大於山”的舊法，着重表現了山水景物。南壁西側，右邊畫一座大山，左邊畫三重山相疊，其間以曲折排列的樹木相連，近處橫着一條大河。兩組説法圖，分置於山與山之間，遠處畫了三座小山表示遠景，雲霞飄動，意境深遠。樹主要作為裝飾，沿山的輪廓線畫出，遠處高大，近處矮小，甚至有的如小草一般。大約是為了突出人物，又要考慮山、樹的裝飾作用，畫樹不按比例。這種山和樹的裝飾性，仍然承襲了早期山水畫的特點，但已注意到了山水景物的空間層次感。色彩上改變了早期那種青綠相遞疊染的方法，而用大面積的綠色染出，又以赭色相間，以表現層次。第209窟西壁佛光兩側，還保存赭紅色線條勾出的山石輪廓，對照隋代第276窟的山水畫，可以看出它們的一致性。大面積的青綠染色，烘染出草木朦朧的效果，使山水意境更加完整。

盛唐以後還出現了一種佛教史跡故事畫，主要表現佛教歷史上的一些故事和傳説，第323窟就是典型的代表。此窟的時代有人認為是初唐，但從山水畫的特徵來看，它屬於盛唐的類型。由於變色嚴重，大部分壁畫已經失去本來面目了，但從蜕變後的痕跡中仍可窺知當年的絢麗。南北兩壁的佛教史跡故事畫並沒有按故事發展的順序來構圖，而是以山水統攝全圖，在山水畫分隔出的空間裏，描繪一個個故事場面，山水畫成了壁畫構思中首先考慮的問題。南壁的三組故事畫，用兩組山脈把畫面分成三段。左側的山脈呈“之”字形，左下部又有一組小山相呼應。右邊一組山脈大體呈“C”字形，環抱故事畫，壁畫最右側上部又有一組山崖與之相照應。在兩組山脈之間，還有一組山峯聳立，把兩

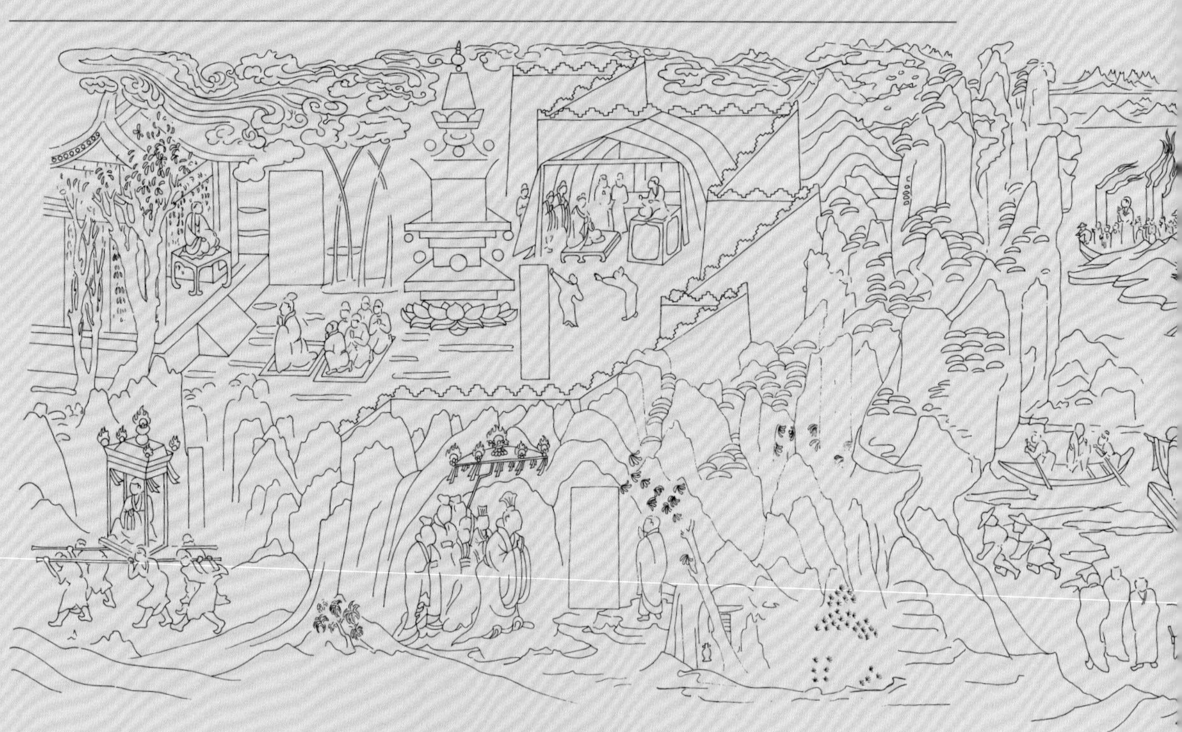

莫323窟佛教東傳故事畫

組山脈連繫起來，這樣，兩組山脈在橫長的畫面中形成了穩定的結構，主宰着全壁，使山水連成一氣，綿延壯闊。遠景的山水則通過曲折的流水相連繫，由近景到遠景，層次豐富而境界遼闊。

第323窟山水畫最引人注目的是遠景的畫法。如北壁張騫出使西域的故事畫，描繪漢武帝在與匈奴的戰爭中獲匈奴的祭天金人，於是派張騫到西域問金人名號，從而得知為佛。這個內容是根據《魏書》的記載描繪的，但與東漢佛教傳入説的歷史不符。畫面中近處描繪張騫辭別漢武帝的場面，人物畫得很大，在左側的山巒中，畫出張騫與隨從人員漸漸遠去的身影，人物越遠越小，人與山水比例諧調，表現出自然的空間透視感。南壁的“石佛浮江”故事，描繪的是西晉時期，吳淞江中有石佛浮於江面，風浪大作，當地人民乘舟接石佛供奉於寺院，隨即風平浪靜。畫面的遠景中畫出一些人看着閃閃的佛光，指指點點。這一組人物畫得最小，只能看出大體形象，看不清面目。中部的一羣人在江邊遙禮石佛，這一組人物比起遠景中的人物來，要大一點。靠下部的近景中，人們迎接石佛的到來，人物畫得大而具體。這樣由遠及近，通過江水連繫起來，表現出遠近空間的關係，山、水、人物的比例都十分協調。由於山水的遠近關係趨向合理，大大增強了畫面

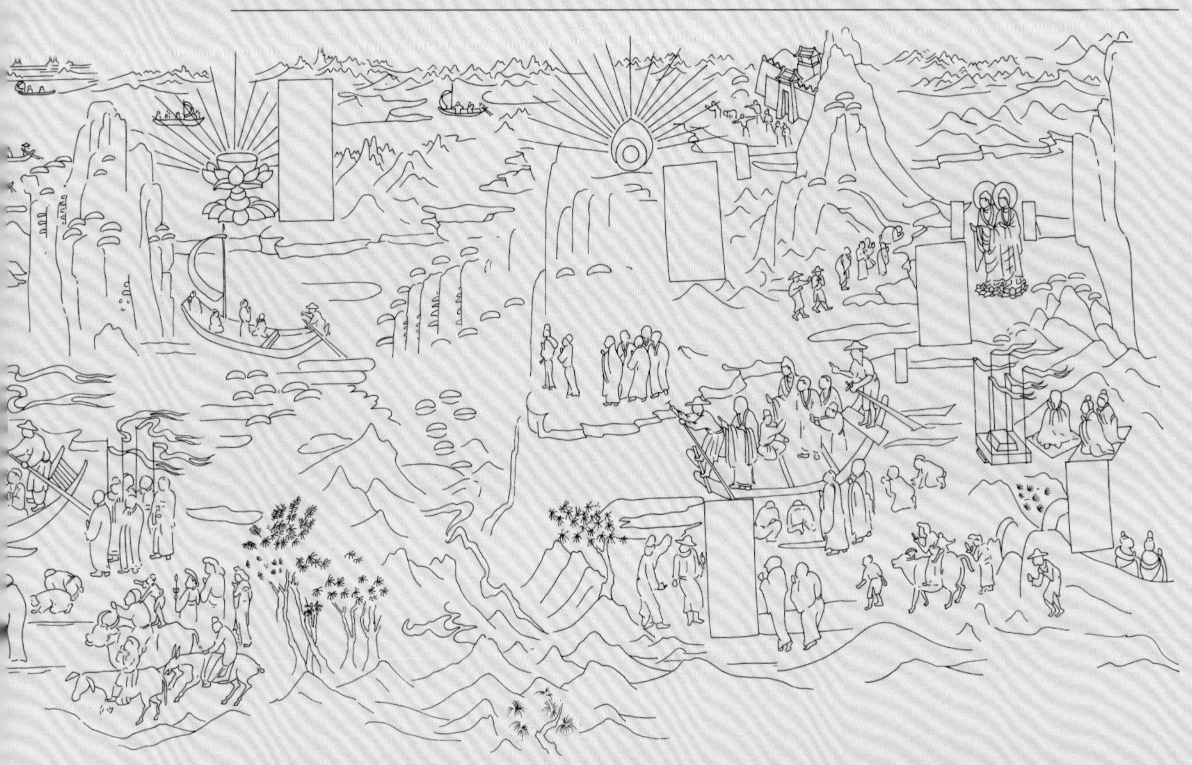

的寫實性，同時也使全壁的山水畫具有了完整性。

對遠山的表現是全畫的得意之筆，特別是遠景中畫出帆船，頗有意境。北壁上部表現康僧會從海上來到東土的情節，大海中一葉扁舟，隱約可見舟中數人。南壁的遠景中有幾處畫出了小舟，與山水相映成趣，表現了煙雨迷朦的江湖景色。儘管線色脱落，但是仍可看出近處的波浪和遠處的河流，特別是遠景的點點帆影，頗有唐詩中“孤帆遠影碧空盡”的意境。由於變色比較嚴重，山水及人物的輪廓線都看不清了，遠山的顏色都變成了黑色，竟顯出幾分水墨畫的味道，因此有人誤認為此窟壁畫是“沒骨山水”。這是由於不了解敦煌壁畫變色的情況而產生的誤解，按照唐人繪畫的習慣，多是採用線描施彩的辦法，即在鮮艷的色彩之上勾線，而隨着時代的推移，表面的墨線往往較易脱落。

由於遠景的表現，大大擴展了山水畫的空間，真正體現出唐人所樂道的“咫尺千里”的效果，成功地處理了近景遠景的關係，使山水畫進入了成熟階段。第33窟南壁的彌勒經變中，也在上方畫出遠景山水，使人感到畫面中的人物好像活動在無限遼闊的原野中。

在第323窟東壁的戒律畫中，遠近關係表現得較為曖昧。這是由於畫面表現的不是完整的故事，而是一個個並列的內容。類似的處理手法，在第45窟南壁的觀音經變中也可以看到，畫面中央是觀音菩薩像，兩側畫出“現身説法”及“救苦救難”的場面，這裏山水又用於分隔畫面，然而，與早期故事畫不同的是，作為背景的山水，在每一個具體畫面中都有着相對真實的空間感。

值得注意的是第323窟還有幾處表現雲的場面。本來在早期的壁畫中就已出現很多雲，但大多是描繪佛、菩薩及天人等乘雲來去的場面，那樣的雲是佛、菩薩、天人等的乘騎，帶有很強的象徵性，並不是自然景色中的雲。但在第323窟北壁中描繪了佛圖澄舉杯灑酒化為雨，撲滅幽州城大火的神異故事，畫面中高僧佛圖澄舉杯向上，一朵烏雲向上升去，山巒的後面有一座城，城樓中火燄升天，空中的烏雲化為大雨，傾盆而下。同窟南壁西側，在遠景中描繪出一朵雲霞，由於變色，我們無法得知當時是甚麼色彩，但在遠山中的一片雲霞，的確是很美的。南壁表現隋代曇延法師祈雨的故事，城內曇延法師坐高台上，正作法求雨，天空的烏雲向中央聚集。中央的雲中已降下了大雨。這些故事雖然充滿了神話色彩，但畫面卻是按現實中的自然現象描繪出來的。大火燃燒，烈燄熊熊；烏雲翻滚，大雨如注。都可以形成獨特的風景，唐代畫家們最早注意到並描繪出了這些自然奇觀，為中國繪畫史留下了珍貴的資料。

第323窟的山水中，樹木的表現也頗有特色。在近景中有枝繁葉茂的大樹，在山崖和遠景的山丘上畫出附着於山體的蘑菇狀樹叢，有的如草叢一樣。在一些險峻的高山上還畫出藤蔓垂下。分佈在山峯中的這些豐富的植物形式，使畫面充滿了生機。

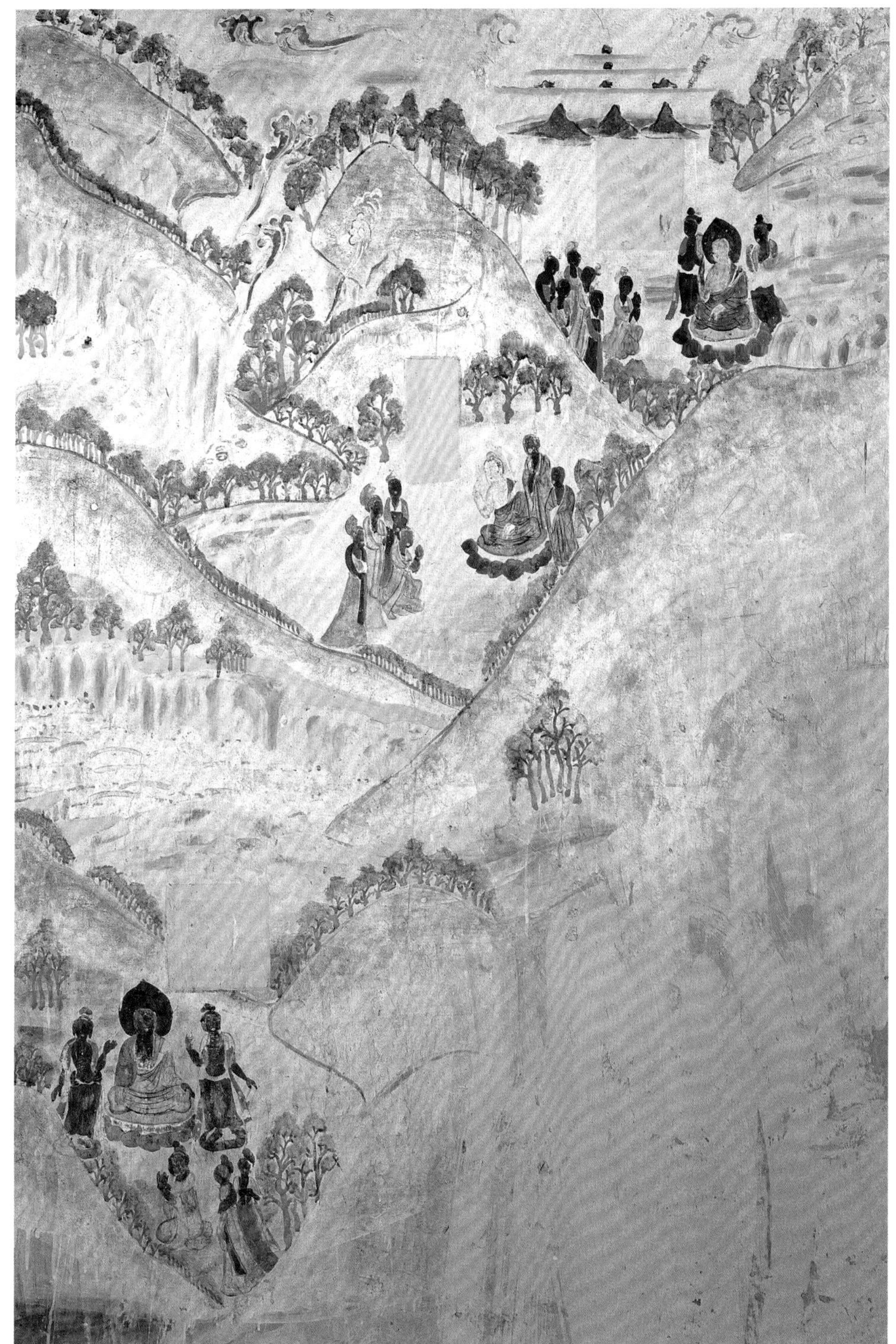

47 山中說法

在“未生怨”故事中表現佛為韋提希夫人說法的情節。山峯高峻，蜿蜒曲折，山間的人物矮小，右側的說法場面還被山峯遮擋了一部分，從而表現出遠近的層次感。與隋代相比，空間關係以及山峯與人物的比例關係都發生了很大轉變。

初唐 莫209 西壁南側

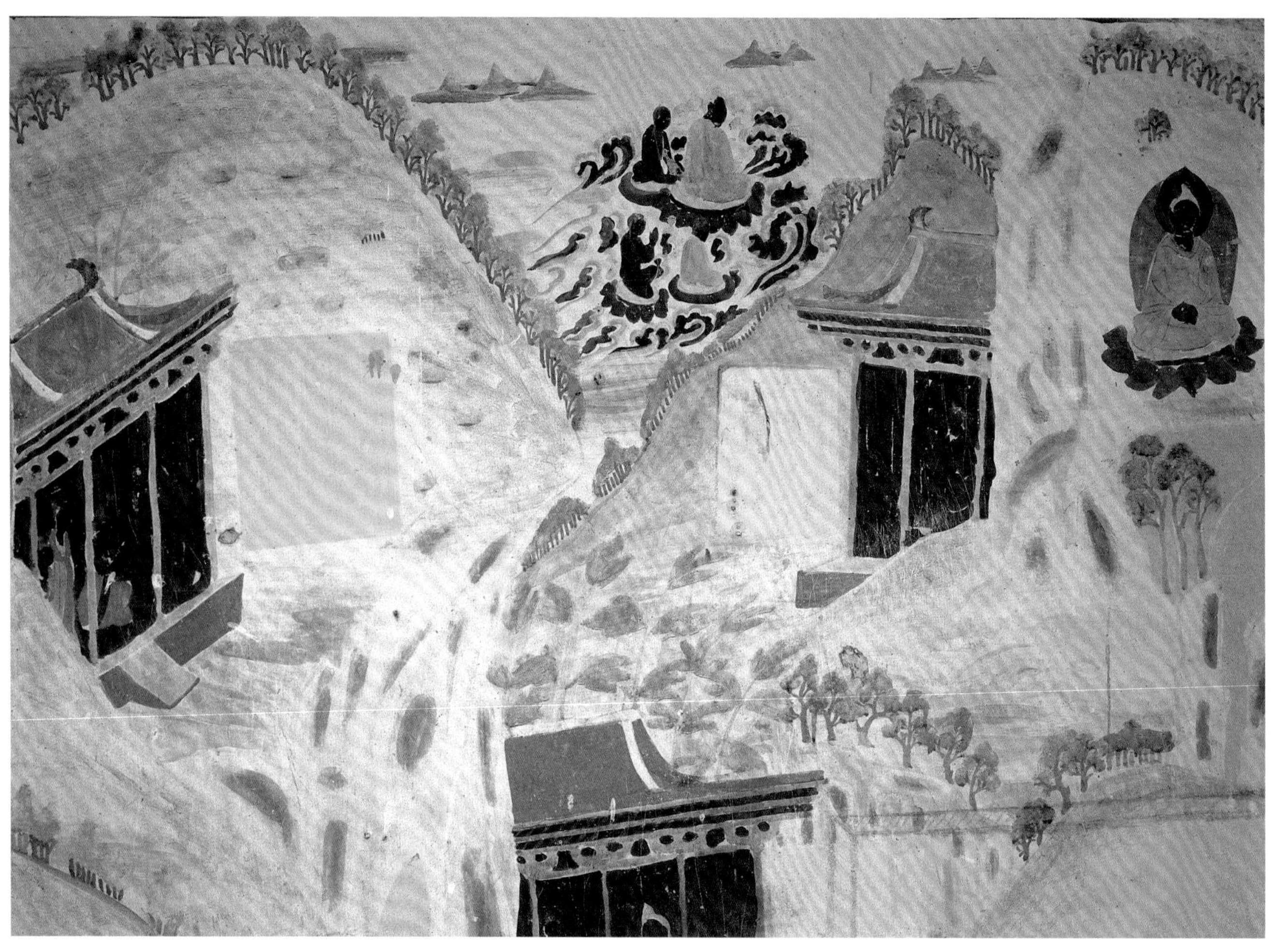

48 高山流水

在表現“未生怨”故事的情節中，通過高大的山峯營造出寬廣的空間，山中畫出湍急的河流，三兩並列的小山頭構成遠景。由遠及近形成了完整的空間關係。

初唐 莫209 南壁西側

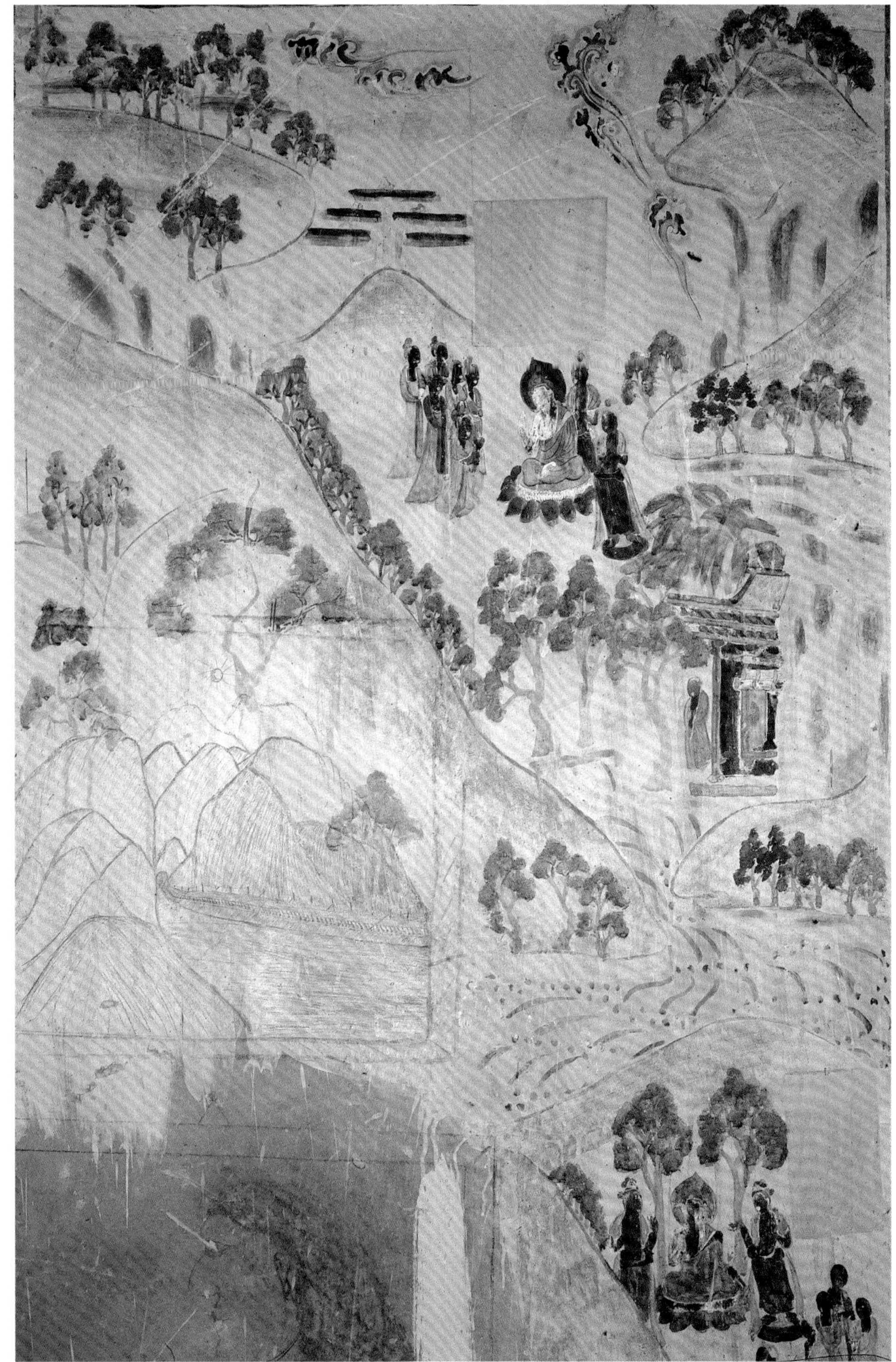

49 高山流水

高山層層疊疊，樹木林立，山間溪水奔湧，濱水的灘地上長着小樹，勾畫出山重水複的優美景色。左側方框內為後人繪的山峯，不是原作。

初唐 莫209 西壁北側

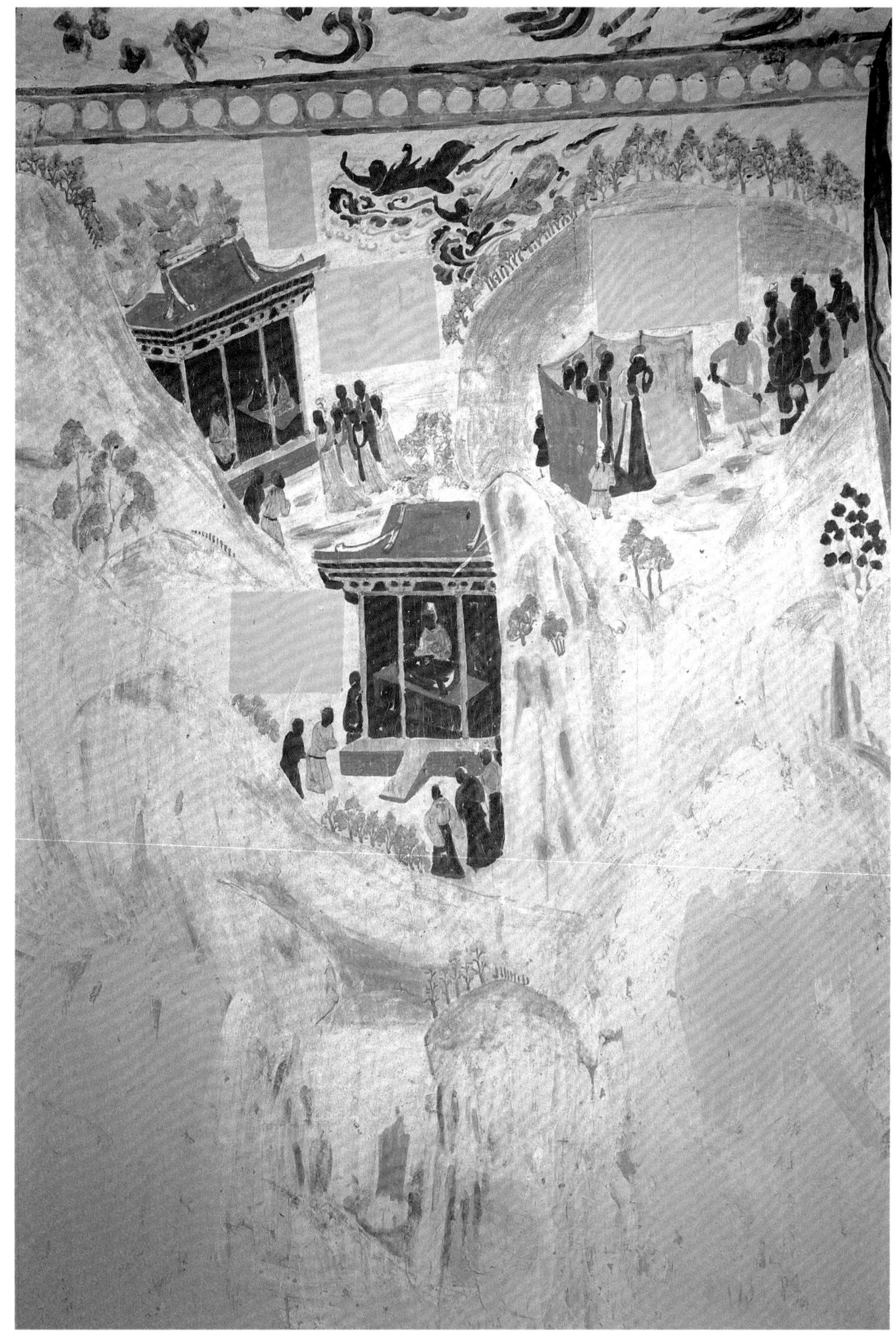

50 山間殿堂

在“未生怨”故事畫中，表現太子拔劍欲殺母后，遭大臣勸阻的情節。殿堂高大，一部分被山峯遮住，宮中人物姿態優雅。殿堂與樹木的刻畫較細膩。

初唐 莫209 北壁西側

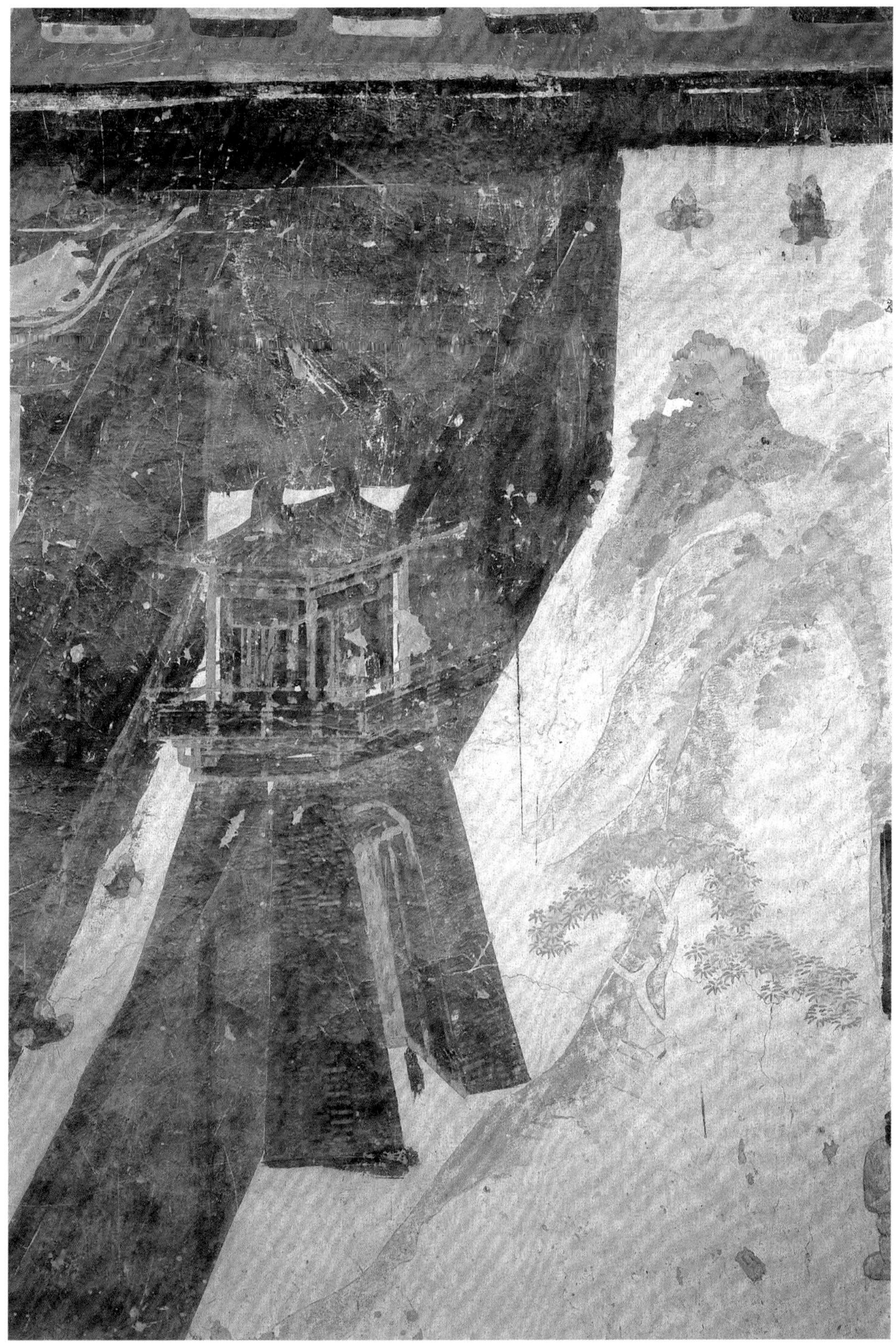

51 城外青山

在雄偉的宮城城樓外，長着一棵大樹，遠山山峯陡峻。樹葉的畫法細膩，組合優美。山峯上用點法畫出樹木，概括而形象，後世亦多有沿襲。

初唐 莫431 北壁

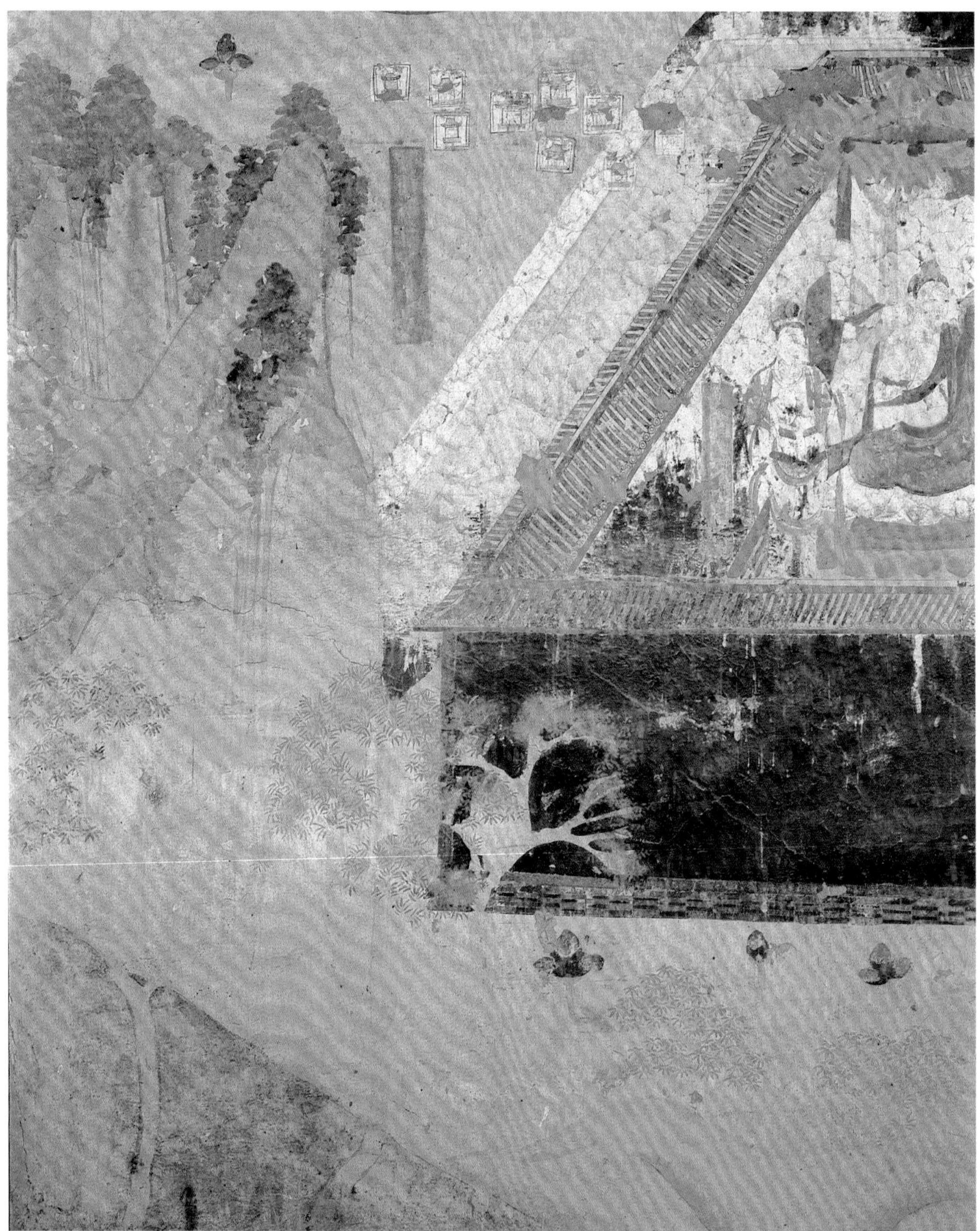

52 宮牆秀色

宮牆外，近景是丘陵緩坡，坡上坡下大樹與小樹錯落有致，遠景是崇山峻嶺，山腰露出巖石，山頂用點法畫出叢林。丘陵與遠山的畫法具有青綠山水的特點。

初唐 莫431 北壁

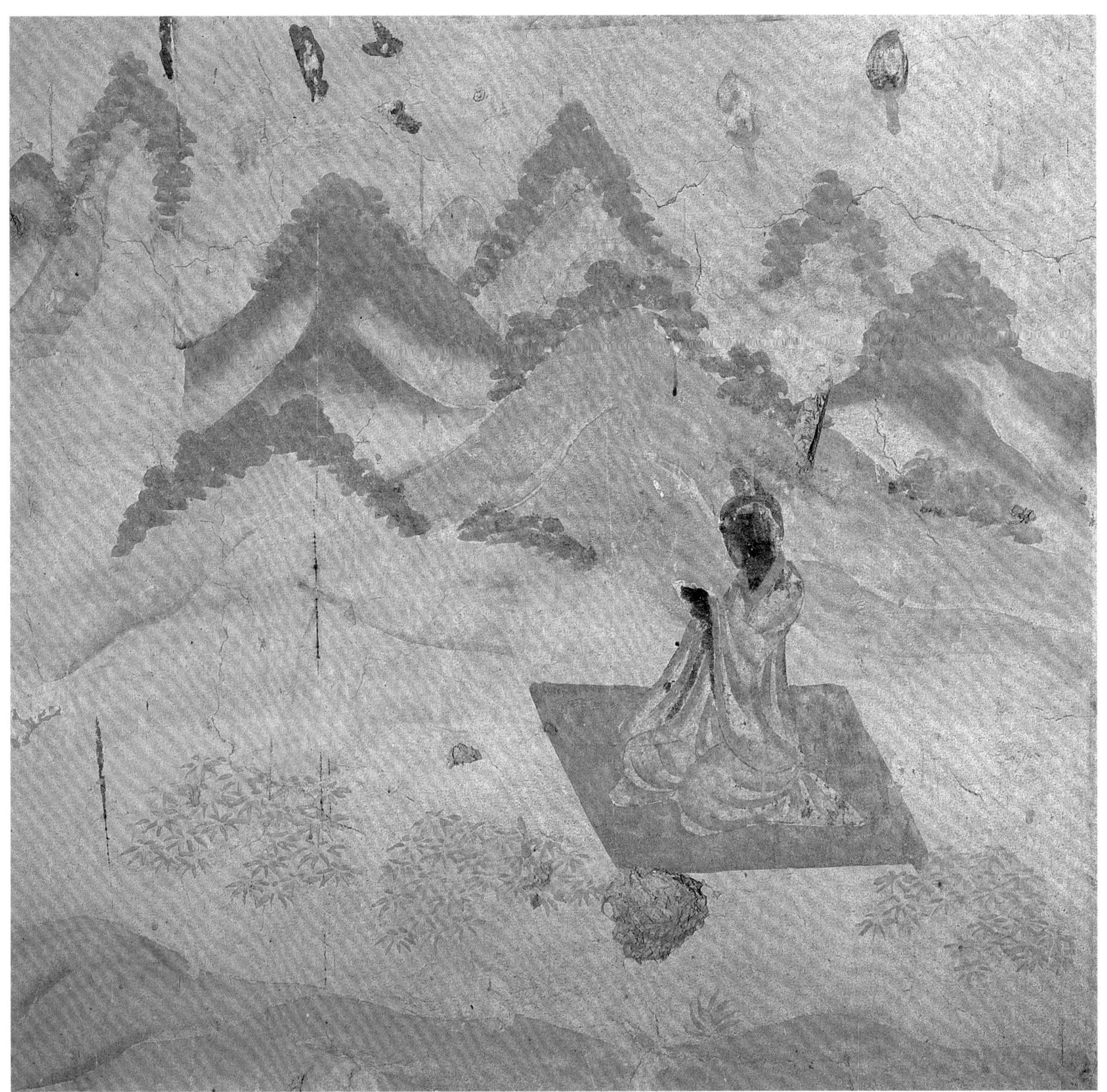

53 坐席觀山

“十六觀”中，描繪韋提希夫人在經歷宮廷政變之後，皈依佛法，觀望遠山進行修持，以期達到理想境界。丘陵、樹木和展開的遠山均表現出高超的山水技法。

初唐 莫431 西壁

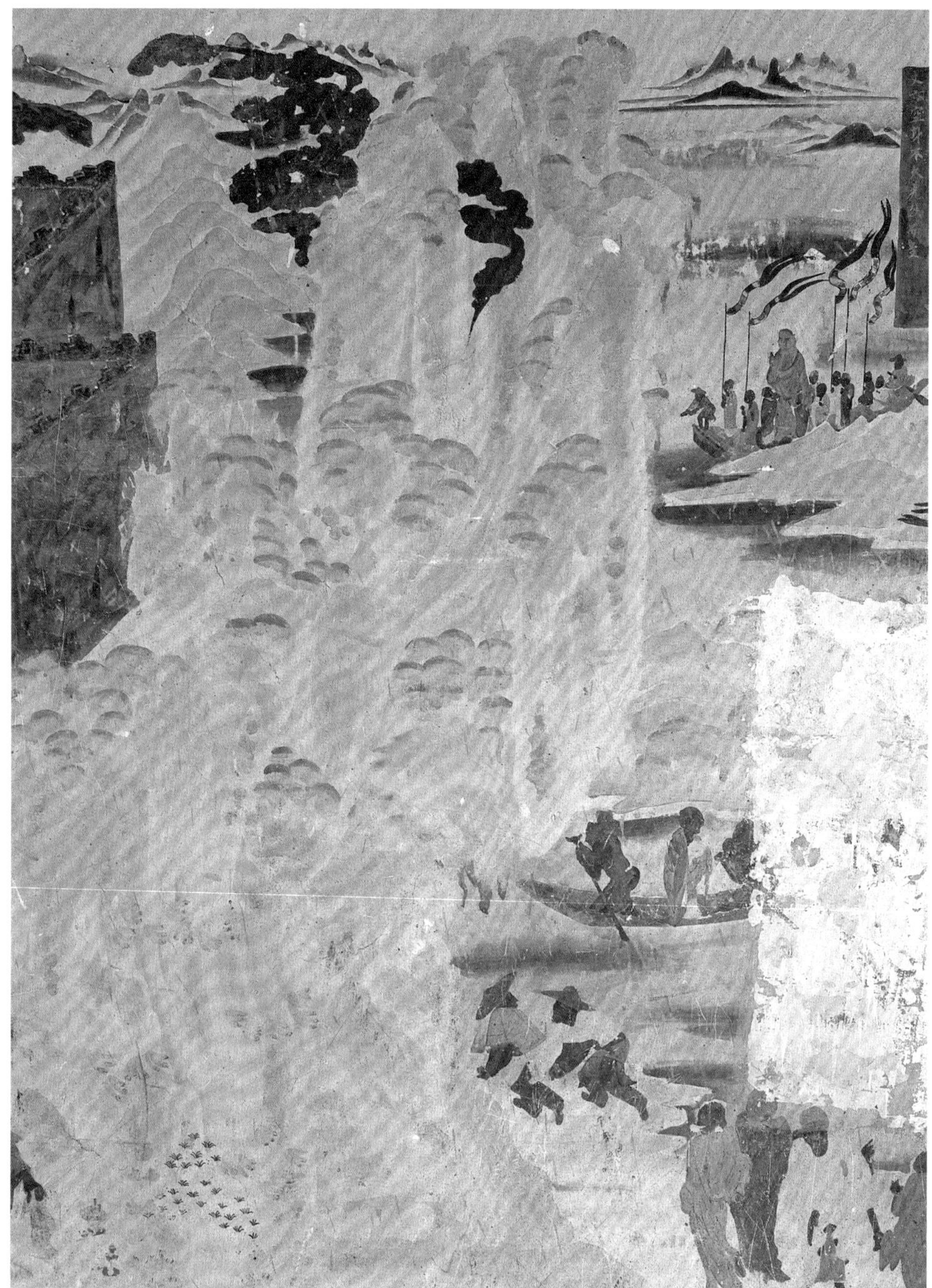

54 千里江山

在故事畫中，峻峭的山崖連綿不絕，河流蜿蜒曲折，給人以無比深遠的感覺。運載佛像的船旗幡飛揚，近處的客船由縴夫奮力牽引。險峻的山峯與右側平緩的坡地河流形成對比，造成空間的變化。在全圖的佈局上，高山有分隔畫面的作用。

盛唐 莫323 北壁

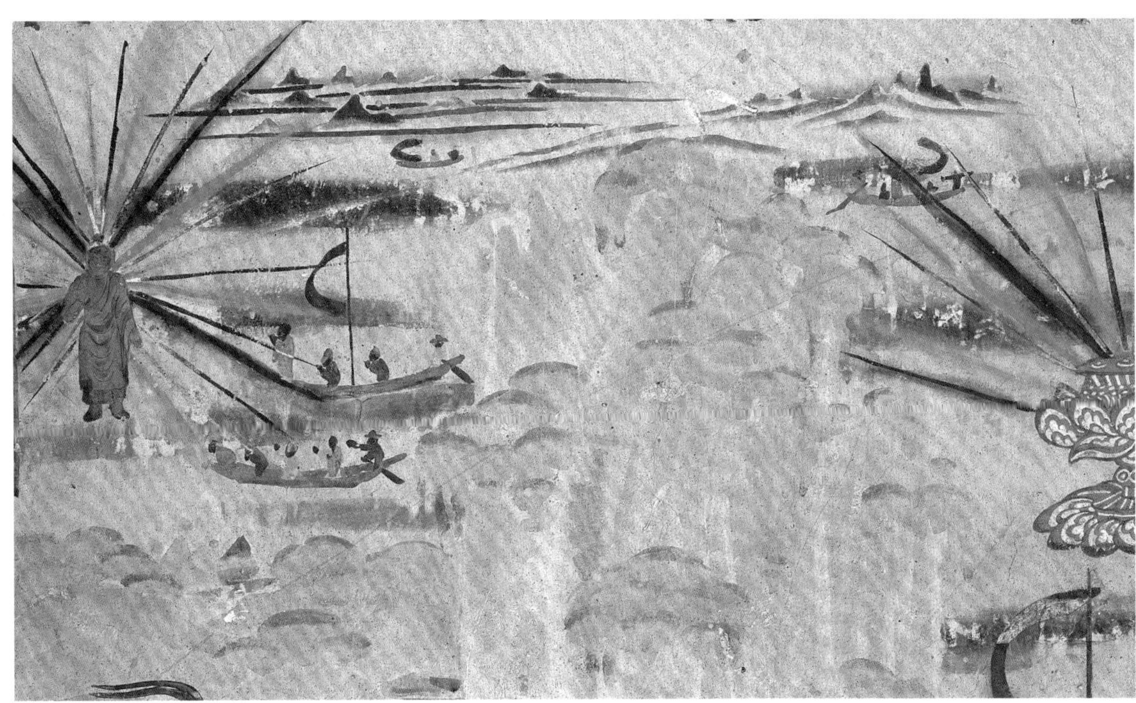

55 **水光山色**

越過高高的山崖，可以看到山後的景色，人們正在划着船爭先恐後地去迎接佛像。近處的船大，遠處的船小，形成對比，體現出空間感，遠山之間沿水平線畫出雲層。

盛唐 莫323 南壁

56 **吳江遠流**

山川平遠，由近處的山巒順江推向遠方，山丘漸趨低矮，大河表現的即是故事中的吳松江。帆船行於江中，江對岸可見遠山高聳，構圖開闊，畫面生動。

盛唐 莫323 南壁

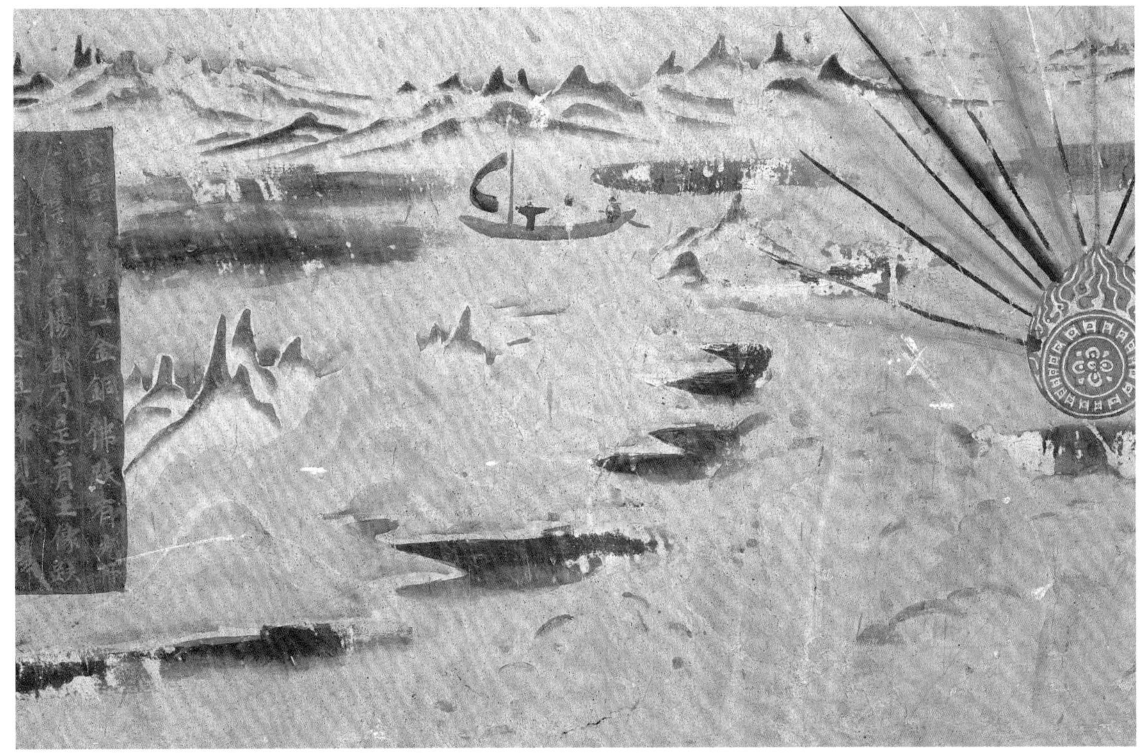

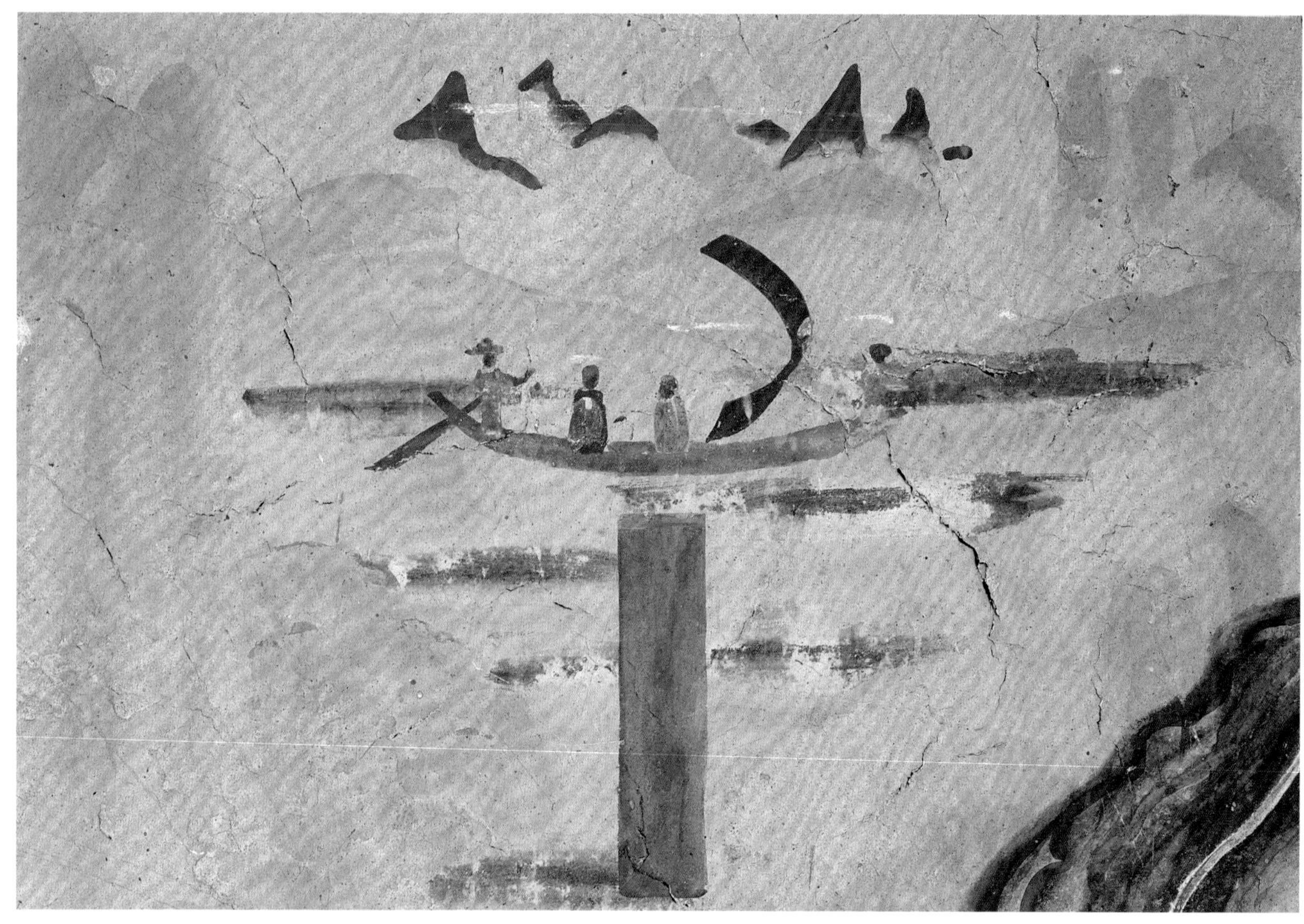

57 **遠景山水**

在故事畫中，表現三國時期的高僧康僧會從海上乘舟而來的情景，一葉小舟雲帆高掛，飄流在明淨的水中，駛向港灣，後面的遠景有羣山映襯。富有抒情格調的畫面，體現了唐代山水畫的成熟。

盛唐 莫323 北壁

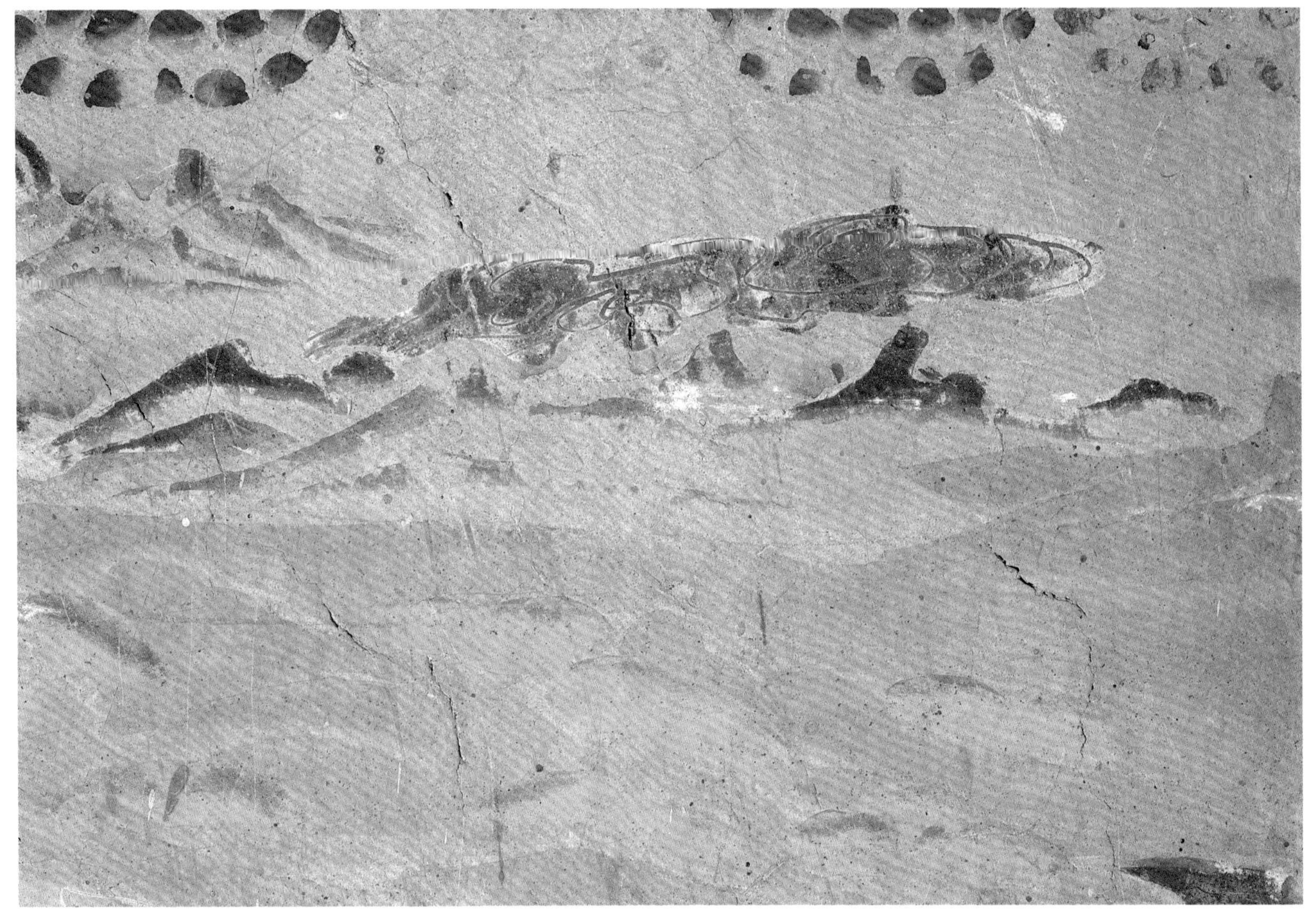

58 遠山浮雲

遠山上飄着一片浮雲，襯映出遠山的空曠。雖然已經因年久而變色，但仍可看出它在畫面中的作用，反映了唐代畫家比較重視風景中天空雲霞的表現。

盛唐 莫323 南壁

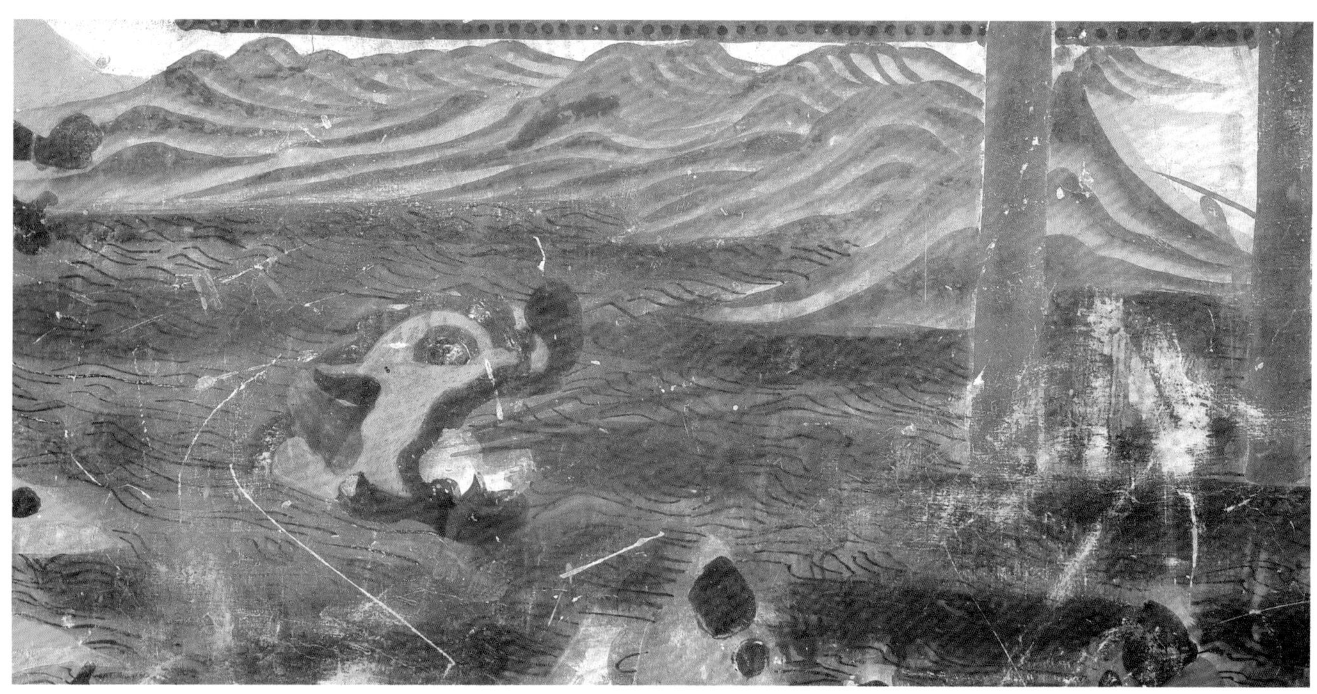

59 青山碧海

在“觀音救海難”的畫面裏，水中出現海怪。山巒有如湧起的洪波，層層相疊，大海的波浪起伏自然，並被加以渲染，力圖體現出水面的反光。

盛唐 莫205 南壁

60 青山碧海

在表現“觀音救海難”的情節裏，海中出現怪獸。遠處的山巒通過連續而重複的曲線表現出一種韻律之美，而以石青色由淺入深地暈染，具有類似水墨畫的效果。

盛唐 莫205 南壁

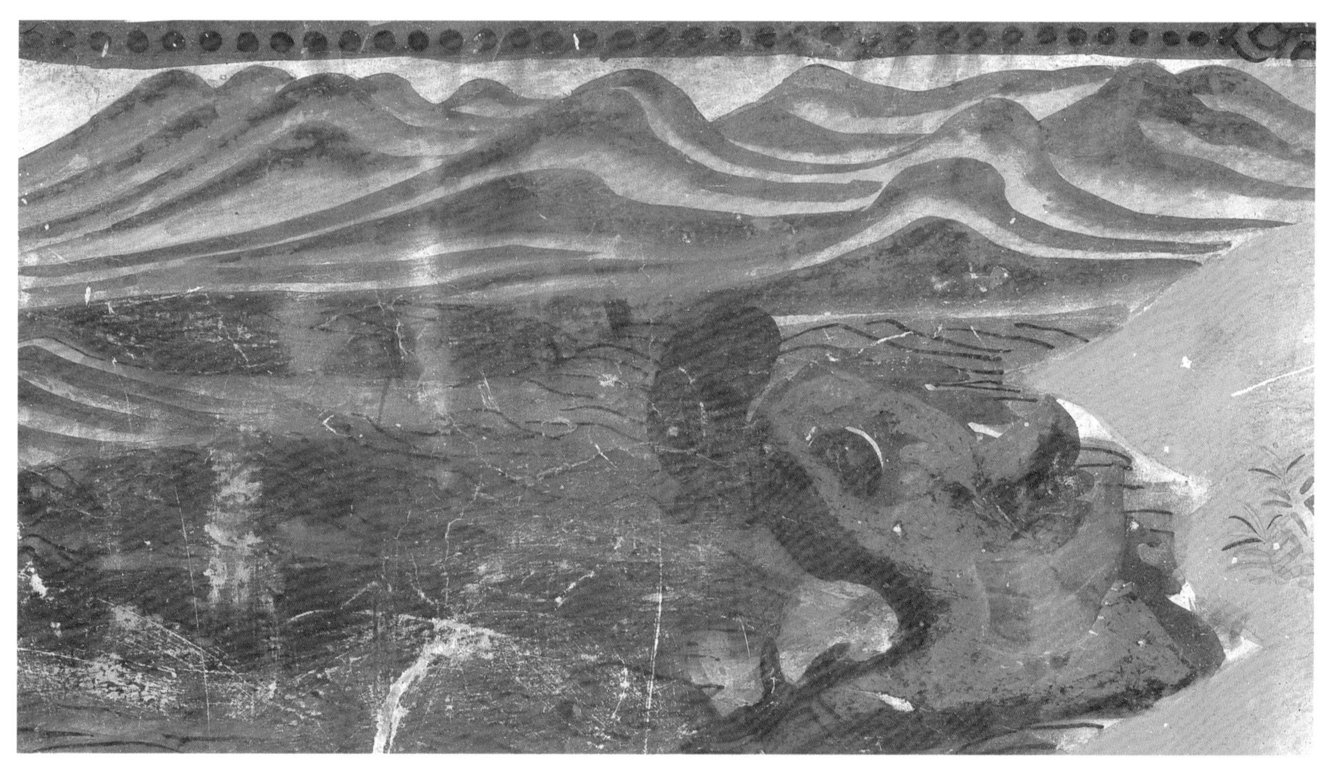

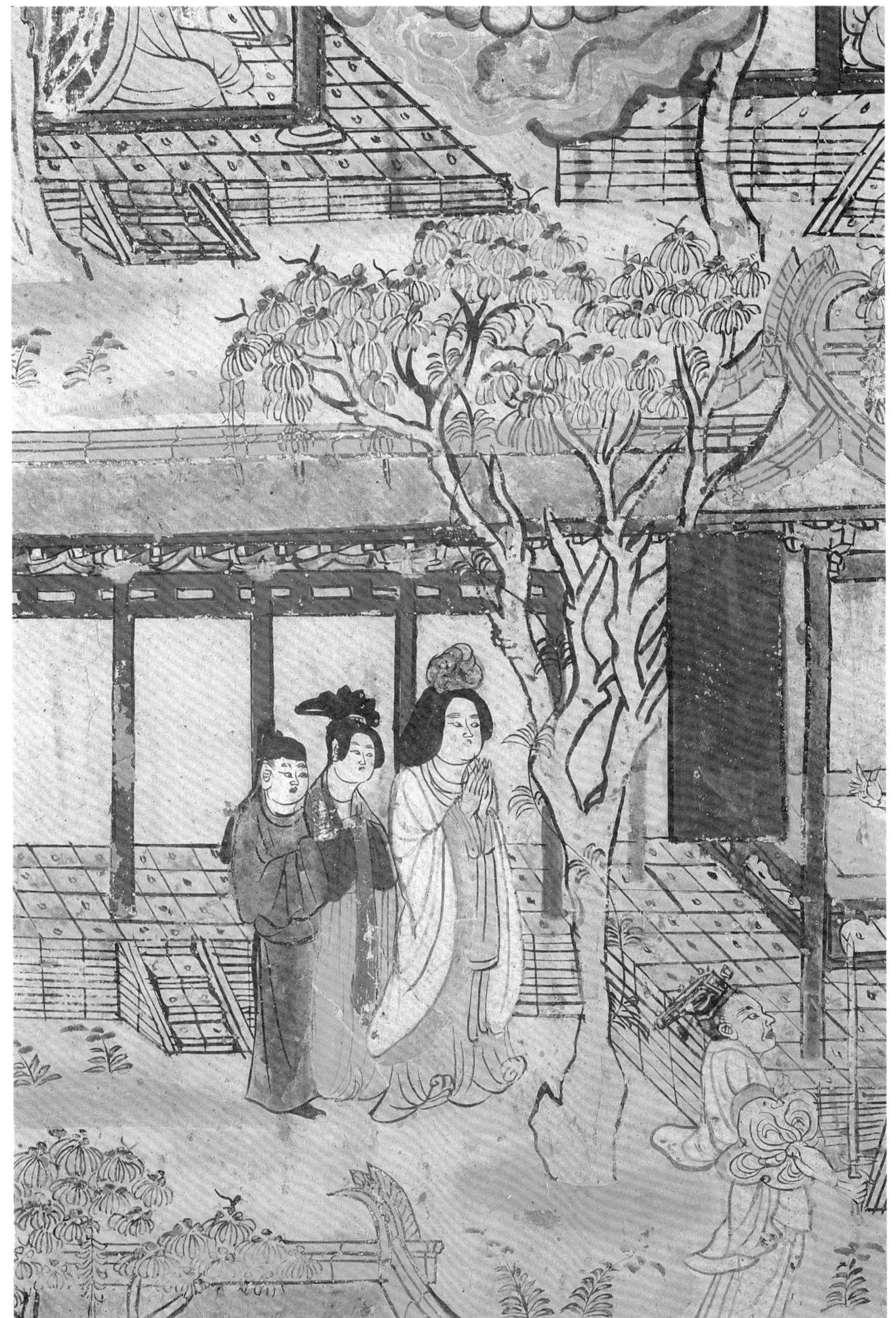

61 庭院中的樹

在宮廷的庭院中，樹幹蒼勁，上有藤蔓纏繞，枝葉高過屋頂，十分茂盛。樹的畫法突出墨線勾勒的作用，這是唐代山水畫中新的技法。

盛唐 莫45 北壁

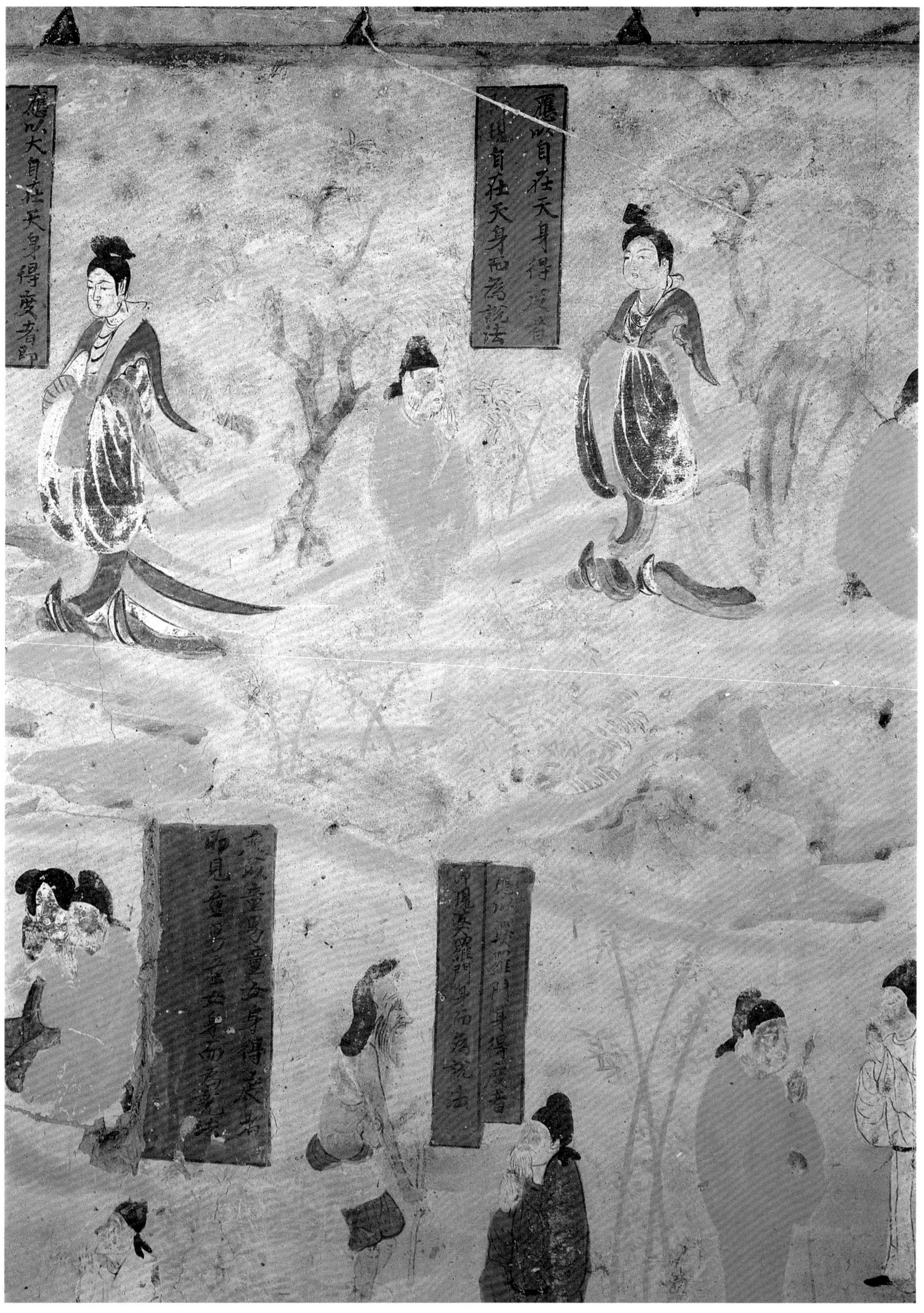
應以大自在天身得度者即
應以自在天身得度者
即現自在天身而為說法
以童男童女身得度者
即見童男童女身而為說法
應以婆羅門身得度者
即現婆羅門身而為說法

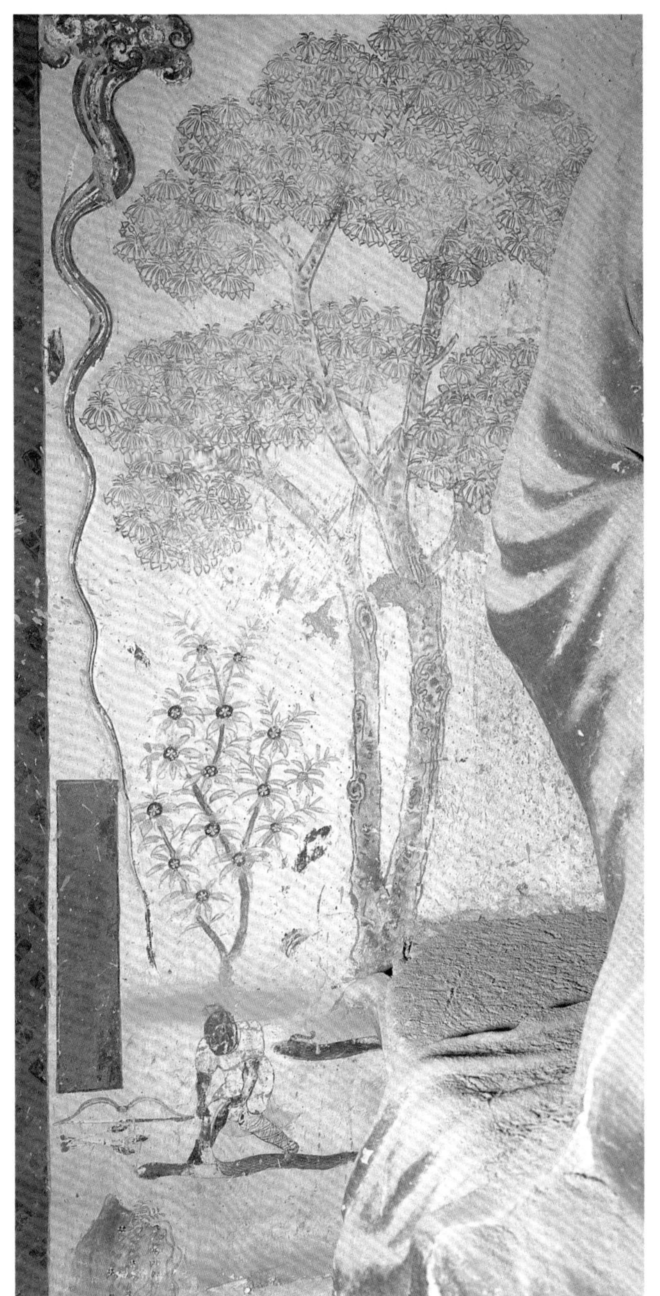

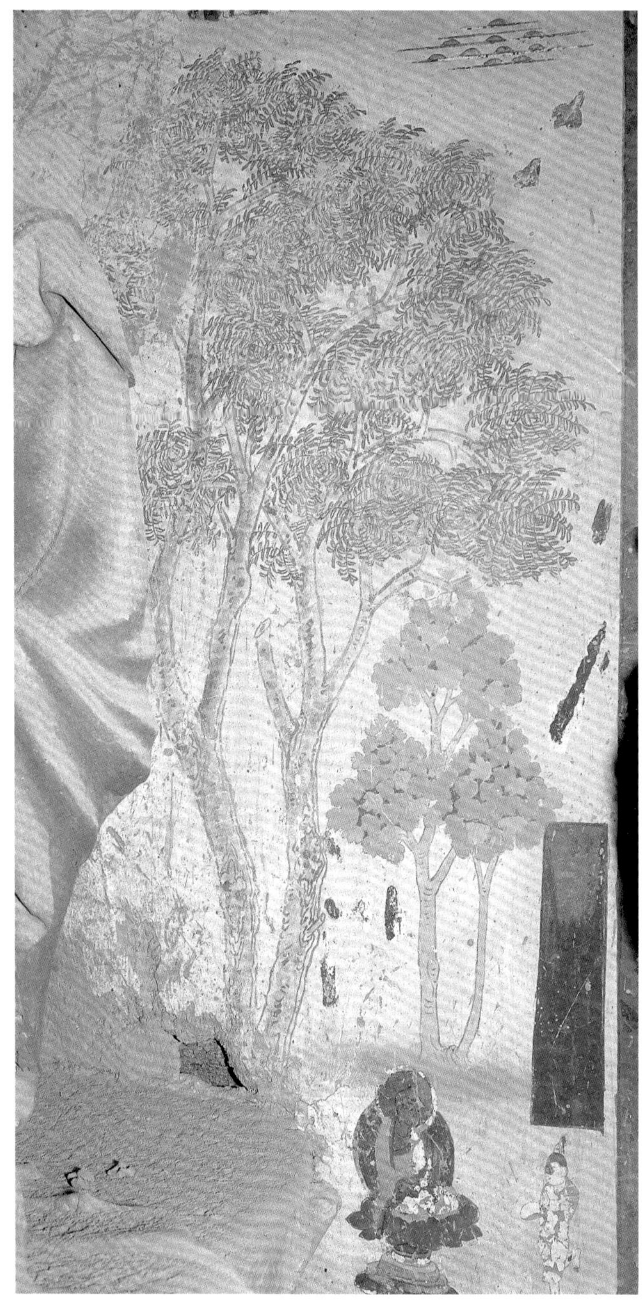

63 **大樹與小樹**

屏風畫中的大樹畫得十分嚴謹、精細，用皴筆對樹幹作了寫實性的描繪，側旁長着一棵小桂花樹，整個畫面具有典雅、精緻之美。

盛唐　莫79　龕內西壁南側

64 **大樹與小樹**

畫在龕內屏風畫中的槐樹和梧桐，枝幹刻畫細膩，樹葉特點鮮明，三五成組，層次分明。大樹與小樹相搭配，構圖豐滿。

盛唐　莫79　龕內西壁北側

62 **垂柳翠竹**

在觀音經變中，用樹木分割畫面的情節。柳枝畫得柔軟而有彈性，竹葉分五片，勾勒技法嫻熟，特別是樹幹的畫法已達到很高的境界。

盛唐　莫45　南壁

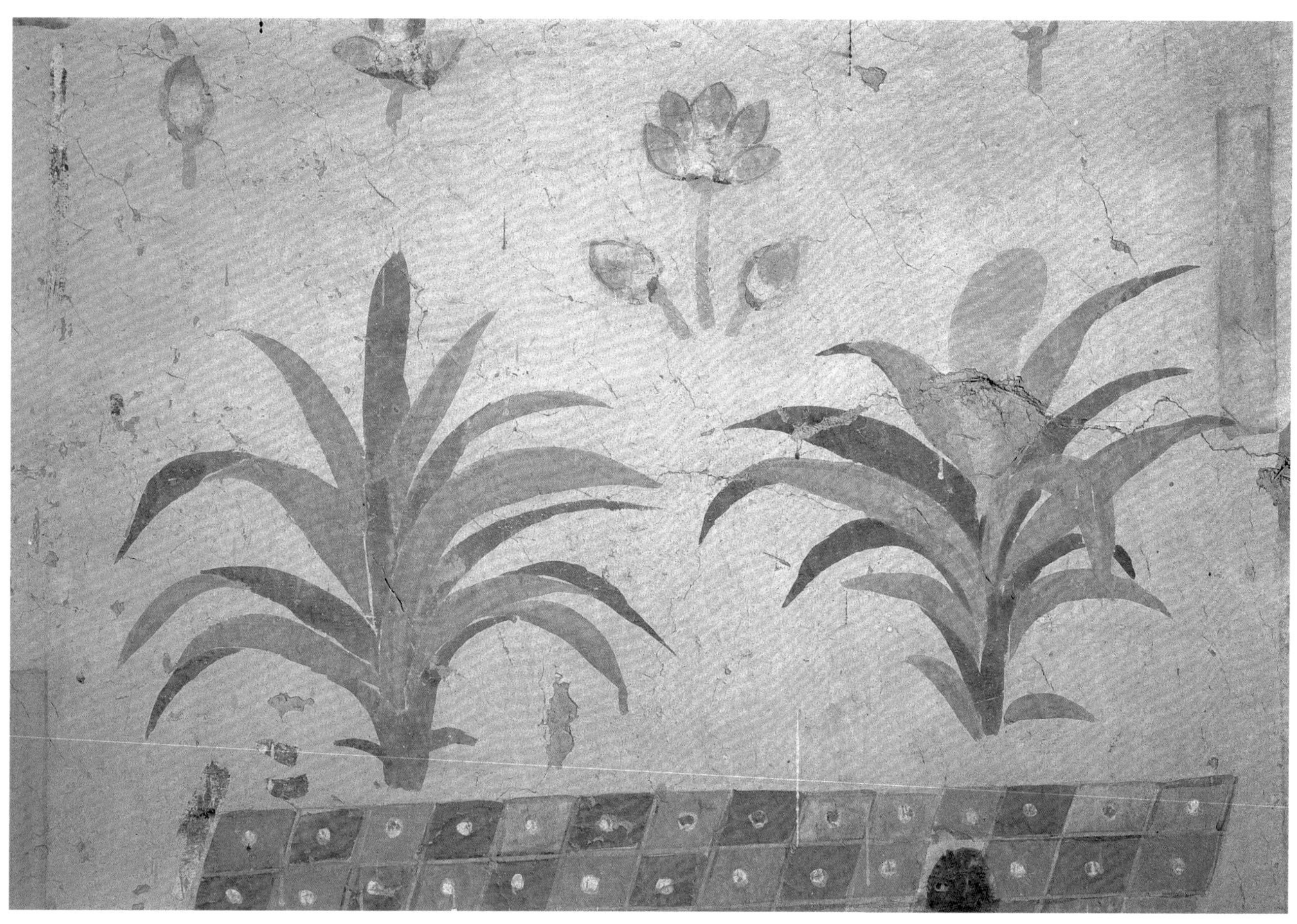

65 芭蕉

在花毯旁，兩株芭蕉對稱而立，葉子寬大茂盛，只用色彩畫出葉面的向背。芭蕉在河西地區十分罕見，應是根據內地傳來的粉本畫出的。

初唐 莫431 西壁

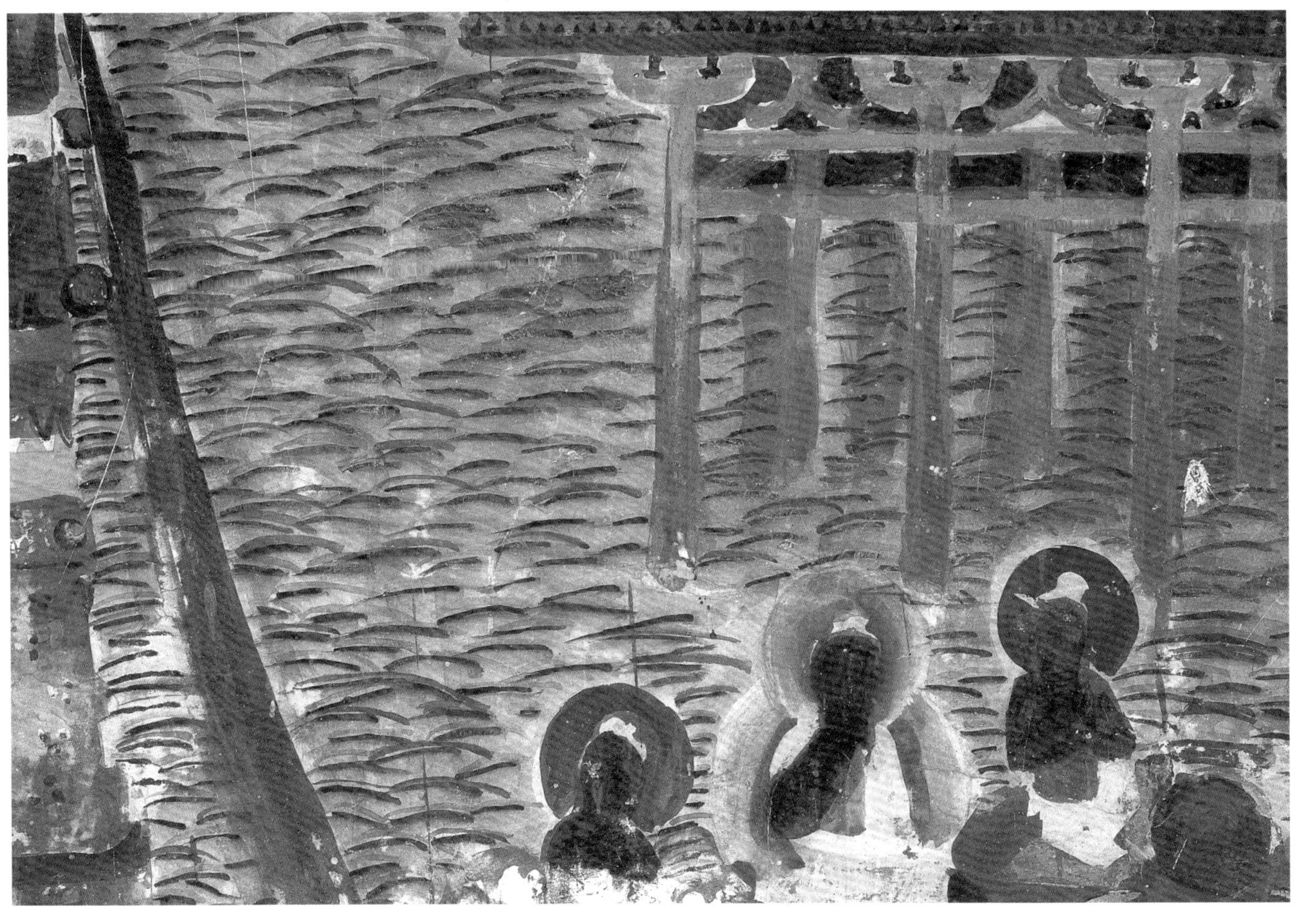

66 池水

畫在西方淨土世界七寶池中的八功德水，以短短的弧線畫出水波，又加以暈染，表現出在微風中波光粼粼的效果。

盛唐　莫205　北壁

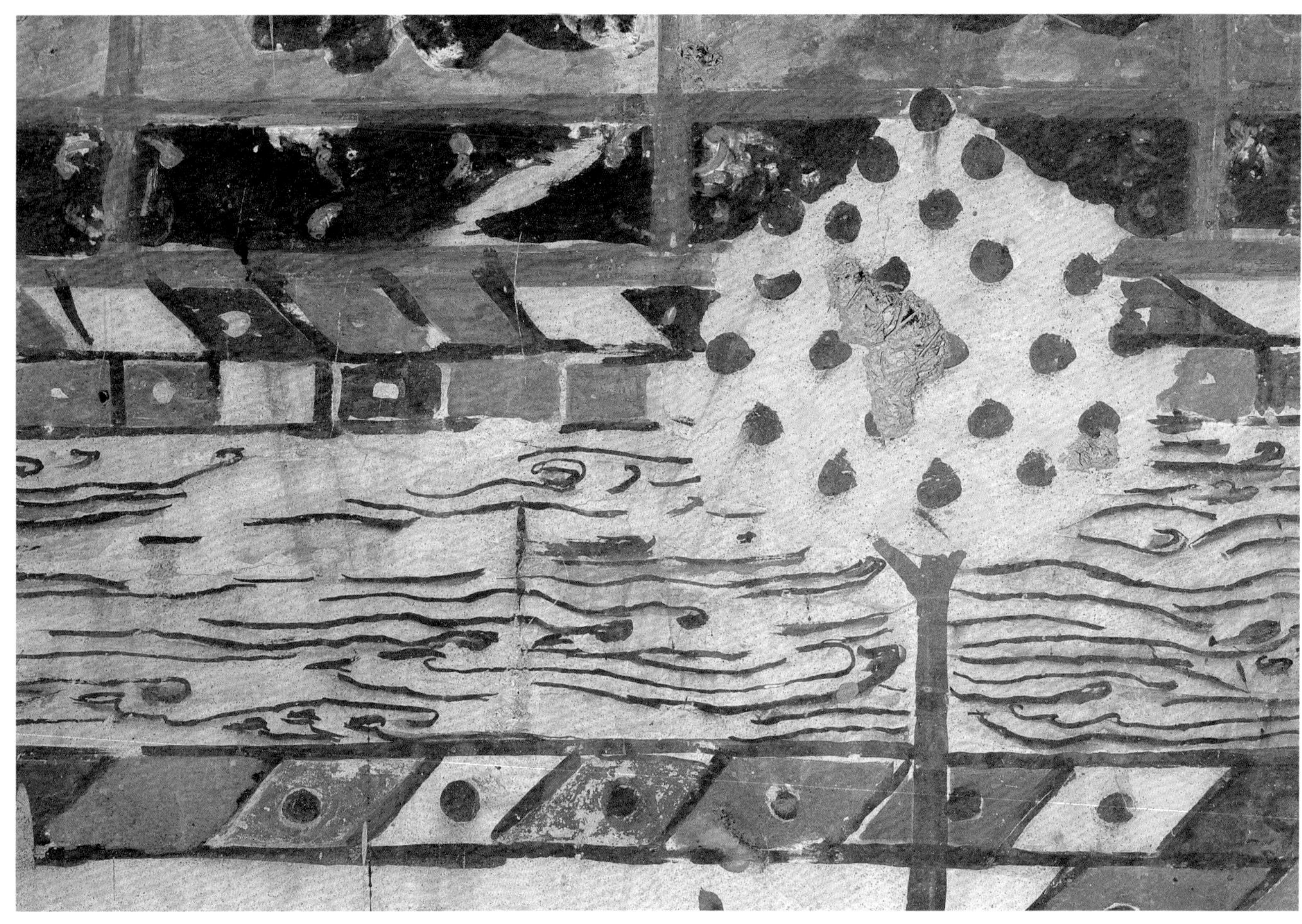

67 **流動的水**

在淨土世界的水池畫面中，通過富有變化的線條，或長或短，或粗或細，表現在淨水池中徐徐流動的水，以及翻捲的漣漪。

盛唐 莫205 南壁

第二節　敘事性經變中的青綠山水

所謂經變畫，即是以圖畫的形式把一部佛經的主要內容概括地表現出來。由於佛經中哲理性的說教內容較多，表現起來顯得很抽象，所以大多數經變主要描繪以佛說法為中心的淨土世界，並在周圍畫出相應的故事內容。這一類經變稱作是“淨土圖式經變”。另外有一部分佛經中敘事性內容較多，經變畫中着重表現相關的故事情節，這類經變畫稱作“敘事性經變”。敘事性經變在一定程度上繼承了早期故事畫的表現方法，作為背景的山水表現得較多。由於畫師注意到山水的整體佈局，因而創造出很多優秀的山水畫作。

第332窟，除了在說法圖中以山水畫作背景以外，南壁的涅槃經變是在遼闊的山水空間中展示故事的內容，格外引人注目。涅槃經變主要內容是：釋迦牟尼預感到自己將要涅槃，召集弟子們進行最後一次說法。其後眾弟子及信眾們為釋迦出殯，釋迦的金棺自舉，飛向城外，然後焚化。當時印度的八個國王為搶舍利而大動干戈，後來又均分舍利，各自建塔供養。壁畫採用了連環畫的形式描繪了這些內容。但並不像早期的故事畫那樣用整齊的長卷畫面分隔，而是按山水構成自然的佈局，擴大了空間感。不過這些表現僅僅為人物活動提供一個合適的場景，從山水的意義上來講，還遠遠沒有達到體現山川之美的境界。雖然如此，山水畫的空間表現確實對經變畫的格局產生了重要的影響，即改變了早期那種以人物塞滿畫面的作法，而用山水佈滿空間，既表現了故事內容，又展示了山川之美。

建於唐大曆十一年（公元776年）的第148窟，是盛唐後期的規模較大的洞窟，窟內的巨型經變畫中，山水畫也體現出空前的高超水平。特別是在西壁、北壁畫出的涅槃經變和天請問經變中，成功地畫出氣勢壯闊的山水，空間表現又與人物故事情節完美地結合起來，實在是佛教壁畫中不可多得的山水佳作。

西壁的涅槃經變共畫出十組畫面，表現六十六個情節，人物數百，山水背景極其壯觀。西壁的南側，表現釋迦在雙樹林大般涅槃，畫面在空曠的原野中展開，遠處有山崖聳立，拘屍那城城樓雄偉，其形式與西安附近出土的唐懿德太子墓壁畫中的建築很相似。雖然敦煌第148窟比懿德太子墓壁畫要晚七十年左右，但那種強勁的盛唐之風是一脈相承的。城門外是一片開闊的原野，緩坡與遠景的山巒綿延相接，景物的遠近空間關係表現得十分真切。畫在北壁的“八王分舍利”，可以說是這鋪經變畫的高潮，眾多的人物圍繞在堆放舍利的台前。背景的山勢表現得十分雄奇，在遼遠的原野後面，危崖聳立，其中還畫出一片白雲把半山腰遮住。畫面上部，與青綠重彩的山巒相對的是橙黃色的彩雲，仿佛是夕照中的晚霞，具有一種動人心魄的魅力。從這鋪涅槃經變可以看出，唐代壁畫表現故事不僅僅停留在把故事的內容圖解出來，而是更多地注意到把壁畫作為一種藝術形式去營造視覺感受，充分調動山水畫的技法，表現出雄偉壯闊的意境，使畫面達到美的高峯。

第217窟南壁西側，是根據《法華經·化城喻品》繪製的山行圖景。圖中危崖聳立，有二人騎馬行進。透過山崖，可見遠方曲折流淌的河流，境界遼遠。兩座高峯之間，一道飛瀑湧瀉而下，山下的旅人被這大自然的奇景所吸引而駐馬觀賞。馬匹半掩在山後。一條曲折的河流，被近處山崖遮斷。懸崖突出，青藤蔓草懸垂。有三人因長途跋涉而疲憊不堪，一人牽馬，一人躺倒在地，一人在水邊，欲飲山泉。旅人向一座西域城堡走去，路旁桃李花開，春光明媚。

《化城喻品》本是敘述一羣人往一寶地取寶，路途遙遠險惡，“迴絕多毒獸，又復無水草”。眾人走了很久，苦於道路險阻，不願再往前行。這時聰明睿智的導師以神通力化現出一座城池，讓眾人進城休息。眾人休息好了，化城消失，又繼續趕路。這個故事象徵佛引導眾生走向彼岸。但是，畫師並沒有機械地按照經文畫出那種窮山惡水的荒涼景象，而是渲染了一路曲徑通幽、草木蔥蘢的秀麗景致，使之成為“可居”、“可遊”的遊春圖。由此可以明顯看出畫師唯美的創作意識。這幅山水畫左側山峯刻畫頗細，以石綠和淺赭相間染出，峯巒上的樹相應地描繪出枝葉細部，還畫了許多懸垂的藤蔓。中部是平緩的山丘，勾描筆法單純，平塗石綠色，並刻畫了不同的樹木。飛流而下的瀑布，雖已變色，但仍使人感到充滿生意，仿佛點睛之筆，是畫面中最傳神之處。山崖之間還畫出一行大雁飛向遠方，使山水顯得較有縱深感。

同樣題材，盛唐第103窟也有成功的表現。這裏幾乎拋開了故事情節和順序，獨立地表現山水景物。畫面主要描繪了兩組山崖相對如闕，左側崖巖突兀，一澗瀉下，巖石上遍佈青草翠蔓，頗多奇趣，右側峯巒與之對峙，山下溪水邊，一行人牽象、馬，舉手觀泉。遠山間，一行人牽象、乘馬向前行進，與前面人物相呼應。這鋪《化城喻品》比第217窟的構圖更集中，筆法更成熟，巖石的勾勒表現出皴筆的效果，表明山水畫技法進入了一個新的階段。

在第103、217窟的山水畫中，畫師們充分調動了山水畫的各個要素，山峯、河流、瀑布、樹木、藤蔓相互穿插掩映，搭配得十分協調，山峯有聳立的

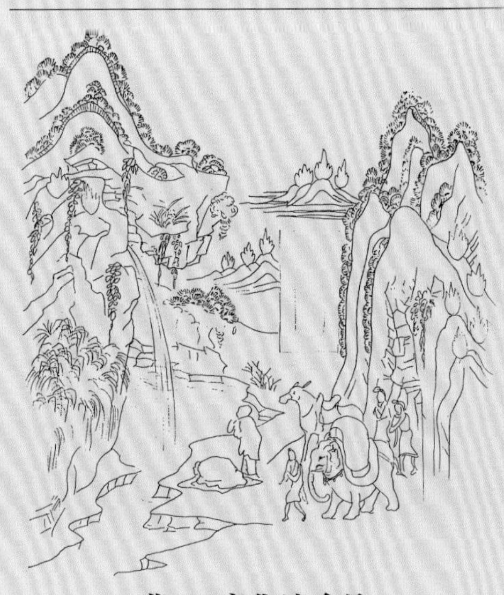

莫103窟化城喻品

危崖，有平緩的小丘，有孤立的巖石，有遠景的峯巒；河流各有曲折，遠景中細流如線，近景中波浪翻滾，還有山崖上瀉下的瀑布、山澗中奔湧的泉水；樹木種類繁多，柳樹婆娑，松樹挺立，桃李花開，懸崖上青藤垂下，草叢茂盛。從野外到城裏，人物來來往往，這一切構成了完美的山水人物圖。

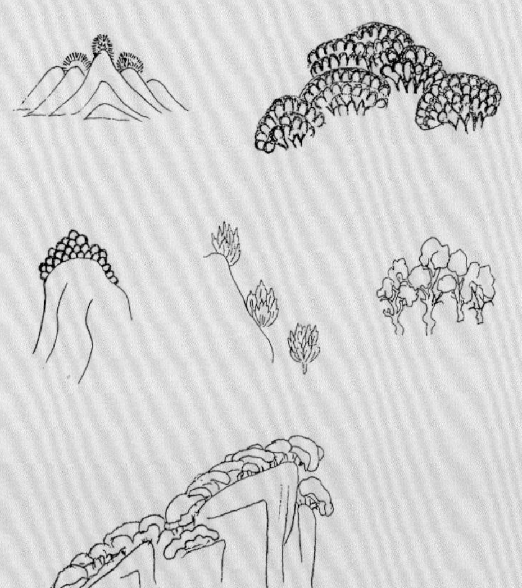

敦煌壁畫中樹叢的類型

初唐的山水畫，大多是以細線勾出輪廓，然後填彩，用筆一般較柔和，這種方法一直沿續到盛唐，如第68窟北壁觀無量壽經變西側"十六觀"中的"日想觀"，第217窟南壁的《化城喻品》和北壁的"十六觀"，第445窟東壁南側山水等等都是如此。第103窟南壁的山水畫，已開始注意刻畫巖石的質感，較多地運用皴筆，勾勒的線條也挺拔、勁健。這些技法特色，也散見於第445窟北壁、第45窟北壁等山水圖景中。對照中原繪畫，如陝西唐代李賢墓和李重潤墓室壁畫中的山水畫法，與敦煌第103窟山水畫的筆法非常一致，墓室壁畫更顯得老練、勁健。但是，在墓室壁畫中，山水只作為人物活動的背景陪襯出現，而第103窟的壁畫則重在表現山水景致，因而更注意畫面的佈局與氣勢、景物的協調與意境，顯得完整而統一。

敦煌第217、103窟為代表的山水畫，線描細膩，以青綠色為主，畫面絢麗燦爛，這樣的山水畫也就是畫史記載的"青綠山水"。以畫青綠山水著稱的李思訓（約公元651～716年），位居左武衛大將軍，唐《歷代名畫記》說："其畫山水樹石，筆格遒勁，湍瀨潺湲，雲霞縹緲，時睹神仙之事，窅然巖嶺之幽。”元《圖繪寶鑒》說李思訓的畫“金碧輝映，為一家法，後人所畫着色山，往往多宗之”。從這些記載中，可以看出李思訓一派山水畫的特點在於：一、筆格遒勁，即是注重以線勾勒；二、金碧輝映，即是注重明亮色彩。這兩點也就是青綠山水的特點，這樣的山水畫在唐代是很受歡迎的，所以李思訓贏得了極高的聲譽。唐前期，由於閻立本、李思訓這樣身居高位的大畫家都到寺院中畫壁畫，青綠山水自然也在石窟、寺院壁畫中得到廣泛的傳播。遠在西北的敦煌，也深受其影響，出現了成功的青綠山水畫。莫高窟第217窟約開鑿於唐景雲年間（公元710～711年），大致與李思訓同時或稍晚，受到李思訓一派山水風格的影響是很自然的。當然作為邊遠地區的壁畫難以達到李思訓那樣的水平，但從中可以探索唐代青綠山水的發展狀況。

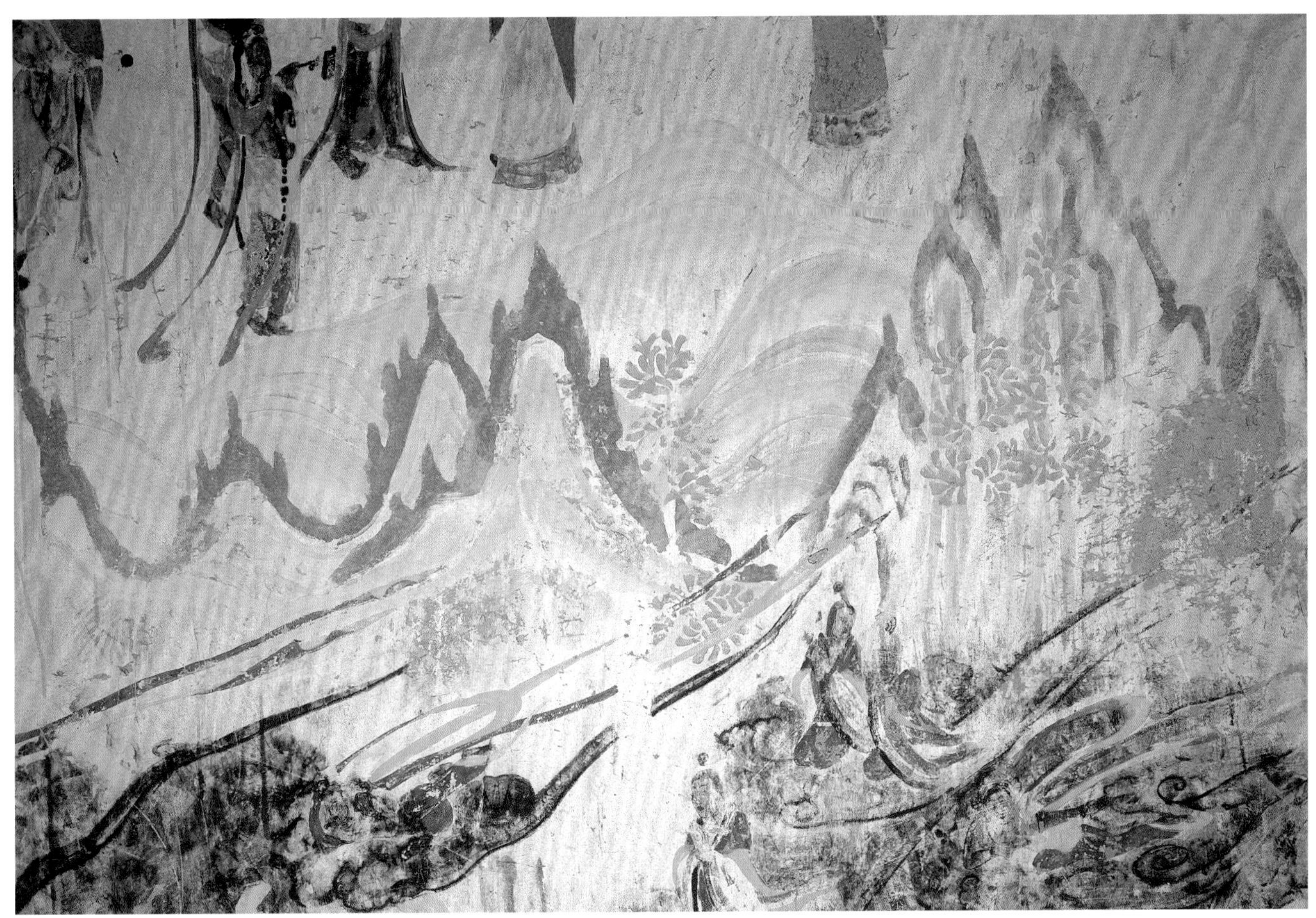

68 崇山峻嶺

在涅槃經變中表現連綿不絕的山脈，前面的山峯陡峻，後面的山峯平緩，體現高高低低的層次。由於變色、褪色的原因，山崖及樹林的細部筆法已難以辨認。

初唐　莫332　南壁

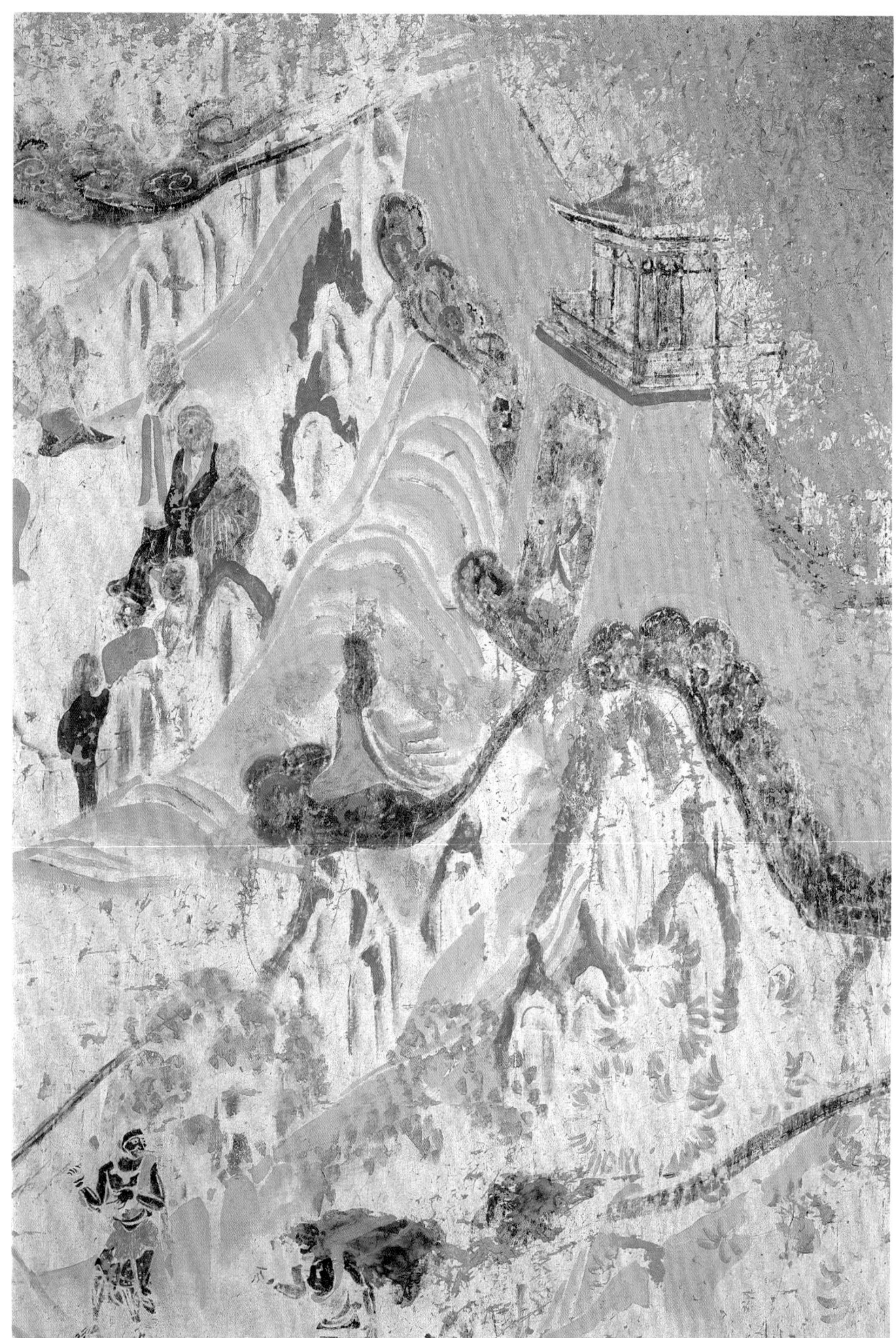

69 山上城樓

在崇山峻嶺之中，城樓與山巒相接，顯得十分險要。山水與建築相得益彰，氣勢雄渾。

初唐 莫332 南壁

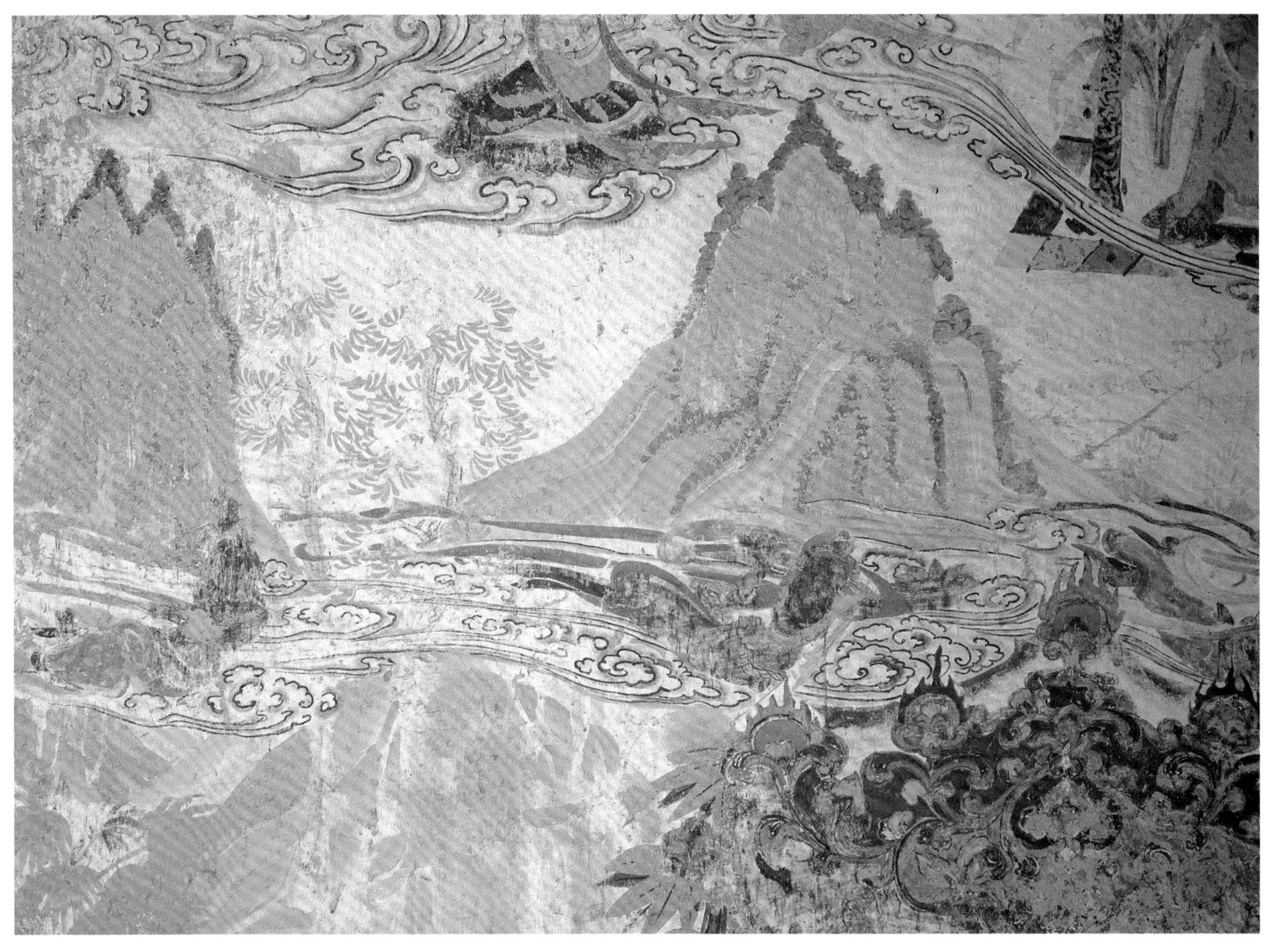

70 高山流雲

在維摩詰經變上部畫出的山巒，高聳入雲，山中還有幾株松樹，天人從山間飛過時天衣帶動着一簇簇雲霧流動，山水充滿了神秘的氣氛。

初唐 莫332 北壁

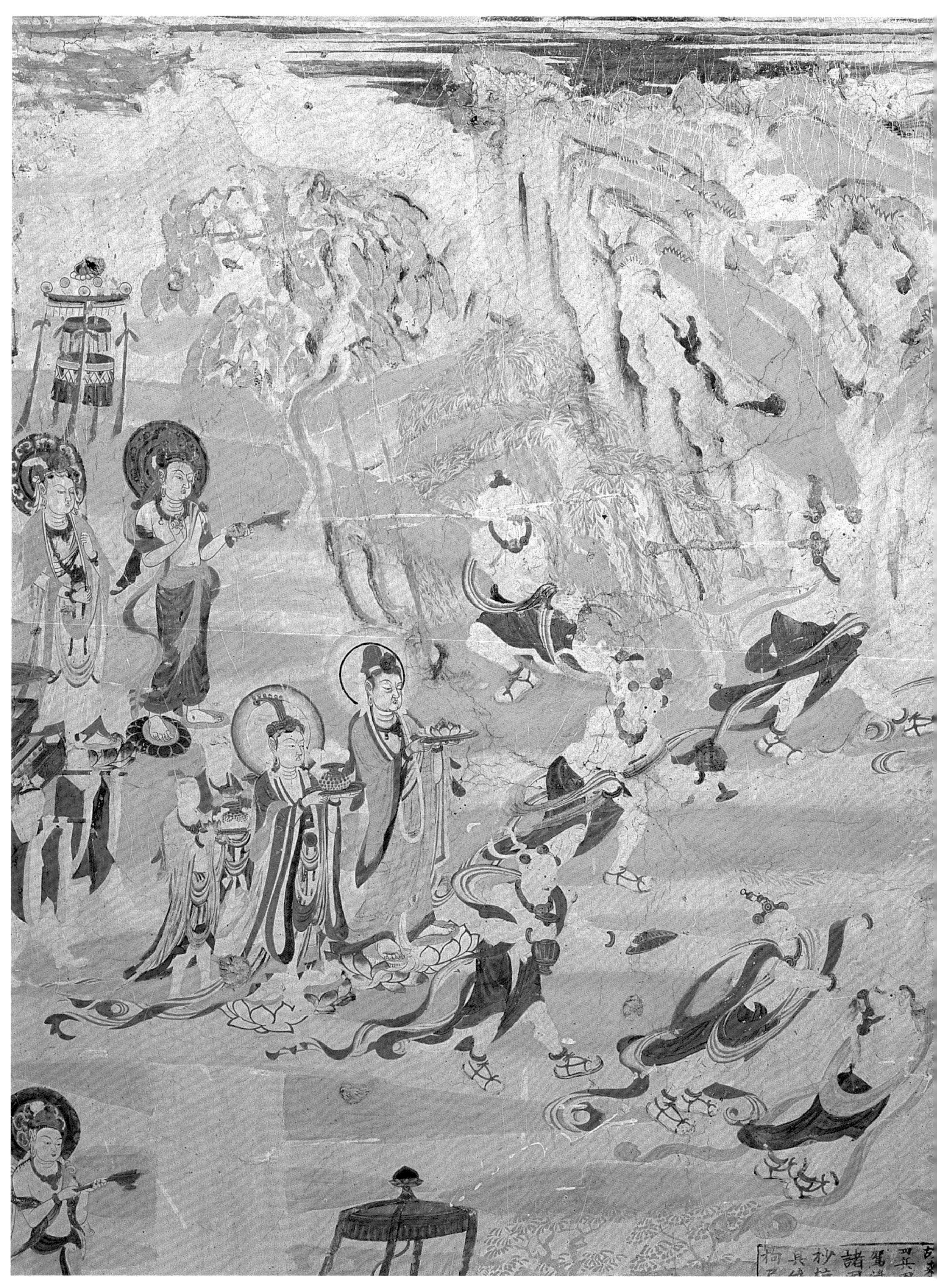

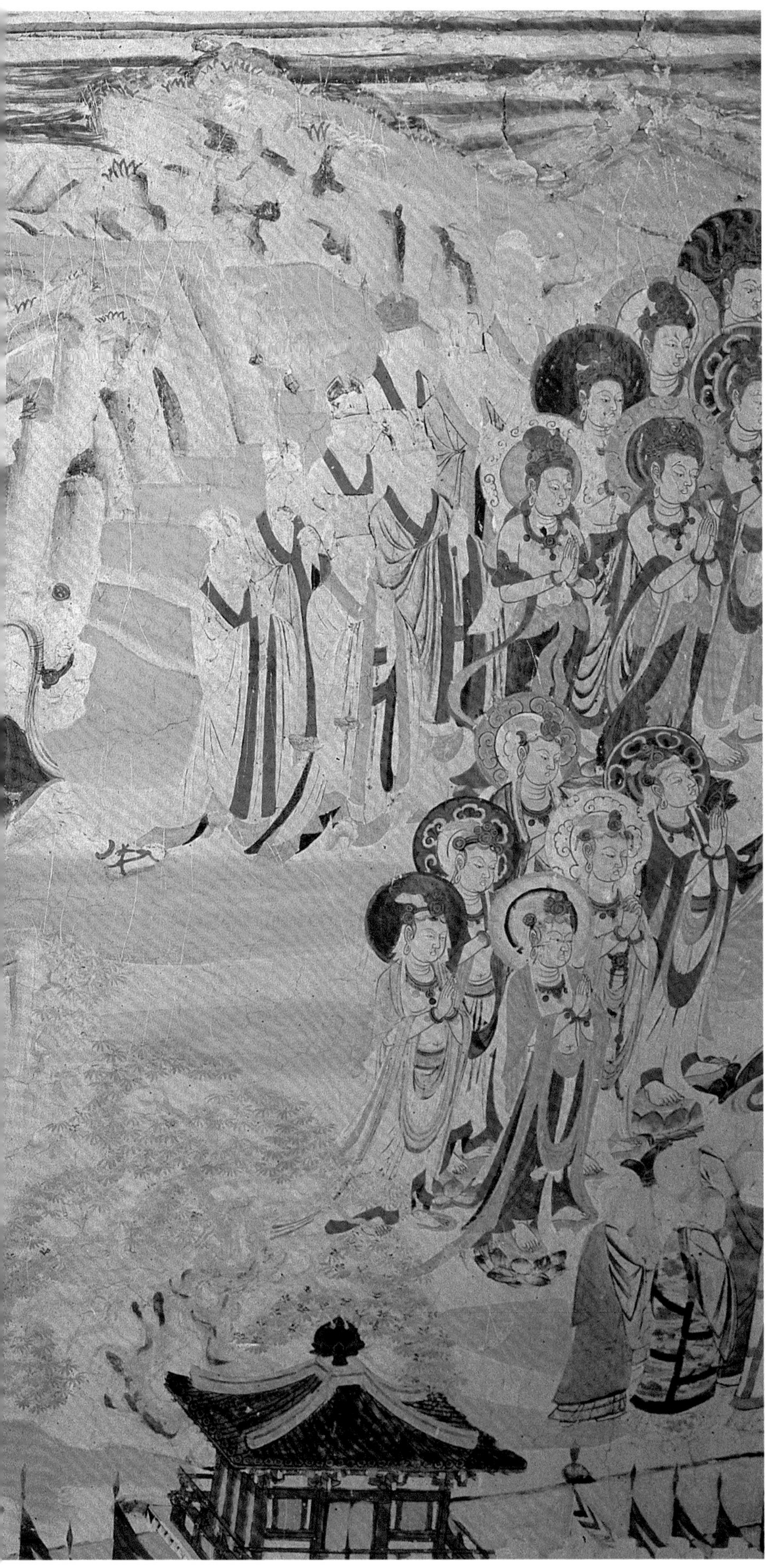

71 山川壯闊

在這鋪涅槃經變的巨製中，山崖雄偉險峻，氣勢壯闊。山水在畫面中起着十分重要的作用，通過構圖的疏密、山川的險峻平緩來渲染為釋迦出殯時的氣氛，表現出畫師駕馭山水的高超技法。

盛唐 莫148 南壁西側

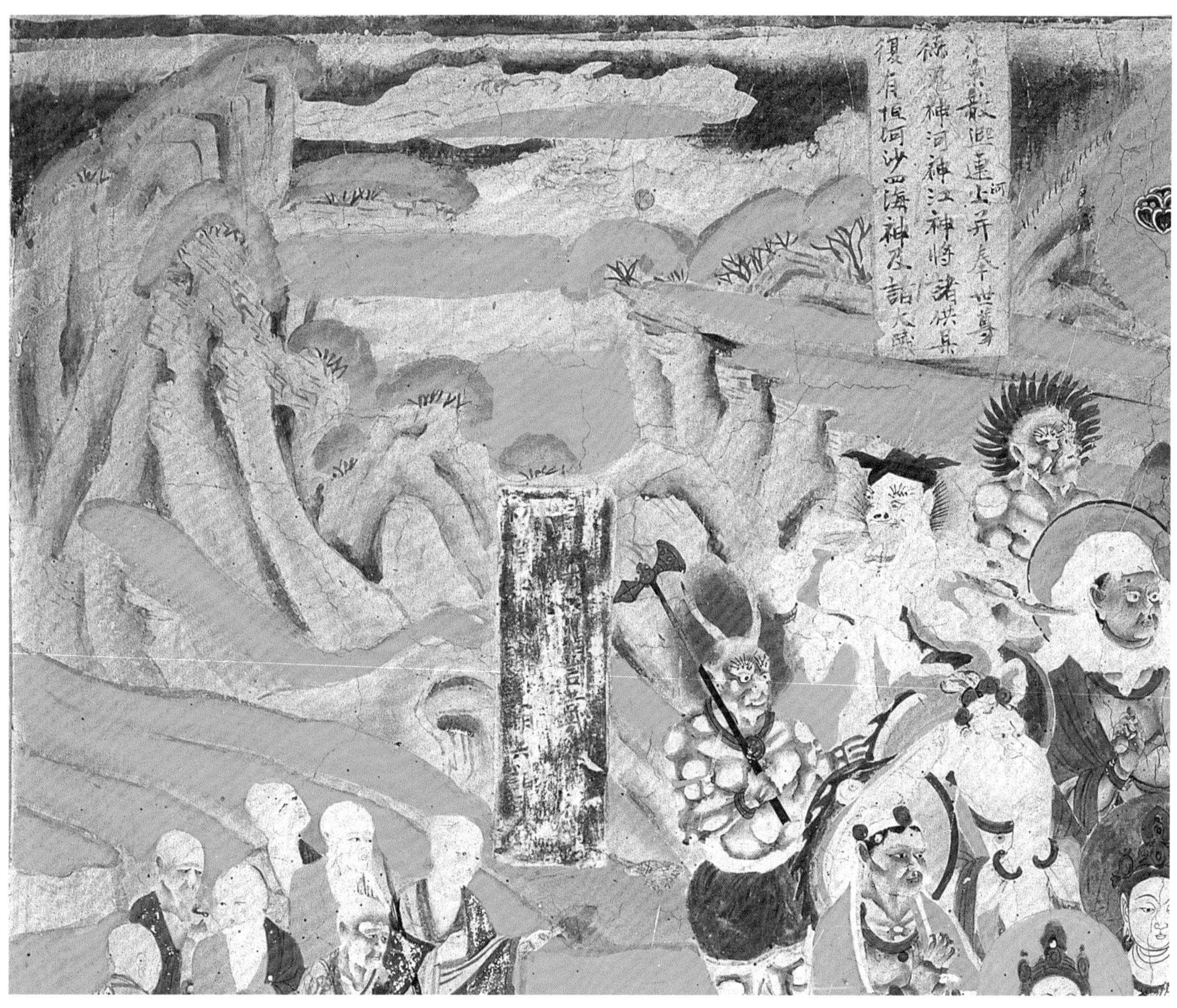

72 **山川**

山峯高聳入雲，懸崖壁立，在山峯頂部用皴法畫出裸露的巖石，天空的雲層更襯托出高遠的意境。

盛唐 莫148 西壁

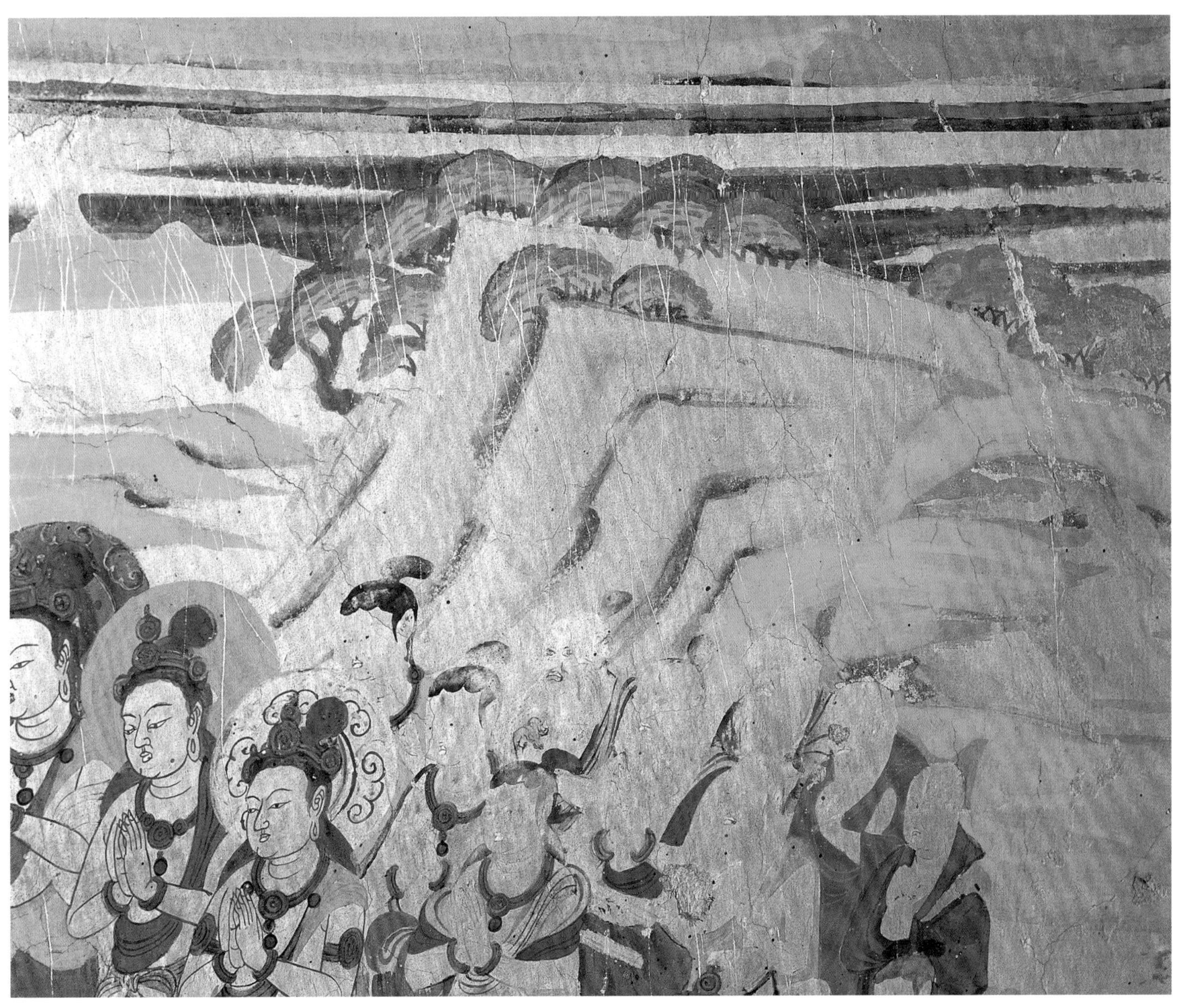

73 **斷崖**

山峯的一側為緩坡，另一側是斷崖，表現出斷層地貌的特點。山崖層層相疊，給人以深遠厚重之感。此類構圖可看作是五代、北宋山水畫的前奏。

盛唐 莫148 西壁北側

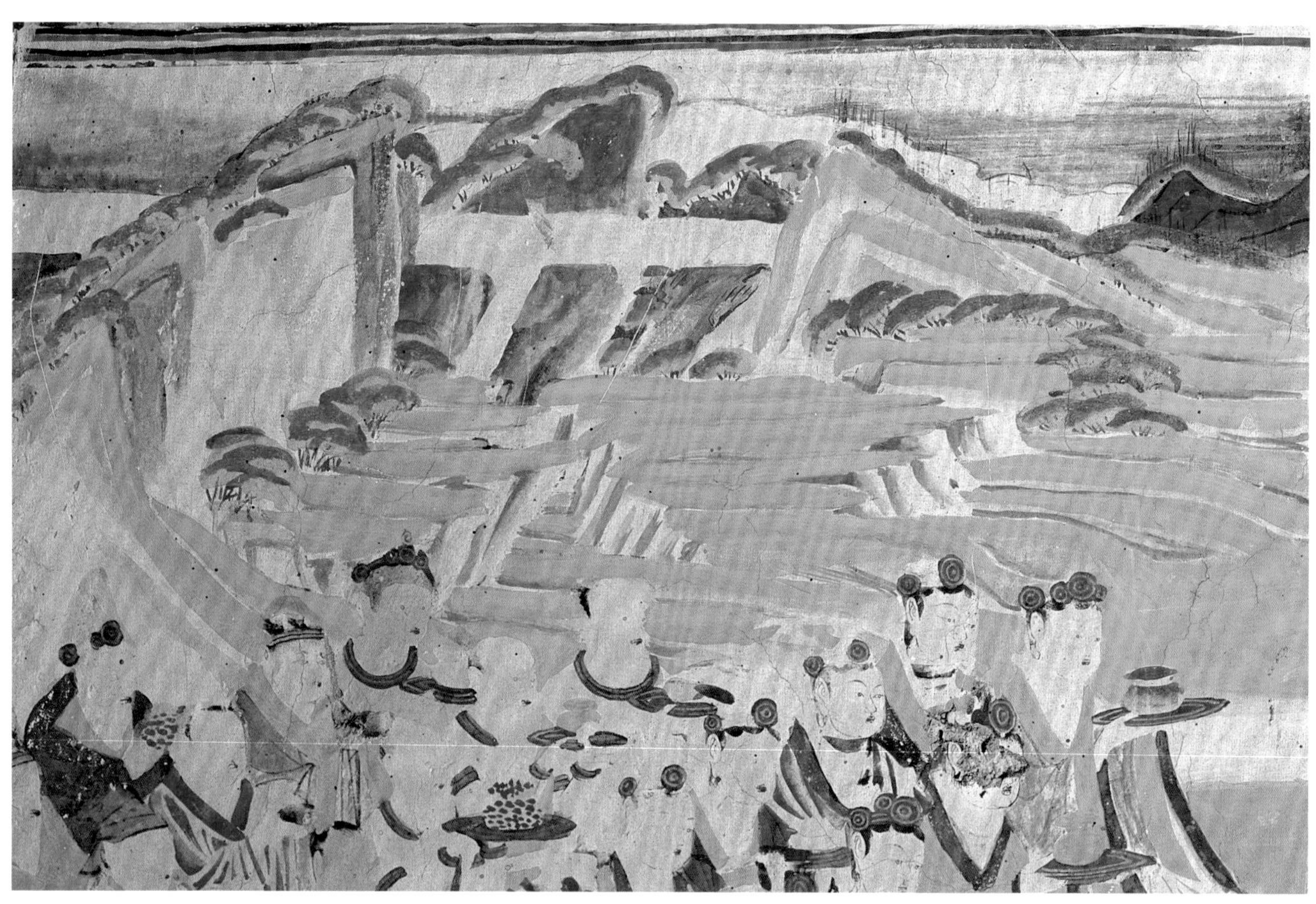

74 **大塬**

一片原野，頂部平坦，兩側出現階梯式陷落，表現北方黃土高原的特點。大塬邊緣為高山陡壁，山峯上畫出樹林，山腰處橫着一片白雲，使山崖層次變得豐富。

盛唐 莫148 北壁

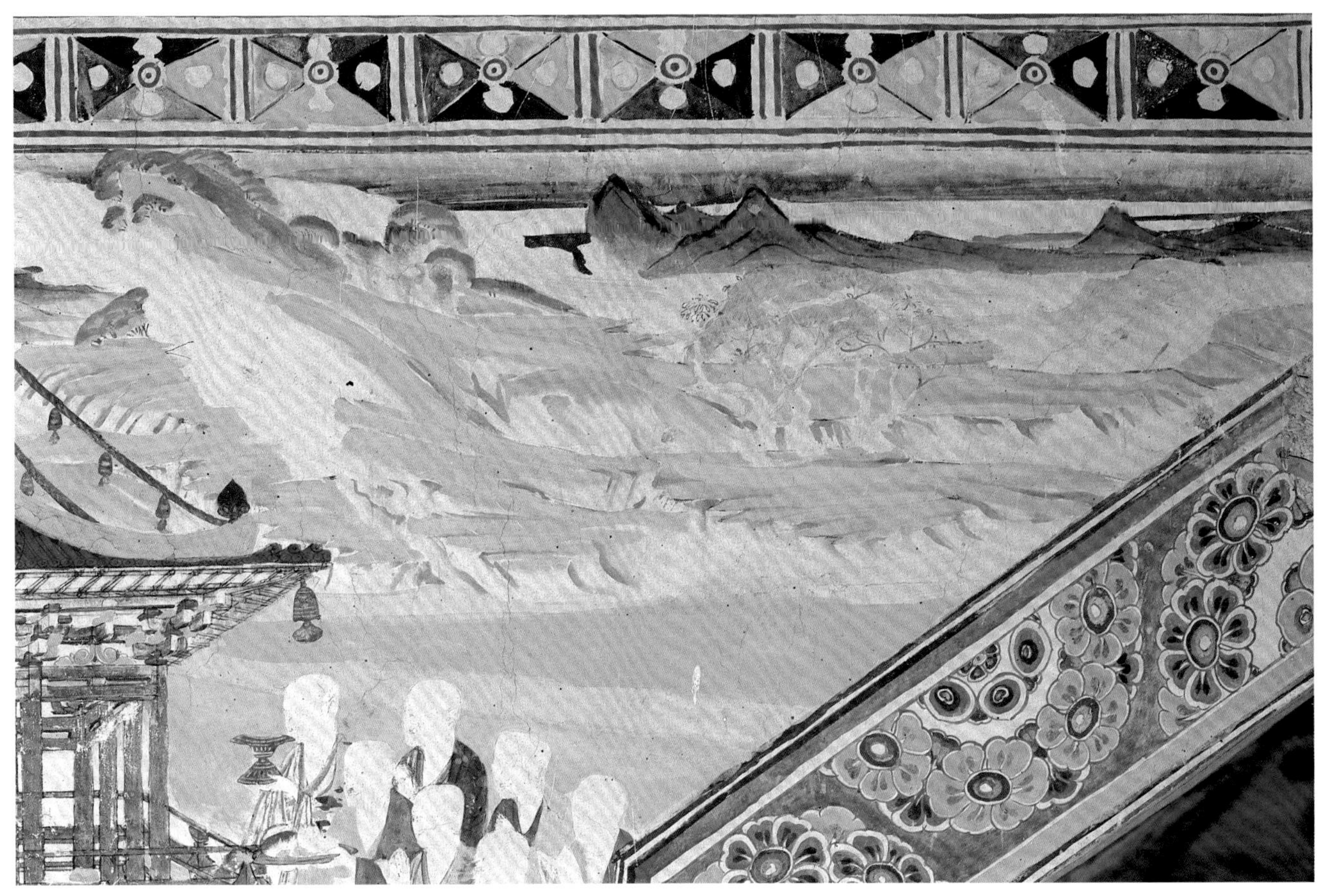

75 高原夕照

在大塬上，溝壑縱橫，山峯傾斜，遠山在暮色中呈現出藍色，地平線上露出紅色的晚霞。景象遼闊，氣象萬千。

盛唐 莫148 北壁

76 第217窟立體圖

莫高窟第217窟為覆斗頂方形窟，西壁開一龕，龕內塑像皆殘。南北兩壁分別繪法華經變、觀無量壽經變，東壁繪法華經變中的《觀音普門品》。南壁法華經變中的《化城喻品》堪稱是一幅傑出的青綠山水，圖中山巒疊翠，花樹掩映，河流蜿蜒其間。此窟建於唐神龍年間（公元705～707年），可以看出壁畫已具有典型的盛唐風格。

盛唐 莫217

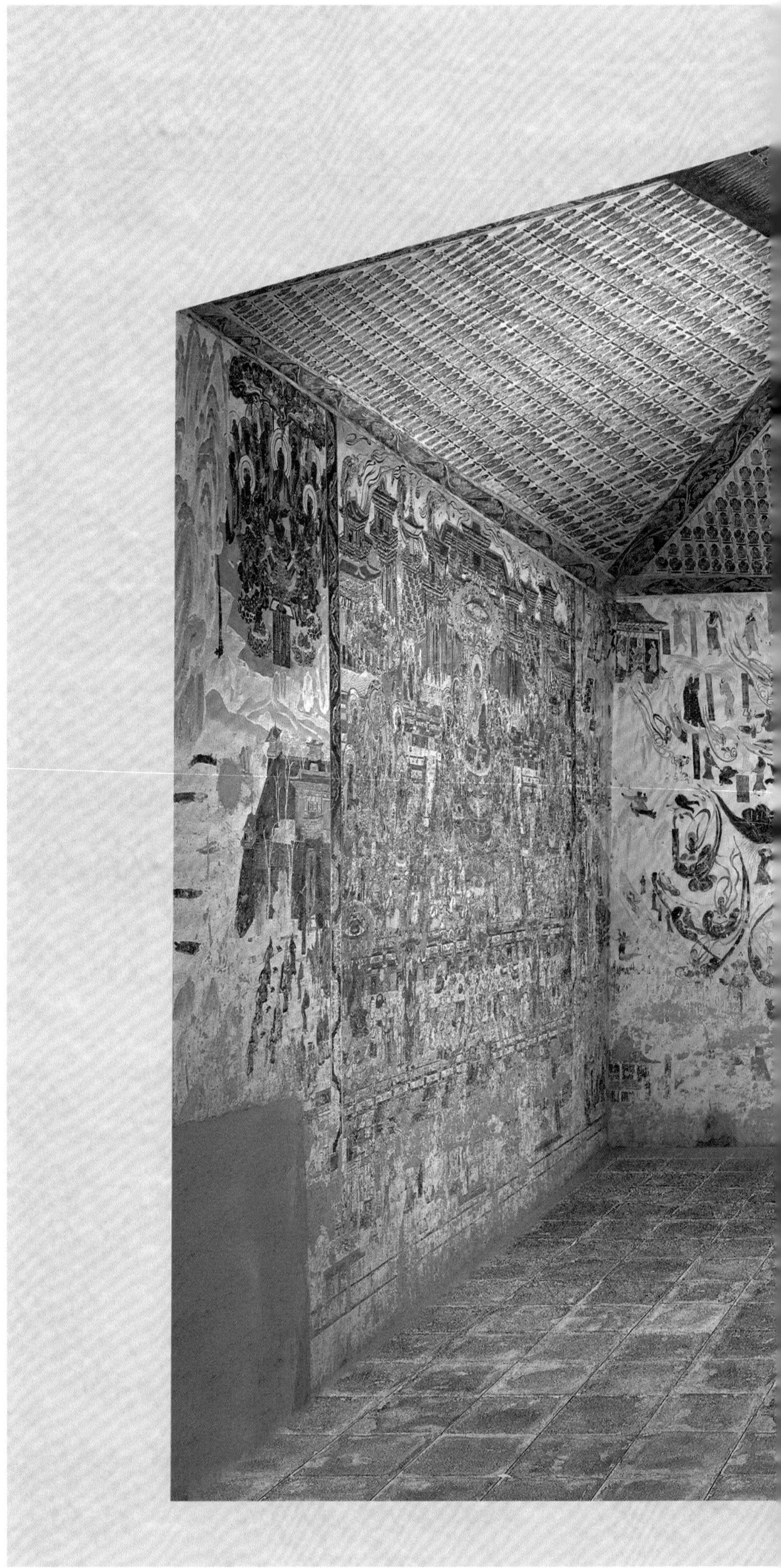

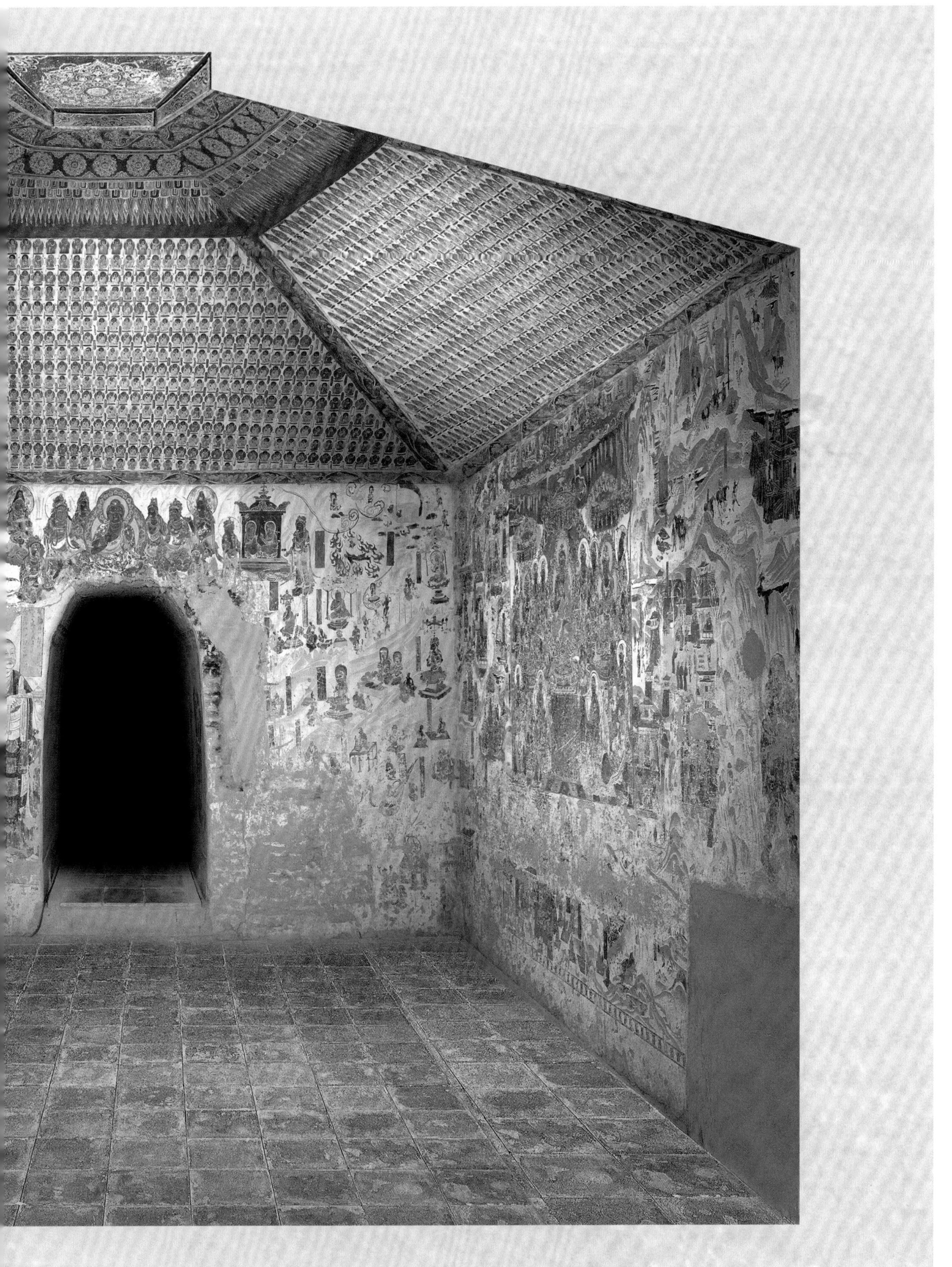

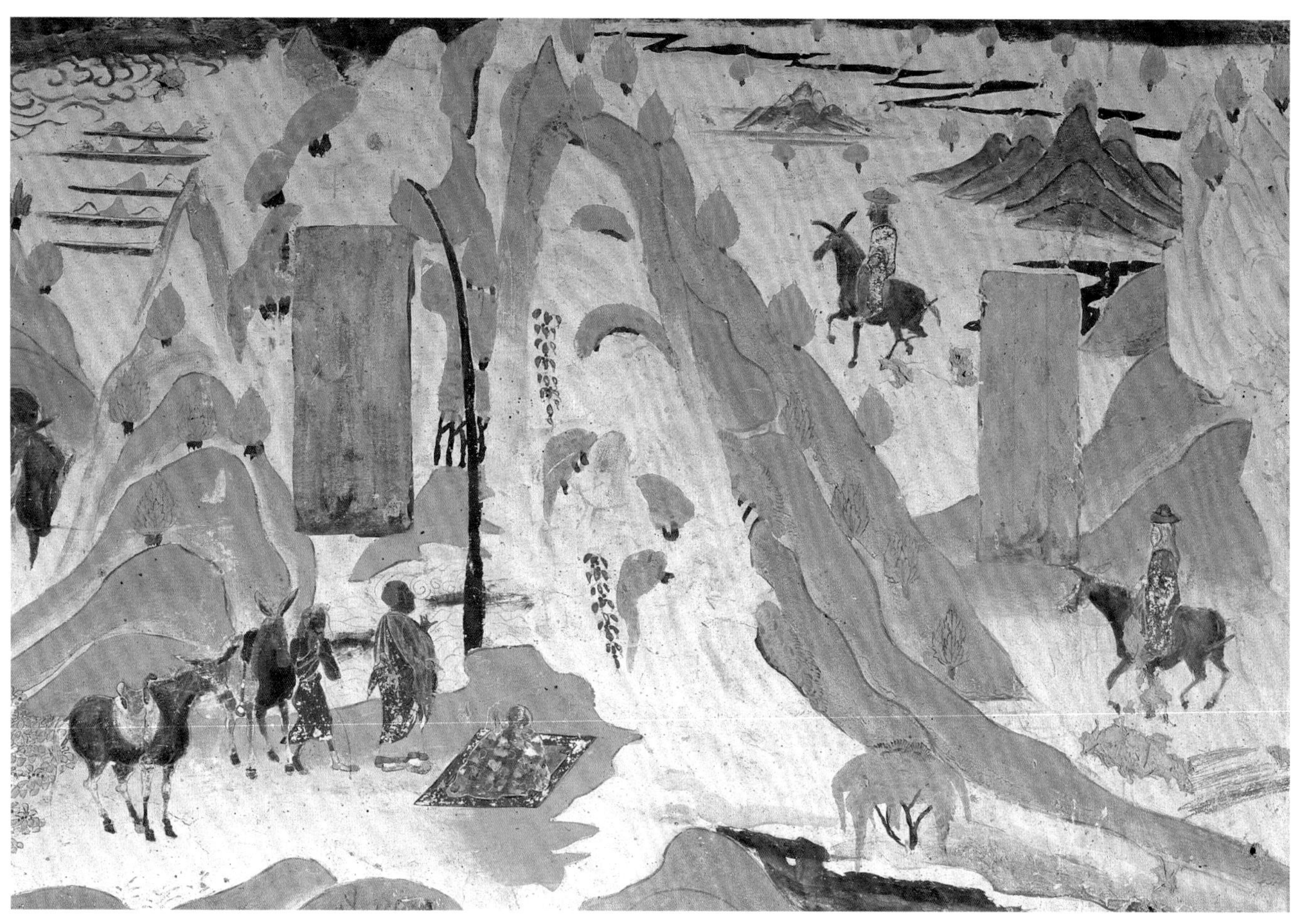

77 山間行旅

在《化城喻品》中，描繪出各種不同的人物在山間行進的情景。由近及遠，畫出三組山峯，再通過曲折的河流，把遠近層次表現出來。此窟的盛唐青綠山水在敦煌是具有代表性的。

盛唐 莫217 南壁西側

78 觀瀑

此圖是《化城喻品》的局部。在兩座險峻的山峯之間，瀑布直瀉而下，行腳的僧人駐足觀瀑，隨從在一旁牽着牲口。

盛唐 莫217 南壁西側

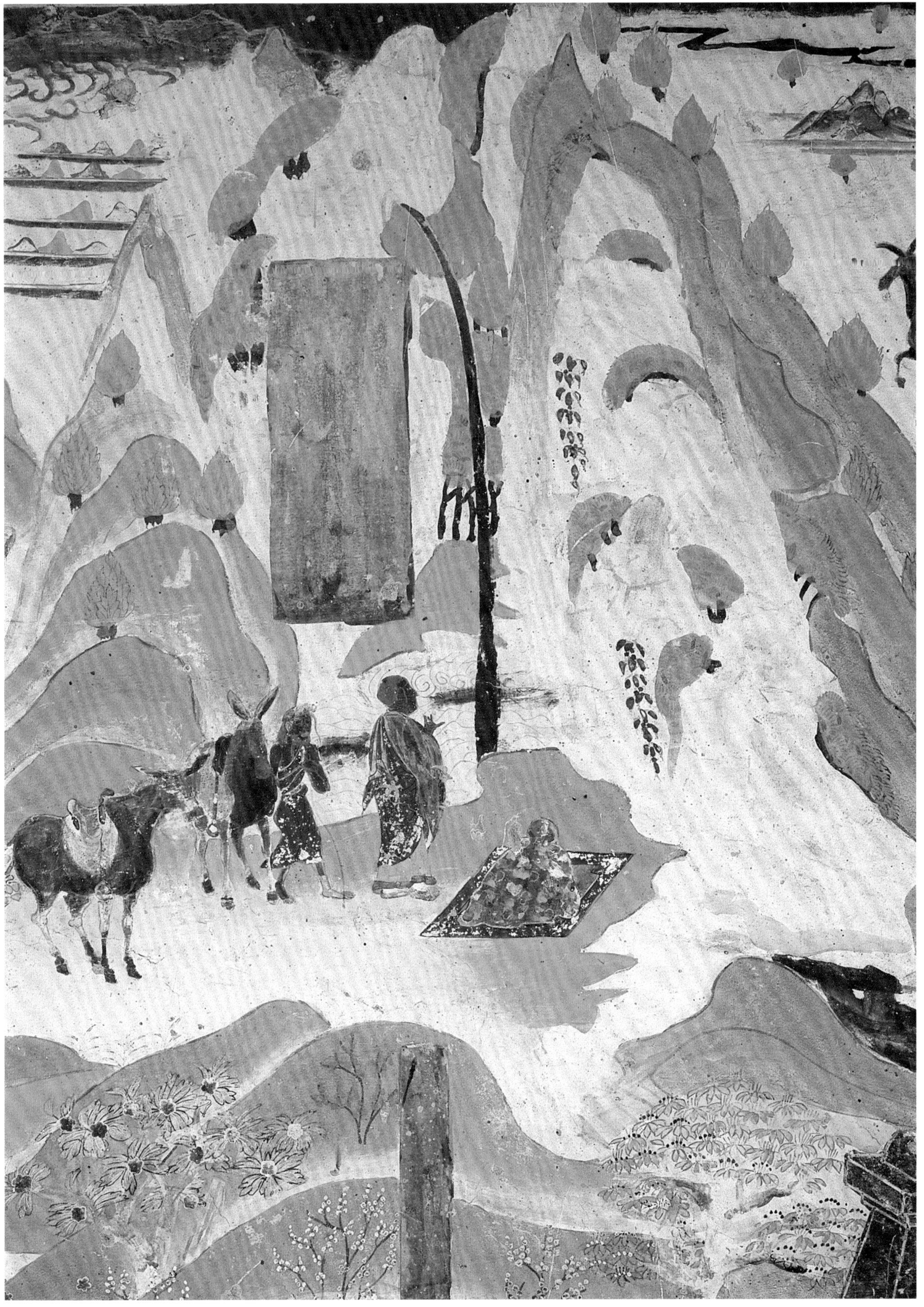

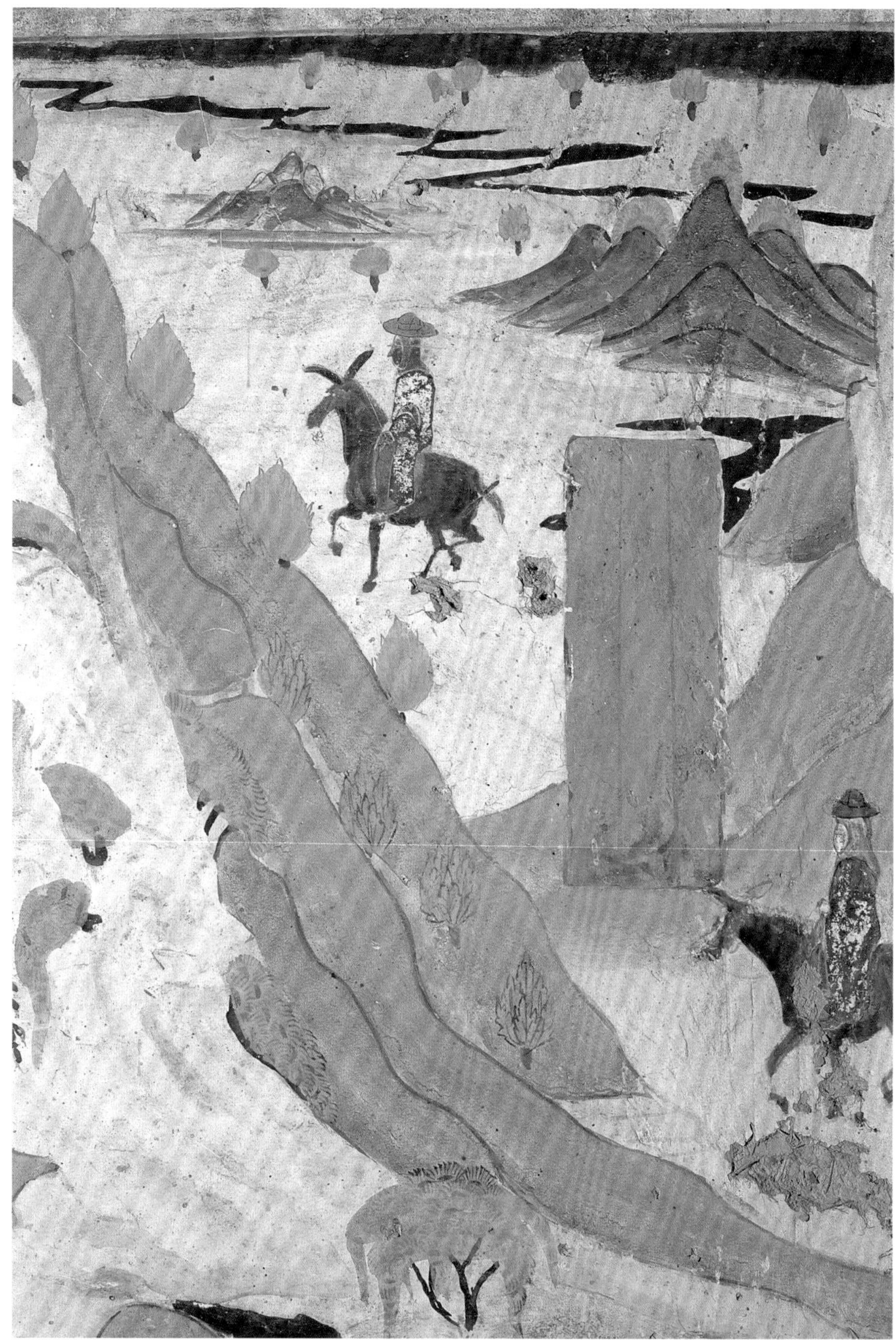

79 **山行**

此圖是《化城喻品》的局部。透過近處的山崖，可見遠方的行旅者正在原野間行走，遠山漸小，山後的河流彎彎曲曲直繞到山前，表現出深遠的空間。

盛唐 莫217 南壁西側

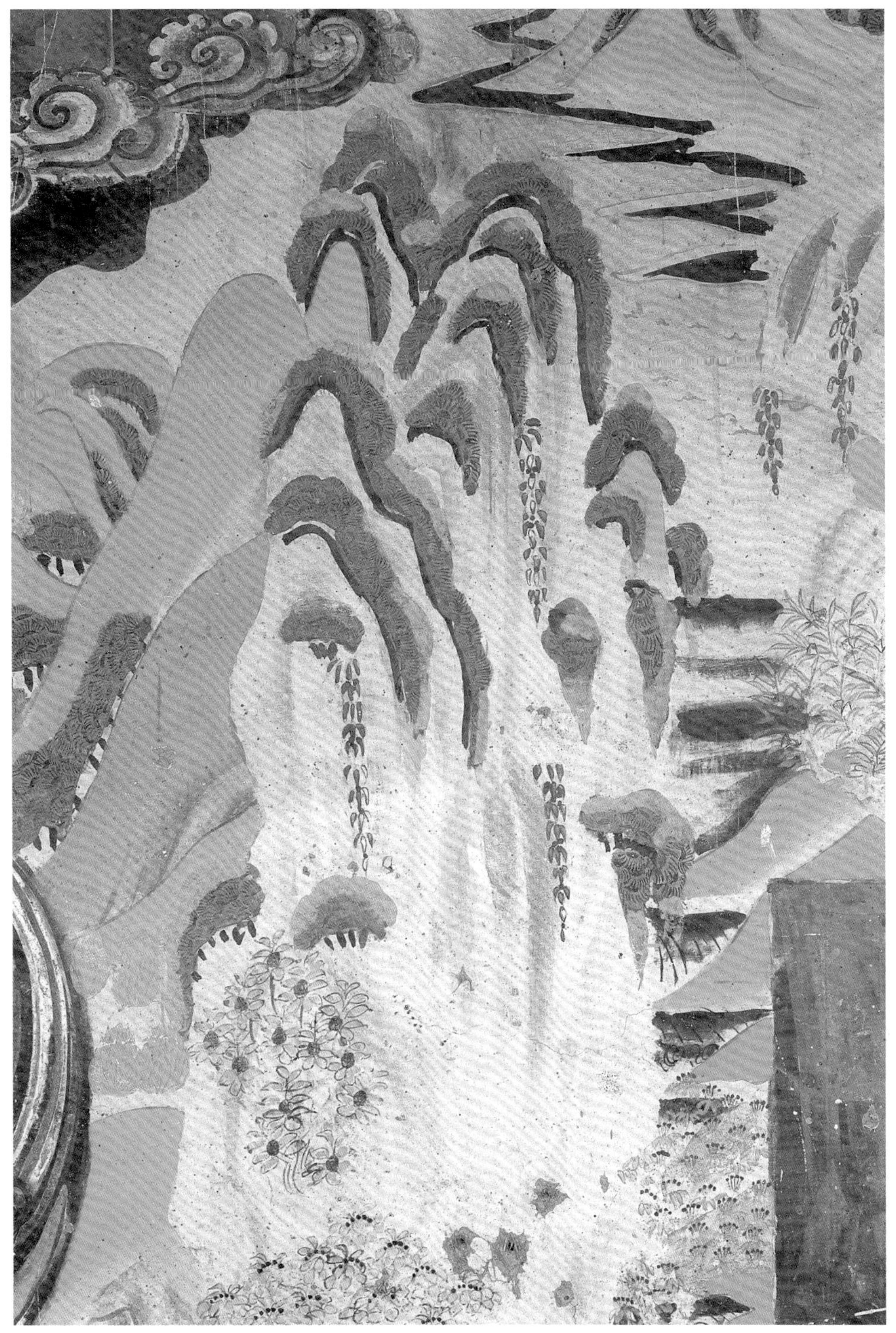

80 山峯

險峻的山峯層層相疊，主峯下有側峯。山崖上長滿各種植物，山頭上有樹叢，巖石上垂下青藤，畫面充滿了生氣。

盛唐 莫217 南壁西側

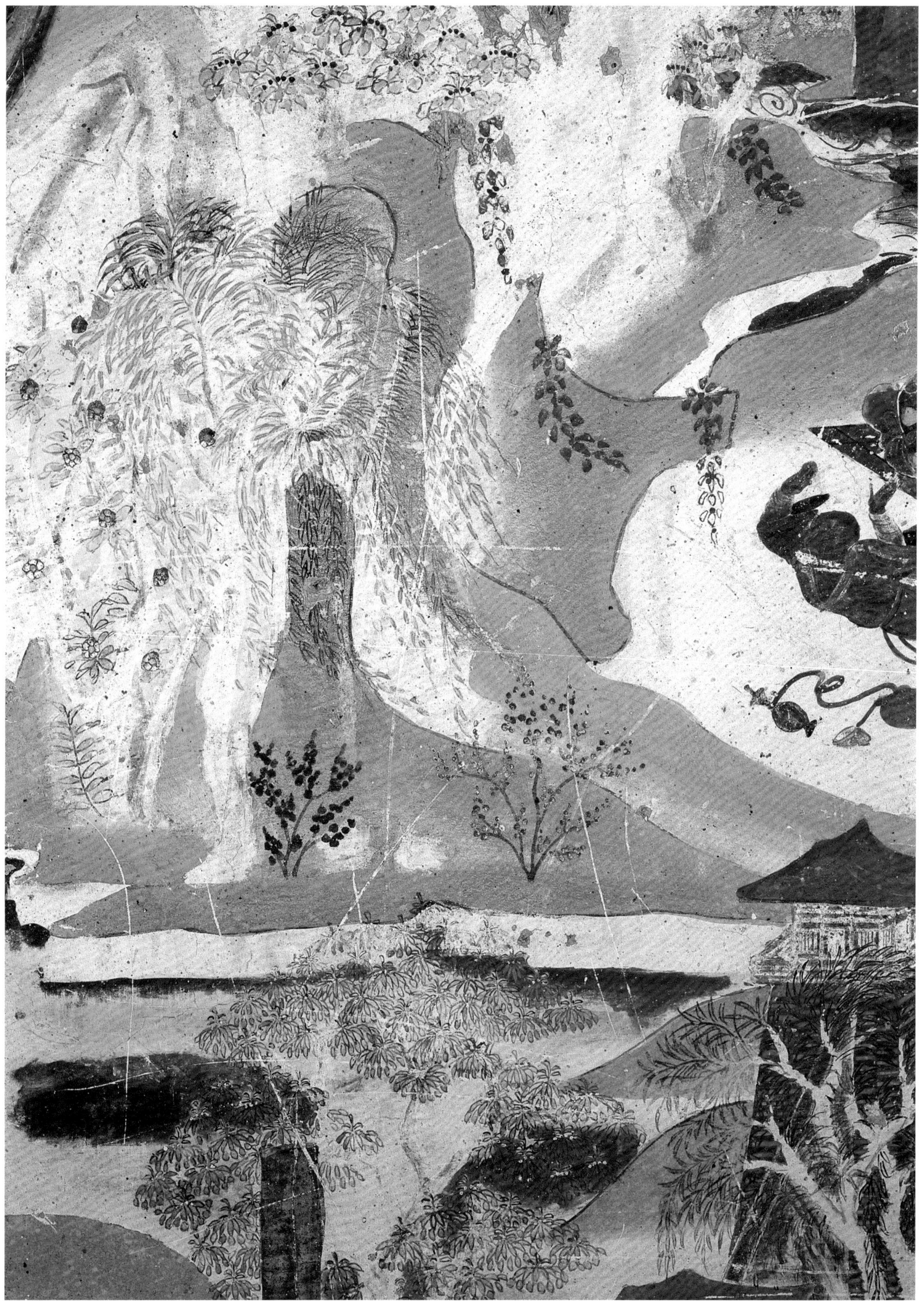

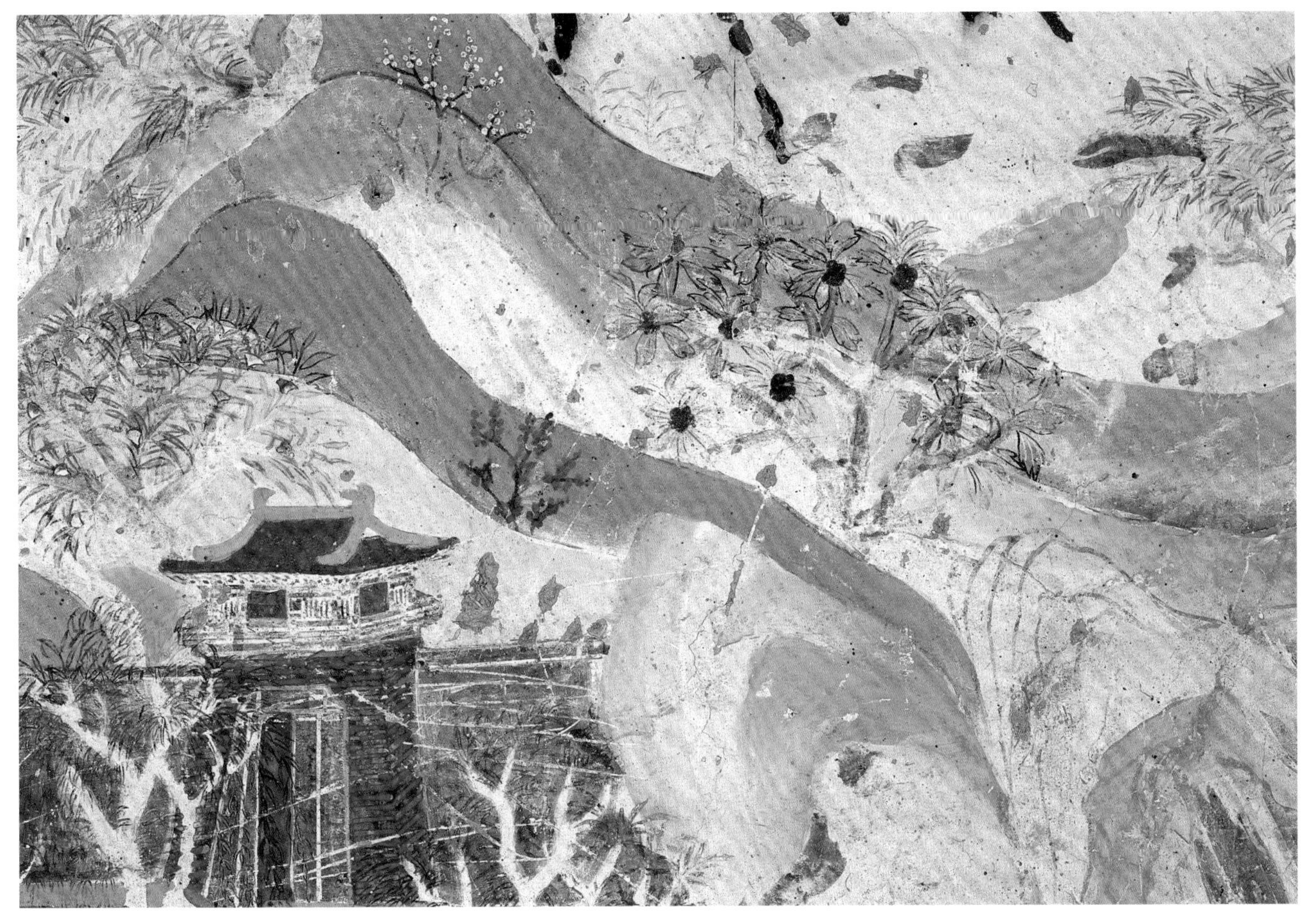

82 城外丘陵

城上門樓高聳，城牆一角被山遮住，城內樹木高大，山上花木叢生。

盛唐 莫217 南壁西側

81 城外青山

城上建有望樓，城外河水環繞，岸柳成蔭，雜花生樹。圖中的建築、坡地、山巒以及樹木、花叢等諸多要素組合複雜，描繪細膩。

盛唐 莫217 南壁西側

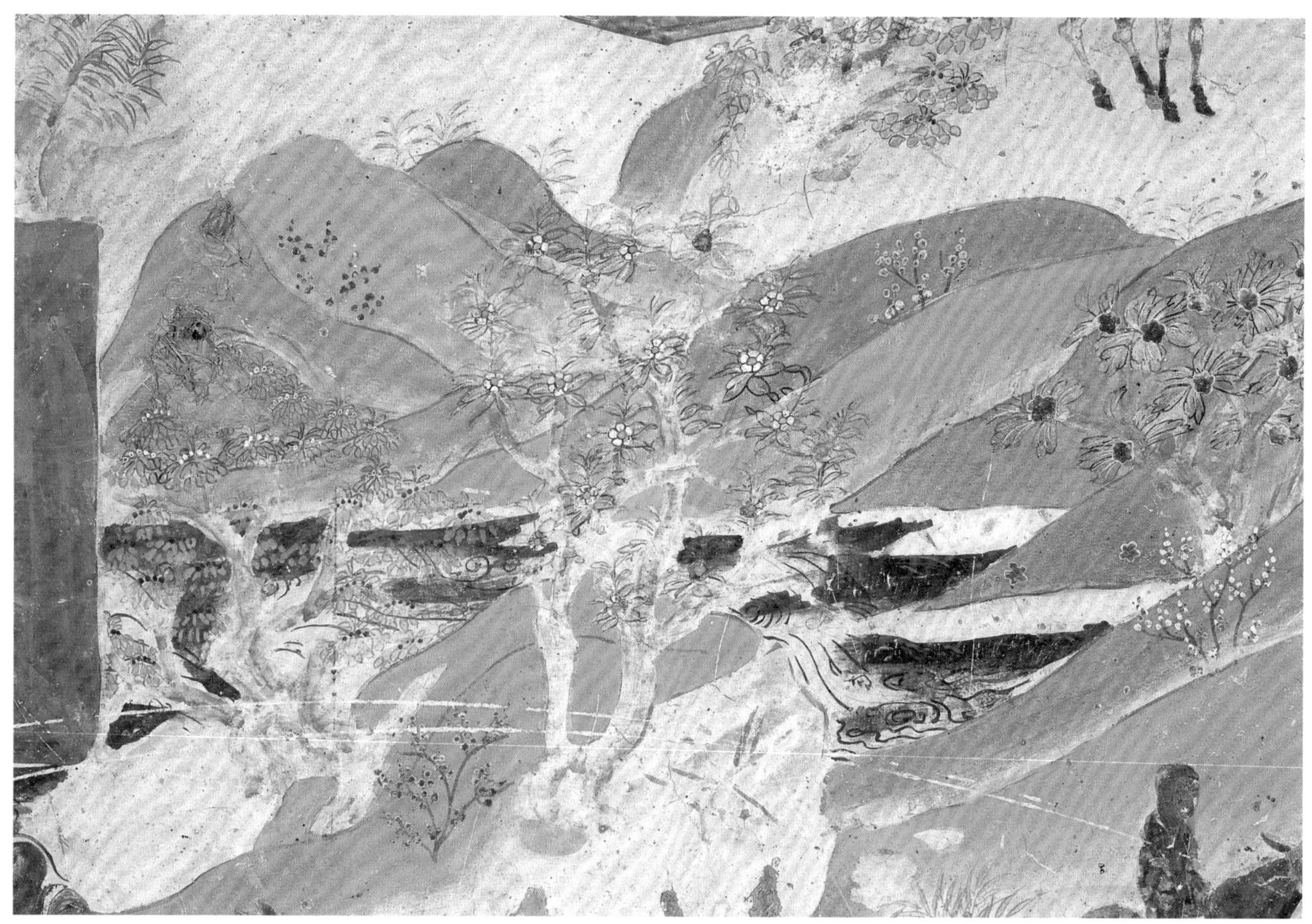

83 **春山**

丘陵坡地層次分明，花樹枝葉掩映其間，山間小溪奔湧，浪花飛濺。大樹間又摻雜小樹，顯得層次豐富，特別是開着桃花的小樹，使畫面產生萬綠叢中一點紅的效果。

盛唐 莫217 南壁西側

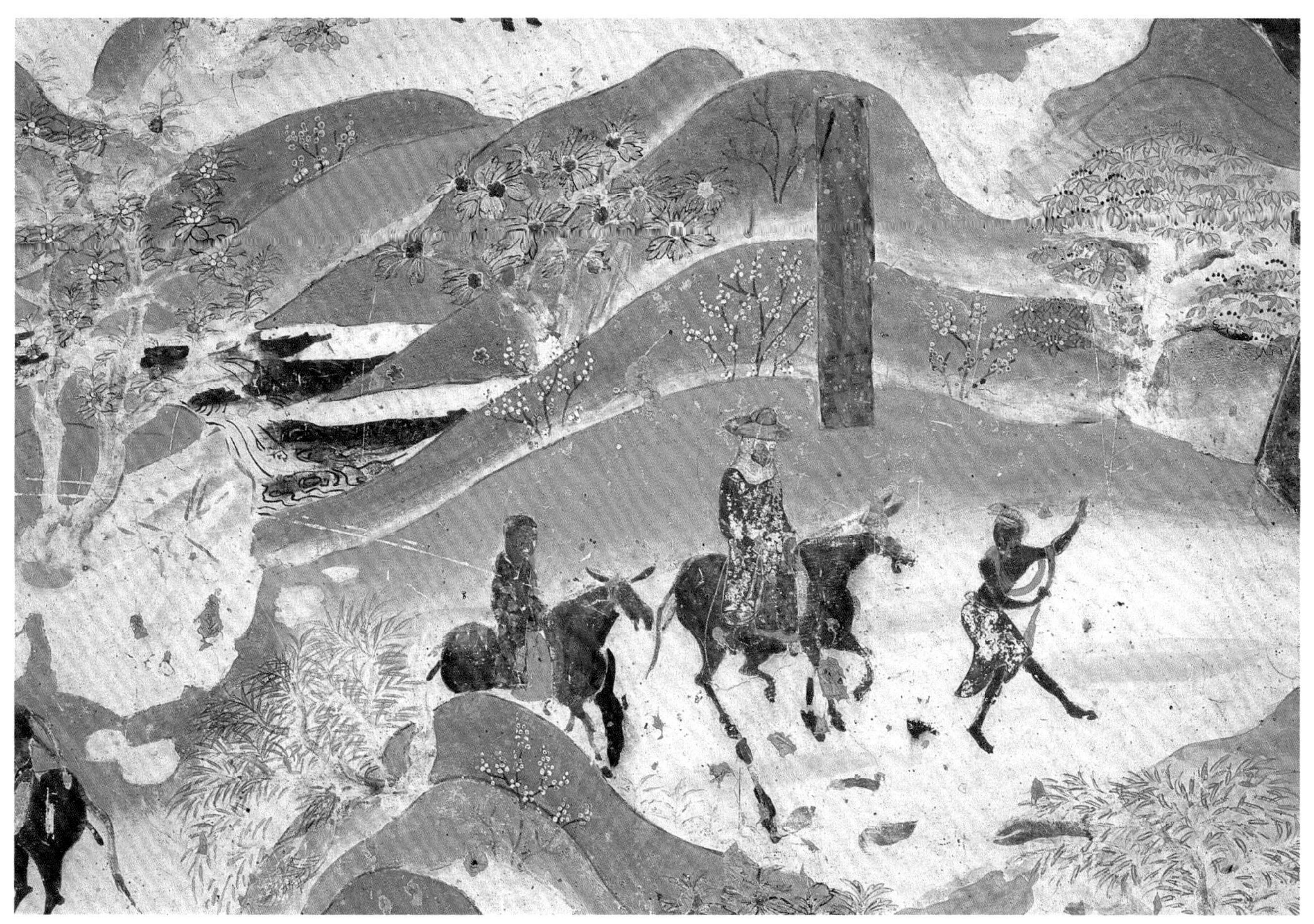

84 春山踏青

佛經原意是疲憊的旅人在佛的引導下看見了城池，而畫面上描繪的卻是一位貴婦在胡人的指引下，漫步在郊外，綠色的原野及花草樹木，渲染出風光宜人的春天氣息，恰似一幅遊春圖。

盛唐 莫217 南壁西側

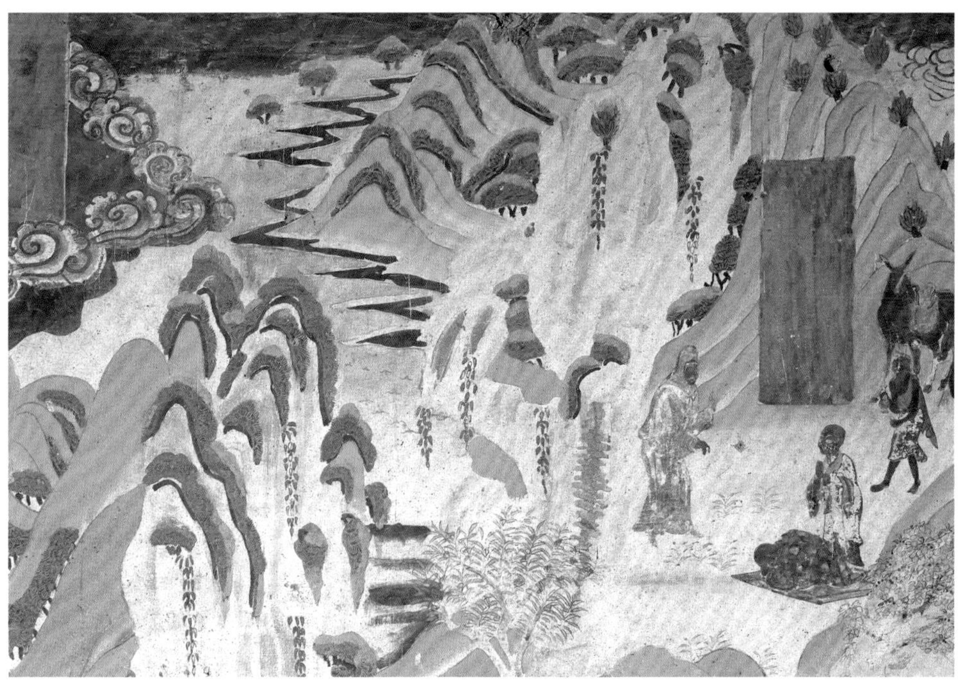

85 山間問道

近處山峯聳立，山上生滿樹木藤蔓，山腳下，一僧人正伏地求道。遠山表現出清晰的層次，在層層青山的後面，畫出曲折的河水從莽莽荒原上流過。天空一角露出雲朵。

盛唐 莫217 南壁西側

86 遠山浮雲

在法華經變的故事中，畫出一座高山，山前花樹相依，山下有丘陵，山間飄起浮雲，遠景是幾座山巒，表現山的遠近關係。

盛唐 莫217 南壁東側

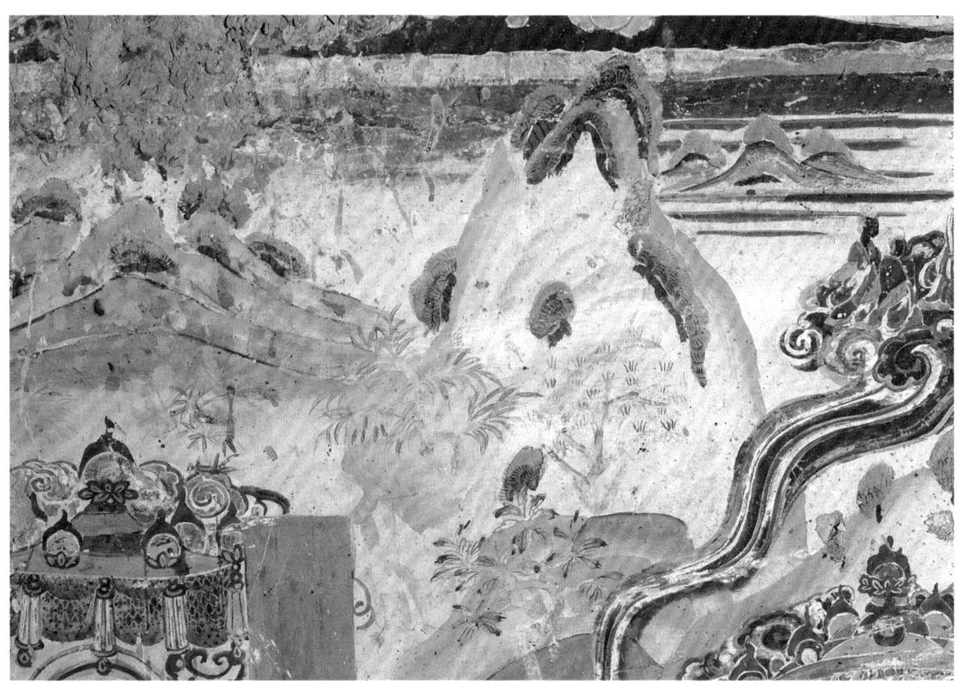

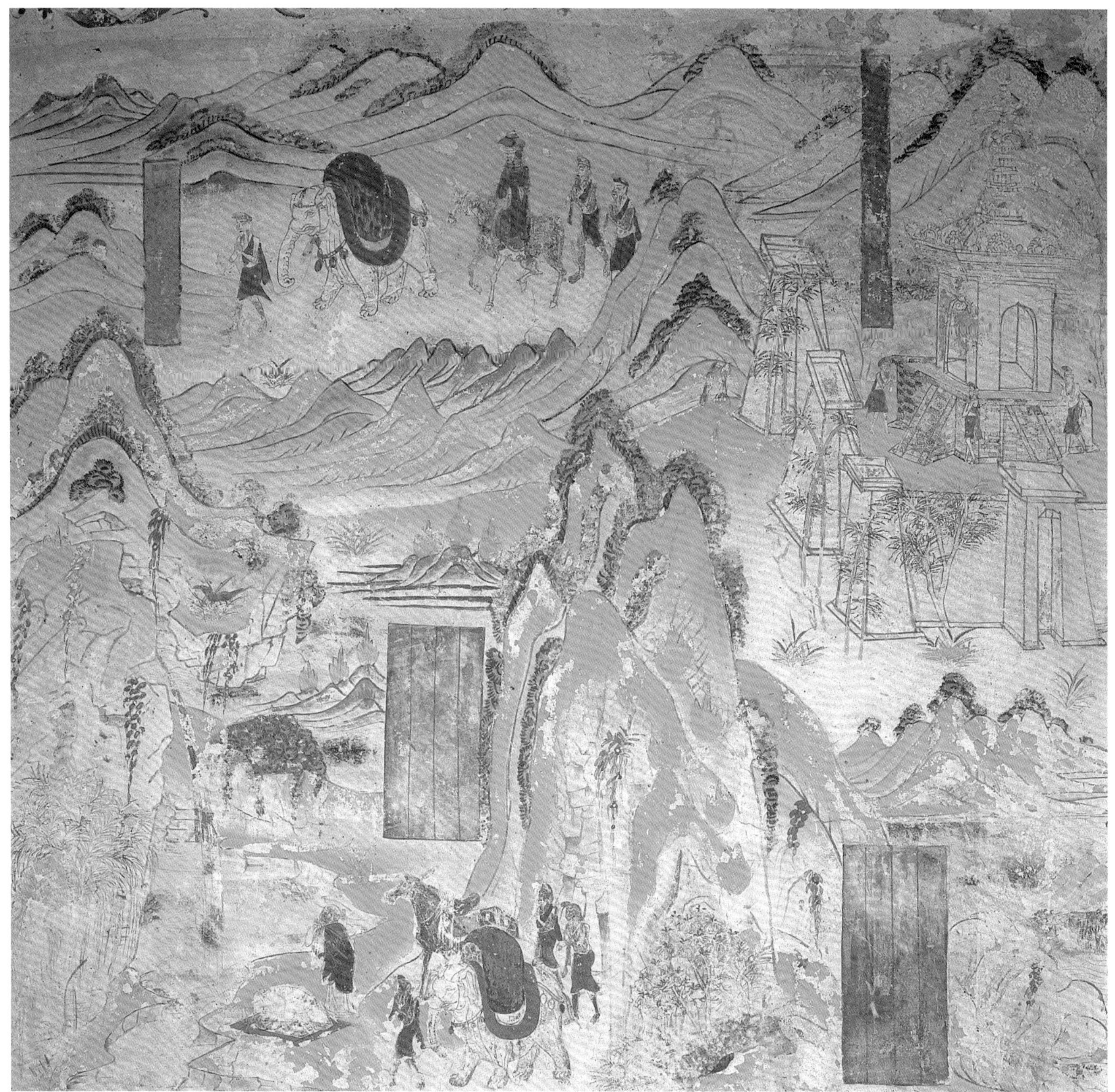

87 山間行旅

在《化城喻品》中，表現了旅人在山間行進。人物下部的山丘，沿山的輪廓線有短線條，這是唐代最簡單的皴法，它往往與色彩配合表現出山的立體感。

盛唐 莫103 南壁

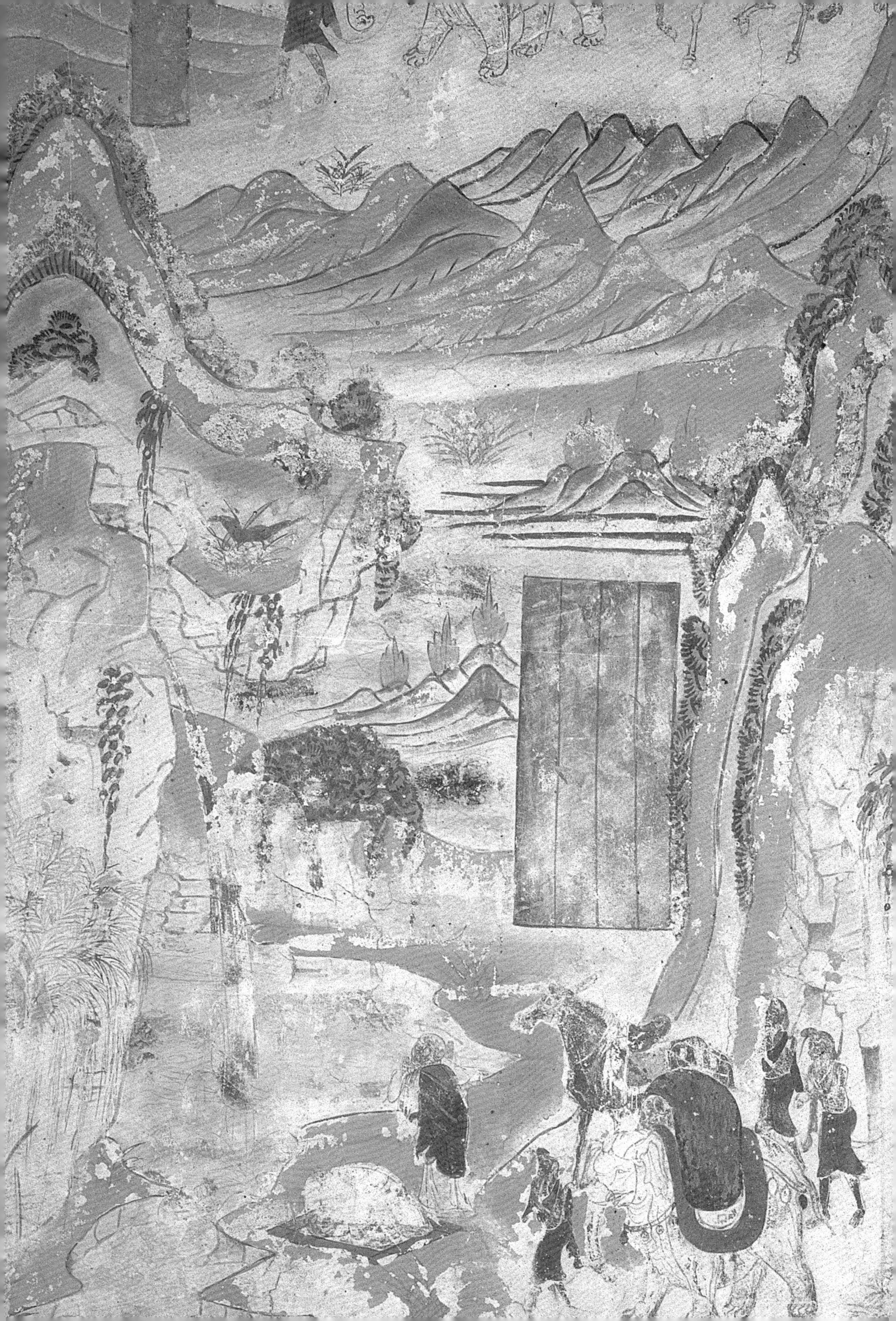

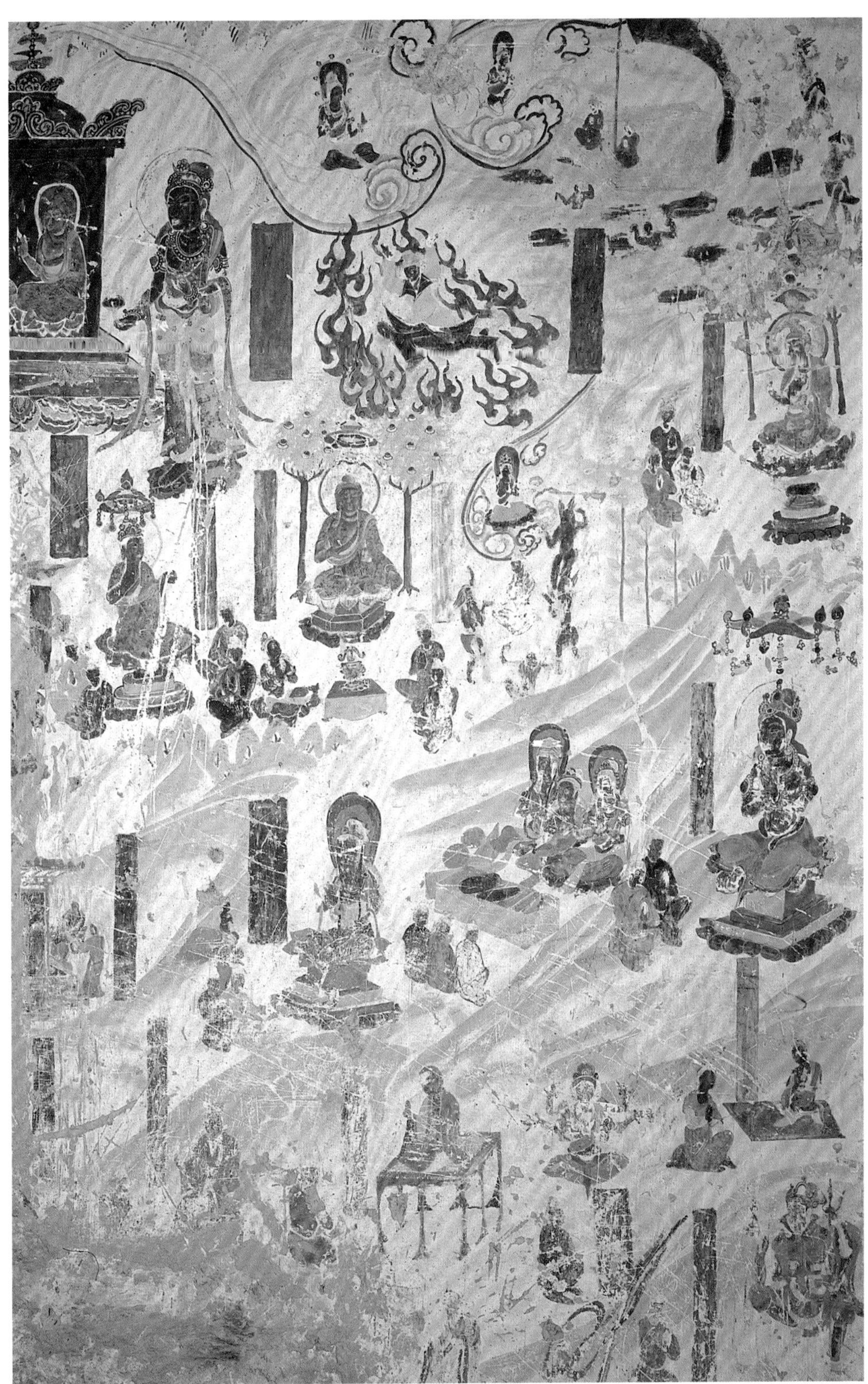

88 觀瀑

在《化城喻品》中，表現了僧侶參拜瀑布的情景。兩側畫出對峙的闕型山峯，構成唐代山水畫中流行的樣式。從高高的懸崖上飛流而下的泉水，畫得非常生動，用流暢的墨線表現出泉水飛濺的速度，淡雅的色調體現出水的透明特徵。

盛唐 莫103 南壁

89 觀音救難中的山山水水

在表現觀音菩薩“現身說法”和“救苦救難”的場面裏，畫出了山水景物分隔情節，其中有懸崖、丘陵、山巒、平地。

盛唐 莫217 東壁南側

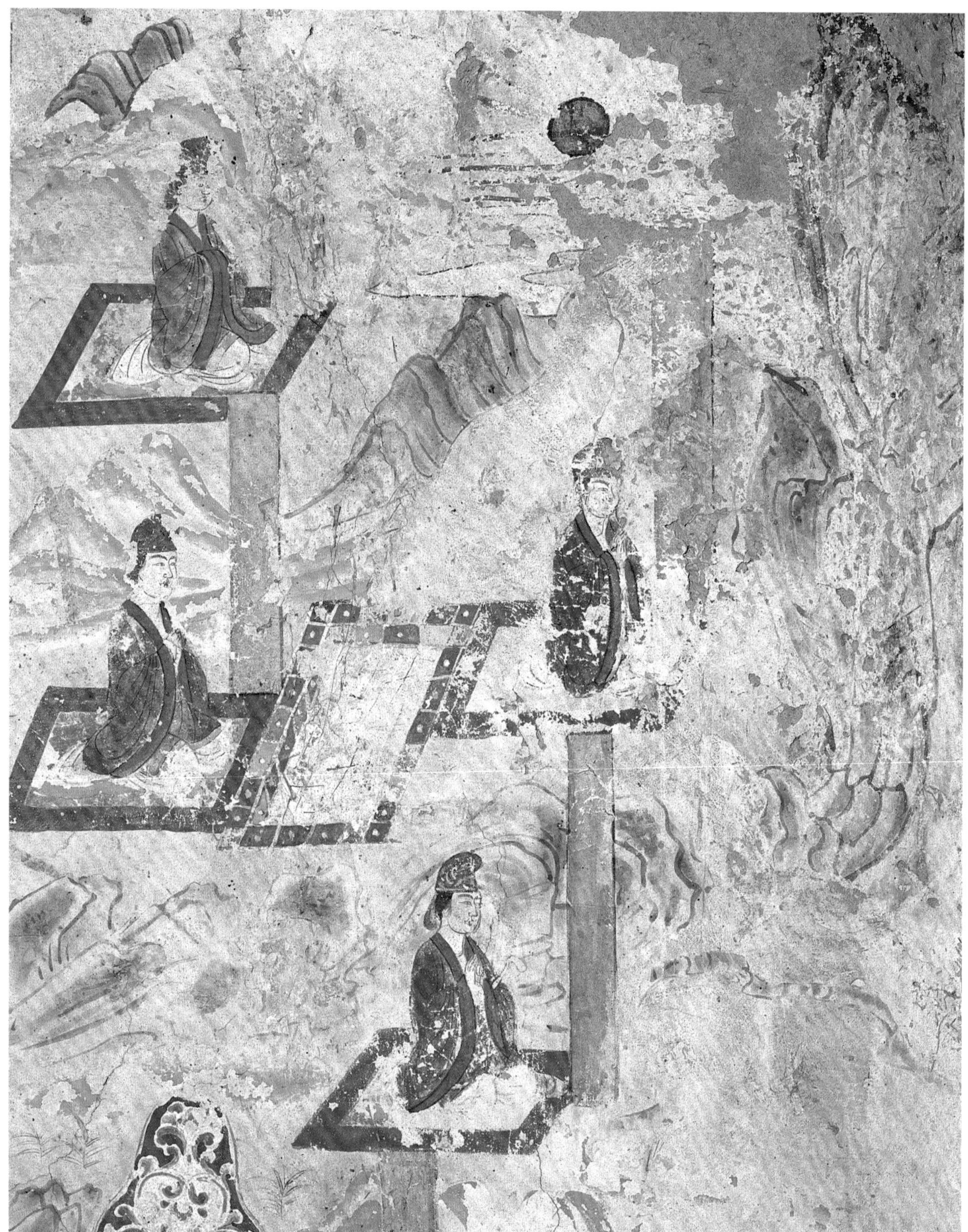

90 遠山落日

在“日想觀”中，表現韋提希夫人望着遠方的落日，進行觀想的情景。此構圖在唐代以後形成了固定的樣式，值得注意的是山峯在皴法、暈染等技法上綜合應用的效果。

盛唐　莫103　北壁東側

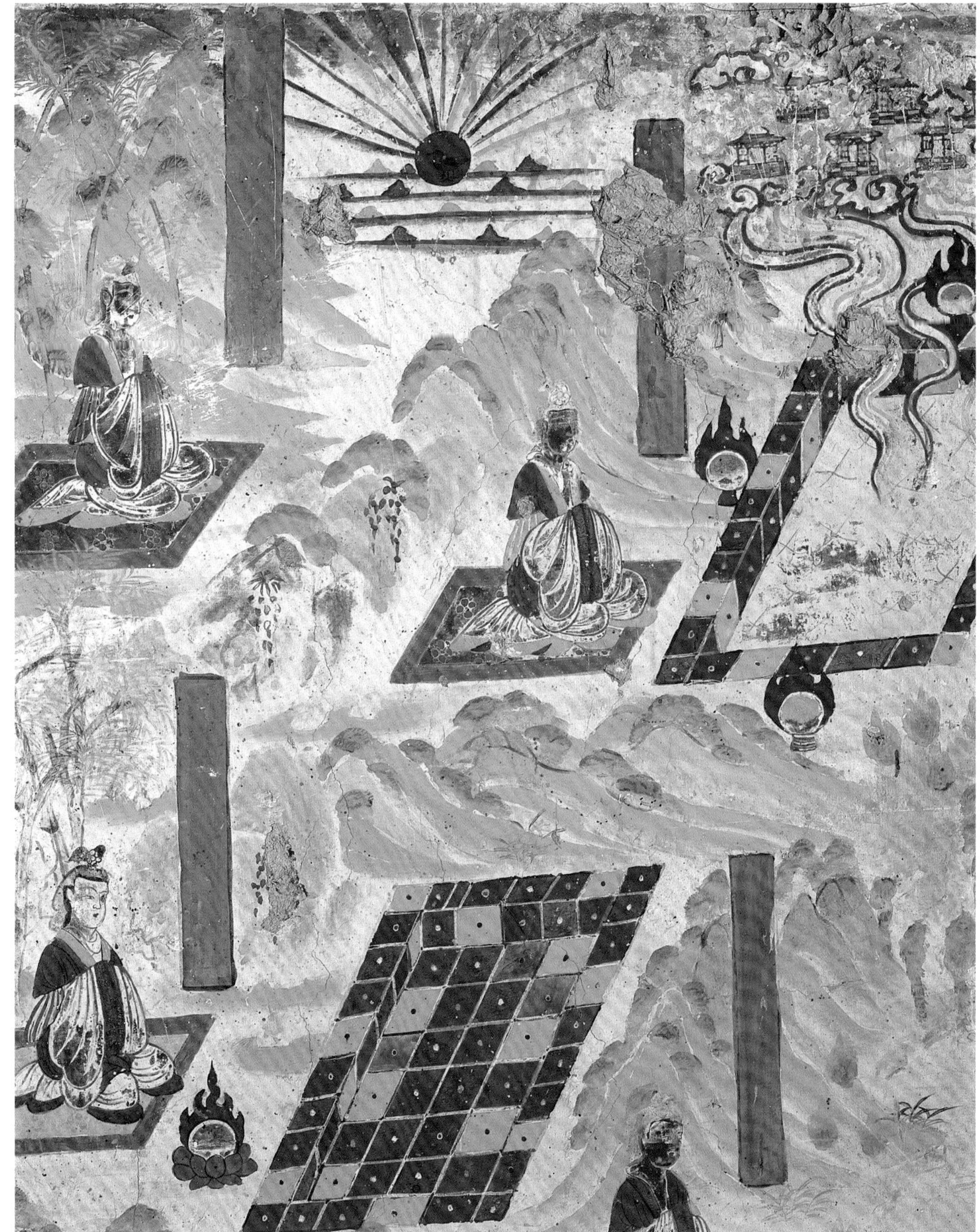

91 遠山落日

在"日想觀"中，韋提希夫人跪在方形毯上作思考狀。遠處是夕陽西下的景色，寶池中升起祥雲。山巒表現得概括、單純，青綠色的渲染使畫面明朗純淨。

盛唐 莫217 北壁東側

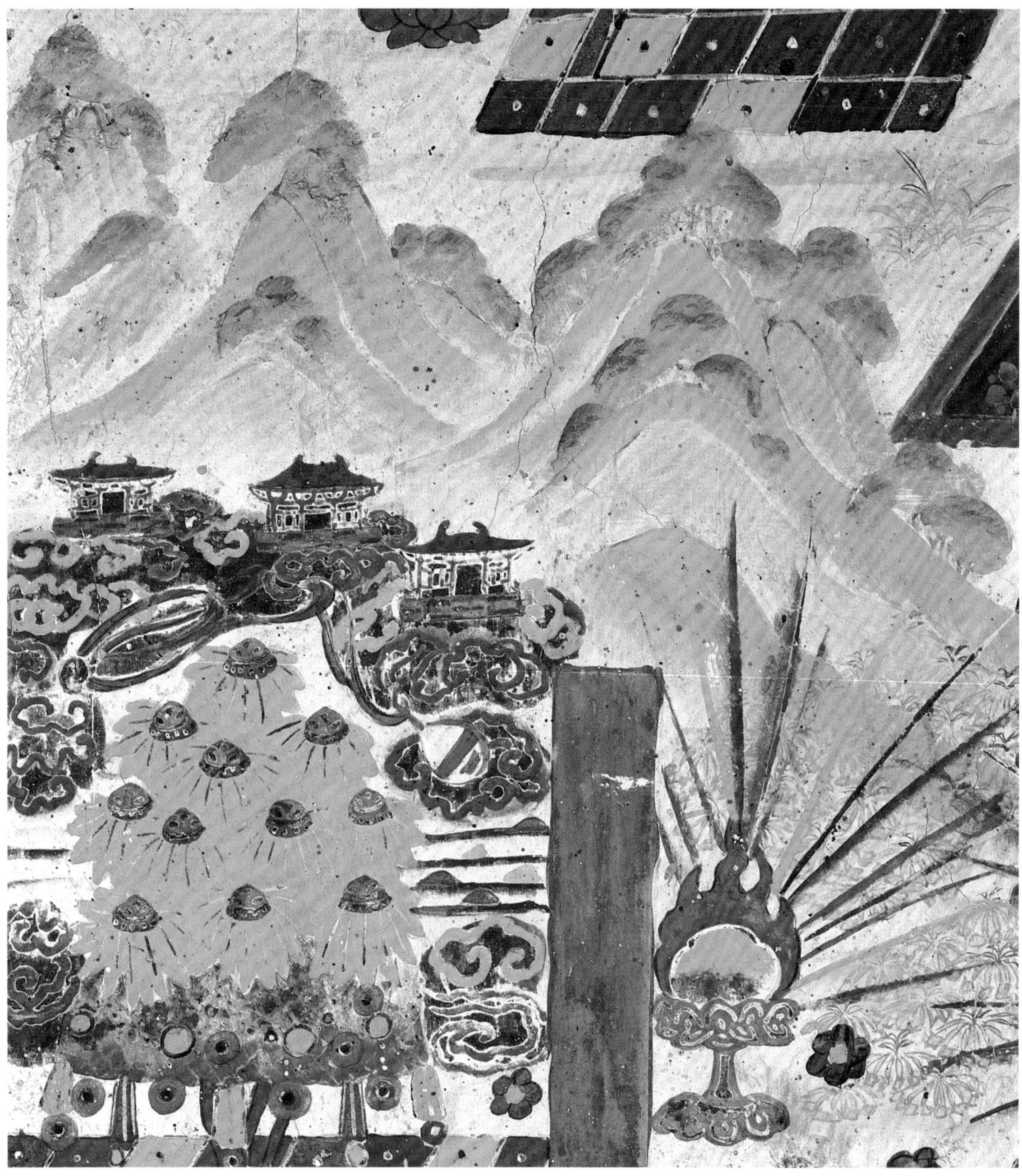

92 **樓台遠山**

在寶樹上生出朵朵祥雲，雲中浮出樓台和樂器，遠山山峯上長有樹叢。

盛唐 莫217 北壁東側

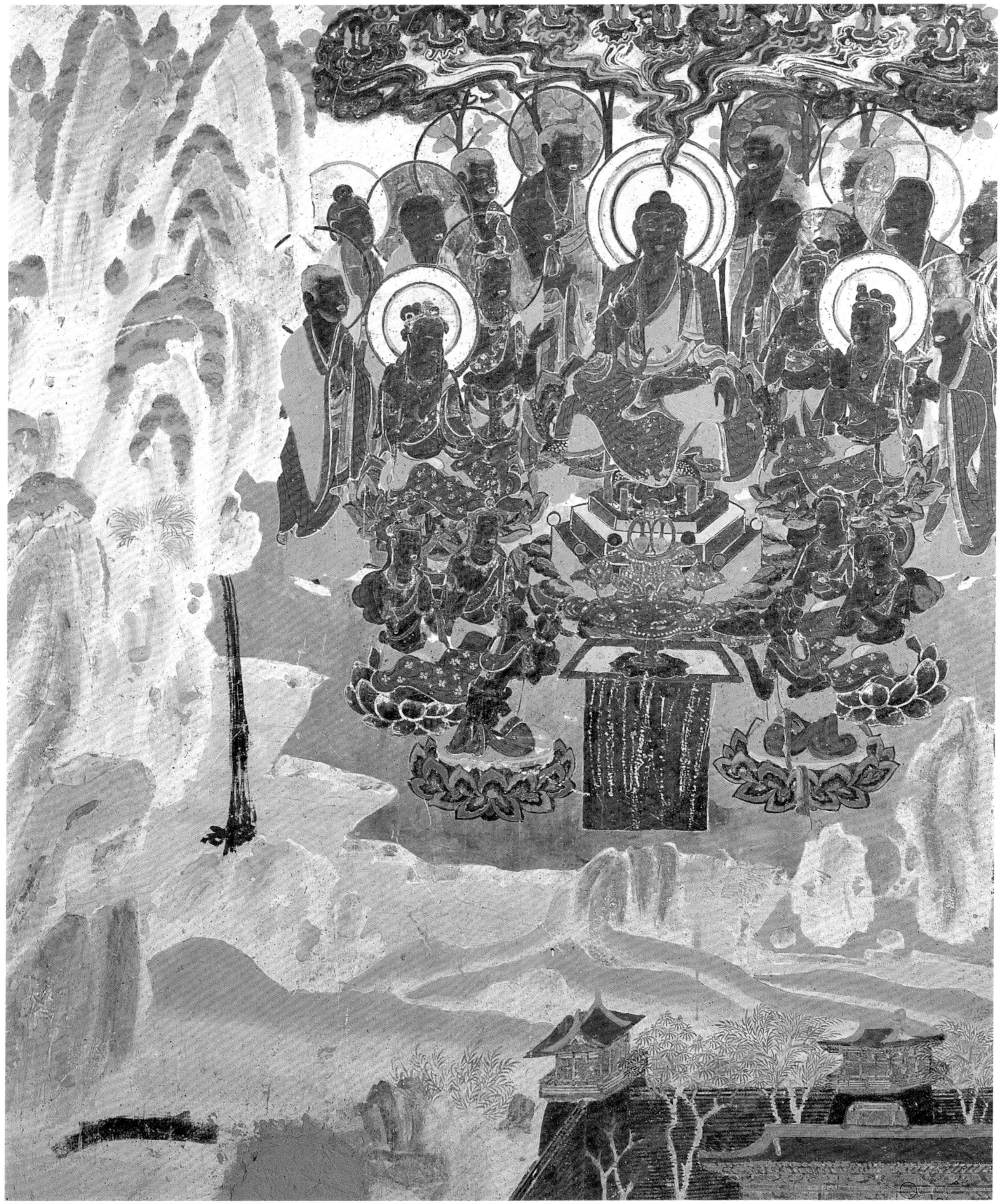

93 **山中說法**

在"未生怨"故事畫中，表現佛說法的情景。背景的羣山中瀑布從一面山崖流出，山下是坡地與河流，體現出由上至下的視角。

盛唐 莫217 北壁西側

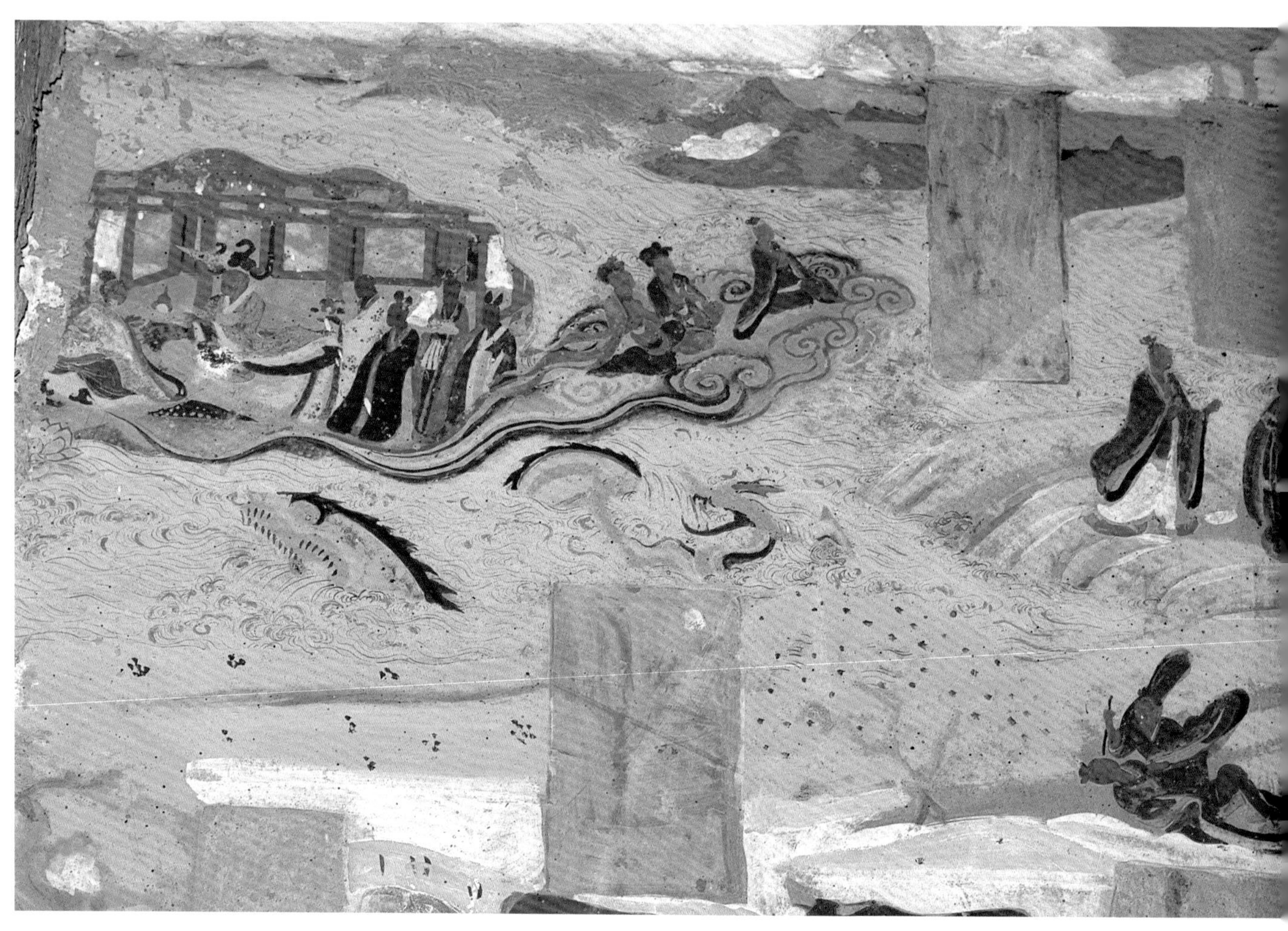

94 大海與遠山

在“善事太子入海求寶”的故事畫中，表現太子正在龍宮中求寶。龍宮外是波濤洶湧的大海，大海用石綠染出，海浪的波紋用墨線勾出，流暢而生動。

盛唐 莫148 甬道頂南坡

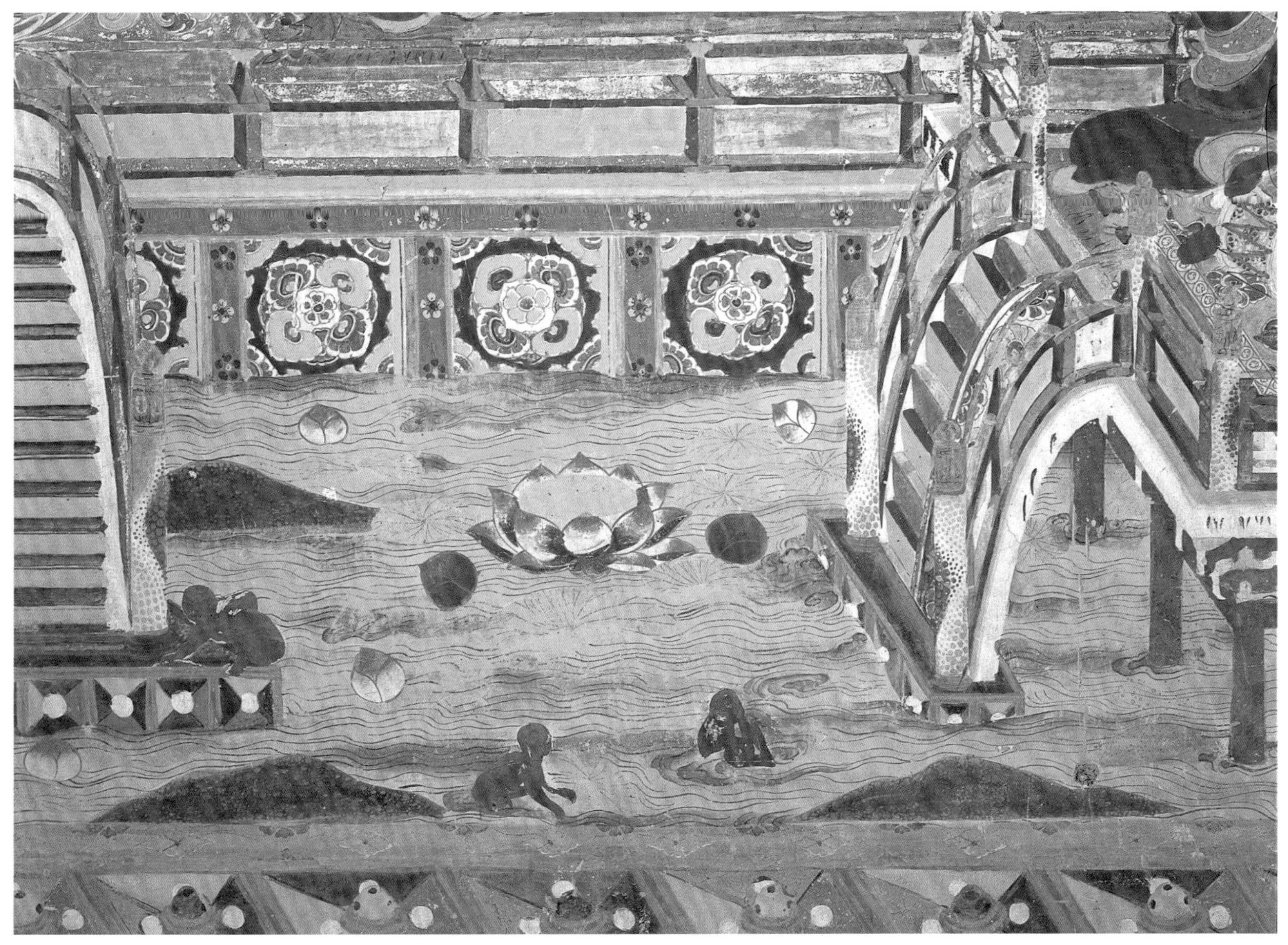

95 水池

在淨土世界的水池中，對波紋描繪得細膩而流暢，又通過色彩暈染來表現水波的光影變化，小孩在水中攪動出漩渦的場面畫得十分生動有趣。

盛唐 莫148 東壁北側

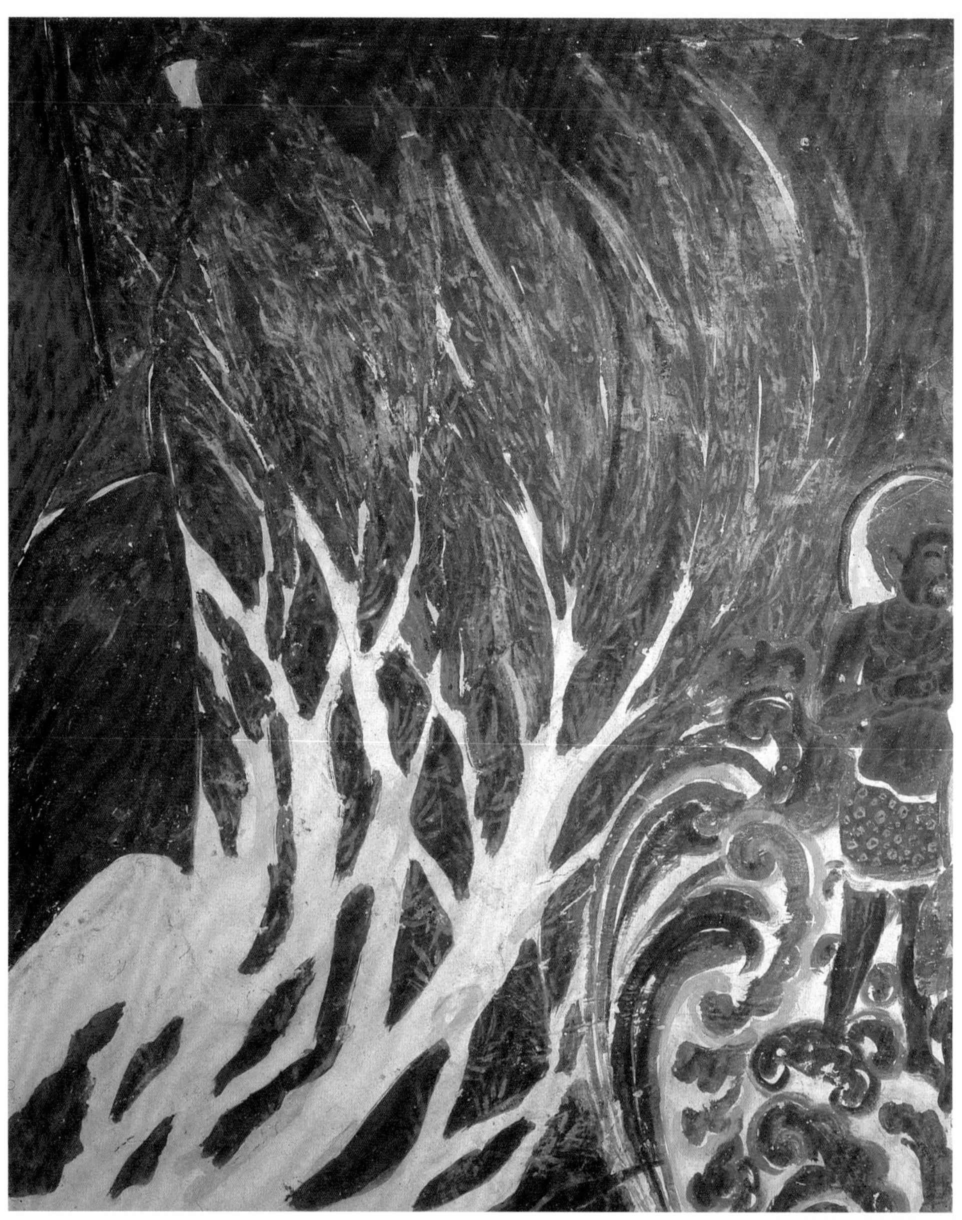

96 樹木

在勞度叉鬥聖變中，描繪外道勞度叉變出一棵大樹，被舍利弗化為大風颳倒的情景。高大的柳樹在暴風中搖拽，把樹快要倒下的瞬間表現得非常生動。

初唐 莫335 龕內左上部

97 山峯、樹木、雲氣

在勞度叉鬥聖變中，外道勞度叉變出的山峯上長出大樹和灌木叢，樣式有些圖案化，山上還冒出幾朵奇怪的雲團，富有神秘色彩。

初唐 莫335 龕內右上部

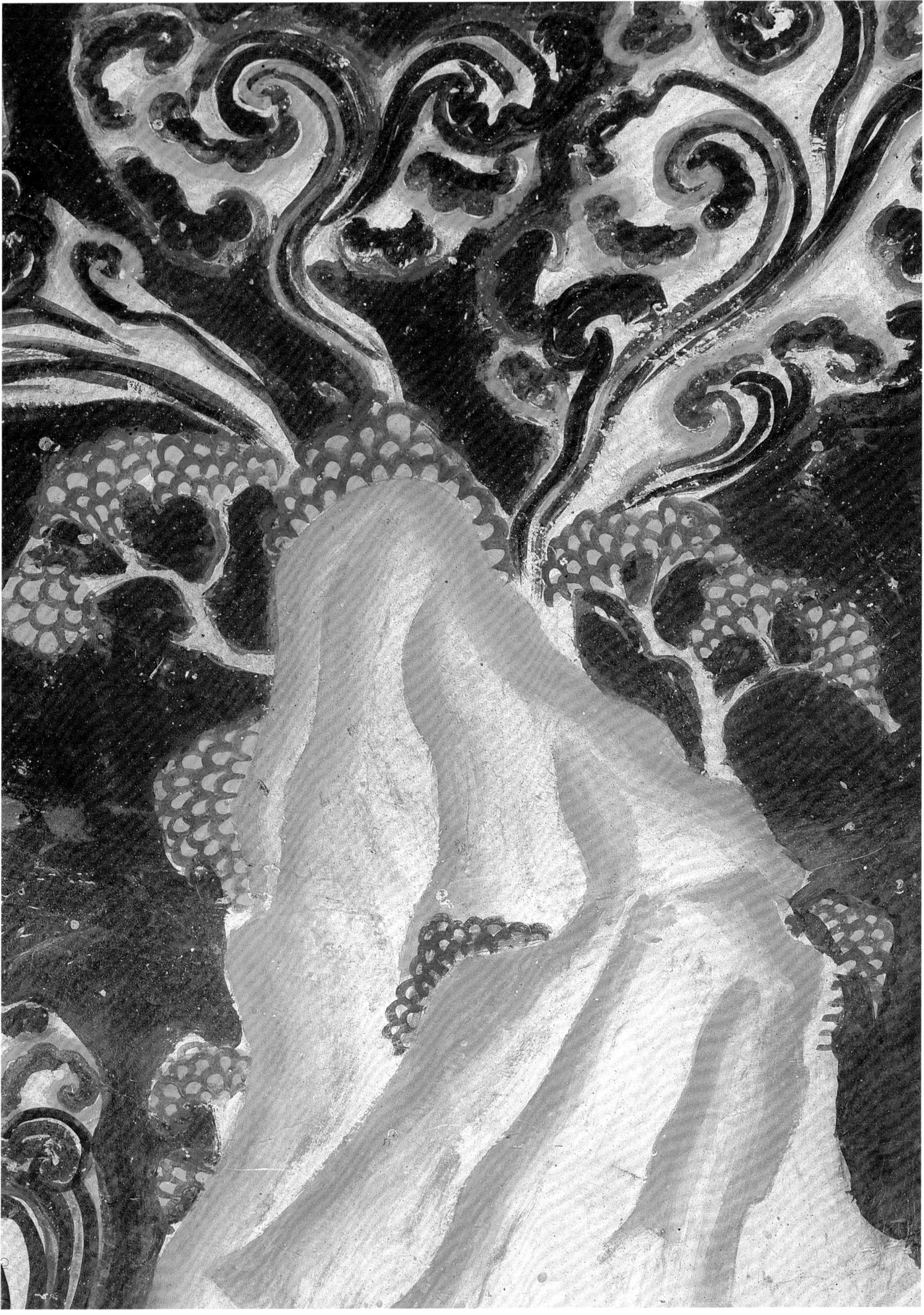

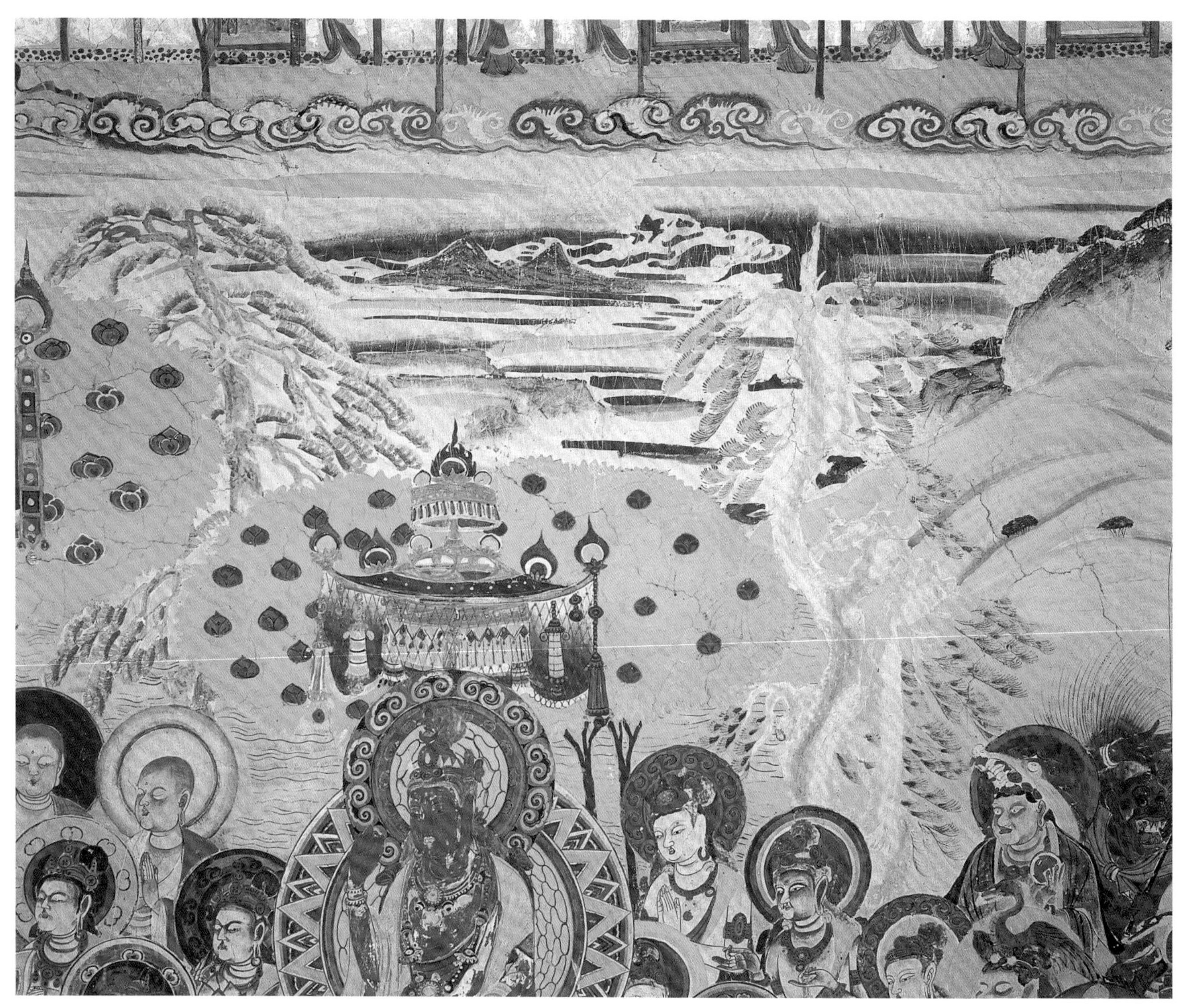

98 **松樹**

近處的松樹枝幹、針葉脈描繪細膩，對面山崖上的兩株松樹，描繪較粗獷，其技法沿襲至今。透過松樹的間隙可看見遠處的水面。

盛唐 莫148 北壁

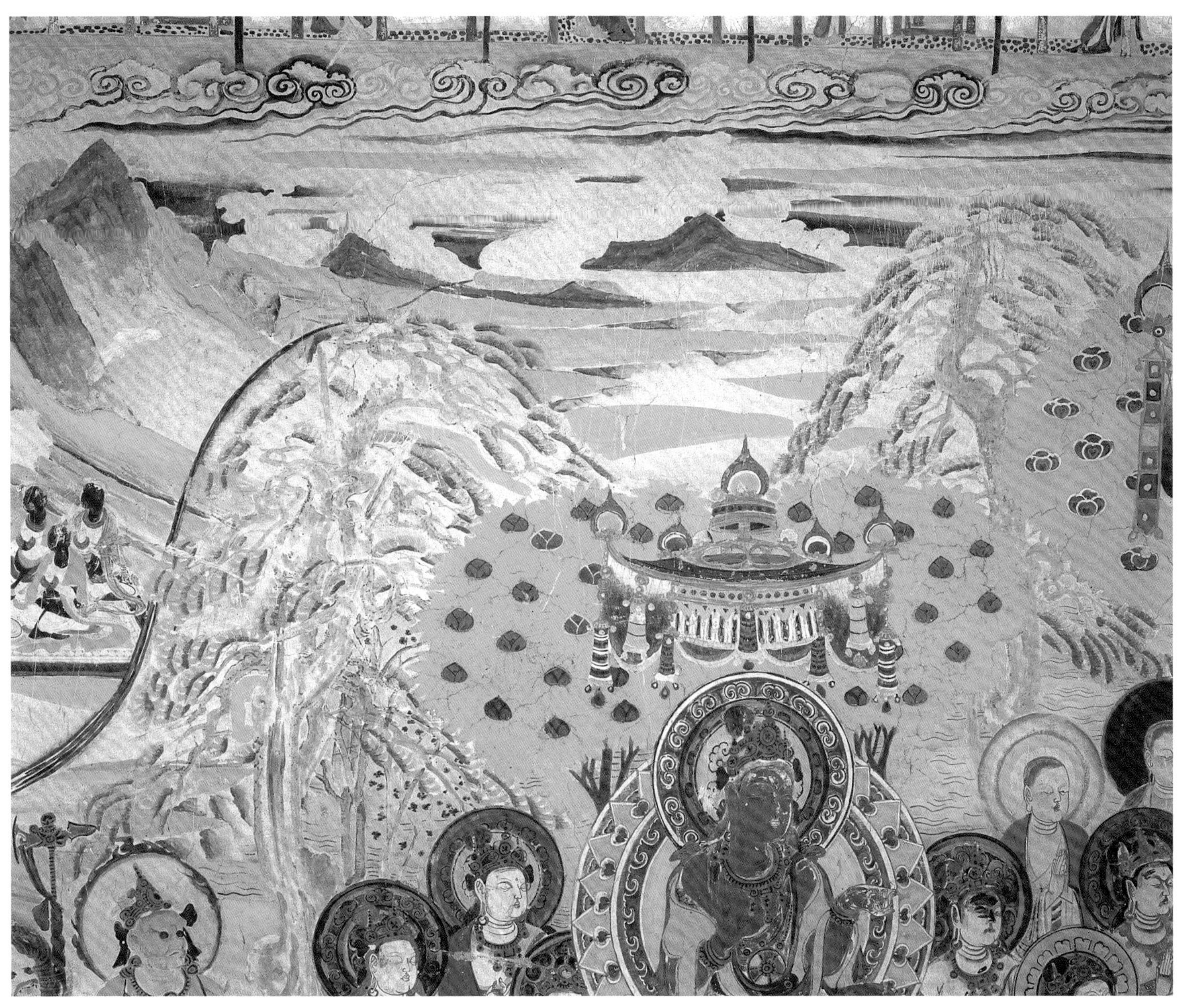

99 蒼山勁松

挺拔的松樹，樹葉的分佈及樹枝的彎曲都很自然。在後面遼闊的原野及遠山的映襯下，體現出崇高的意境。

盛唐 莫148 北壁

100 遠山行雲 見下頁 ►

峯巒秀麗，行雲從高空掠過。畫面多用石青色，加墨線勾勒，層次豐富。

盛唐 莫148 北壁

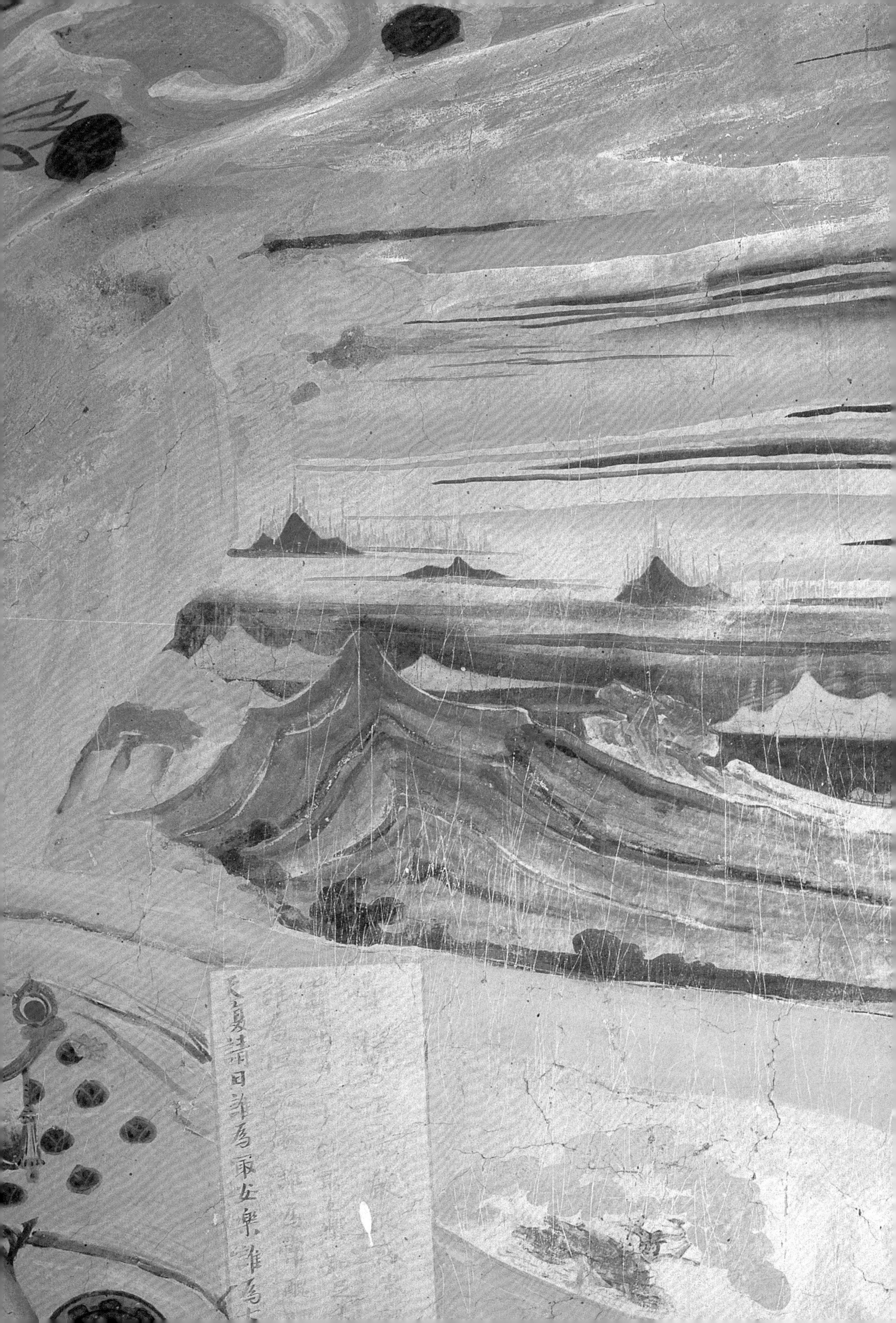
夏請因誰為取女卑誰為

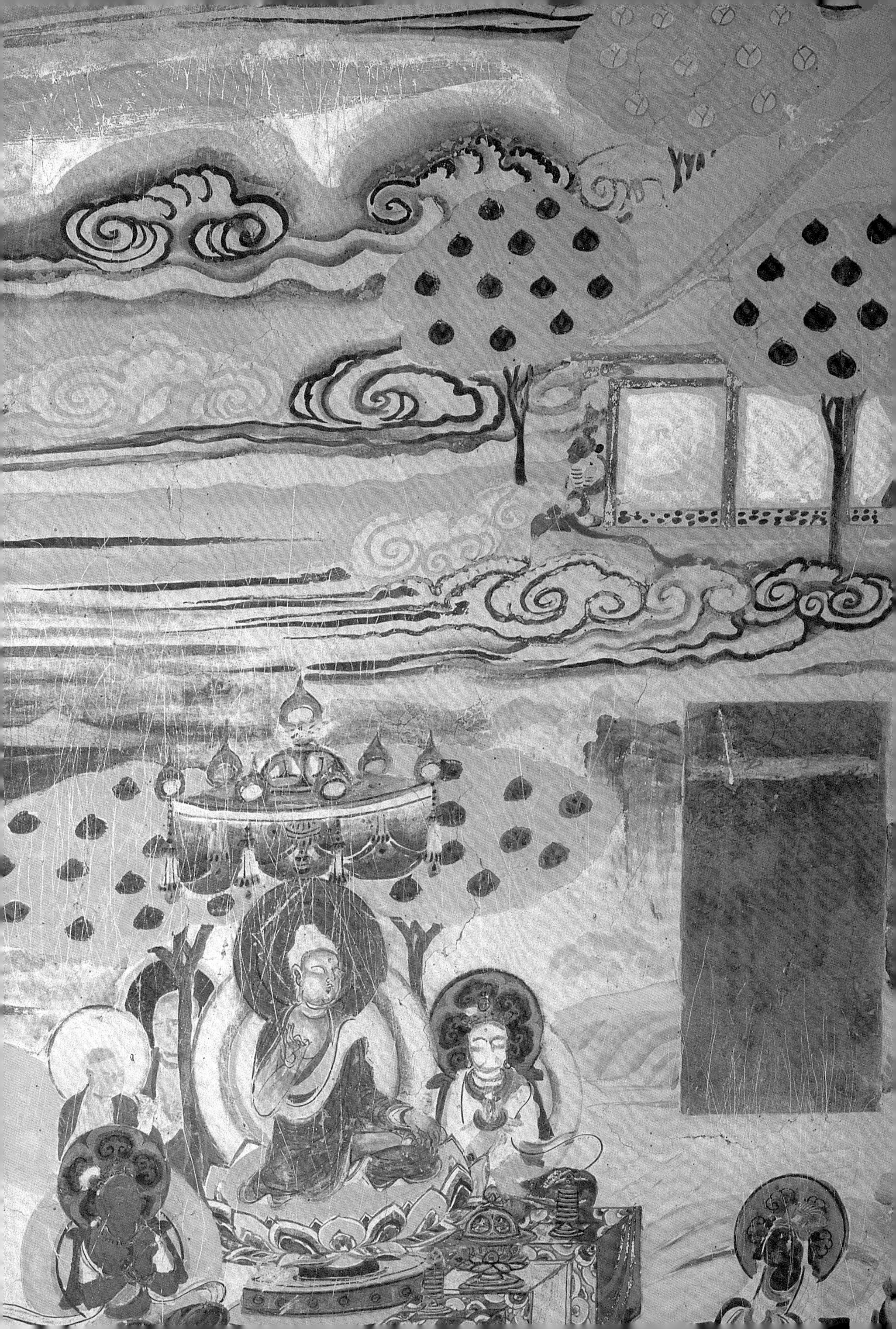

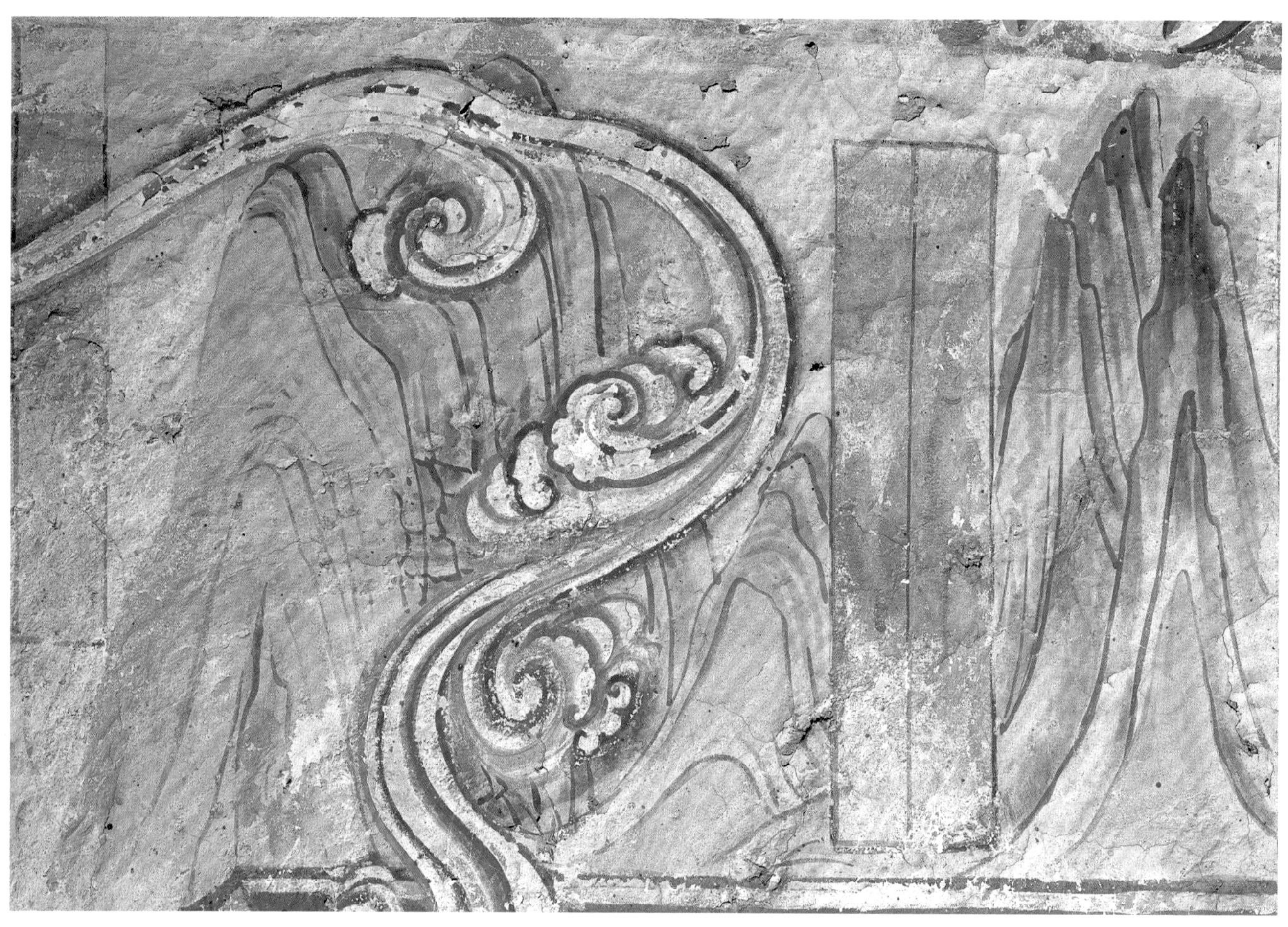

101 **山巒飛雲**

山峯險如刀削，運用皴法表現出山的層次。山間繚繞着縷縷祥雲，雲朵用紅、黃、綠、藍、白、黑六色畫出，頗有新意。

盛唐 莫103 北壁

第三節　淨土圖式經變畫中的山水

經變畫的形式最早起源於説法圖，北魏以來的説法圖通常是人物眾多，畫面擁擠。唐代以後人物更多了，但由於畫師掌握了表現羣體人物的方法，並與山水風景的表現結合起來，不僅不顯得擁擠，而且使畫面產生一種更加空闊之感。從説法圖發展到經變畫，除了以建築作背景外，也常常以山水風景作為背景，豐富了佛説法的場面。雄偉的山水加強了説法場面的莊嚴感，同時也使經變畫在空間佈局上呈現出多樣化的特點。唐代前期的壁畫中，寶雨經變、法華經變、彌勒經變等都是以淨土圖為中心的，又畫出了山水景物，代表性洞窟有第321、23、445窟等。此外，如阿彌陀經變、藥師經變、觀無量壽經變等，背景中主要表現淨土寶池和宮殿建築的景色，有的則在兩旁的條幅式畫面中描繪一些具體的景色。代表性洞窟有第220、329、172窟等。

初唐第57窟北壁的説法圖中，佛、弟子、菩薩的上部畫出菩提樹，下部是碧綠的水池，水池裏畫出蓮花，於是，一個近乎真實的空間環境連同慈祥、親切的佛、菩薩等形象展現在我們面前。與第57窟大致同時的第322窟北壁的説法圖也同樣，主要人物是一佛二菩薩，佛的身後除了高大的菩提樹外，還畫出一些別的樹木，下部的水池中，蓮花盛開，幾身小菩薩坐在蓮花上。由於表現了西方淨土世界，有學者認為此圖就是最早的西方淨土變。

7世紀中葉以後，畫師們能夠熟練地運用山水來營建宏大的空間，進行複雜的經變畫構圖了。建於唐貞觀十六年（公元642年）的第220窟，南壁畫出的阿彌陀經變便是代表。這鋪經變畫佔滿了全壁，以阿彌陀佛為中心畫出佛、菩薩、伎樂、化生等，眾多的人物有條不紊地安排在寬闊的水池、露台及殿堂樓閣之中，水池和露台表現出透視感，使畫面具有很強的寫實性。

在淨土圖中，七寶水池是一個重要的表現內容，除了第220窟以外，在第321窟北壁、第205窟北壁的阿彌陀經變中，通過長短不一的線、不同的描法表現或平靜的池水，或略帶漣漪水面，或汩汩溪流，或涓涓泉水，或風起浪湧，或洶湧如潮。第172窟北壁觀無量壽經變以及東壁文殊變中水的波浪，還利用色彩的變化，表現出波光粼粼的效果，令人稱奇。第148窟東壁的觀無量壽經變及甬道頂部報恩經變中以流暢的線條描繪出川流不息的景色。李思訓曾在宮殿中畫有水圖，一天，唐玄宗對李思訓説："你畫的水真是神奇，我在夜間都聽到流水的聲音了。"可知唐代畫家畫水曾達到很高的造詣。南宋畫家馬遠的《水圖卷》大約是流傳至今的最早的水圖了。圖卷描繪出水的十二種不同形態，並題圖名，如“洞庭風細”、“層波疊浪”、“寒塘清淺”、“湖光瀲灩”等，其中大部分形態都可以在敦煌唐代的壁畫中見到，而敦煌壁畫中水的種類卻遠不止十二種，表明唐代畫水的確已經取得很高的成就。

經變畫最初多以建築為中心來表現佛國世界，而初唐第321窟南壁的寶雨經變，則是以山水為中心來組織經變的最早一例，表明山水畫藝術對佛教藝術的重大影響。畫面採取中軸對稱的佈局，中央的山峯高大雄偉，仿佛金字塔一般，兩側的山巒中，分別畫出一個個小畫面，表現經變中的具體情節。作為山的基本形，山峯的樣式仍沿襲早期的形制，但對於山巒的輪廓線以及山與山交匯的地方則有清楚的交代，早期山水畫的那種裝飾性減弱了，而代之以更具體的寫實性描繪，早期的山水畫可以説山與人物是分離的，畫面上有一種拼合的痕跡，而到了唐代，人與山的關係逐步協調了起來，人物活動在一個具有空間感的山水環境之中。

這樣的畫法迅速普及，第23、103、217窟的法華經變，第45、205窟的觀音經變，第33、445、446窟的彌勒經變，第172窟的觀無量壽經變等，都以山水景物來組織畫面，比起西域和印度的壁畫來，山水及建築等景物所佔的比例較大，並有一定的留白，使空間更顯宏大，完全成為中國式的佛教壁畫藝術。

第172窟觀無量壽經變中的山水畫與別的山水畫不同，在重重樓閣的兩側畫出山水景物，但不是高山的樣式，而是畫出一望無際的原野，其中有河流曲折地流下，畫面上部留出部分空白。在象徵着淨土世界的建築物後面，表現出真實的空間透視，可見畫家駕馭山水的熟練程度。同窟東壁北側的文殊變上部山水也表現出了相似的空曠的風景。圖中共畫出三條河流，由遠而近流下，在近處匯成滔滔洪流，左側是一組壁立的斷崖，中部是一處稍低矮的山丘，畫面右側是一組山巒，河流沿山巒自遠方流下，近處則畫出洶湧的波浪，河兩岸的樹木越遠越小，與遠處的原野連成一片，表現出無限遼遠的境界。河流的表現引人矚目，特別是洶湧澎湃的波浪，具有大江大河的氣勢。

盛唐的青綠山水大多是從中原傳來的粉本，或丘巒秀麗，綠樹環合；或煙靄霧鎖、山水迷朦；或大海揚波，舟楫帆影……這些都不是西北地區的自然風光，但是敦煌的畫師們受到內地山水審美意識的深刻影響，自覺或不自覺地把西北的風光融入了青綠山水畫中，儘管經過了美化加工，但仍能尋其端倪。如第172窟的山水對於遼闊原野的表現，顯然不是南方的自然風光，仔細觀察溝壑的特點，就會發現，這種地貌在西北很多地方都可以看到，敦煌附近就能找到類似的景觀，只是由於乾旱，現在沒有那樣洶湧的流水了。而在唐代，據第148窟碑文記載，莫高窟附近曾有過“左豁平陸，目極遠山，前流長河，波映重閣”的景色，這就為當時的畫師們提供了素材，並激發他們的靈感，從而創作出如此富於地方特色的山水畫來。

盛唐以後，觀無量壽經變在中央的淨土世界兩側分別以縱長條幅畫出“未生怨”和“十六觀”內容，成為固定的結構。在條幅中又分成小方格的畫面，表現連續性的場景，成了名符其實的連環畫。第68、171、172、320等窟都是較有代表性的。值得注意的是，“未生怨”和“十六觀”的上部往往畫出山水場景，具有相對的獨立性。所謂“十六觀”就是十六種修行的方法，通過觀察自然中的景物如日、水、冰、樹等，進行思惟，由此達到對佛的境界的領悟。“日想觀”即是對落日的觀想，並進而使意念進入佛國淨土世界。壁畫中則通過描繪自然的山水景物來表現這樣的觀想場面。如第320窟北壁的“日想觀”場面，圖中左側是一座峻峭的山崖，山腳下坐着韋提希夫人，正在觀看遠方的落日，右上角畫出一輪西沉的紅日及遠山，畫面中部是淙淙流水，近處的綠樹，遠處的青山，體現出深遠的透視感以及清幽的意境。“日想觀”的畫法在唐代頗為流行，在第172窟北壁也畫出了這一內容。畫面右側畫出高聳的山崖，韋提希夫人坐在山下，左側一條河流環繞，上部畫出淡藍色的遠山及彩雲。青綠色畫出遠景中的原野，與近景中赭紅色的山崖形成強烈的對比，華麗而不流俗，充分顯示出唐代山水畫的高度成就。

第320窟北壁西側“未生怨”故事的上方也畫了一幅山水，表現的是佛為了拯救頻婆娑羅王夫婦，從天而降，為他們說法的情景。畫面表現佛如一輪紅日升起，兩旁是峻峭的山崖，中央畫河流及遠景的原野，透過雄奇的山崖來看遠處遼闊的原野，也表現了一種深遠的透視。同樣的內容在第172窟南北兩壁有描繪，畫面表現出山重水複的情景，茂密的樹木，鬱鬱蔥蔥的原野，潺潺流過的河水，意境更悠遠。

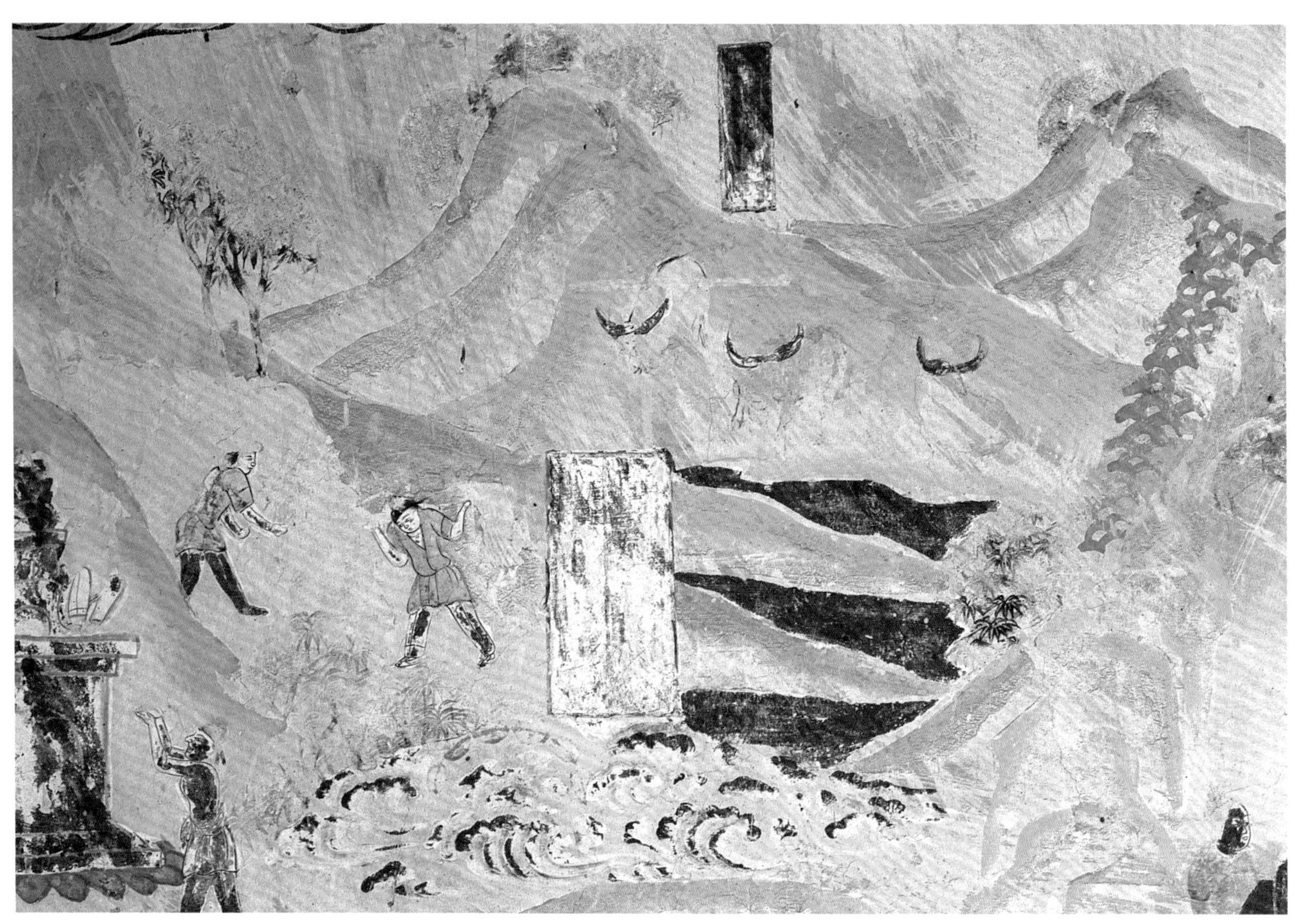

102 **山間耕牧**

寶雨經變完全用山巒作背景。在兩側連綿起伏的山丘中，有河水流過，河邊有牛在飲水。山崗上長着樹，山下有人在收割，展現出一派耕牧圖景。山與山之間的空間，通過坡地之間的前後關係得到強調。

初唐 莫321 南壁

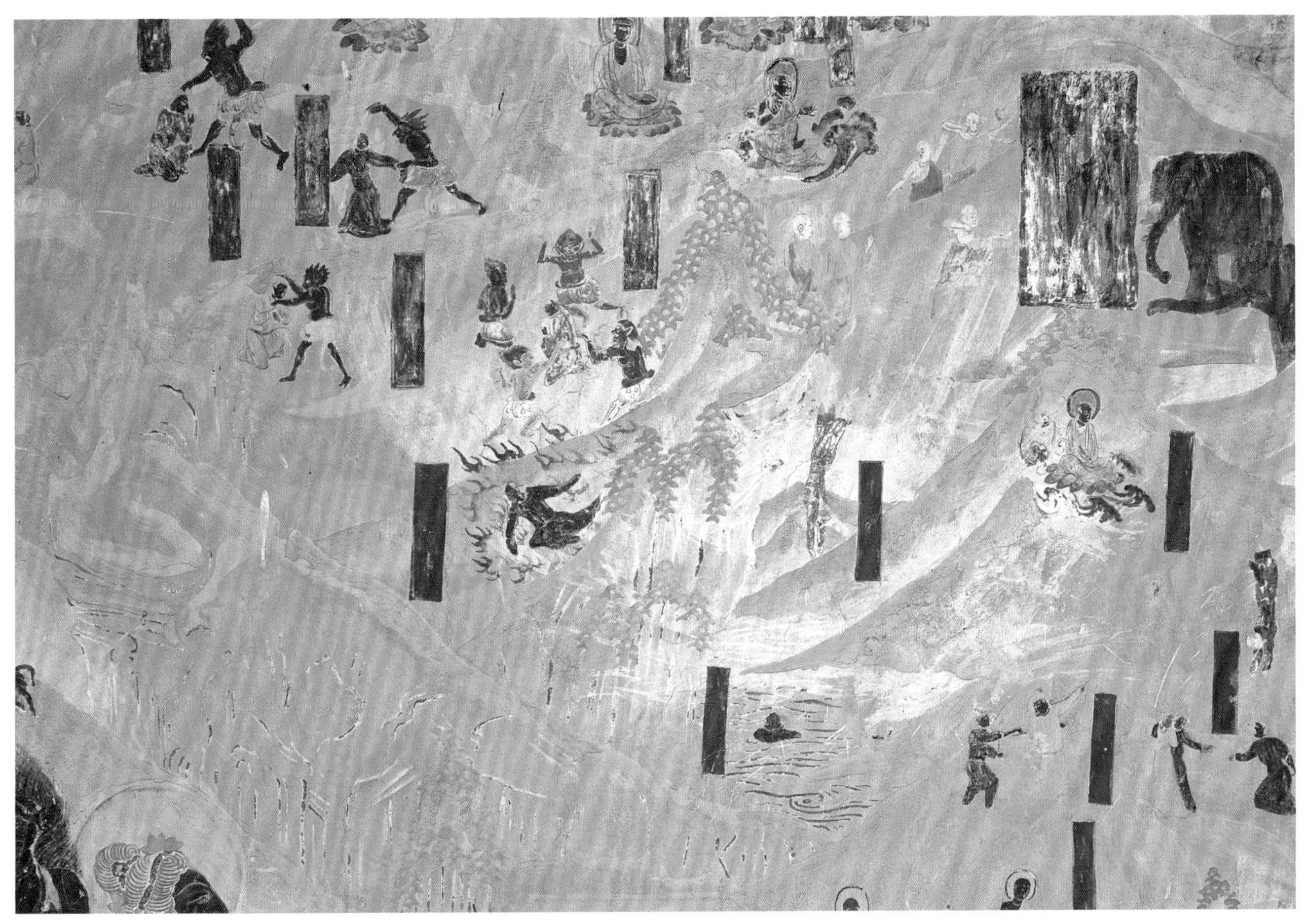

103 **山崖緩坡**

畫面左側畫有懸崖絕壁，山巒間有河水流過。在複雜的山水構圖中，運用峻峭的山崖與緩坡對比的手法，並繪出由峭壁到緩坡的過度，使山與水的組合更自然。

初唐 莫321 南壁

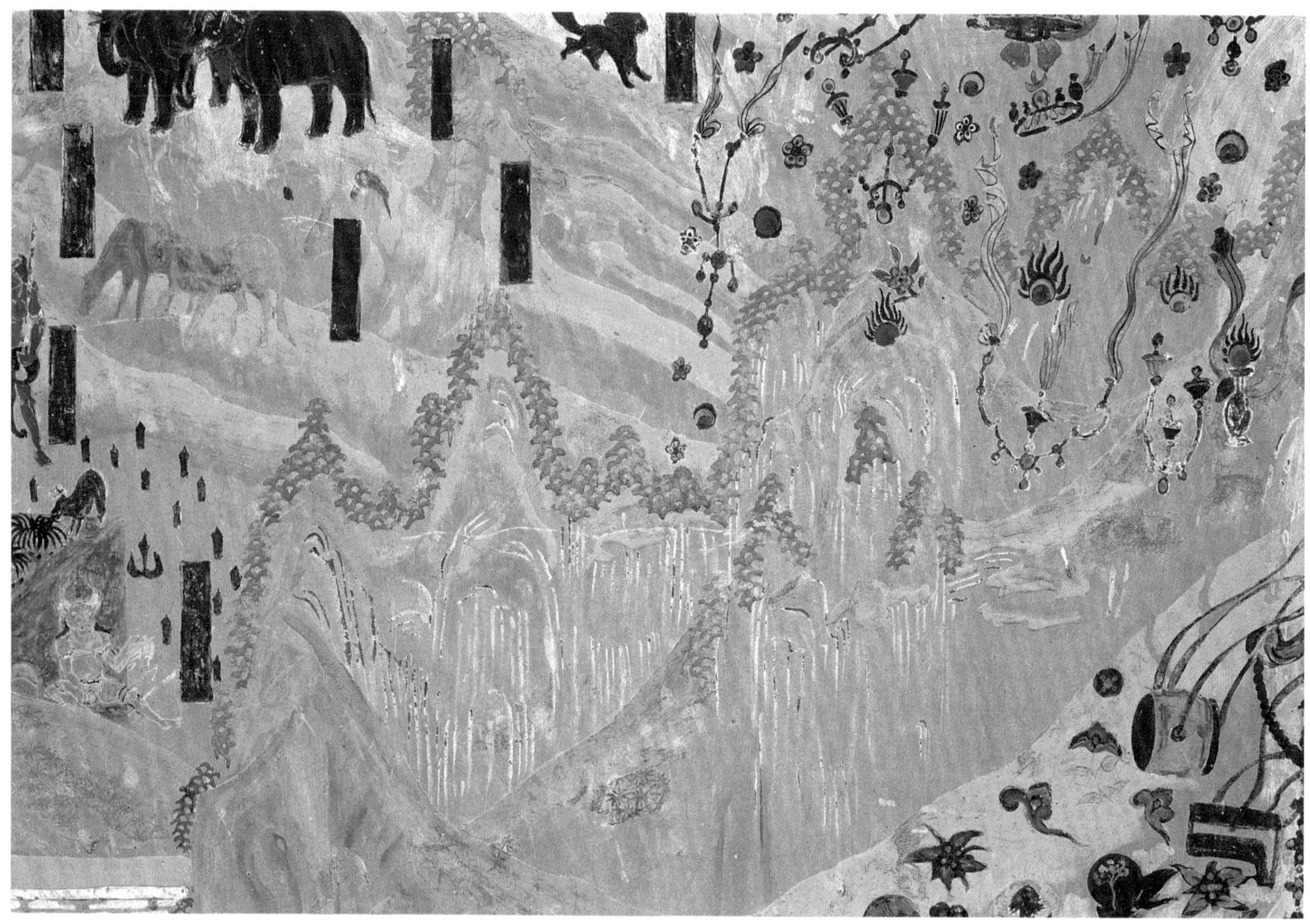

104 羣山壁立

由並立的山峯造成一種雄渾的氣勢，是唐代山水畫的特點之一。山峯的表現已經使用了皴法，山頭上畫出了附着的魚鱗狀綠線表示樹木，這是唐前期山水畫中流行的畫法。

初唐 莫321 南壁

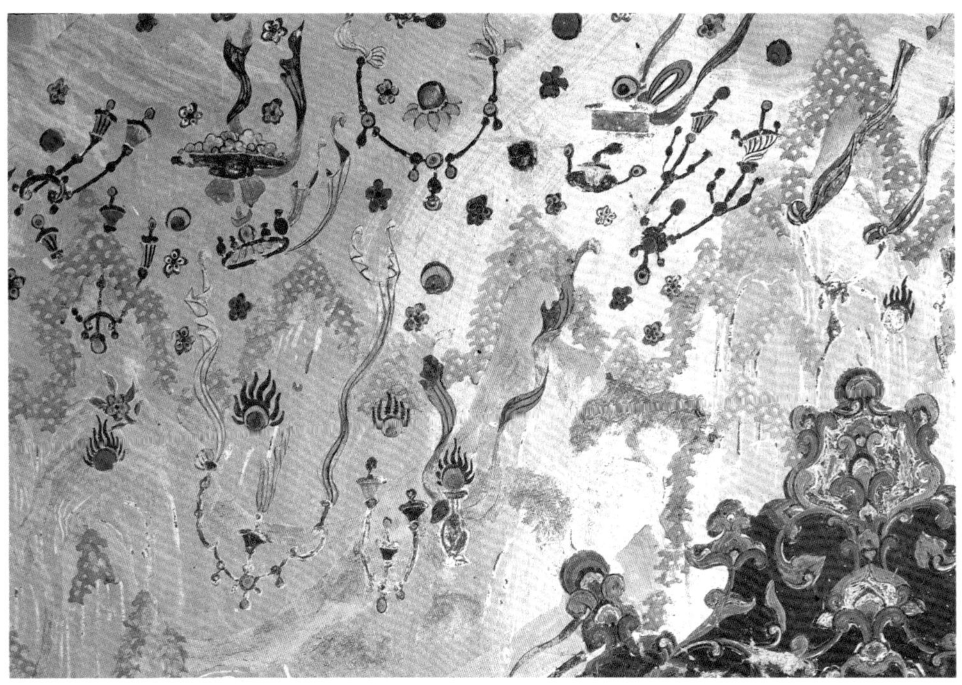

105 降寶山水

寶雨經變中部的山崖，羣峯並峙，山頂上畫出魚鱗狀的樹叢，顯得鬱鬱葱葱。圖中還根據佛經畫出從空中降下的各種寶物。

初唐 莫321 南壁

106 降寶山水

畫在寶雨經變中的山水，山峯的一面是聳立的峭壁，在另一面形成低谷，表現出山崖造形上的豐富變化。空中降下各種寶物。

初唐 莫321 南壁

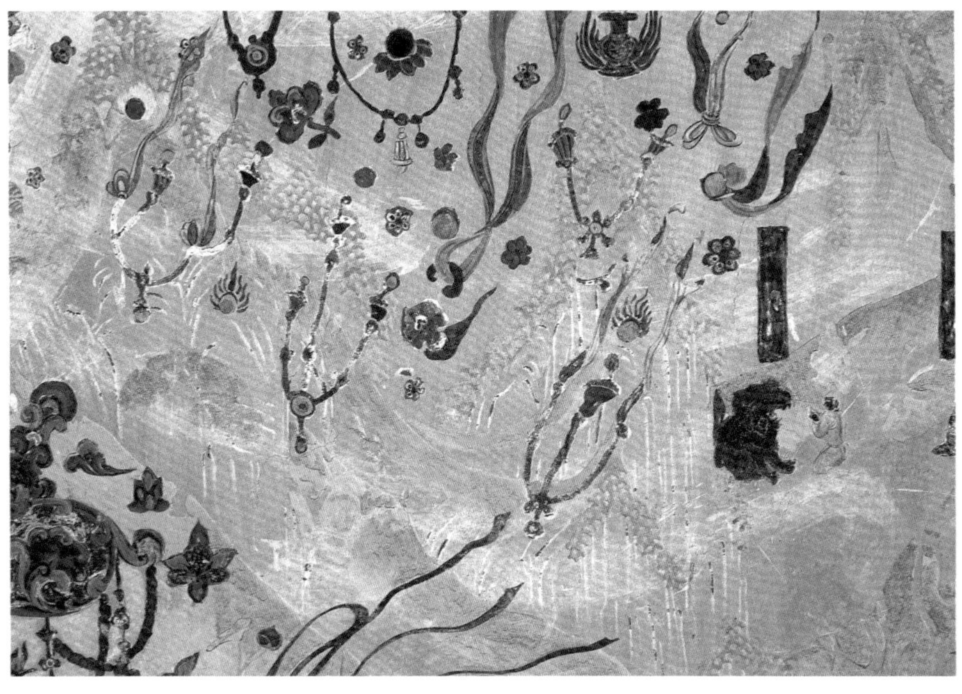

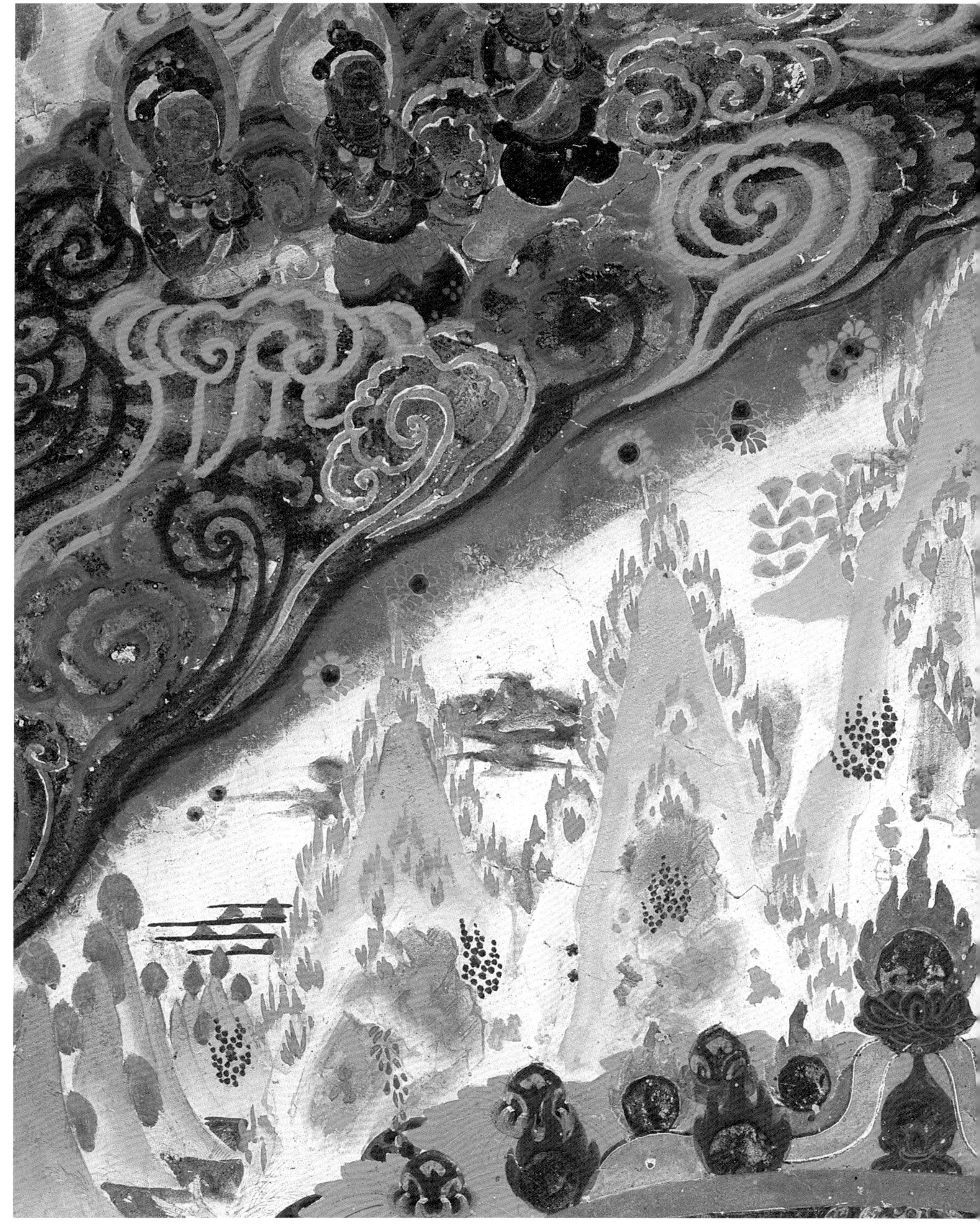

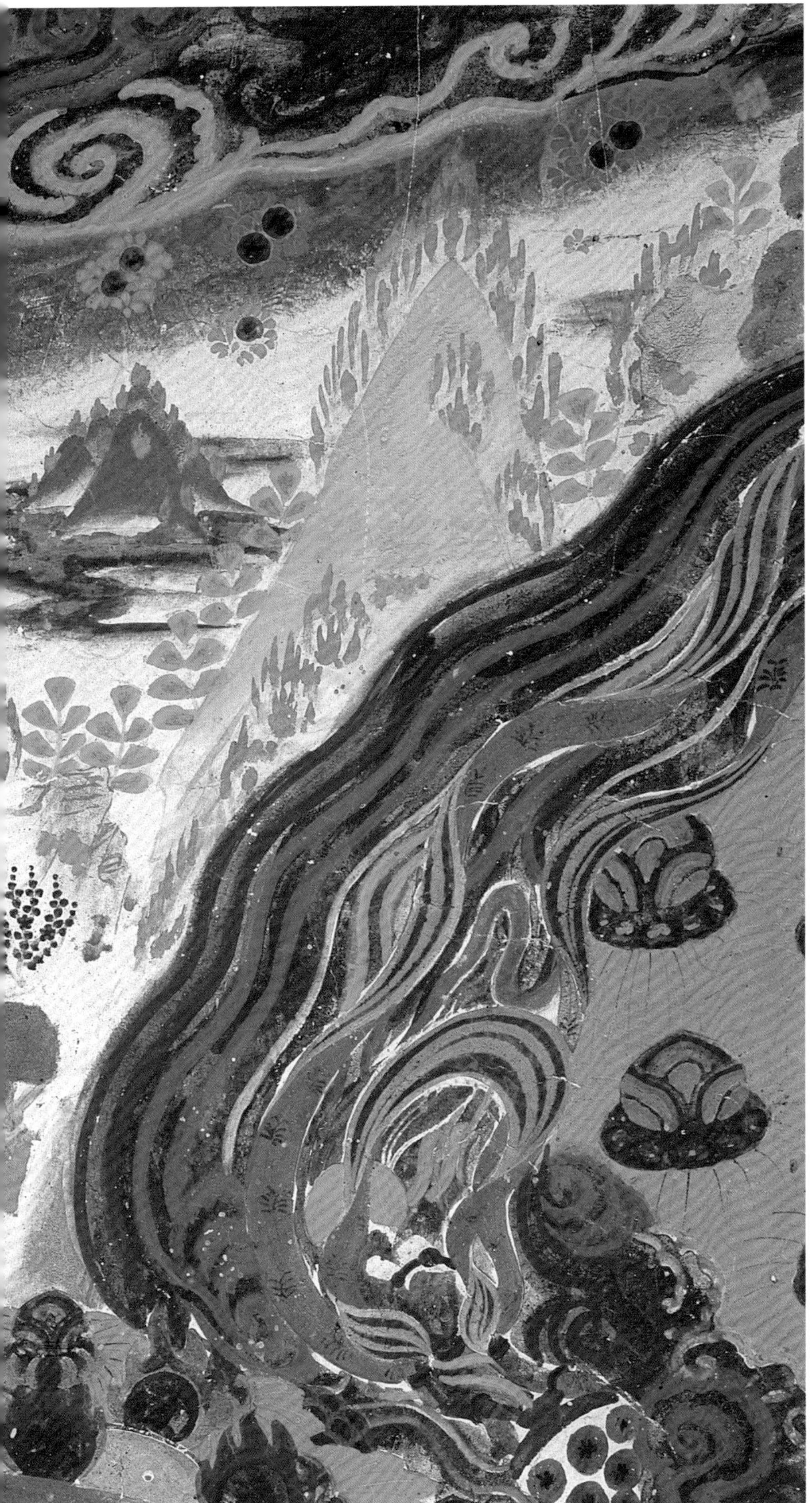

107 **靈鷲山**

靈鷲山的山巒仍然保留着早期壁畫中的質樸而充滿趣味的特徵，山中的樹木豐富而色彩華麗，呈現一種超凡脫俗的意境。

盛唐 莫23 北壁

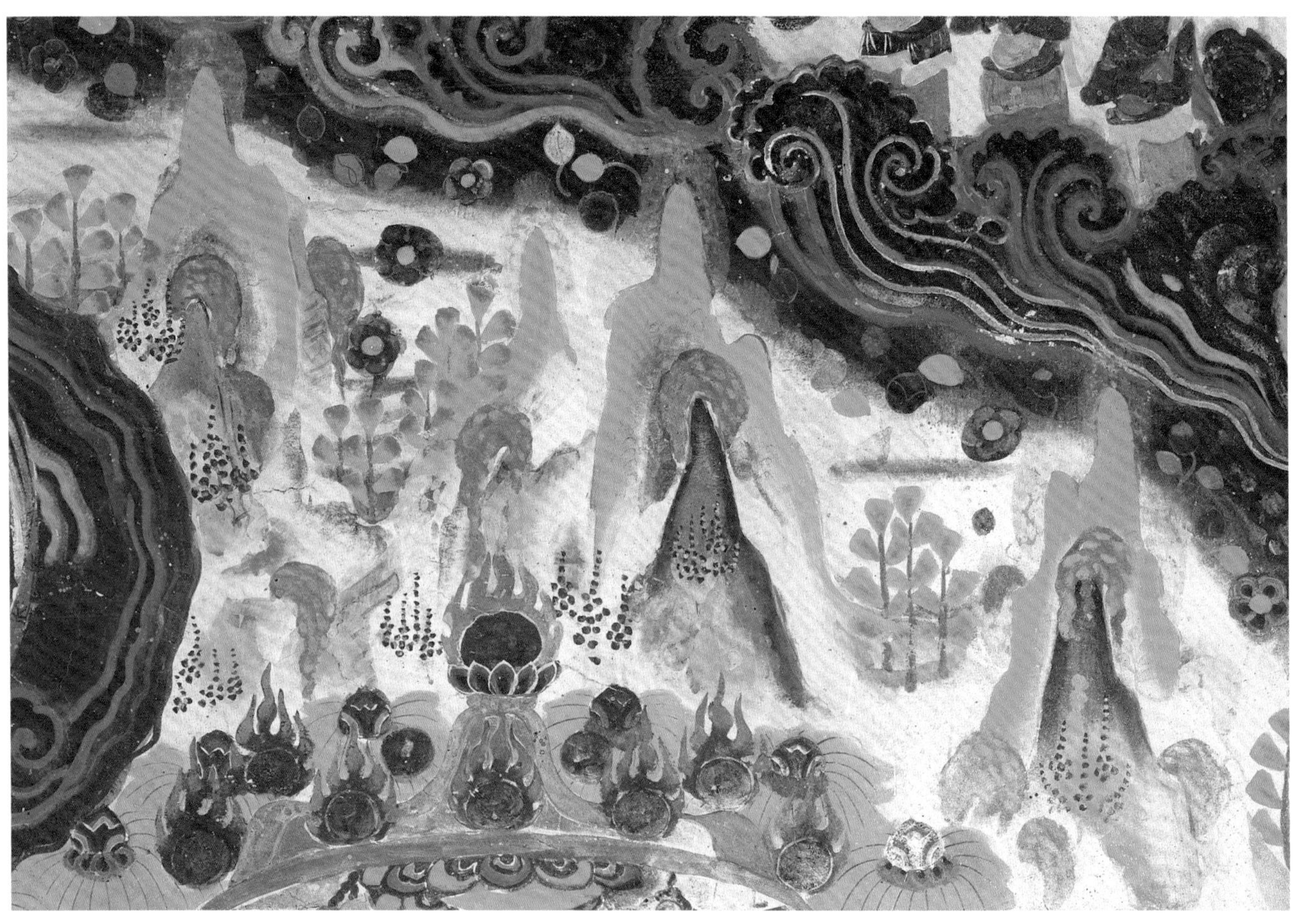

108 靈鷲山

佛說法的靈鷲山，山峯具有很強的裝飾性，樹木也像圖案一樣分佈在山上，色彩絢麗，明亮。

盛唐 莫23 北壁

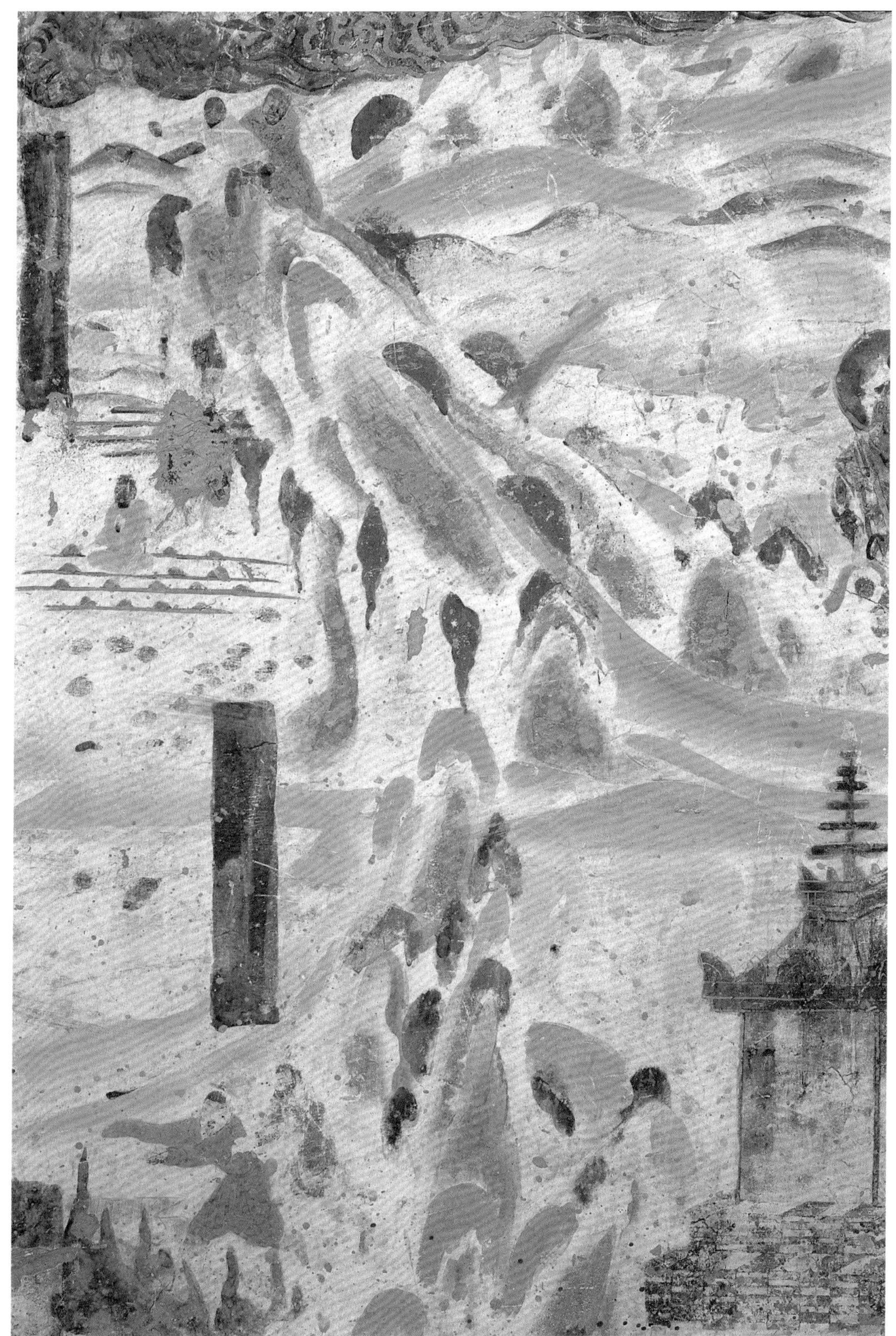

109 墜崖

在山頂上，有一人被惡徒推下懸崖，這時他口念“觀音”，即得消災免難。山腰處雲層中一人雙手合十，盤腿而坐，表現脱險後安然無恙的情景。山峯及雲的畫法均很有特色。

盛唐 莫23 南壁

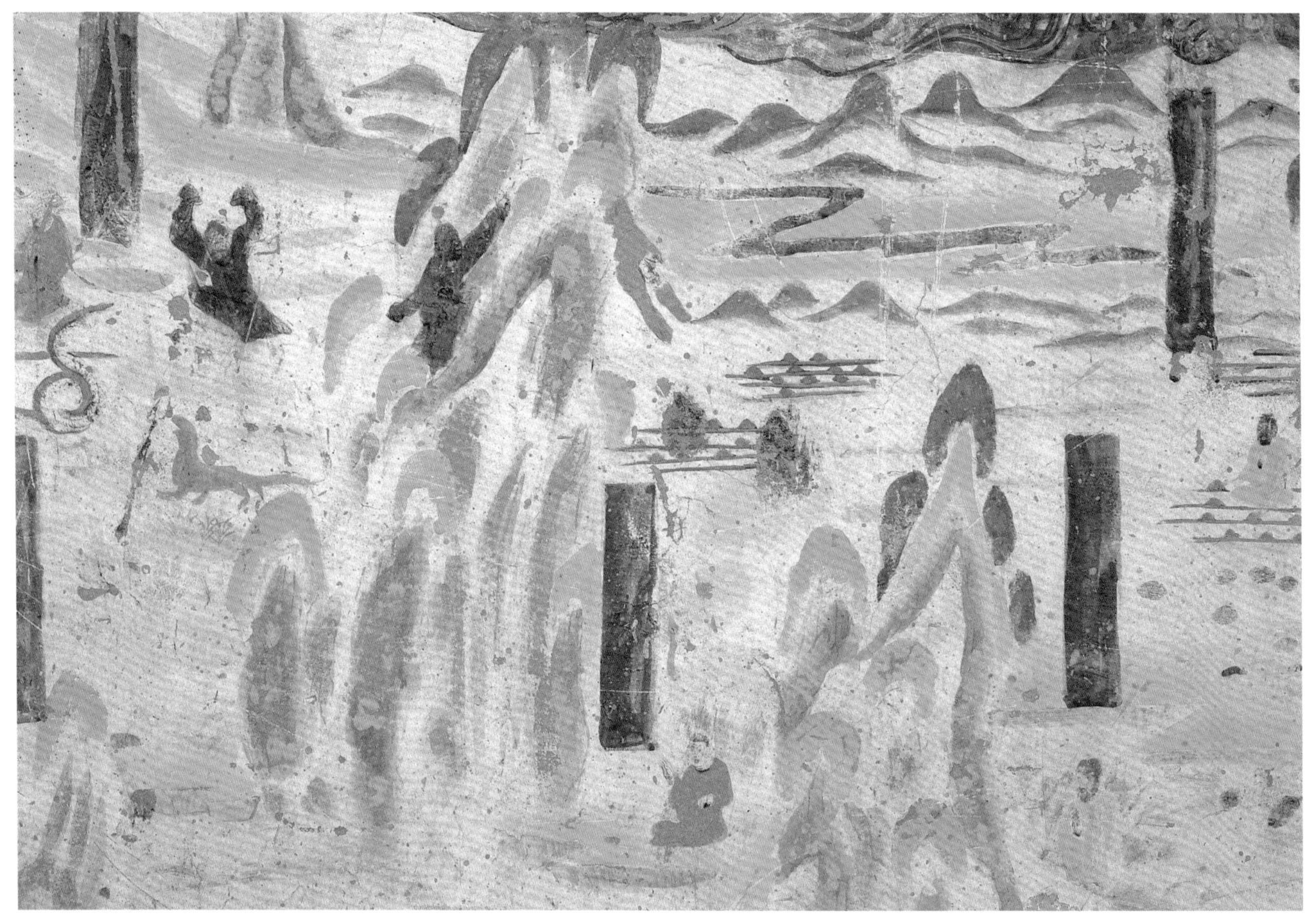

110 山間修行

法華經變中有表現觀音菩薩救苦救難的場景。人們在山上遇到了毒蛇猛獸，山腳下是修行者的形象。高山、原野、河流、雲都畫得頗有裝飾趣味。

盛唐 莫23 南壁

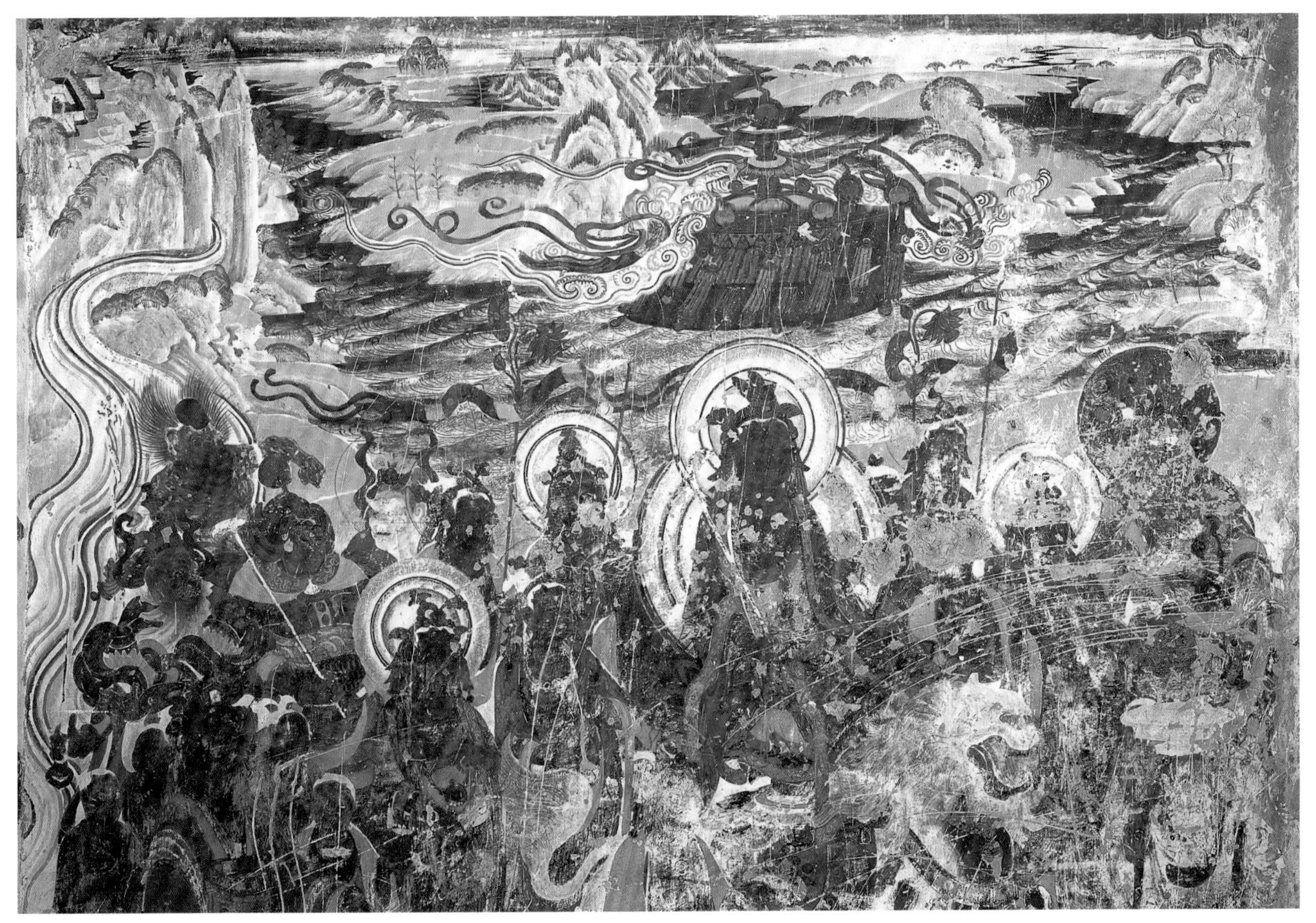

111 五台山景色

文殊變背景的山水風光十分壯闊，是文殊道場五台山的象徵。在峻峭的懸崖下，一條大河沿着山腳流過，河對岸是平緩的山丘和台地，河兩岸山勢高低不同，形成對比。中部和右側也各有一條河流由遠而近流下，通過河流與原野，體現出一種遼遠的空闊感。

盛唐 莫172 東壁北側

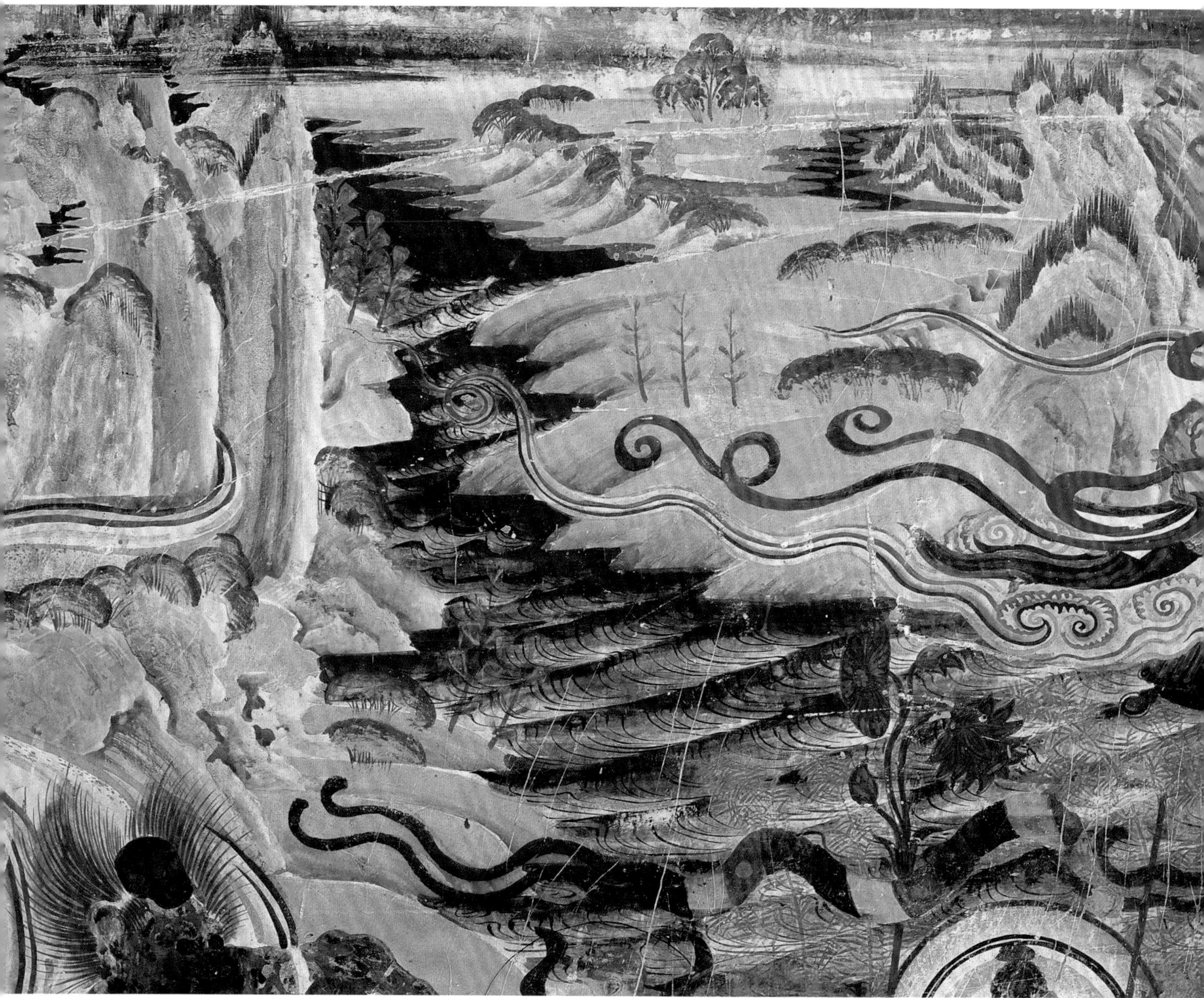

112 **高山流水**

此圖是前圖的局部。在陡峭的山嶺上，有河流流過，臨水處建有寺廟，山嶺下的大河兩側生長着杉樹。這樣的構圖法為後世所沿用。

盛唐 莫172 東壁北側

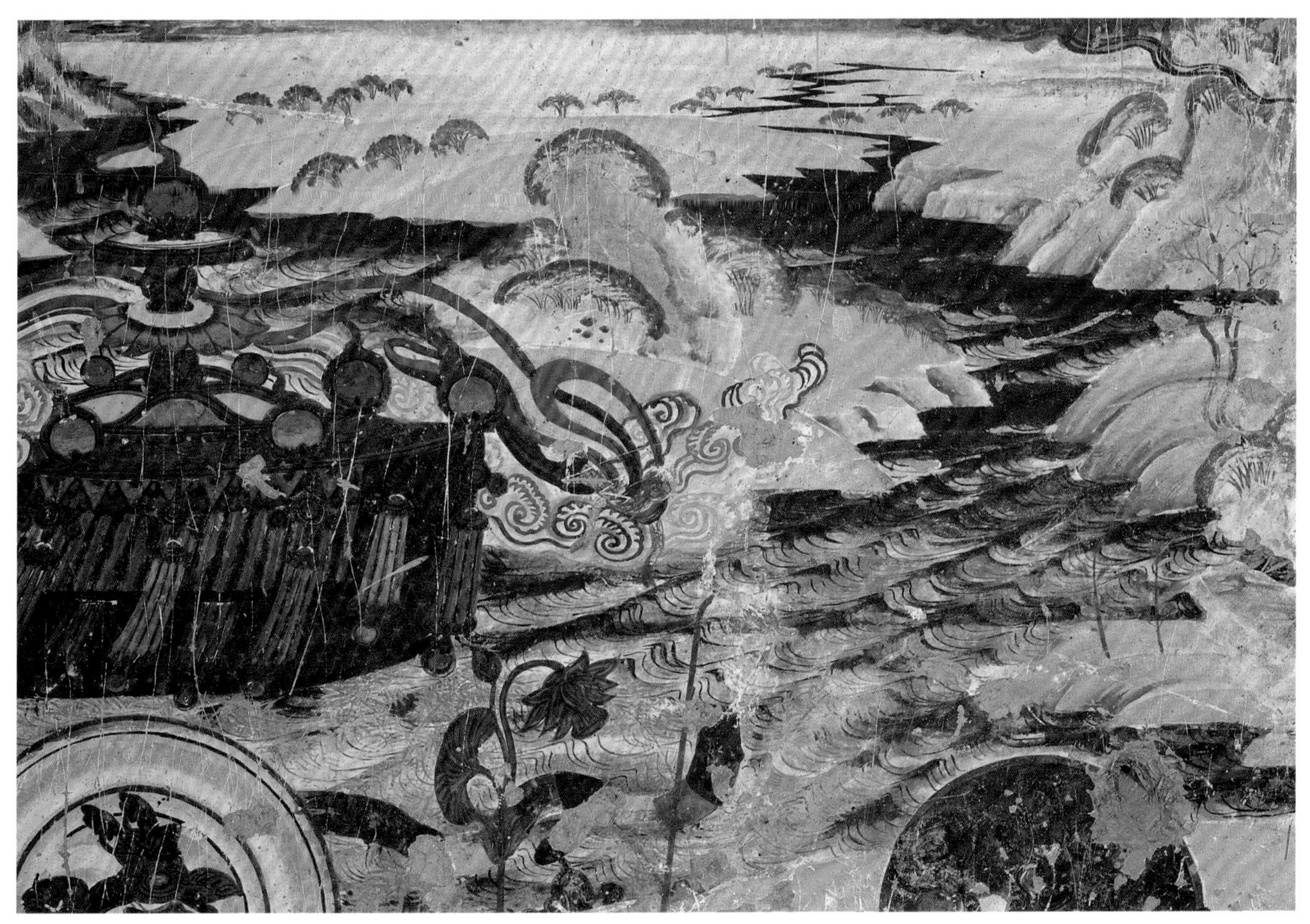

113 莽原

此圖是文殊變的局部。原野上的河流曲折地由遠方流下，樹木則表現出近大遠小的特徵，近處波浪的描繪令人注目，不僅畫出波浪起伏的狀態，而且通過暈染表現出光影的效果。

盛唐 莫172 東壁北側

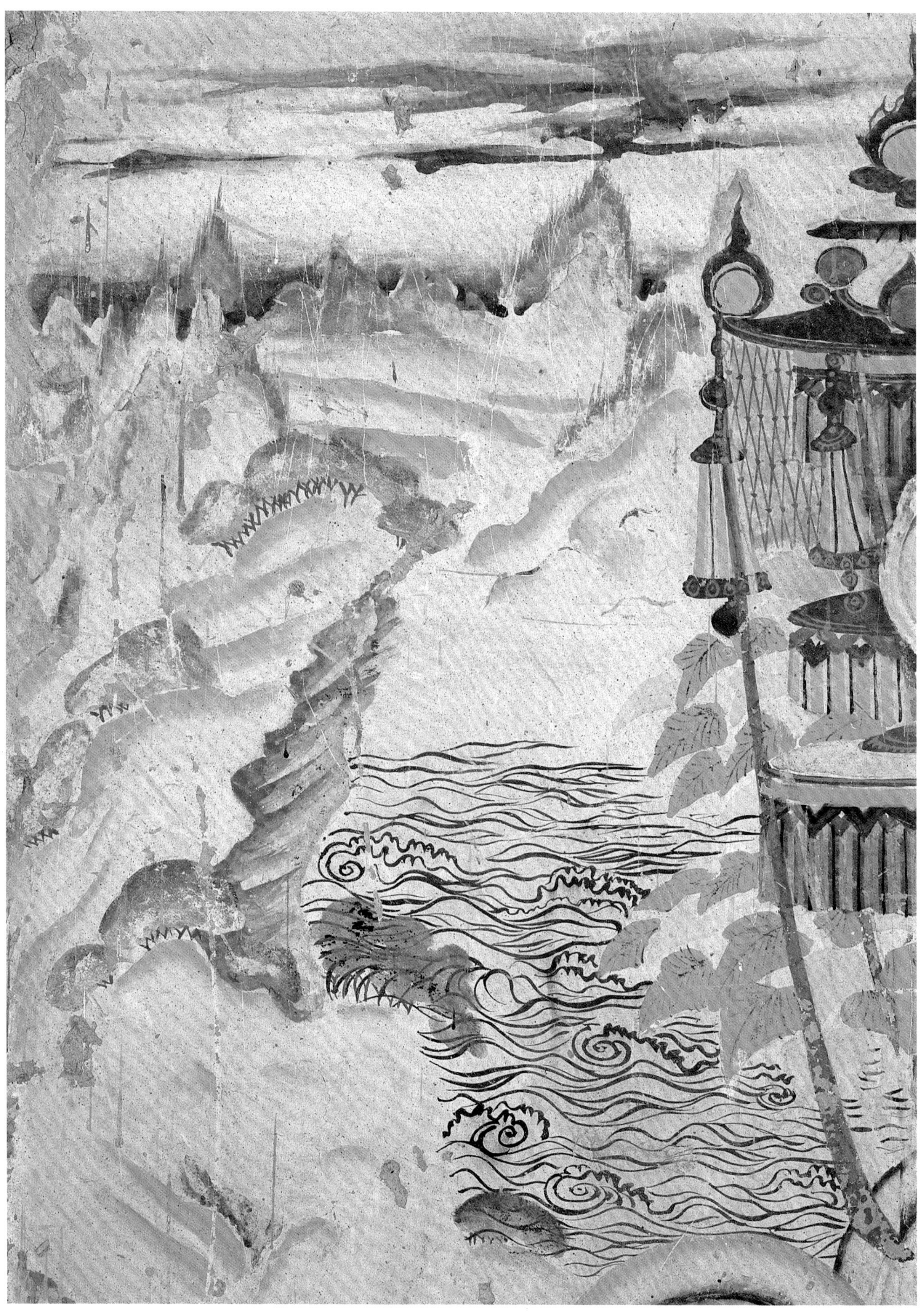

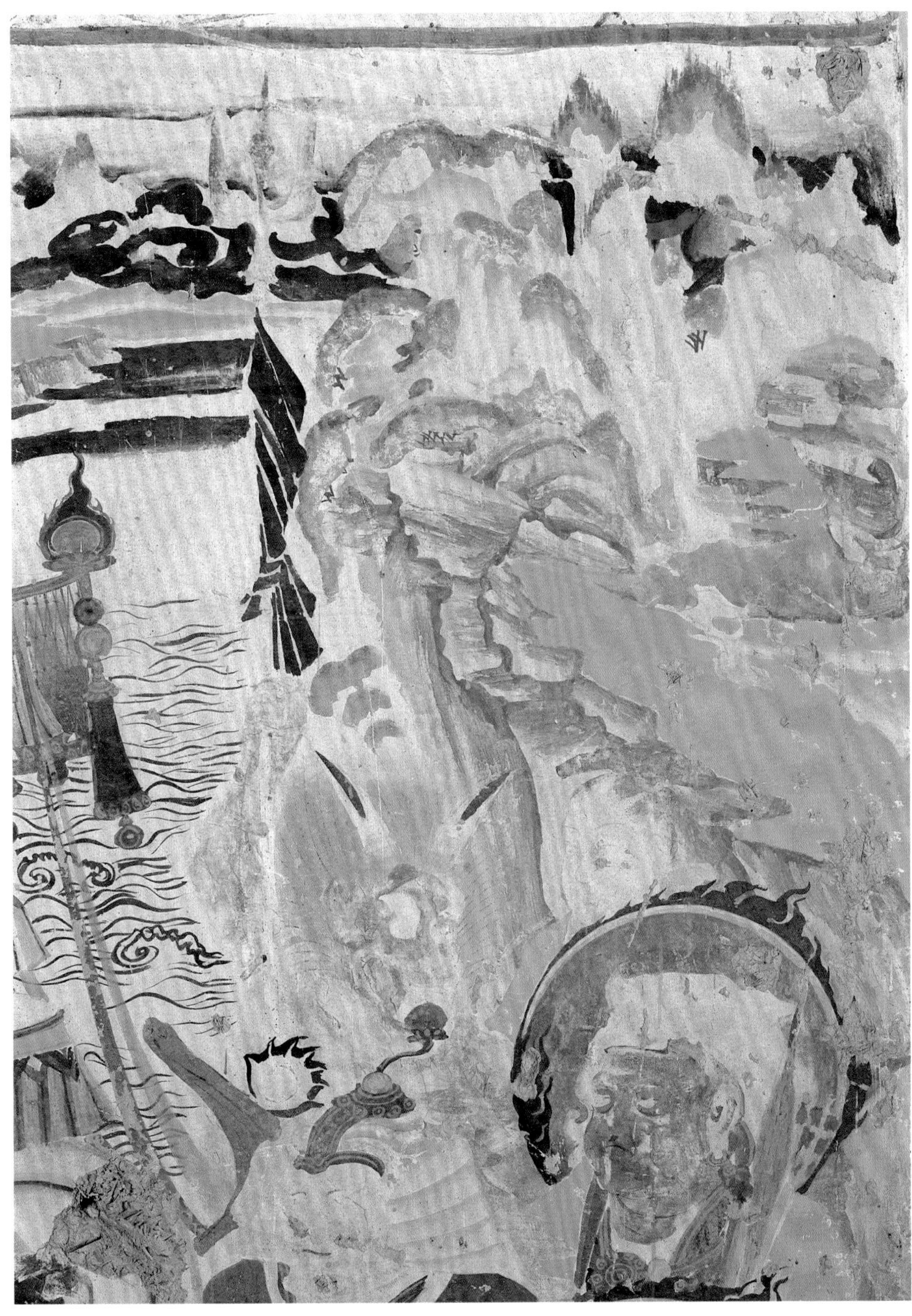

115 高山大河

此圖為普賢變背景的右側部分。在懸崖的遠方是崇山峻嶺，懸崖下是滔滔水流。山崖多用赭色暈染，水波以白描繪出，色彩鮮艷，對比強烈。

盛唐 莫172 東壁南側

114 高山大河

畫在普賢變背景的山水，象徵普賢道場。峻峭的懸崖下，是滾滾東流的大江。山崖以青綠及赭色暈染，水波以白描繪出，具有華麗而典雅的風格。

盛唐 莫172 東壁南側

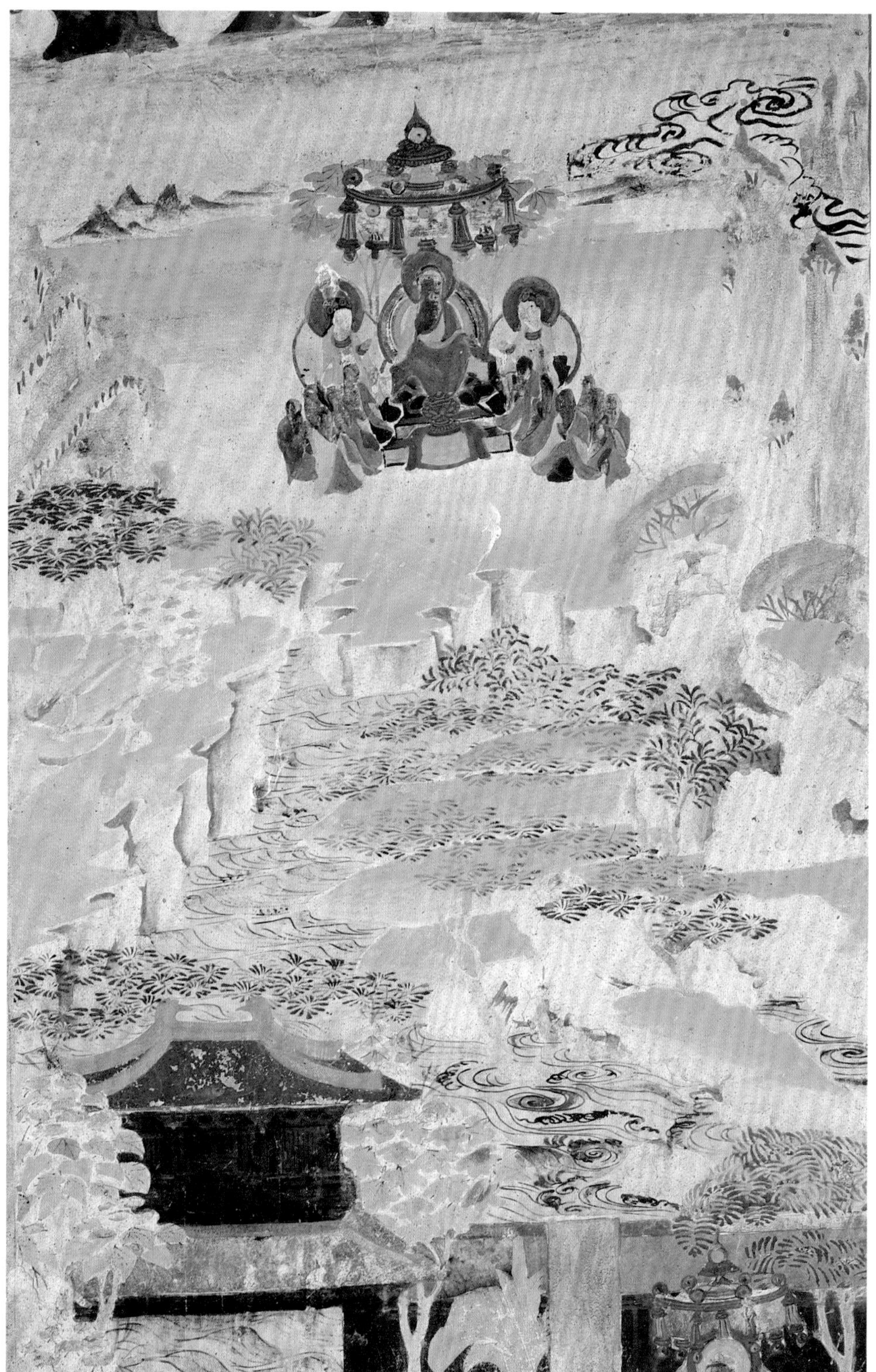

116 宮牆外山水

“未生怨”故事的上部表現佛為韋提希夫人說法的情節。畫面的視點極高，仿佛從空中俯瞰，遠處的原野與近處的山岩、河流盡收眼底。水面的波浪、漩渦畫得生動自然，樹葉的點法十分嫻熟。

盛唐 莫172 西壁西側

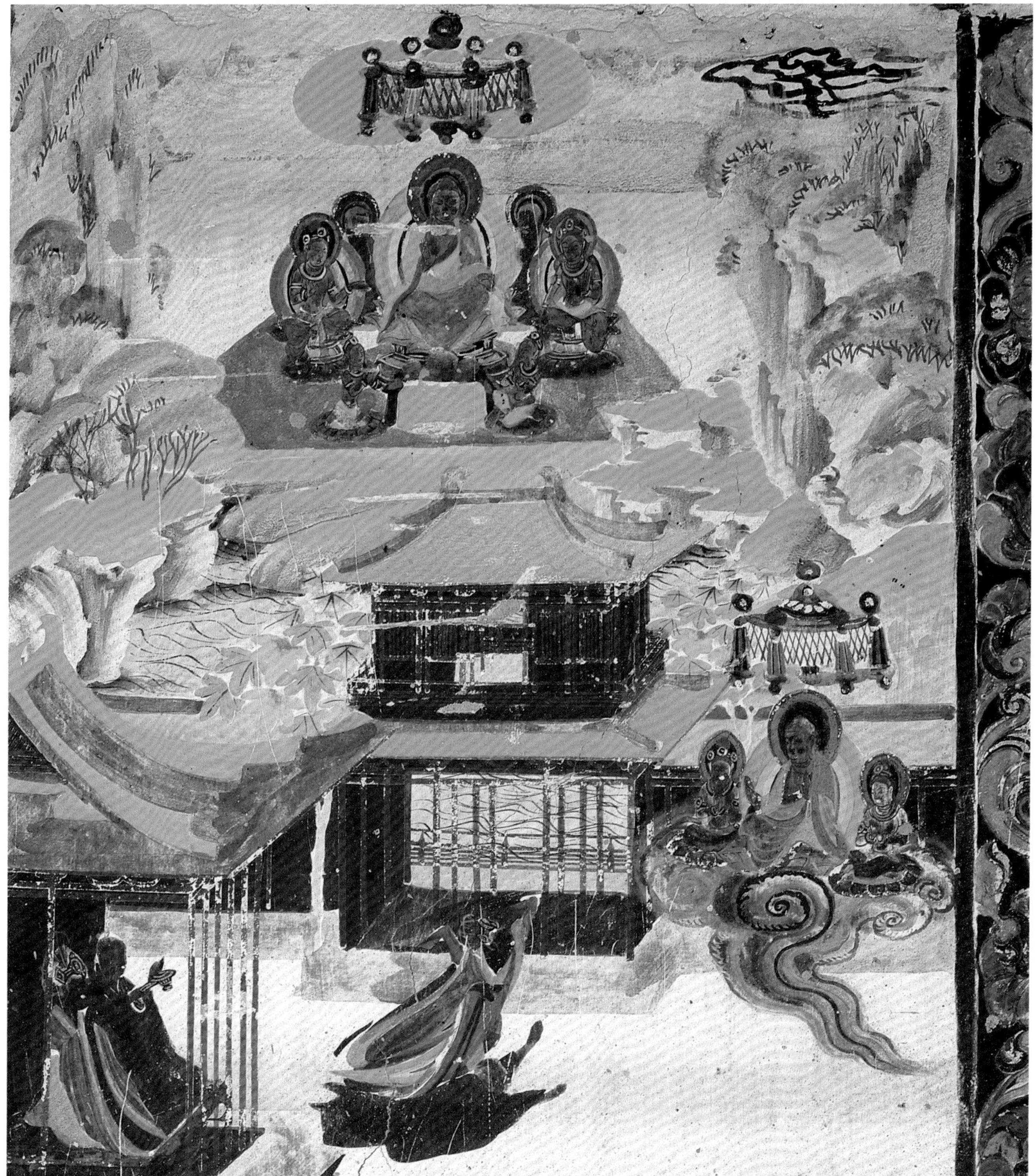

117 宮牆外山水

王宮中建有四阿頂樓，樓角處露出掌狀梧桐樹葉，透過樓下的欄杆，可以看到外面的滔滔流水。遠處的斷崖、山巒、樹木歷歷在目。

盛唐 莫172 北壁西側

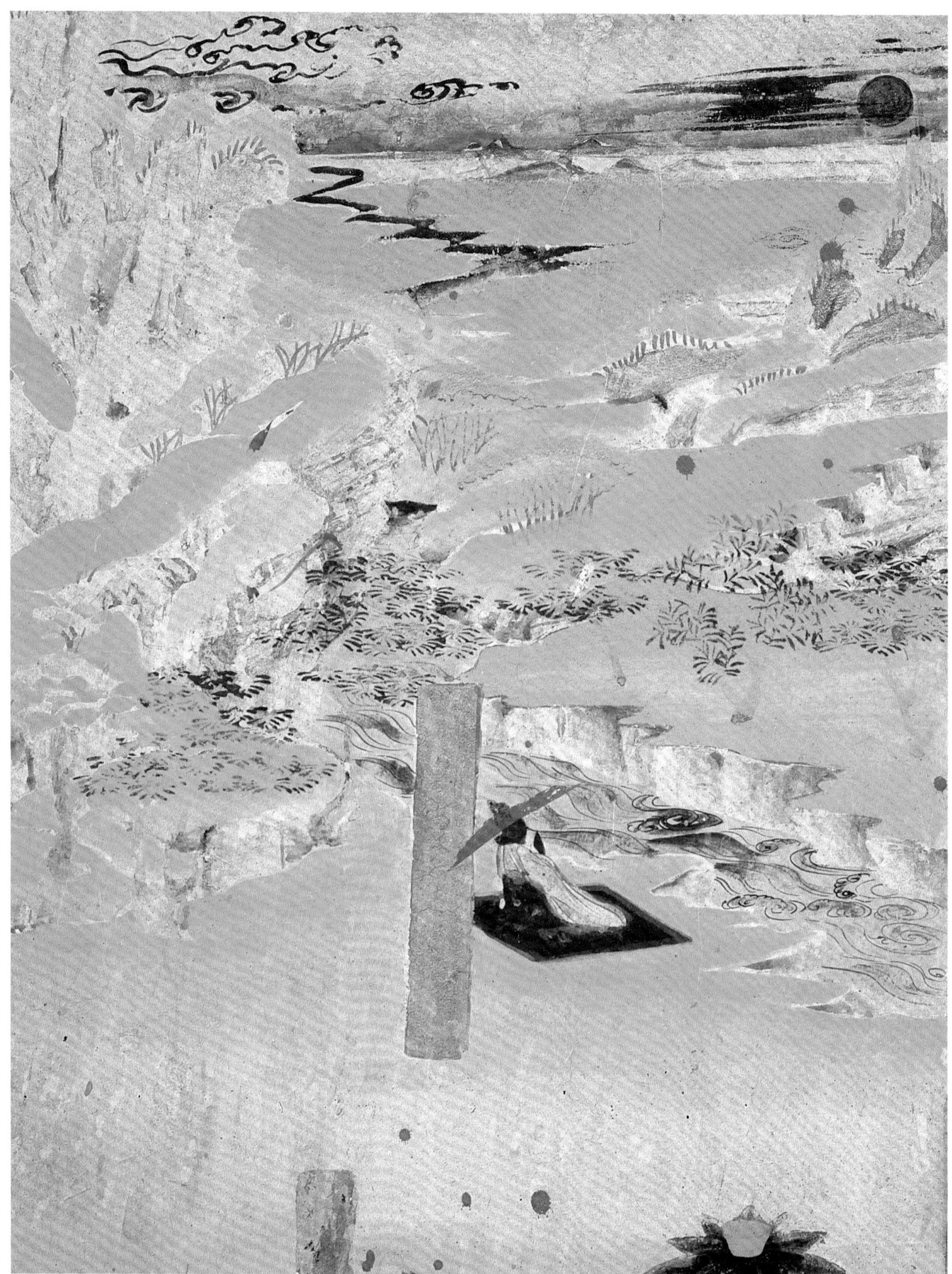

118 長河落日

“日想觀”中表現韋提希夫人觀落日的情景。懸崖上清晰地表現出岩石的皴法，不同凡響。構圖上採用對角線構圖，通過蜿蜒的河流把全圖連繫起來、山岩、樹木、河流、原野景色豐富而富有變化。

盛唐 莫172 南壁東側

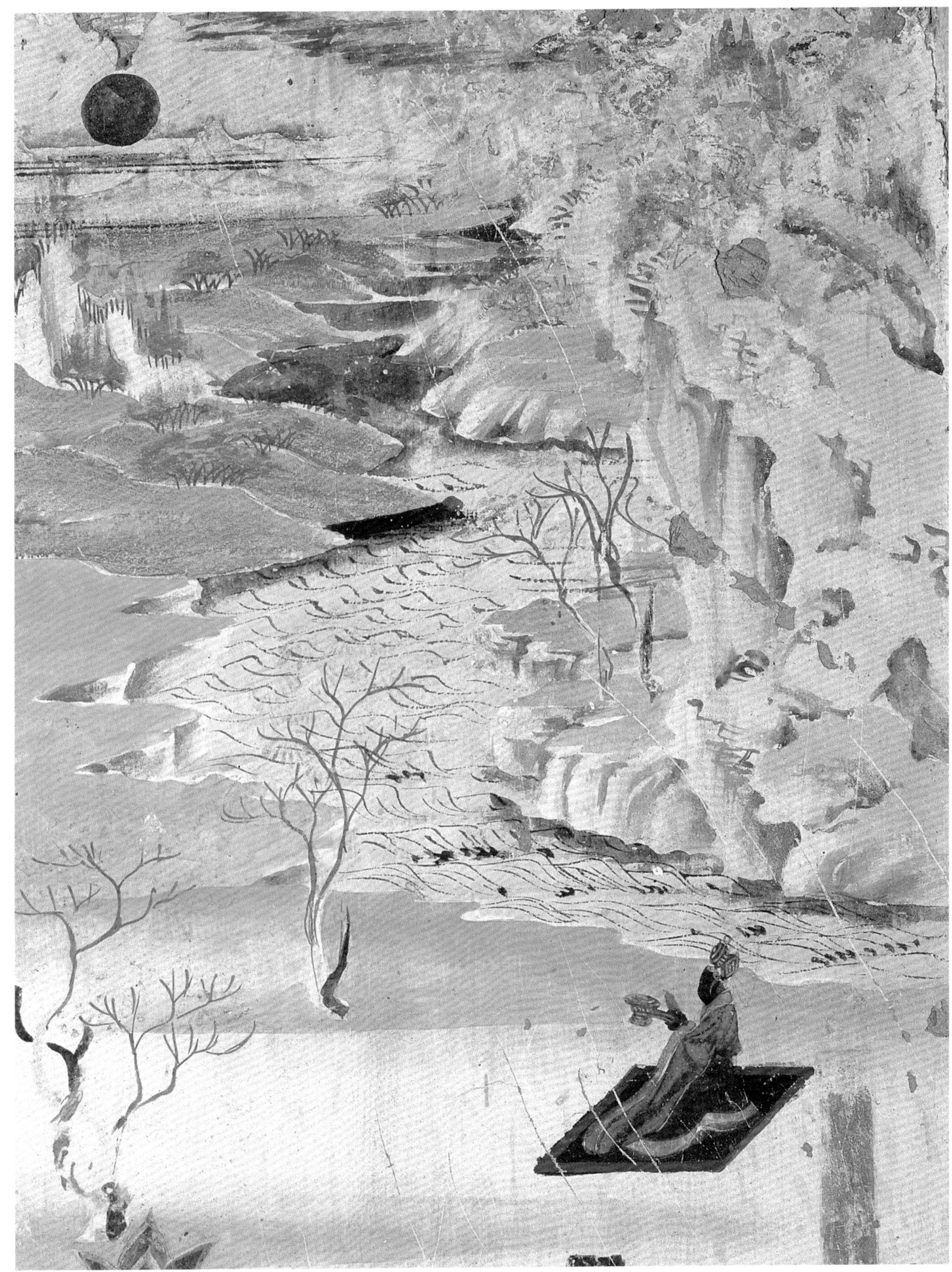

119 長河落日

以曲折如“之”字形的河流縱貫畫面。韋提希夫人手持香爐，席地而坐，視線向着太陽，河流的走向自然地形成了對角線構圖。右側高聳的山崖與左側平坦的原野形成對比。

盛唐 莫172 北壁東側

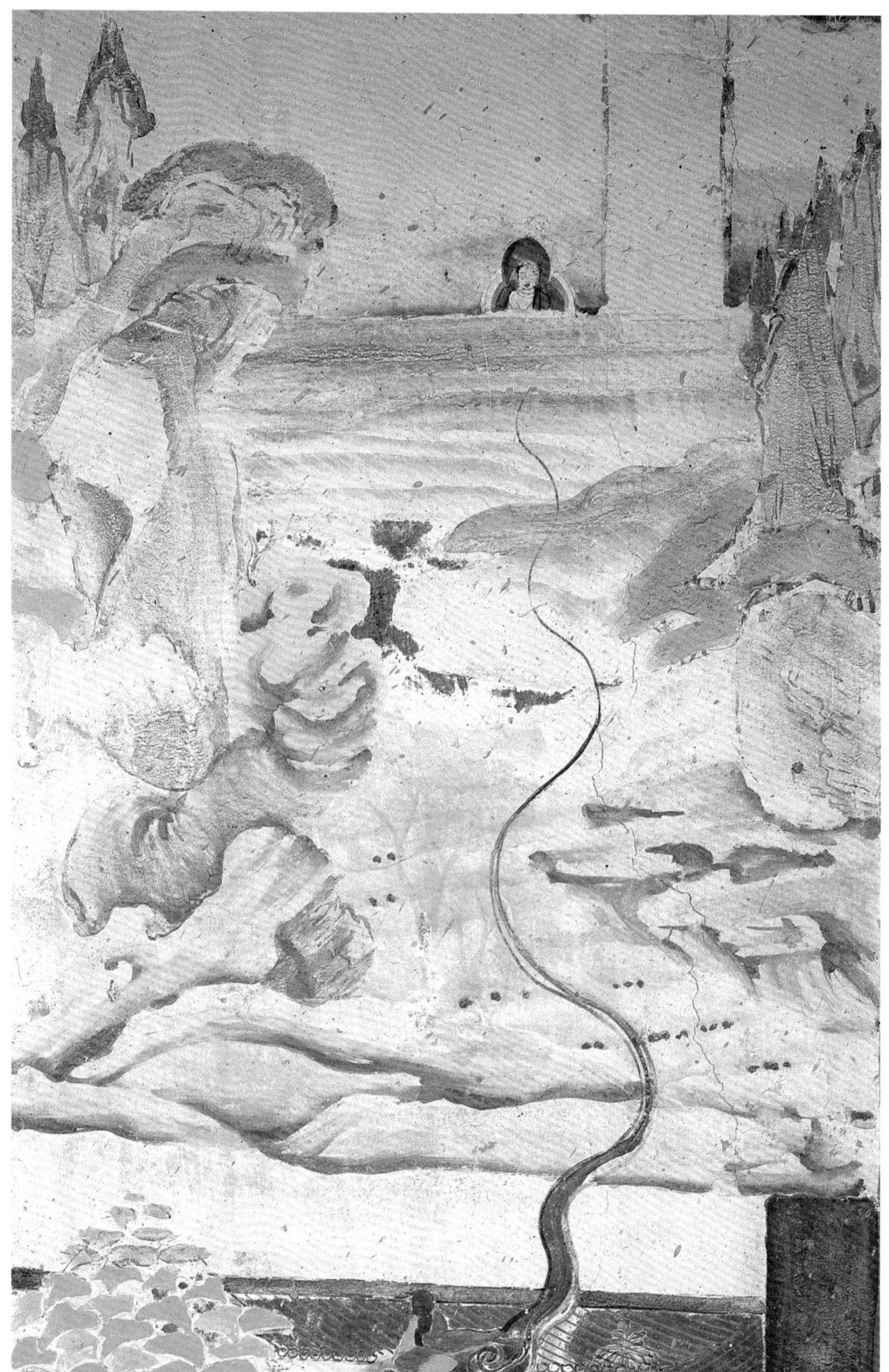

120 **宮牆外的山水**

在“未生怨”故事裏，表現佛降臨為韋提希夫人說法的情節。山崖聳立，用熟練的皴法表現裸露的岩石，在樹的後面一條大河流過。原野的盡頭，佛在太陽裏，仿佛是紅日冉冉升起，與山水景物融在一起。

盛唐 莫320 北壁

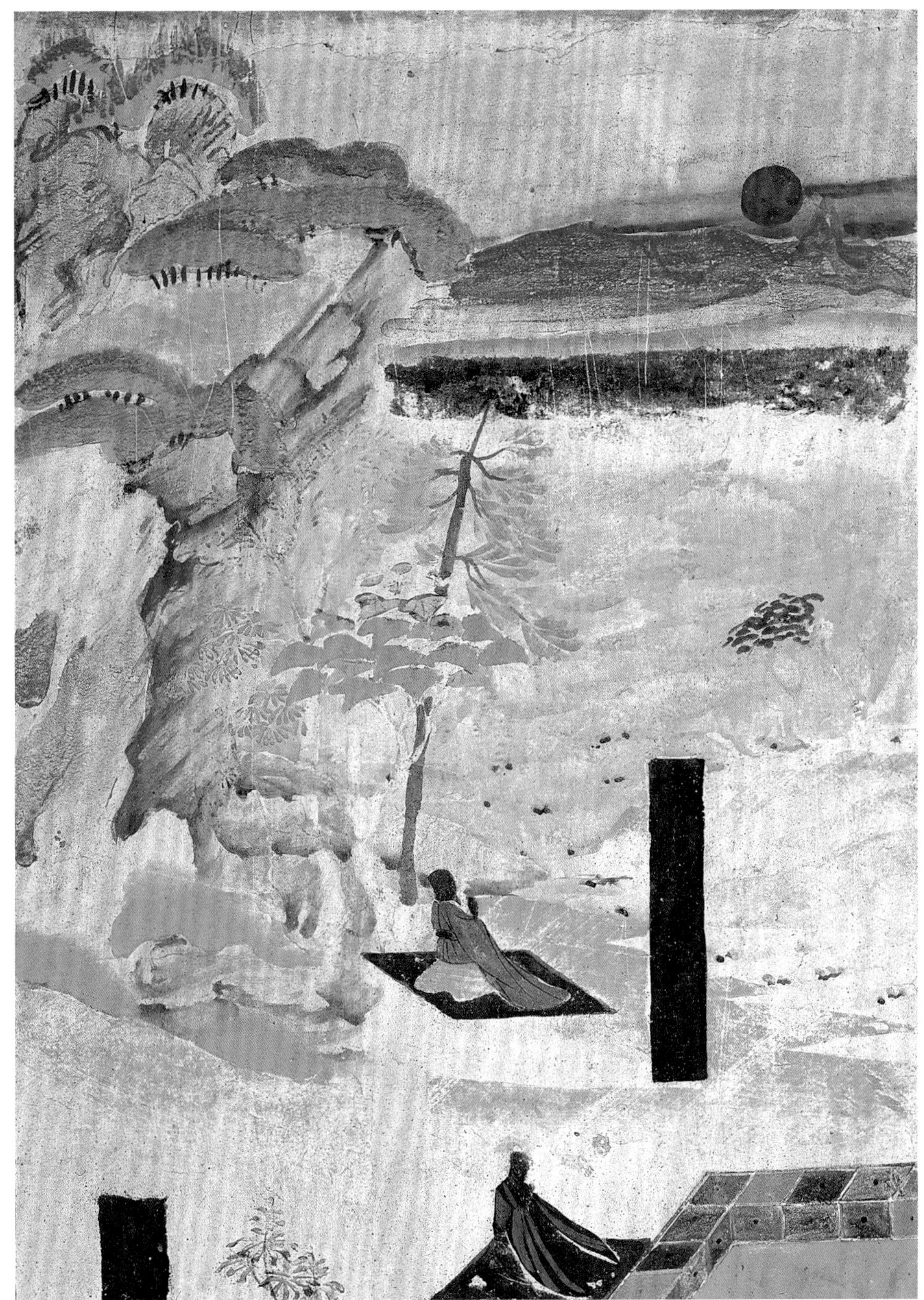

121 長河落日

懸崖壁立，大松樹與菩提樹下韋提希夫人席地而坐，望着遠處的太陽遙拜。紅紅的太陽沉落在暮色中，河流由遠及近流淌而過。畫面層次豐富，色彩華麗，山崖可見皴法運筆。

盛唐 莫320 北壁

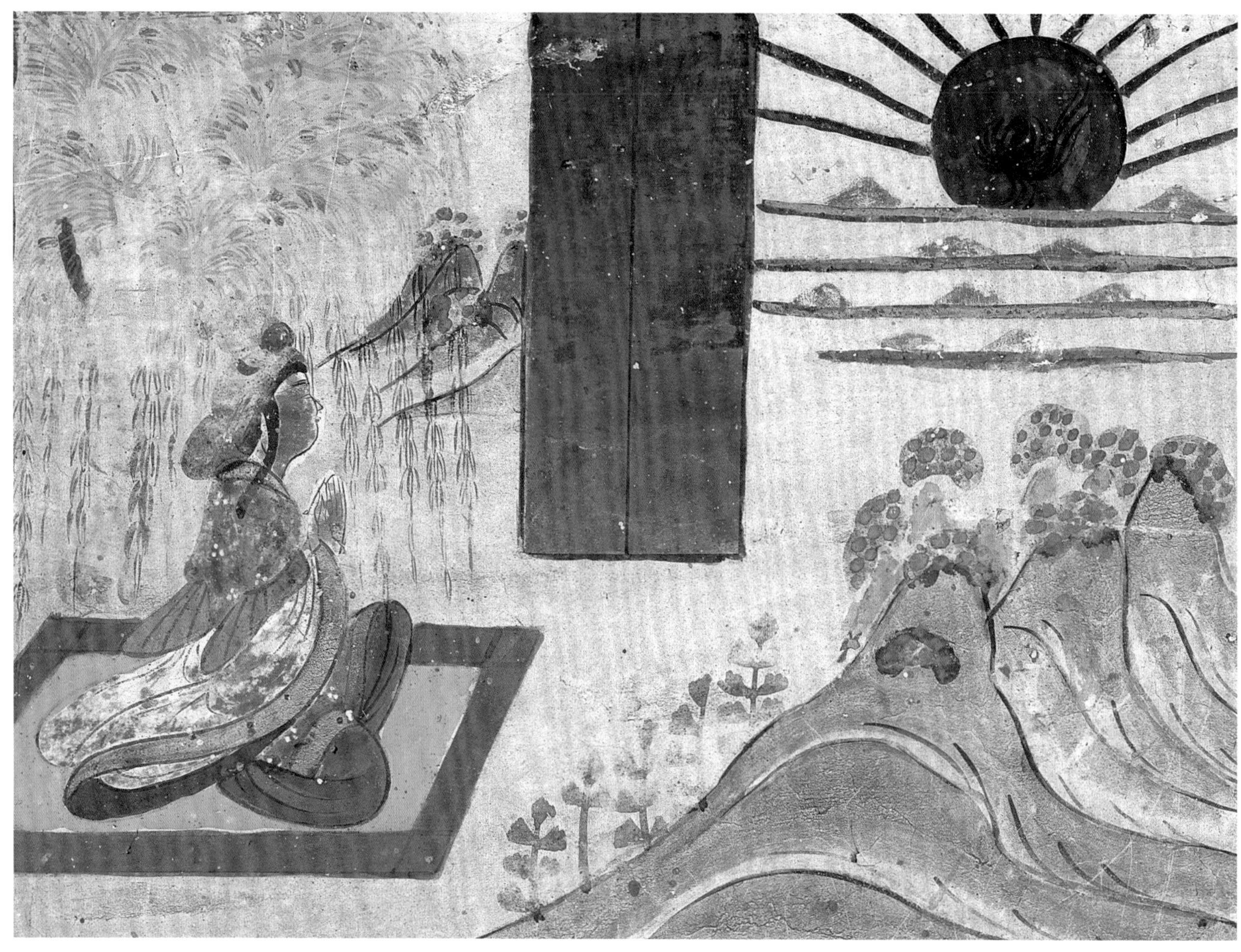

122 長河落日

此“日想觀”的構圖較單純，色彩也簡單。在山巒中，可以看到最簡單的皴法，通過線條表現出山峯的質感。

盛唐 莫68 北壁

123 宮殿外的山水

宮殿的屋脊掩映在菩提樹之間，宮殿的後面有飛天當空掠過，遠景中是水波與河岸的景色，波浪的暈染體現出光影的效果。

盛唐 莫172 北壁西側

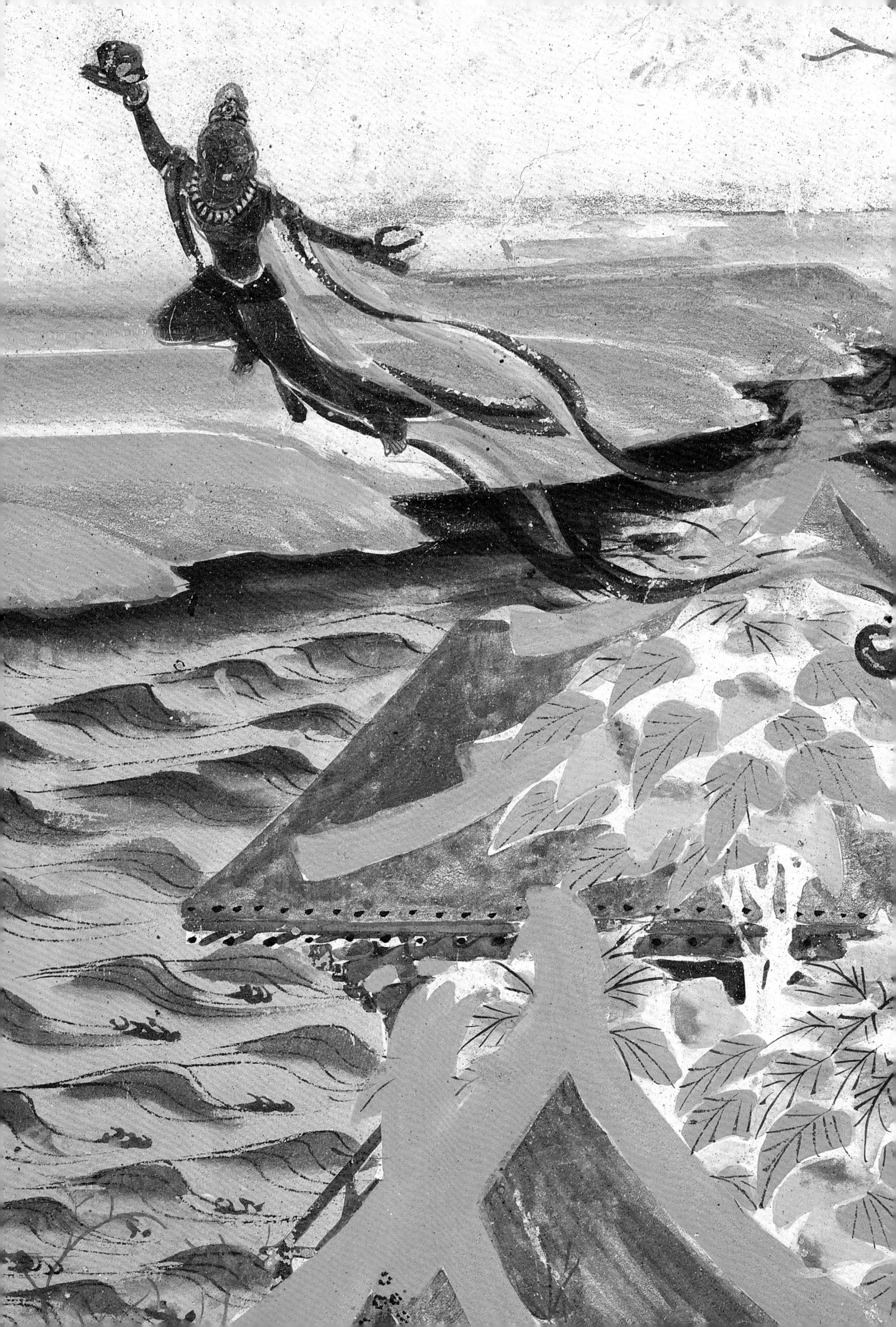

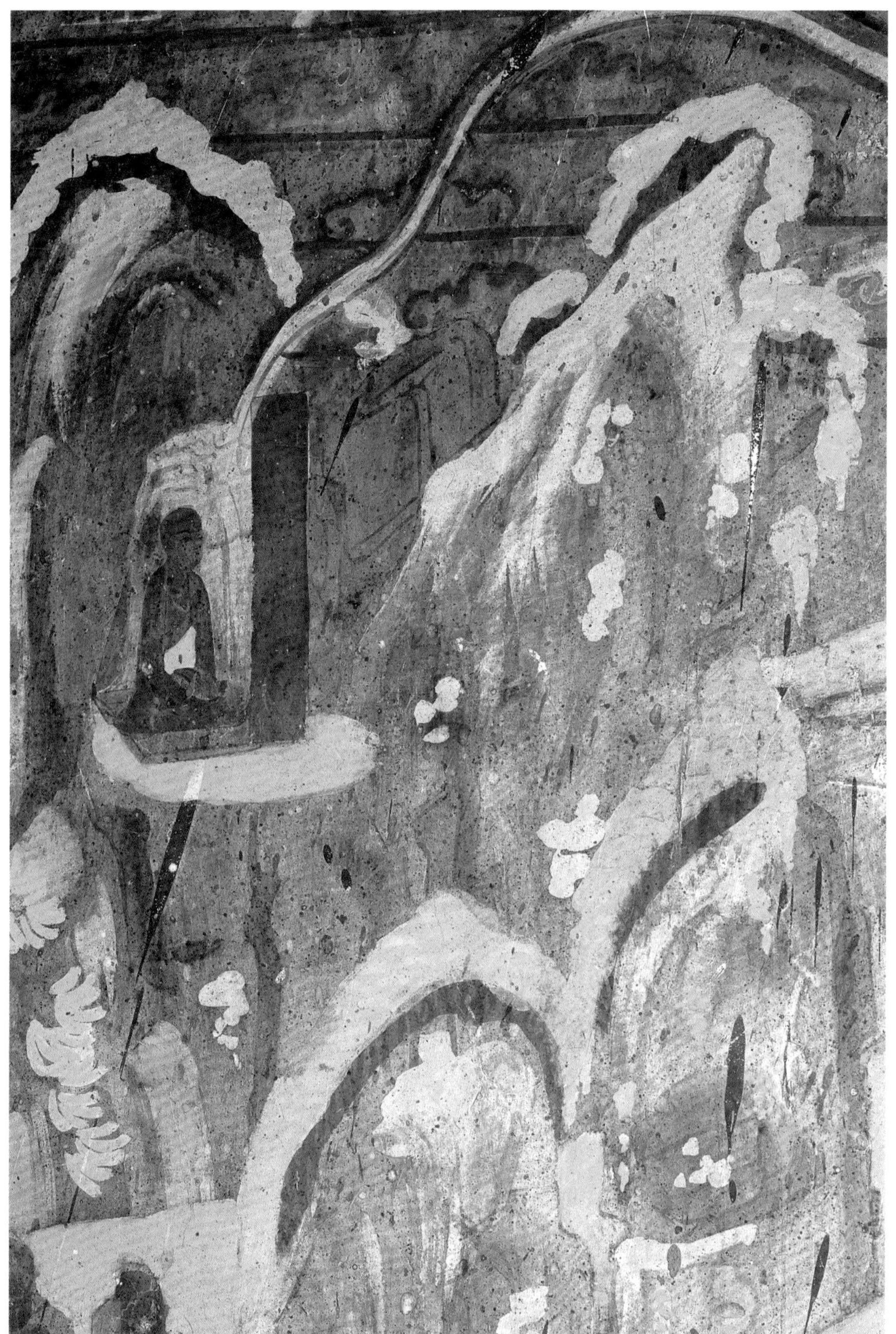

124 **山崖禪窟**

彌勒經變中畫有山崖，山崖上開有禪窟，僧人在窟中修行。山後面畫出一道道彩雲。此圖變色嚴重，僅石綠色仍保持鮮艷，別有一番情趣。

盛唐 莫445 北壁

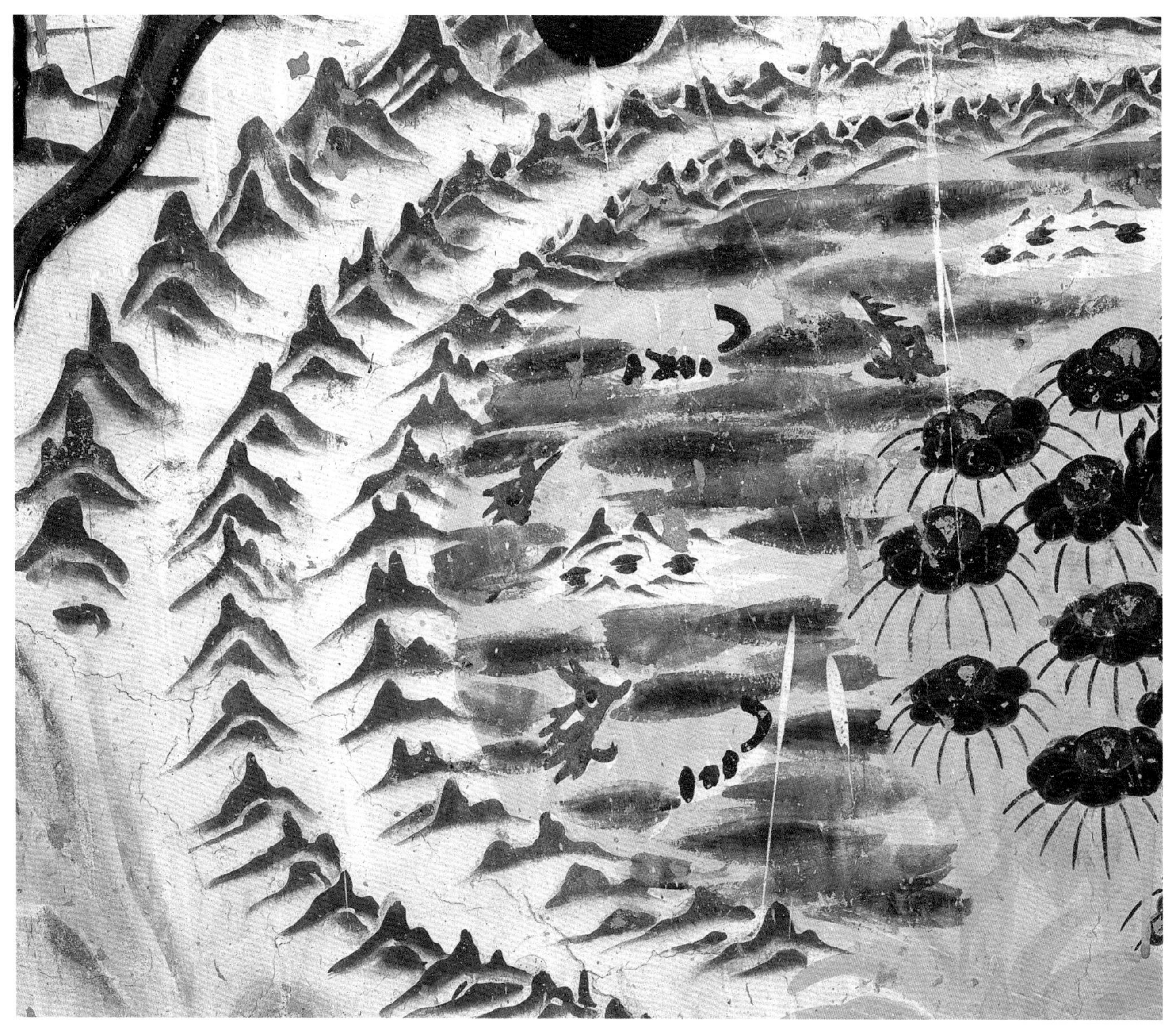

125 **大地的邊緣**

圖中表現彌勒世界的無邊無際，在大地的邊緣以三重山巒圍成圓形，山巒之內是平原河流，仿佛從宇宙的高空俯瞰大地一樣，表現出遼遠的空間感。

盛唐 莫446 北壁

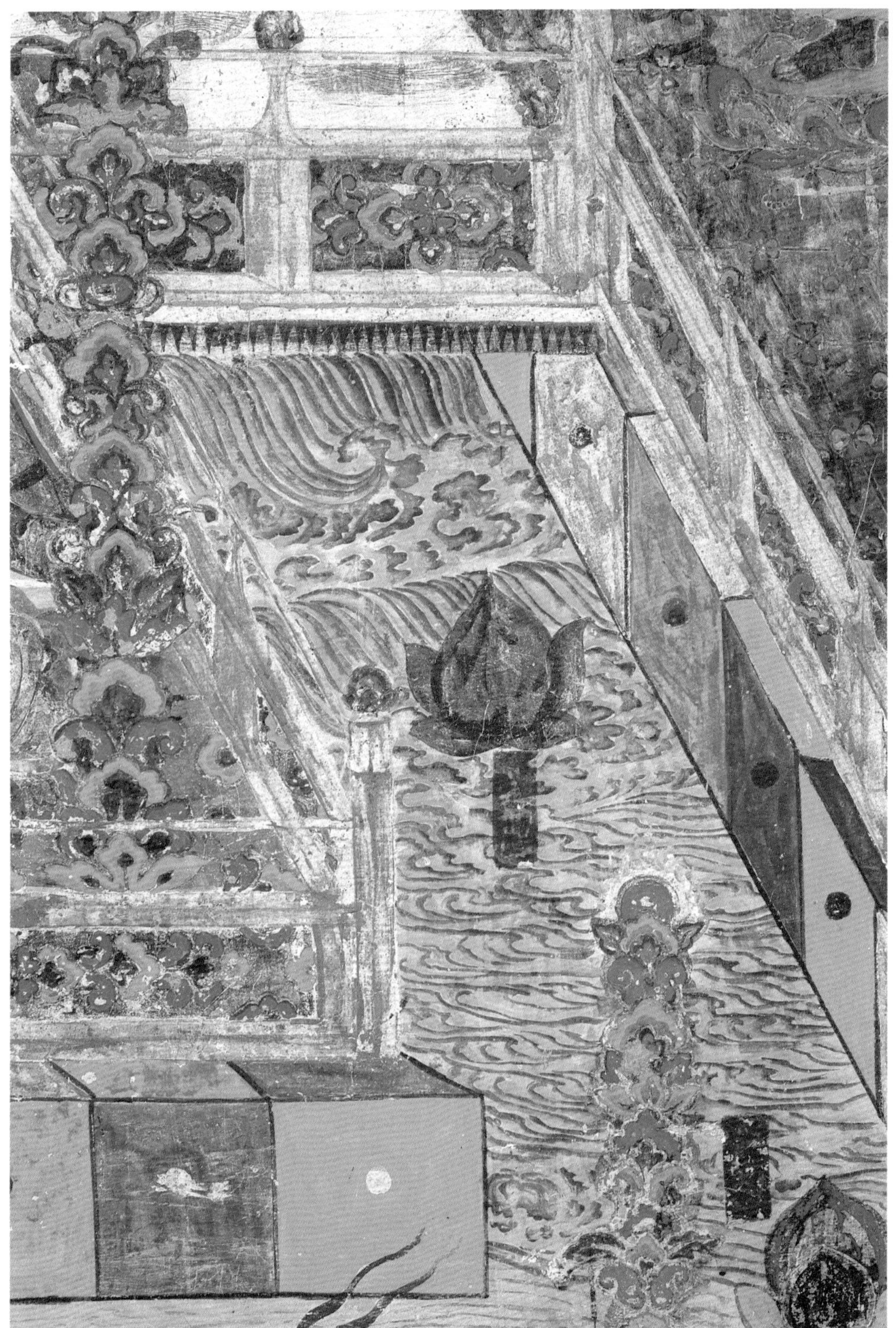

126 **小橋流水**

經變畫中對於水池的表現可以說是千姿百態，圖中是從小橋下奔流而過的水，出水的地方流速很急，濺起浪花，到下面逐漸變緩。水流的急徐，波浪的翻捲，都表現得十分精彩。

初唐 莫321 北壁

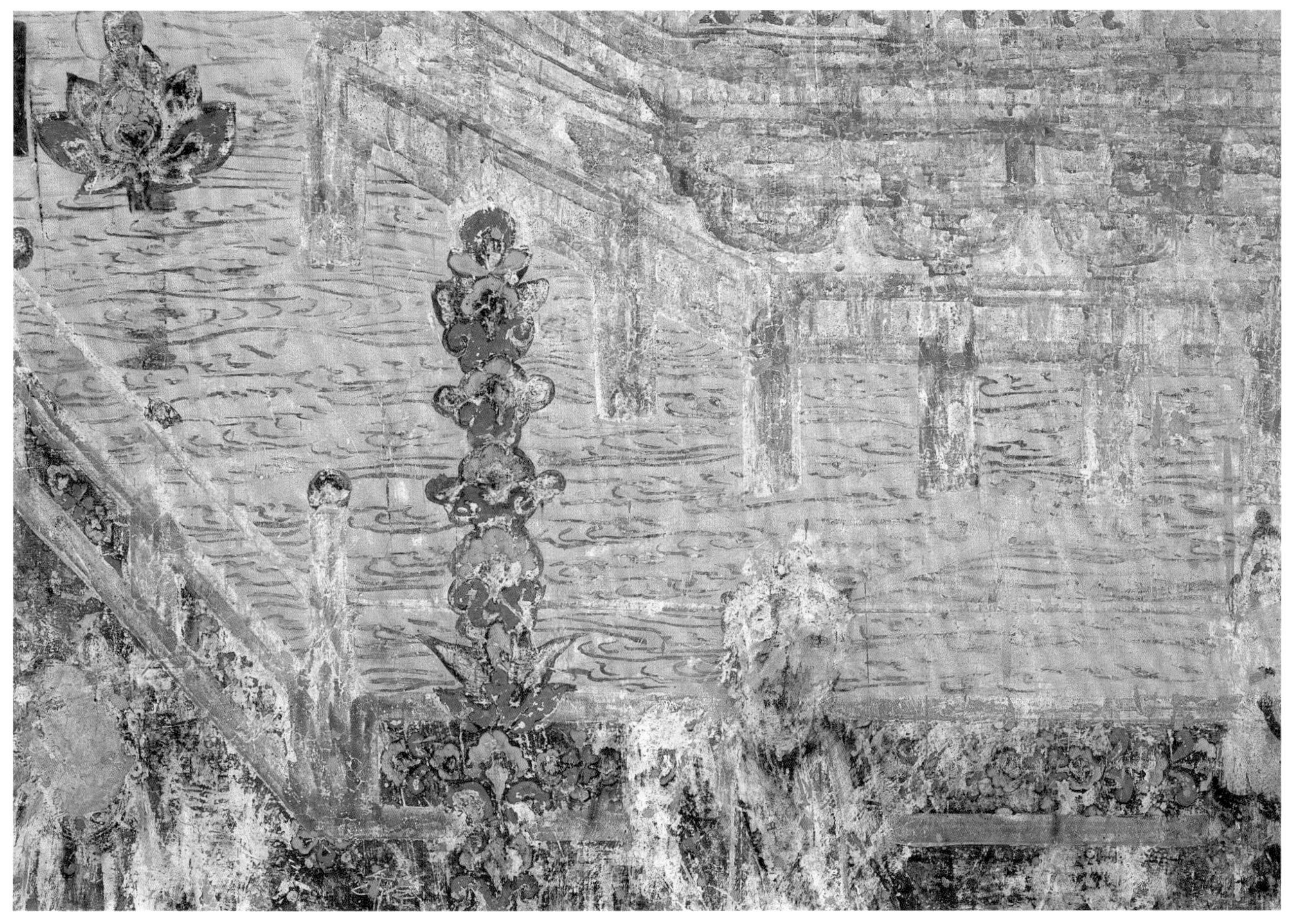

127 **淨水池**

在佛國世界的淨水池中，水面泛起細細的漣漪。在水紋線旁用色彩加以暈染，形成光影的效果。

初唐 莫321 北壁

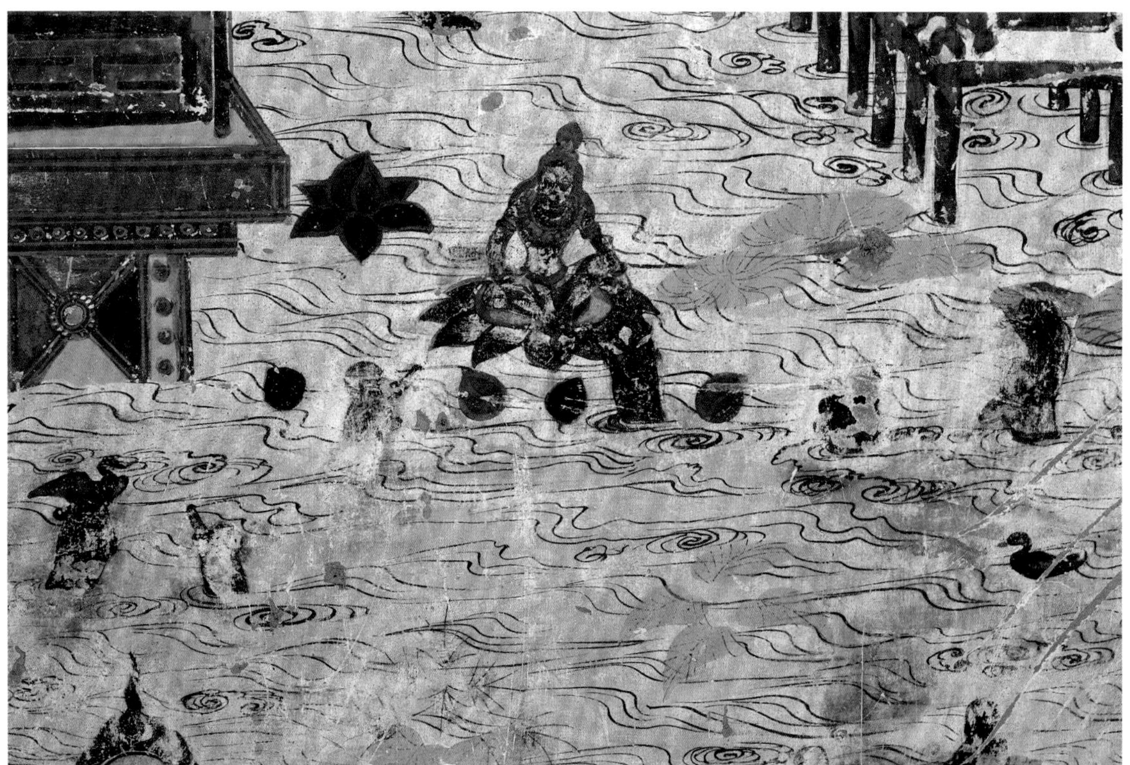

128 淨水池

清澈的水池中碧波蕩漾，水流在露台的柱下形成漩渦，蓮荷隨波浮動，蓮花中生出童子，反映了唐人的理想境界。水紋描繪得流暢自然，頗富動感。

盛唐 莫172 北壁

129 淨水池

圖中表現西方淨土世界的淨水池，水中的蓮荷，荷花裏是化生童子。流動的水波被描繪得很生動，運筆連綿而流暢，富有節奏性。

初唐 莫172 南壁

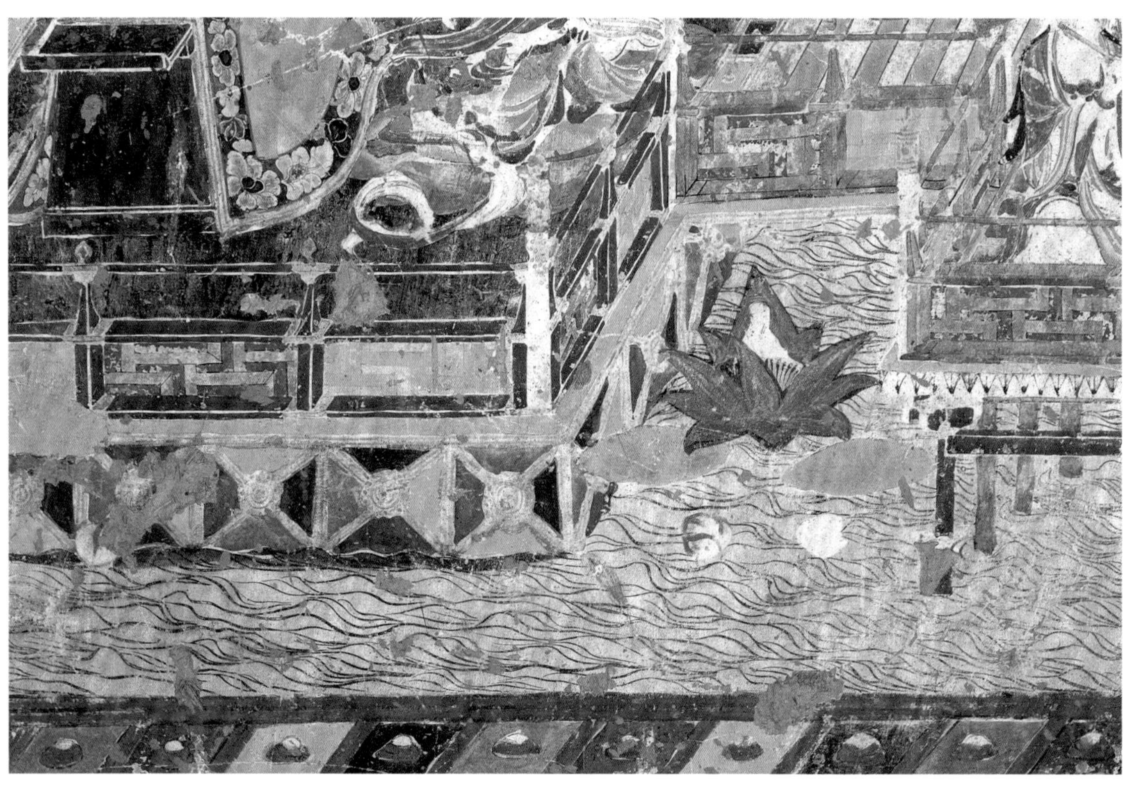

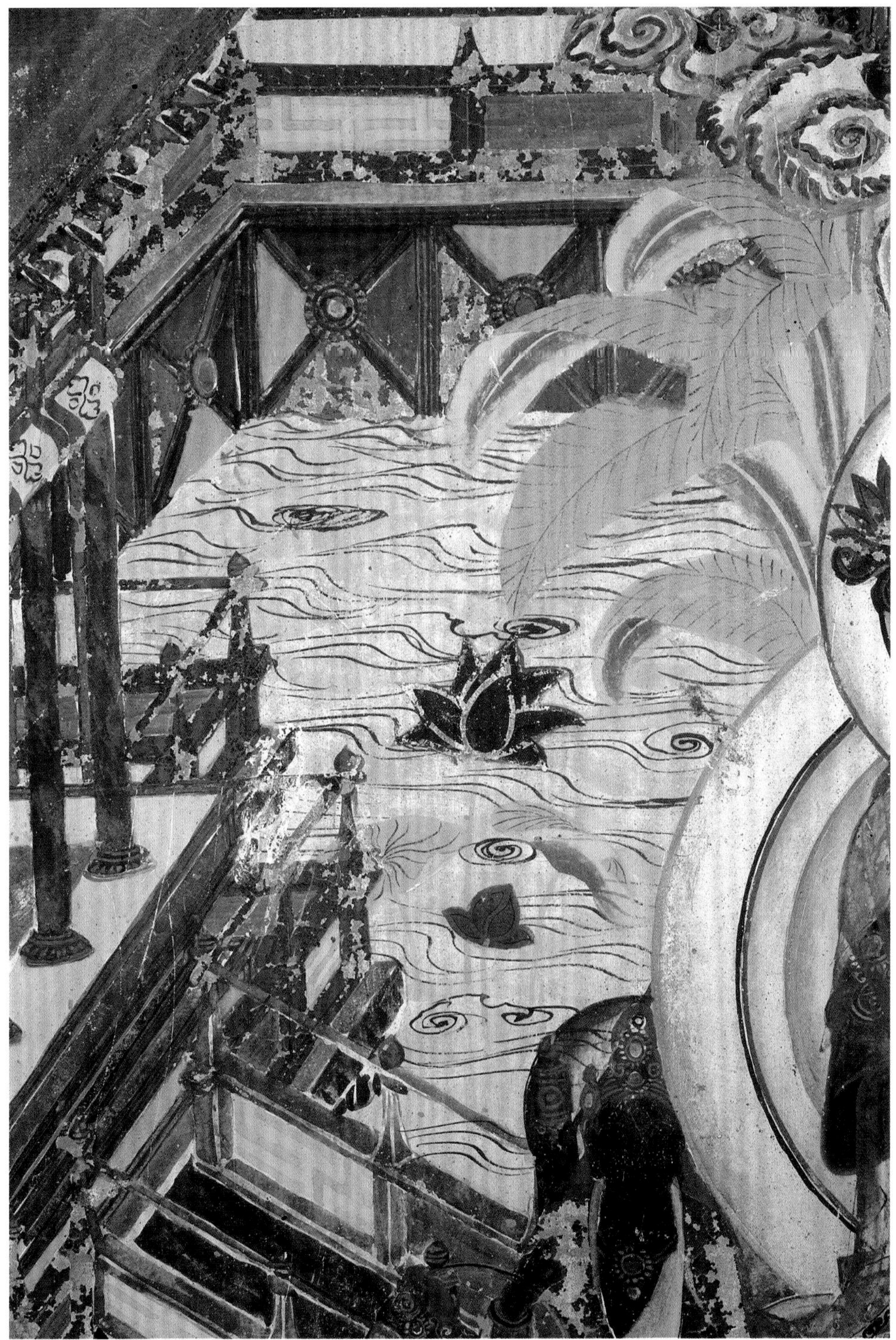

130 **淨水池**

水從殿宇的一角流過，一旁有寬大的芭蕉葉掩映，形成小品的趣味。波紋自由流暢，體現唐代畫家的高超技藝。

盛唐 莫172 北壁

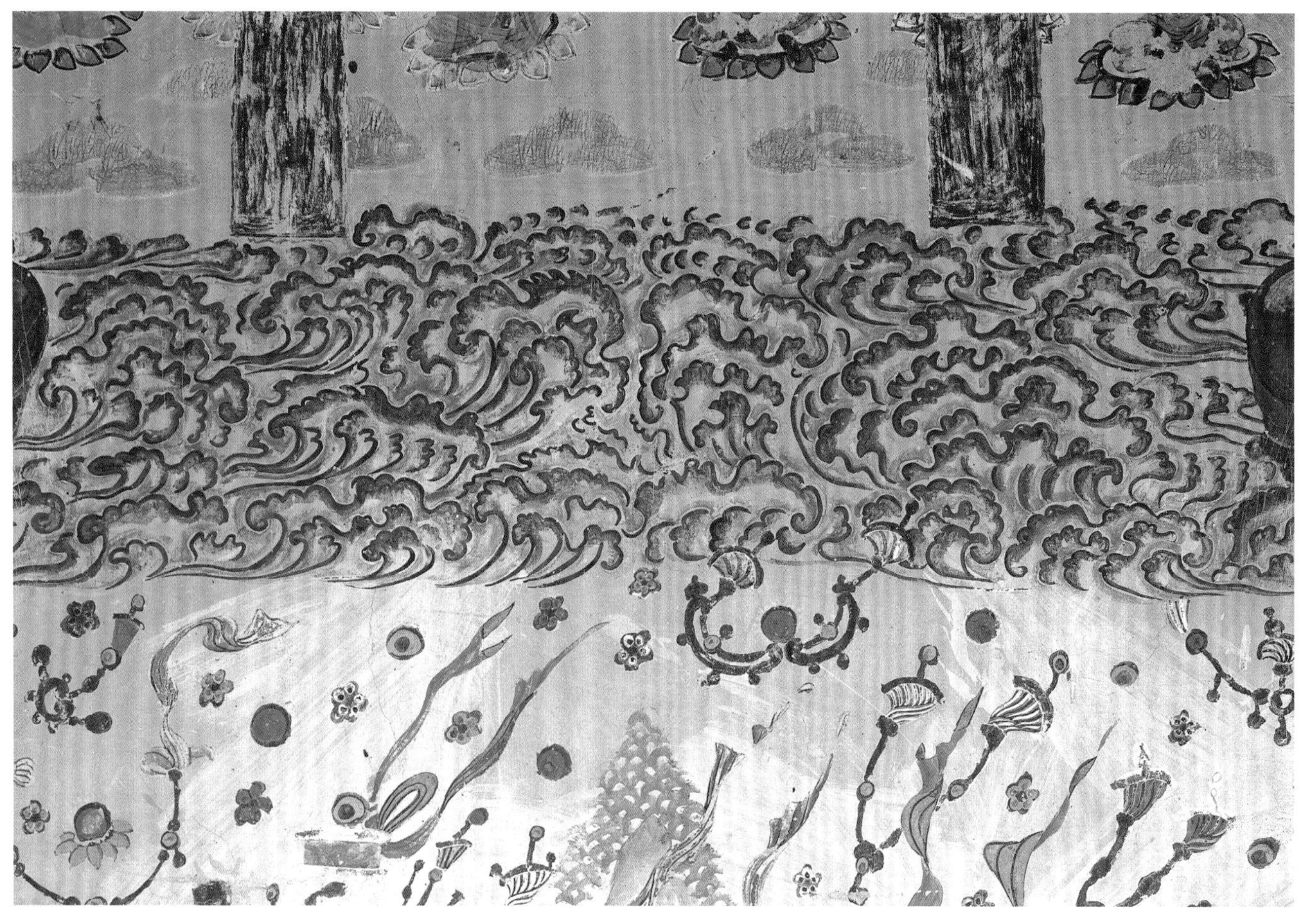

131 **雲海**

畫在寶雨經變中的雲海橫貫全壁，表現彩雲翻滾、如浪如濤的景象。雲下是從空中散落的珍寶。

初唐 莫321 南壁

蕭條淡泊　世外景象

唐代後期（公元 781 — 910 年）

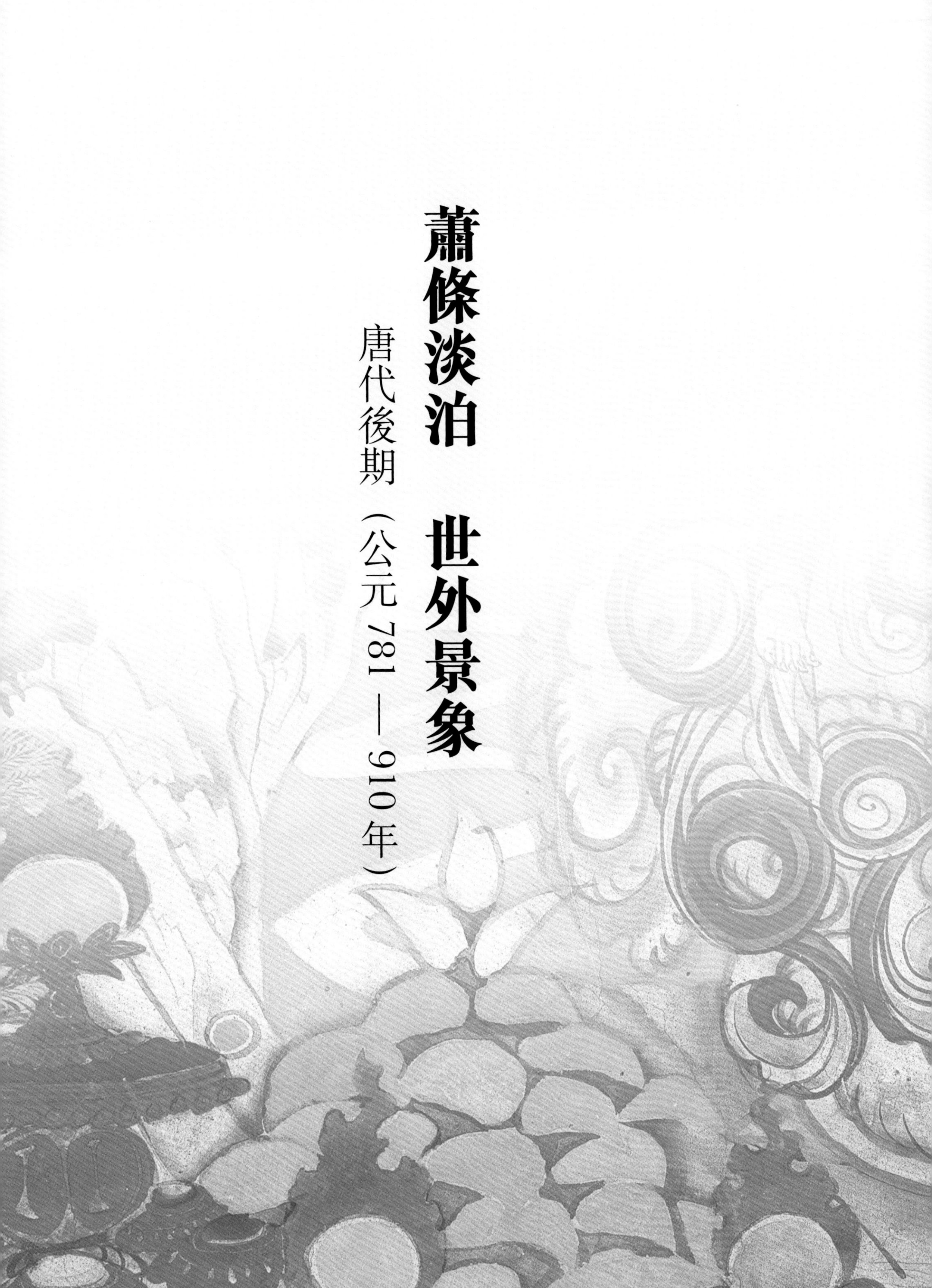

根據敦煌的歷史分期，唐代後期包括中唐、晚唐。公元781年，吐蕃軍趁唐王朝西北守備空虛之機，佔領了敦煌及河西地區。吐蕃時期正值中唐。六十七年之後，敦煌人張議潮率眾起兵，擊敗吐蕃，收復了河西，唐王朝封張議潮為歸義軍節度使。歸義軍時期為晚唐。

經過盛唐的發展和完善，山水畫在中唐以後更加豐富了，幾乎每個洞窟都畫有山水景物，凡能夠表現山水的地方，都被盡量畫出。儘管山水仍然是人物活動的背景，但這一時期山水畫已經成為壁畫中不可缺少的部分，一些經變已經形成了與佛經內容相對應的固定的山水模式。盛唐時期取得很高成就的青綠山水畫，在這一時期得到進一步發展，但出現了模式化的傾向。大量繪製的屏風畫形成了山水畫構圖的新形式，屏風畫本是模仿當時生活中實用的屏風形式而出現的，因此，不可避免地要表現在實際的屏風中最流行的題材——山水畫。另一方面，水墨畫技法傳入敦煌，給壁畫中山水畫藝術帶來了新的氣息。這些具有水墨畫特徵的山水畫，為探索唐代水墨山水技法的興起和發展，提供了重要的參考資料。

第一節　青綠山水的新發展

唐代後期，敦煌石窟的壁畫內容及佈局發生了深刻的變化，主室南北兩壁由唐前期的整壁經變畫改為一壁多鋪經變畫，使經變畫的數量空前增多，而每一鋪經變畫的畫幅相對縮小，於是，經變畫中的山水也出現了新的變化，不斷產生新的技法，形成了與唐前期不同的面貌。雖然在流行的經變題材中，如法華經變、彌勒經變、金剛經變、楞伽經變、報恩經變等仍都畫出頗具規模的山水畫，然而，表現手法卻有了很大的變化。主要特點一是色彩減弱，那種明亮華麗的青綠山水的意境消失殆盡，大量採用中間色的淡赭色，以配合淡墨的勾勒。二是以前那種圓潤流暢的線條也被轉折強烈、粗細變化明顯、或帶有皴法特徵的墨線取代。特別是隨着水墨畫的興起，與之相關的山巒的形式及用筆技法也發生了相應的變化。可以說，這一時期的青綠山水發生了重大轉變。

第369窟南壁西側的金剛經變，主要表現佛在金剛山說法，周圍環繞着眾多的菩薩和弟子。畫面上部主峯聳立，兩側層巒疊嶂，與主峯共同構成如金字塔一般的形式，充滿了宗教的莊嚴氣氛。而南壁東側的經變畫中，卻把中央空出來，表現平緩的原野和丘陵，兩側分別畫出山崖，形成平遠的景色。這兩鋪經變畫的構圖形式，雖然在唐前期已經出現了，但此窟對山峯的表現十分突出，畫師通過山峯把山水環境與佛教境界統一起來。與唐前期相比，鮮艷的青綠色用得較少，大多用赭石色染出；線也用極淡的色彩勾出，以致在很多地方如果不仔細看，往往看不出輪廓線。這是唐代後期山水畫的一個傾向。第231窟北壁的山水畫也是這樣，在北壁彌勒經變的上部兩側，分別畫出山水景物，右側是一組高聳的岩崖，在兩道峭壁之間，有一條河水曲折地流出，近處的河道越來越寬，山腳下繪出修行的草廬。靠近中部的山，向陽面是一個緩坡，有幾隻鹿在悠閑地吃草，遠山烘托出遼遠的效果。左側的山巒較平緩，通過河流的曲折線條表現出蒼茫的原野，遠景中也有幾隻鹿。對於遠景的處理，加強了寫實性。比起盛唐第148窟壯闊而強烈的氣勢來，第231窟更多地表現出安詳而寧靜的格調。同窟南壁的法華經變及西壁的文殊變、普賢變中都畫出了山水畫，如文殊變中的山水在文殊菩薩的身後，遠方聳立着幾座峻峭的山峯，峯頂都比較尖銳，並以石青色暈染，山峯之間還有白雲繚繞。近處的原野上畫出樹叢，色彩明快。把平遠與深遠的景色結合起來，富有真實感。

盛唐時期在中央畫淨土圖，兩側以條幅的形式畫出故事畫的佈局形式，被繼續採用，如第112窟的藥師經變兩側畫出“九橫死”、“十二大願”的內容。

“九橫死”是描繪人間不幸而死的種種場面，因此，在壁畫中常常要畫出險峻的高山，有人從山頂落下，表現墜崖而死的情景；或水中有人遇險，表現溺水而亡的情景，於是山水風景中增添了許多神秘而驚險的氣氛。第154窟的金光明經變兩側畫的是《捨身品》和《流水長者子品》。其中《流水長者子品》描繪流水長者與其子出遊時，忽見池水乾涸，池中的魚快要死了，一時心生悲憫，於是，父子倆借來大象，馱水灌入池中，池魚得救。畫面用連環畫的形式，描繪了二人驅大象奔波於山間的場面，曲折的河流，崎嶇的山路都表現得很真實。

晚唐的第9窟、第196窟中還畫出了通壁巨製勞度叉鬥聖變。這是表現佛弟子與外道勞度叉鬥法的故事。其中有勞度叉變為高山、水池和巨樹的情節，佛弟子舍利弗變為金剛砸碎了高山，變為大象吸乾了水池的水，變為狂風把大樹連根拔起。在這充滿想像的巨幅畫面中，卻描繪出了山嶽、大海、大樹等現實生活的景物，綠色染出的大海中，用白色的線條表現出波浪翻滾的情景，以及大樹在狂風中搖搖欲墜的樣子都十分生動。

晚唐第72窟南壁為“劉薩訶因緣”，描繪劉薩訶在涼州山中見到了佛像聖容，於是修造大佛，後其佛像又產生許多靈異的故事。根據內容畫出複雜的山水畫面，這樣整壁畫出山水的情況，只有唐前期的323窟出現過。圓潤的山頭以及山上樹木草叢與盛唐第217窟等山水畫法完全一致，用石青與石綠色暈染，體現出綠水青山、春意盎然的景色。當然從山勢的佈局來看，顯得有些重複和零亂，山坡的畫法具有樣式化的傾向。特別是石青色的大量使用，反映了這個時代的特徵。有意思的是，同一個洞窟，畫在龕內屏風畫中的山水，與南北壁的迥然不同，山頭較尖，多用水墨，筆法粗獷，表現出中唐以後的新技法特徵。

晚唐第85窟東壁門上部畫出“薩埵本生”故事，這個故事是北朝最流行的題材之一，唐代以來單獨畫出的極少。此窟是作為金光明經變的一部分，畫在經變的旁邊，採用了連環畫的形式描繪故事內容，但沒有像早期的那樣分段畫成長卷形式，而是以山水為骨幹，均衡地分佈情節，山脈相連，很難分隔開來。山巒的畫法與唐前期的山水畫相比，有了一些微妙的變化：首先是山的形狀由圓潤變為堅硬，山頭多為角形，注重對岩石的刻畫；在色彩上，唐前期是以石綠為主，而這裏則以石青為主了。

中唐以後，壁畫的色彩趨向於簡淡，但進入晚唐以後，青綠重色再次興起。儘管如此，色彩簡淡的傾向已經是難以阻擋的潮流，唐前期那種色彩豐富絢麗的氣氛、山勢雄渾的境界不復出現。如第9窟的窟頂經變中雖然也畫出了連綿的山巒，但山峯與山峯之間的脈絡顯得不夠自然，由遠景的山峯到近景的平地間也缺乏過度。這一時期的新傾向是峯巒表現得堅硬，岩石的表現加強了。

唐代後期壁畫中的樹木畫得很多，特別是來自南方的植物，如芭蕉等有較多描繪。在畫法上出現了只用顏色暈染而不加勾輪廓線的畫法。如第85窟報恩經變中描繪樹下彈琴的情景，樹木茂密的枝葉沒有像唐前期那樣仔細地描繪出樹葉，而是用石綠色，中央部分厚重，邊沿部分較淡，出現暈染的效果。在第159、468窟中，表現遠景的樹木時也多採用這種方法。第17窟北壁，在高僧像的後部牆壁上，畫出兩株樹，從枝幹到樹葉都畫得十分精細。樹幹用線描和皴筆之後，又用淡墨加以暈染，表現出老樹粗幹的裂紋及樹皮的紋理，細膩而富有立體感，樹葉全用雙鉤，用深淺不同的兩種色，表現出陰陽向背。體現出唐代畫樹的高超技法。

唐代後期水的畫法與唐前期有一定的差異，那種波瀾壯闊的大畫面的河流很少出現，較多地表現涓涓細流，幽深的山谷中的流泉，靜靜的水池等。色彩多以石綠為主，波紋的線描畫得極細。

唐代後期的經變畫中，山水的成份比以前增多了，在景物的表現上，注重小景環境的真實性，如一棵樹，一面山坡，一塊岩石等等，這些在唐前期不太受重視的小景得到仔細的描繪，表明了山水畫的進一步成熟。

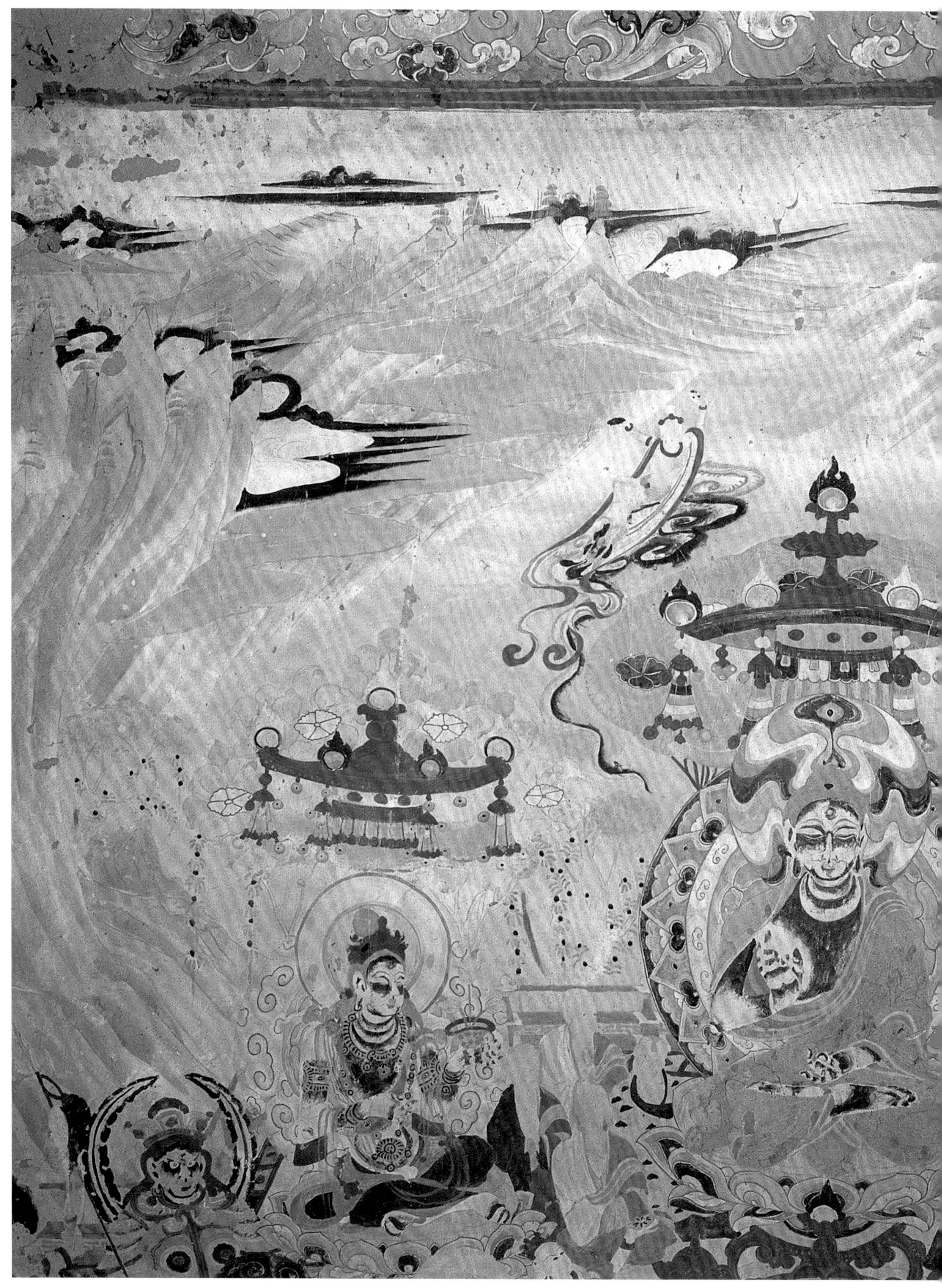

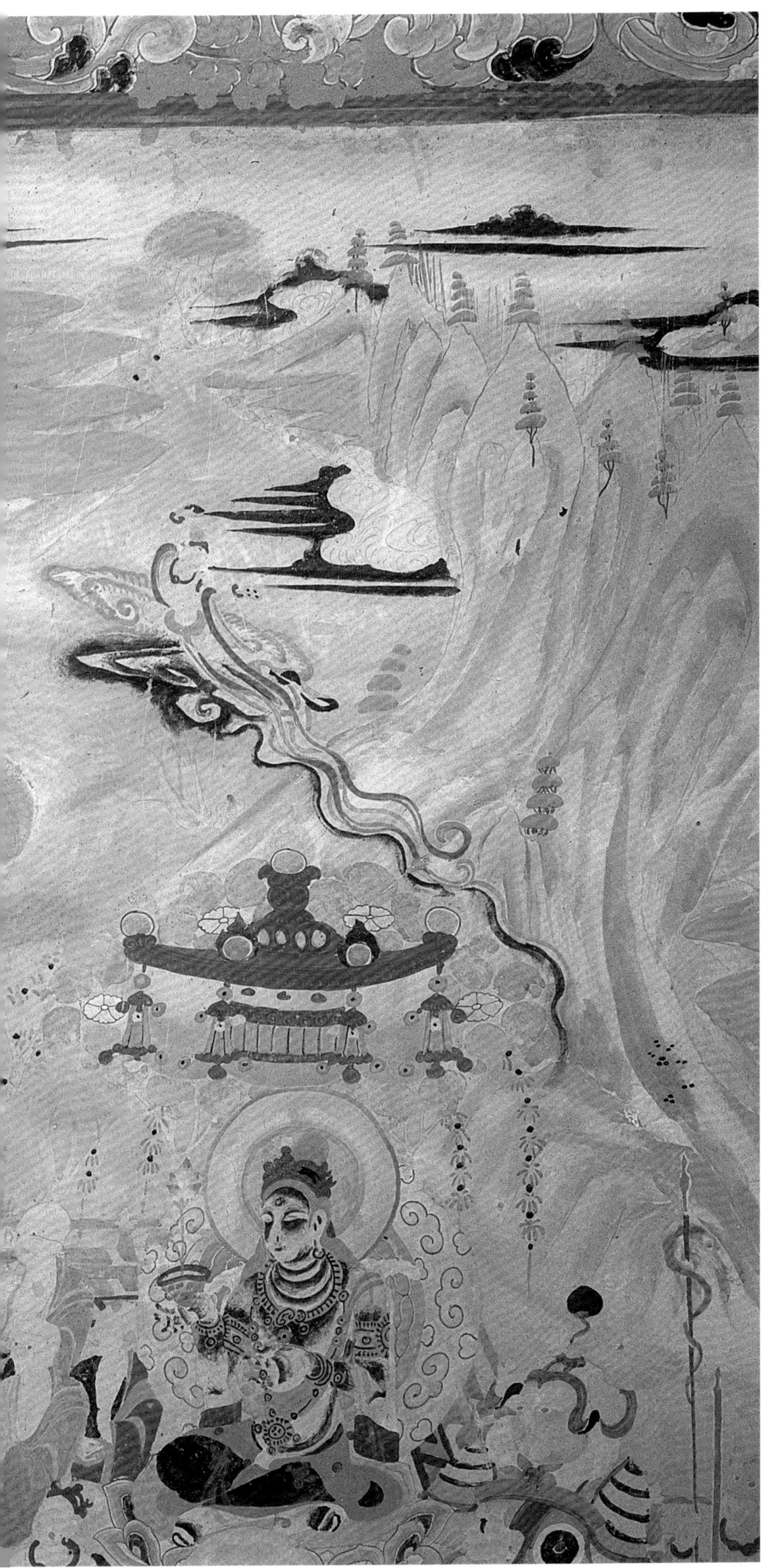

132 **山水**

畫在彌勒經變中的山水是作為佛說法的背景。兩側畫山崖，中央部分表現較為空靈的高原和台地，山崖間的原野、溝壑等具有西北地區的自然風景特色。

中唐 莫369 南壁東側

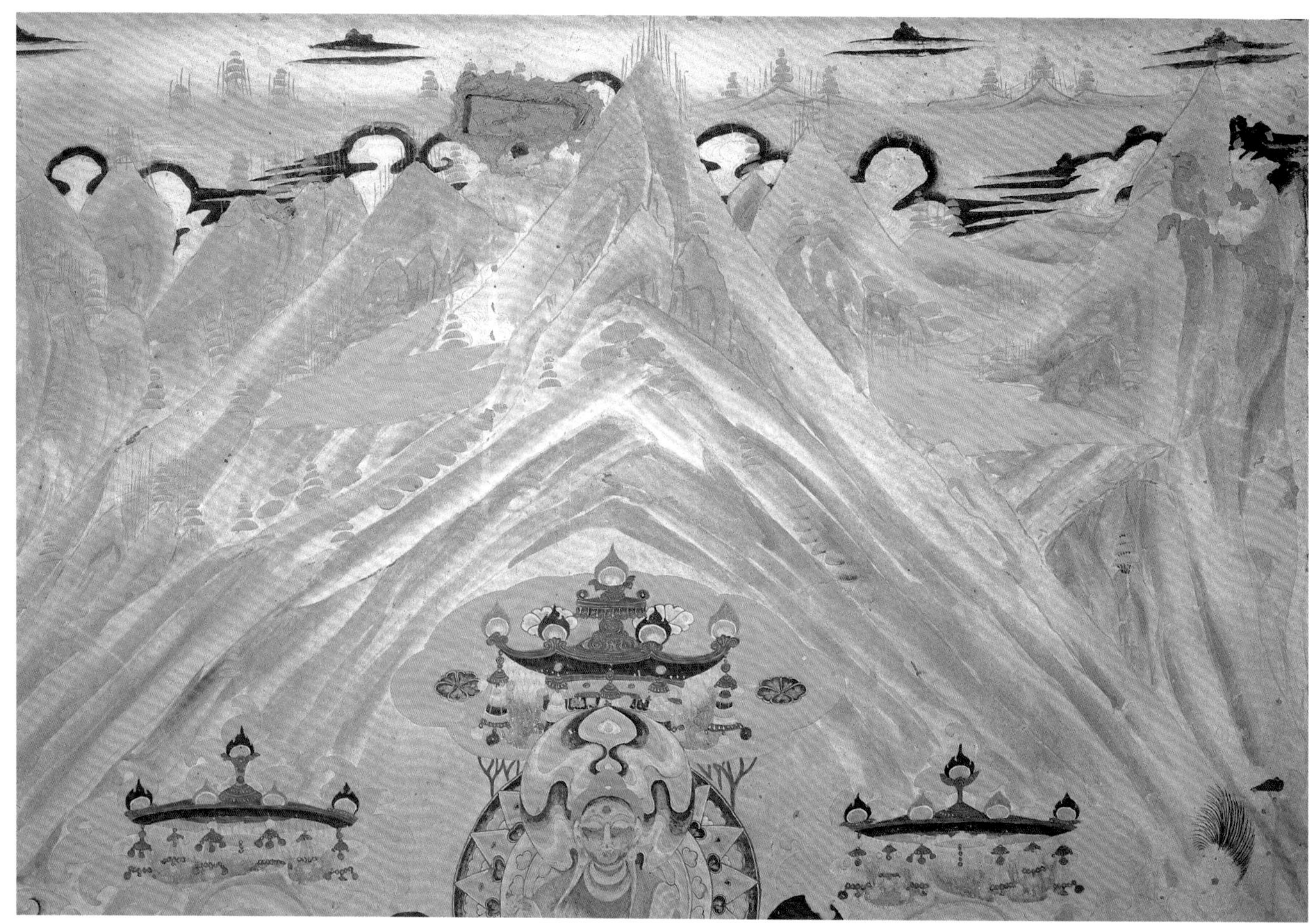

133 金剛山

圖中描繪的是佛說法的金剛山。山勢雄偉，呈金字塔形，岩崖險要，山中雲霧繚繞，頗有神秘色彩。

中唐 莫369 南壁西側

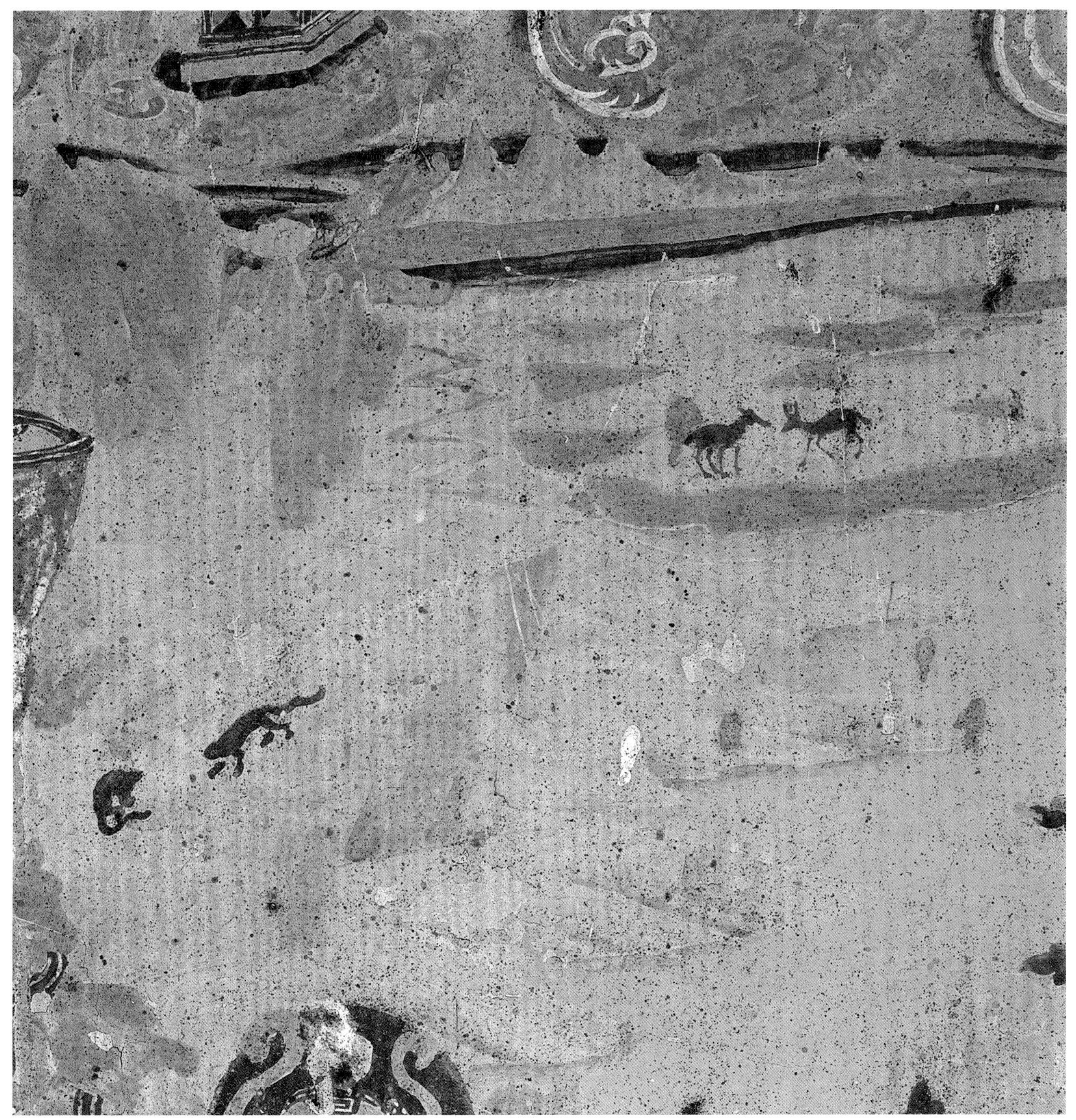

134　**原野**

畫在彌勒經變中的山水，一側是懸崖峭壁，曲折的河流從原野之間流出。丘陵上有兩隻老虎在嬉戲，平原上兩隻鹿親昵地相對而立，體現出大自然和諧安詳的氣氛。

中唐　莫231　北壁東側

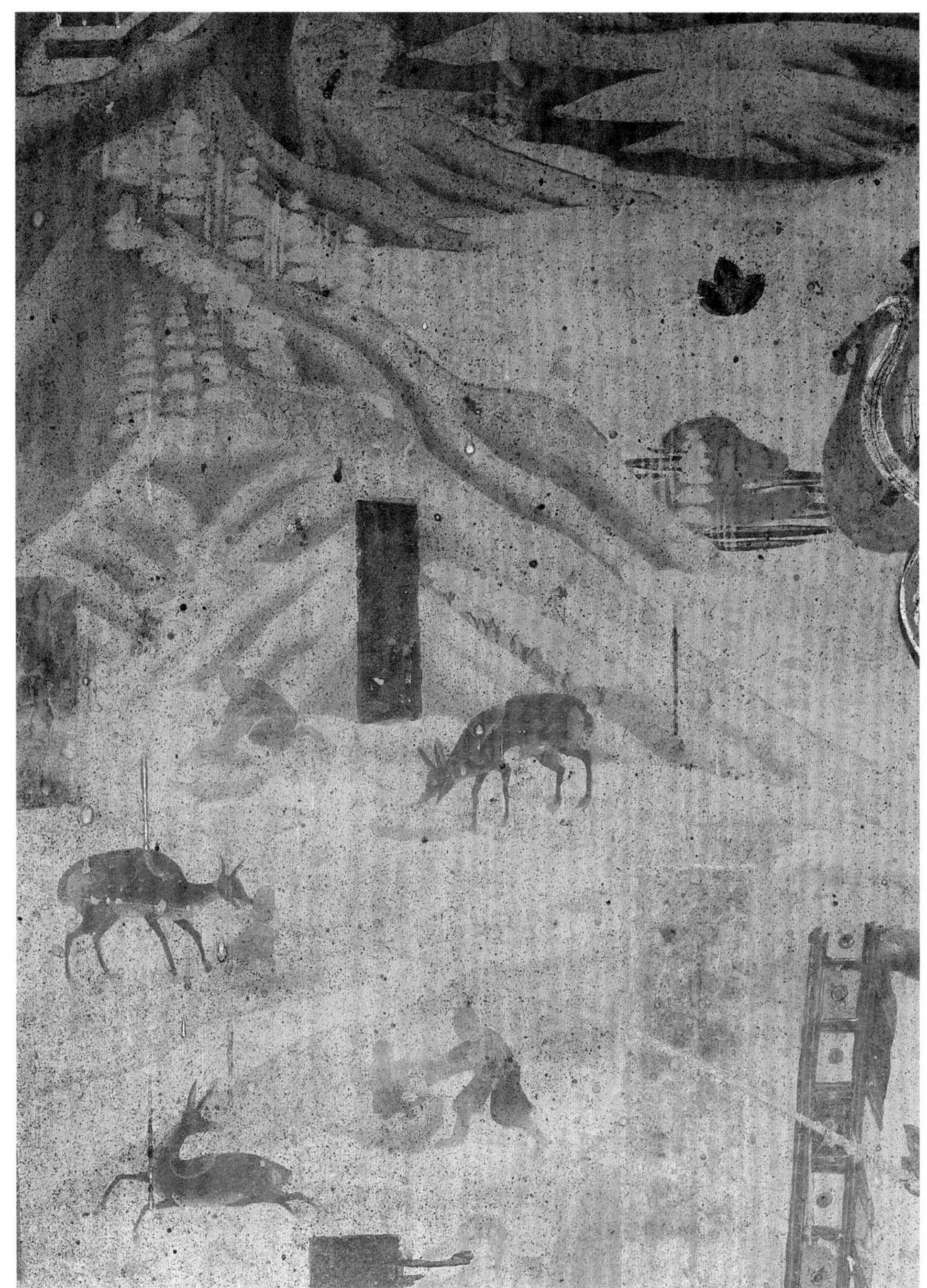

135 **山間雌鹿**

在“鹿母夫人”的故事裏，表現母鹿生下了一個女孩，無法養活，便送到修行的仙人處，由仙人收養的情節。山巒的層次豐富，體積厚重，曲折的河流表現出空間距離。

中唐 莫231 東壁南側

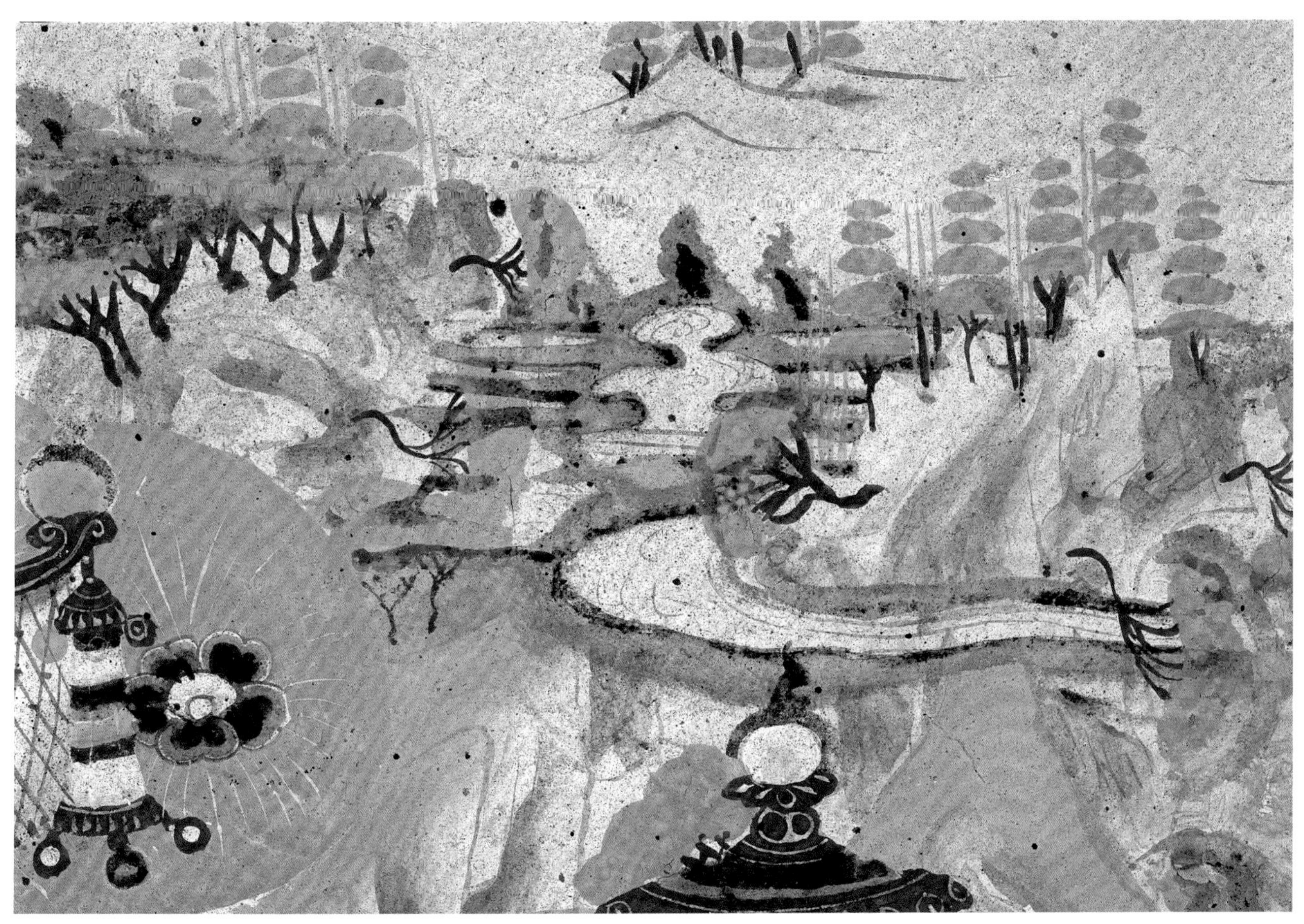

136 山間雲霧

在近景和遠景的山峯之間以雲霧隔開，體現出層次和空間感。由於變色和褪色，彩雲的顏色已經變黑。山上的樹木畫得頗寫意，色彩依然鮮艷。

中唐 莫468 西坡

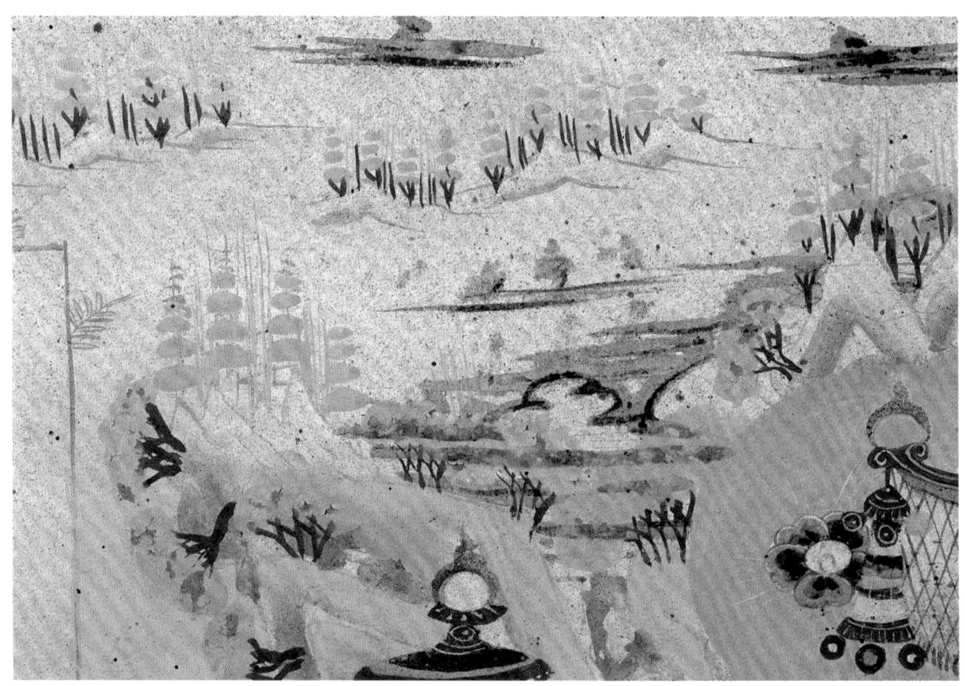

137 **山間林木**

在峻峭的山崖上，生長着多種林木，有挺拔耐寒的杉樹林，也有倒掛在懸崖上的榆樹，樹木之間畫有新抽的枝條，豐富了樹木的層次。

中唐 莫468 西坡

138 **遠樹**

近處的樹枝繁葉茂，遠處的樹木一叢叢相連，畫得簡練而又概括，通過樹叢的大小變化表現出原野上遼遠的空間感。

中唐 莫468 東坡

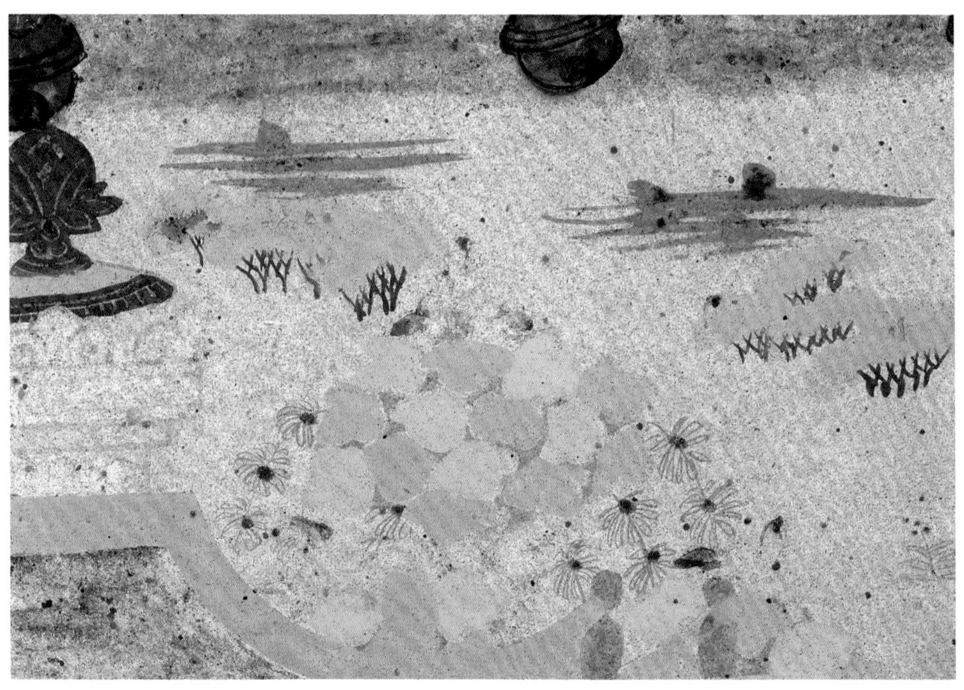

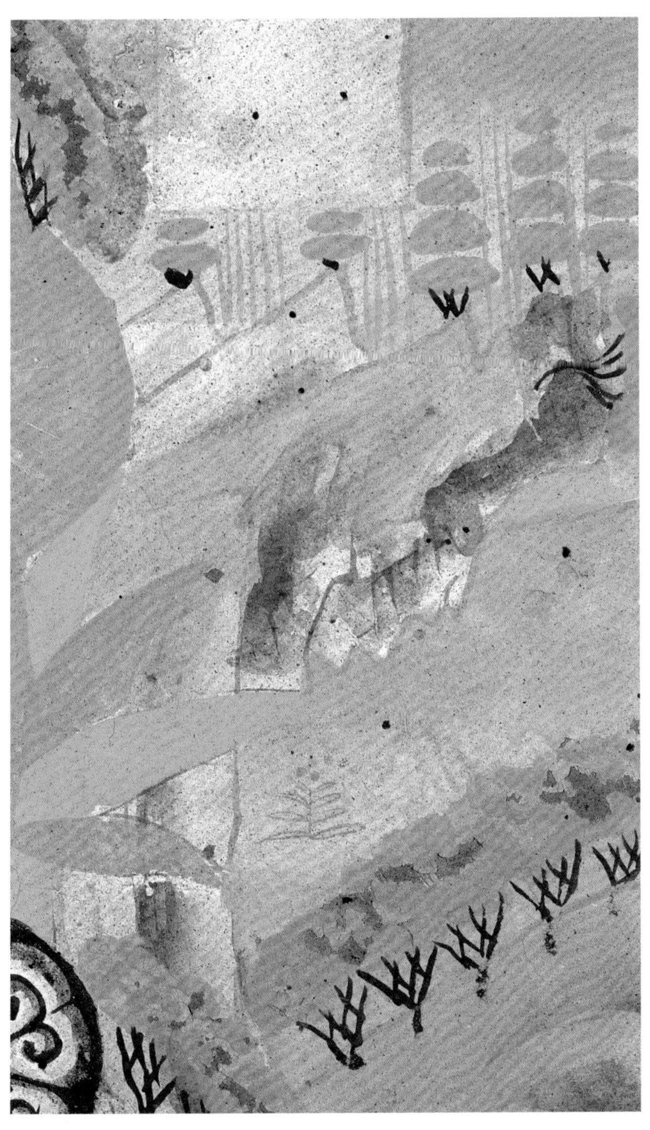

139　山崖林木

經變畫中畫出一處聳立的懸崖，崖上樹木叢生，近處的山坡上長着一排茂密樹林，表現出複雜的地形變化和林木生長的特點。

中唐　莫468　西坡

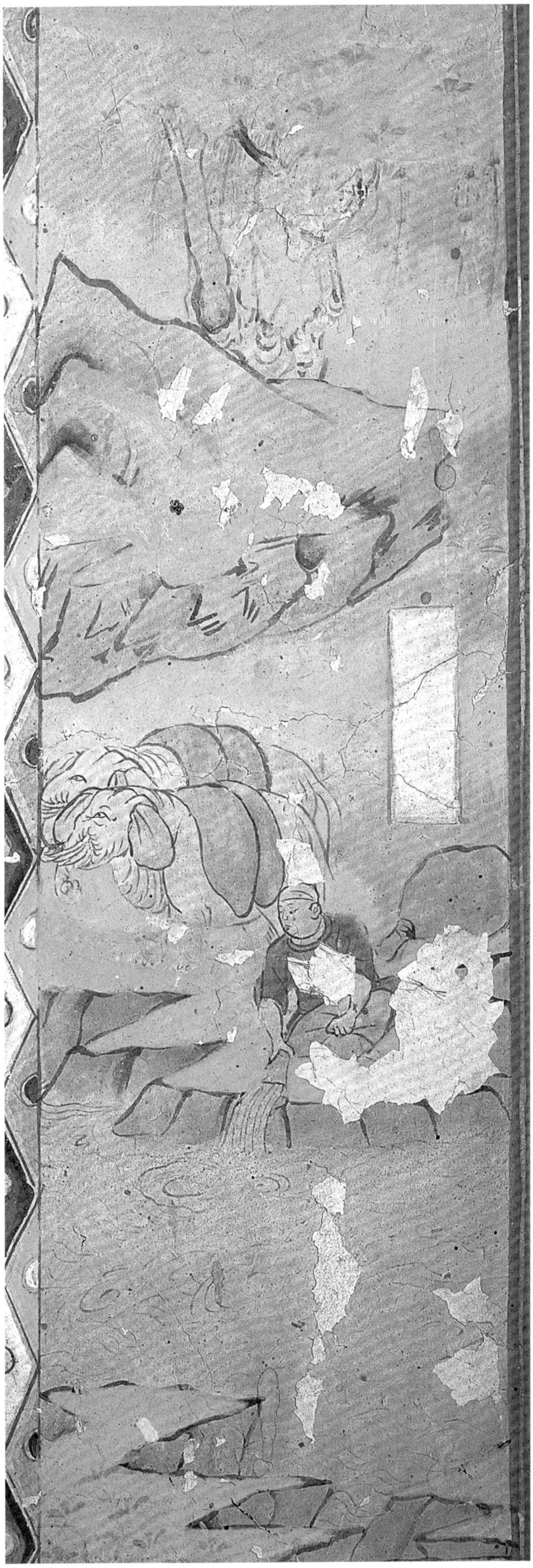

140　山坡水池

“流水長者子品”的故事裏，表現流水長者與兒子為救池中的魚，趕着大象從遠方馱來水倒入池中的情景。圖中的山水色彩簡淡，運用墨線加皴，並施以暈染。

中唐　莫154　東壁門南側

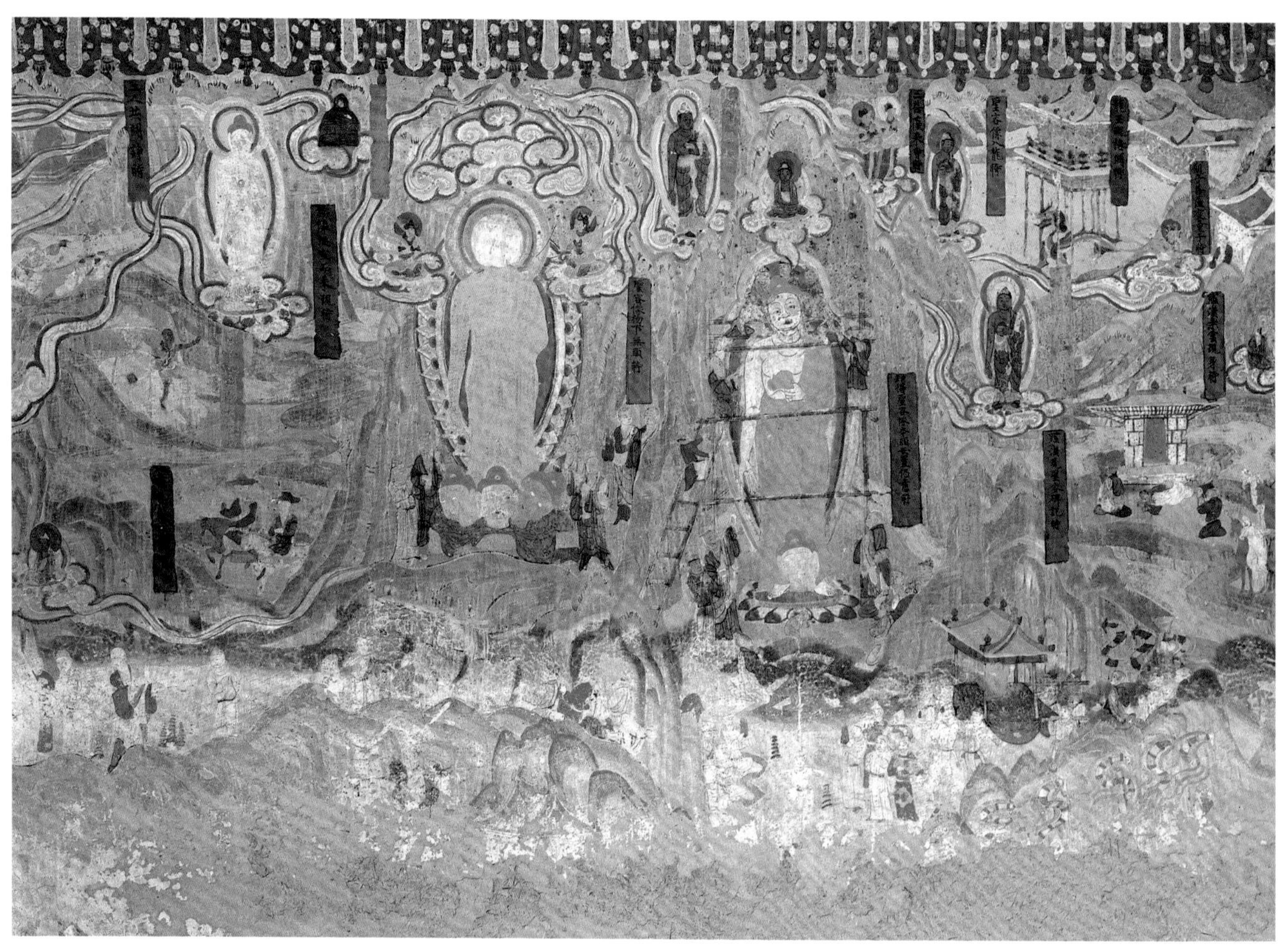

141 **山中造像**

圖中描繪的是北魏時期高僧劉薩訶事跡。在崇山峻嶺之中，山崖上有佛像，人們正在安置佛頭。渾圓的山頭及山上的樹木等。都可以看出唐前期的特徵，色彩多用石青，絢麗燦爛。

晚唐 莫72 南壁

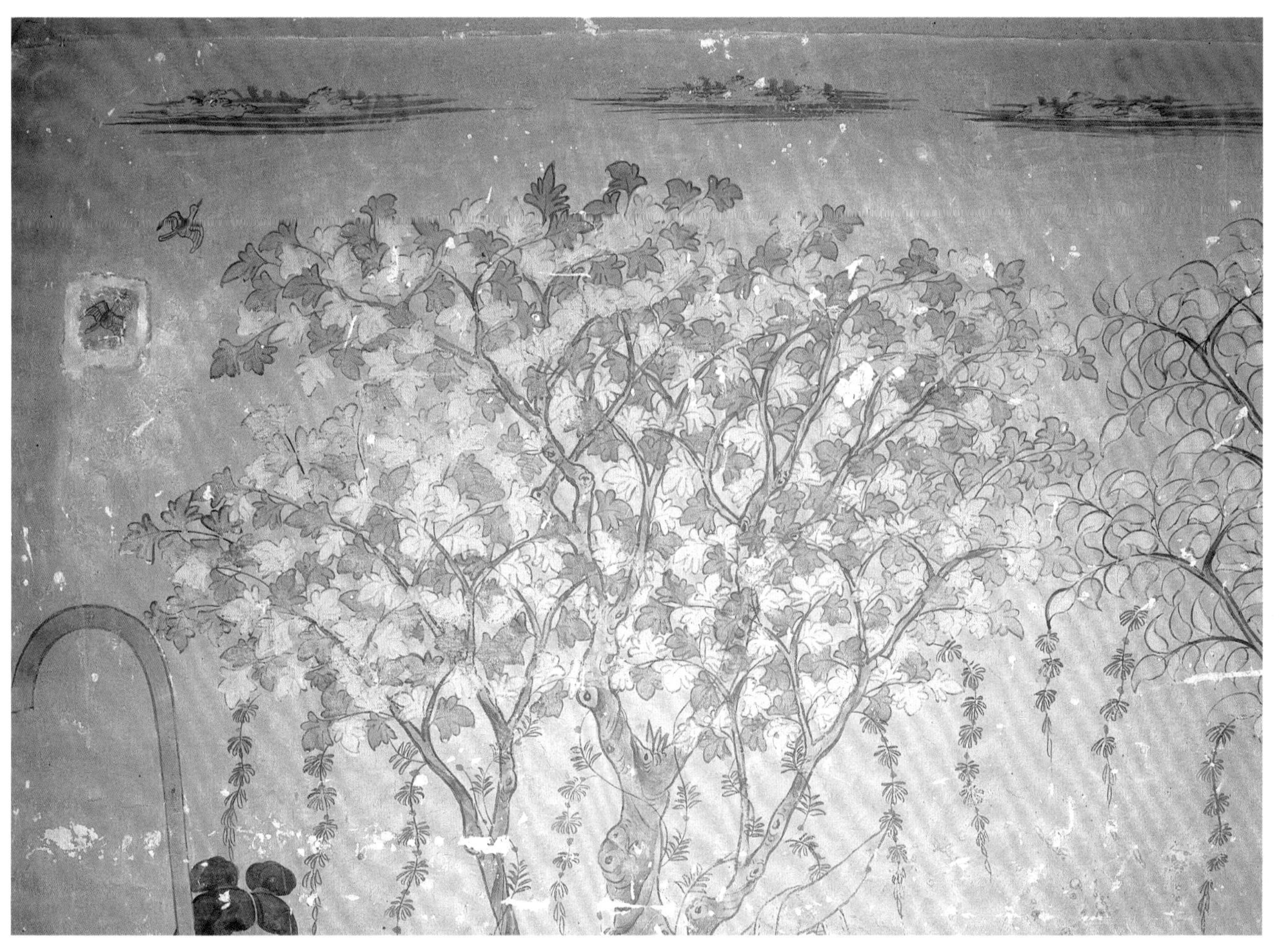

142 **樹**

在洪䛒和尚的影窟裏，樹木畫得非常細膩而寫實，樹幹以皴筆和淡墨暈染，表現出紋理。樹葉以色彩的輕重分出陰陽向背。左側還畫出兩隻飛鳥，使畫面充滿了生氣。

晚唐 莫17 北壁西側

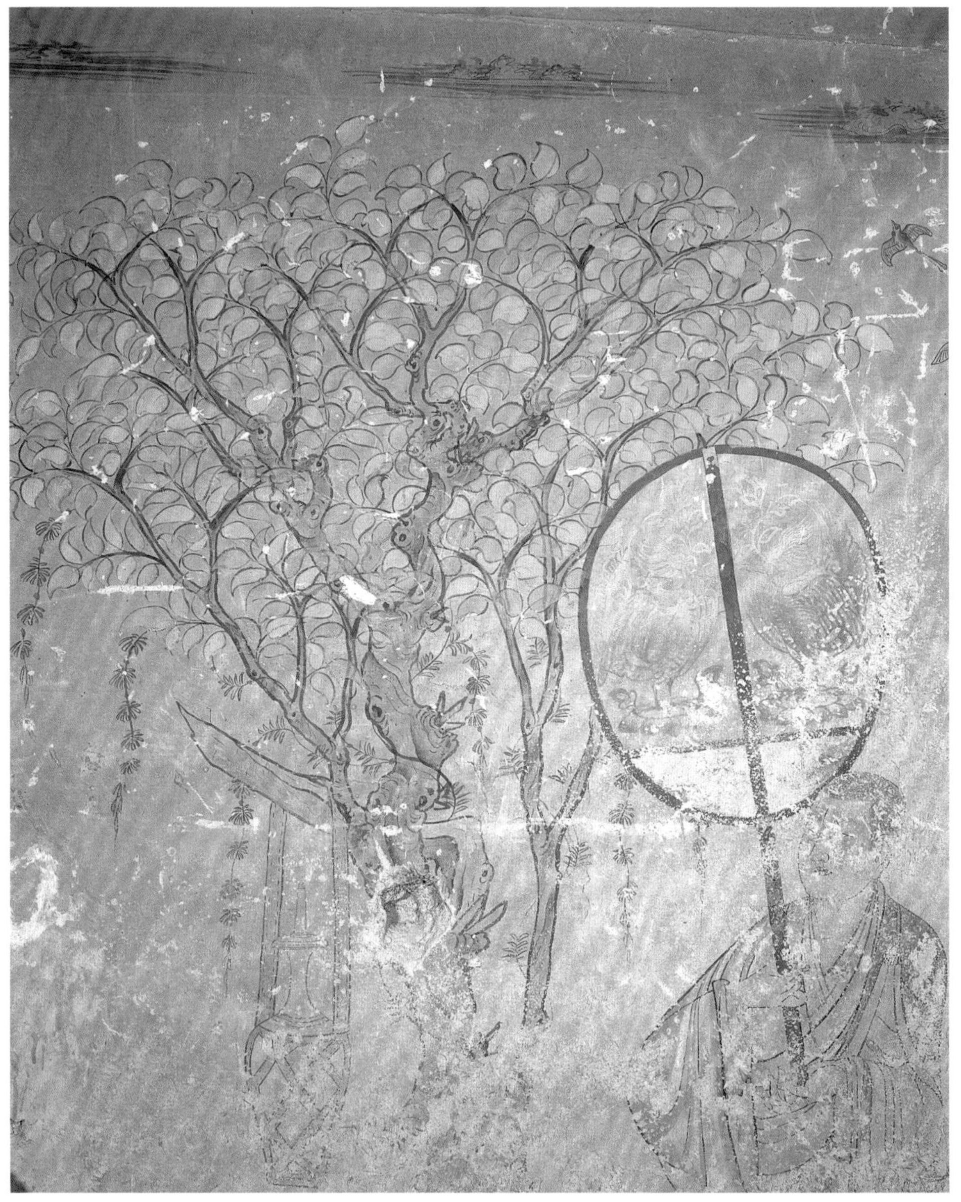

143 **樹**

此圖是前圖右側的樹木，樹葉類似楊樹，也是以兩種顏色來染樹葉，分出陰陽向背關係，枝葉中還有藤蔓垂下。

晚唐 莫17 北壁東側

第二節 水墨山水的興起

作為佛教活動場所，洞窟壁畫適於畫那種帶有裝飾性的、色彩華麗的青綠山水。然而，隨着中原山水畫的變化，帶有水墨畫意味的山水也廣泛出現在石窟之中。水墨畫大約在盛唐時代就已經在長安等地流行了，到唐代後期，敦煌壁畫中也開始出現，表明了當時的流行趨勢。當然，嚴格地説，壁畫中沒有完全意義上的水墨畫，因為所有的壁畫都須用色彩染出。但在這一階段，很多壁畫在表現山水中用色較少，用墨較多，並且出現了水墨暈染和皴法等水墨畫的典型技法，這些水墨畫的因素在一定程度上改變了傳統的青綠山水的面貌。具有水墨畫特徵的洞窟主要有莫高窟第112、54、154窟，榆林窟第25窟等。

中唐第112窟在南北兩壁各畫出了兩鋪經變，在西側相對的經變里都畫出了山水畫。北壁報恩經變中畫有“論議品”，即鹿母夫人的故事。佛經上説在波羅奈國的山中有一位南窟仙人，他常在泉水旁便溺，母鹿來飲水後，懷了孕並生下一女。母鹿將女孩送到南窟仙人門外，仙人將鹿女養長大後，美麗無比，步步生蓮。國王知道後，便娶鹿女為夫人，但鹿女卻生下一朵大蓮花，國王震怒，命人把蓮花拋入池中，並廢王后。一天，國王與羣臣在池邊宴飲，忽見池中蓮花已長大，並發出光芒，花中有五百嬰兒。國王知道是鹿母所生，便立即接回鹿母夫人。這個動人的故事畫在經變的上部，左側畫一座山中有一大石窟，窟中一人在修行。窟外一鹿正在飲水。右側也畫出石窟內一人修行，窟外一女子行走，身後有很多蓮花，前面有一王者正騎馬經過。畫中着意刻畫了山崖和岩石，體現出一種幽靜的氣氛。這裏的山水則是全新的樣式，山頭呈鋭角形，輪廓線轉折強烈，表現出岩石的特徵，顏色也極為清淡，僅用少量的石綠，值得注意的是，在墨線勾勒之後，又用淡墨渲染，這種技法是水墨畫的特徵。第154窟也有同樣的表現方法，在東壁門北側的金剛經變及北壁的觀無量壽經變中，山水都以水墨畫出，雖然也用石綠渲染，但顏色並沒有遮蓋墨線，這種特徵在中唐的代表窟榆林窟第25窟壁畫中，也可以明顯地看出。

榆林窟25窟是保存最完整的中唐洞窟，南壁的觀無量壽經變和北壁的彌勒經變基本上保持着唐前期的樣式，但與盛唐的山水畫相比，色彩變得簡淡了，有的地方甚至不用顏色，如北壁西側部分，表現迦葉坐於山中禪窟的情景，迦葉身後的山基本不施彩，完全用墨線勾出，有的地方用淡墨暈染，比起唐前期那種色彩華麗的畫法，這樣的山水畫有一種未完成之感，也許這正是當時的畫風所追求的吧。

唐前期的山水多用圓潤、柔和的線

來勾畫山的輪廓，而在這裏，山峯的輪廓都比較尖銳，特別是遠景中的山峯，基本上都被畫成銳角，山頂的樹叢也畫成短直線，像北方寒冷地帶的林木。遠景的一些樹還直接用水墨畫出，沒有施彩。唐前期的山水中，以“S”形的曲線畫出河流由遠而近的狀態，而在這裏則用較直較硬的線條來畫河流，如南壁的觀無量壽經變中“日想觀”的部分，左側畫山崖，右側畫遠景及河流的佈局，但右半部的河流，邊沿線畫得過分僵直，顯得很生硬。這樣的表現方法把唐前期的山水畫特點轉變為“模式化”，然而在模式化的同時，也反映出來自中原的新的因素，即水墨畫特徵。

在唐代前期的壁畫中，多用色彩來進行暈染，中唐以後則開始用水墨來暈染，壁畫中出現了清淡的氣氛。實際上在青綠山水流行的盛唐時代，畫家王維、吳道子、張璪等就在探索不施彩色的水墨畫了，據唐《歷代名畫記》載：吳道子“天付勁毫，幼抱神奧，往往與佛寺畫壁，縱以怪石崩灘，若可捫酌”。這種“若可捫酌”，富於質感的“怪石崩灘”，與李思訓那種嚴謹的青綠山水顯然大不相同，宋人黃山谷稱吳道子山水“不加丹青，已極形似”。另一個長於水墨山水的畫家王維，具有筆意清潤等特點。至於張璪，唐《唐朝名畫錄》稱讚他“山水之狀，則高低秀麗，咫尺重深，石凸欲落，泉噴如吼。其近也逼人而寒，其遠也若極天之盡”。畫家朱審，曾在長安寺講堂西壁畫了一幅山水畫，“其峻極之狀，重深之妙，潭色若澄，石紋似裂，嶽聳筆下，雲起峯端，咫尺之地，溪谷幽邃，松篁交加，雲雨暗淡”。

從以上的記載來看，盛唐以後，水墨山水畫已經十分發達了，同時頗有意思的是，這些水墨畫家的作品中，山的特點都具有“怪”、“奇”、“突兀”的特徵，總之絕不是唐前期那種柔和、秀麗的面貌。這些名家毫無疑問在當時產生了廣泛的影響，長安附近的盛唐墓壁畫中，就發現有用水墨畫出的山水畫，如富平縣呂村鄉出土的唐墓中，有六曲屏風壁畫，其中就有以水墨畫出的山水畫，構圖較滿，與唐前期敦煌壁畫的山水比較接近，山的輪廓線以墨線勾出，並有皴筆，但完全不用顏色，以水墨暈染。

敦煌壁畫中的水墨山水畫顯然是受到長安一帶名家的影響，從莫高窟第112窟、榆林窟第25窟的壁畫中，大致可以想像中原“奇”、“怪”的水墨山水畫。同時期藏經洞出土的絹畫中，也不乏水墨山水之作。如英國大英博物館所藏的一幅有唐開成元年（公元836年）題記的藥師經變，右上角的峯巒較尖，全有水墨暈染，薄施青綠色，顯得渾厚凝重。另一幅時代大體相近的報恩經變，畫面構圖與敦煌壁畫一致，即中央畫淨土圖，兩側以條幅的形式畫佛教故事畫，圖中描繪須闍提父母從山間走出，左側是峻峭的山崖。山崖以淺赭色染出受光面，陰面以水墨暈染，與莫高窟第112窟的畫法一致。由於粉壁與絹的質地的差別，絹更能體現出水墨畫的特點，而且，還能清楚地看出筆墨的方法。所以，從繪畫的效果上看絹畫的水平往往高於壁畫。

英國大英博物館藏品中的另一幅佛傳故事畫中，山水的表現方法具有盛唐期的很多特徵，如山峯較圓，青綠色較重等等，在犍陟吻足的情節中，畫面左半部，畫出聳立的山崖，右側遠景的山勢佈局與盛唐第320窟北壁的山水完全一致，但用墨線畫出的強烈的輪廓線，以及山峯上面的樹叢的樣式，則透露出了新的時代特徵。同時在剃度的情節中，也可以清晰地看出皴法的運用。與敦煌石窟壁畫相比，壁畫的滲透效果較差，顏色往往塗得很厚，而絹畫的顏色相對較淡，往往露出起稿的線條，或者當時就是一次起稿後，不再描線。反過來受其影響，中原以後的壁畫也往往用較濃的墨線起稿後，施淡彩，不再畫定形線。

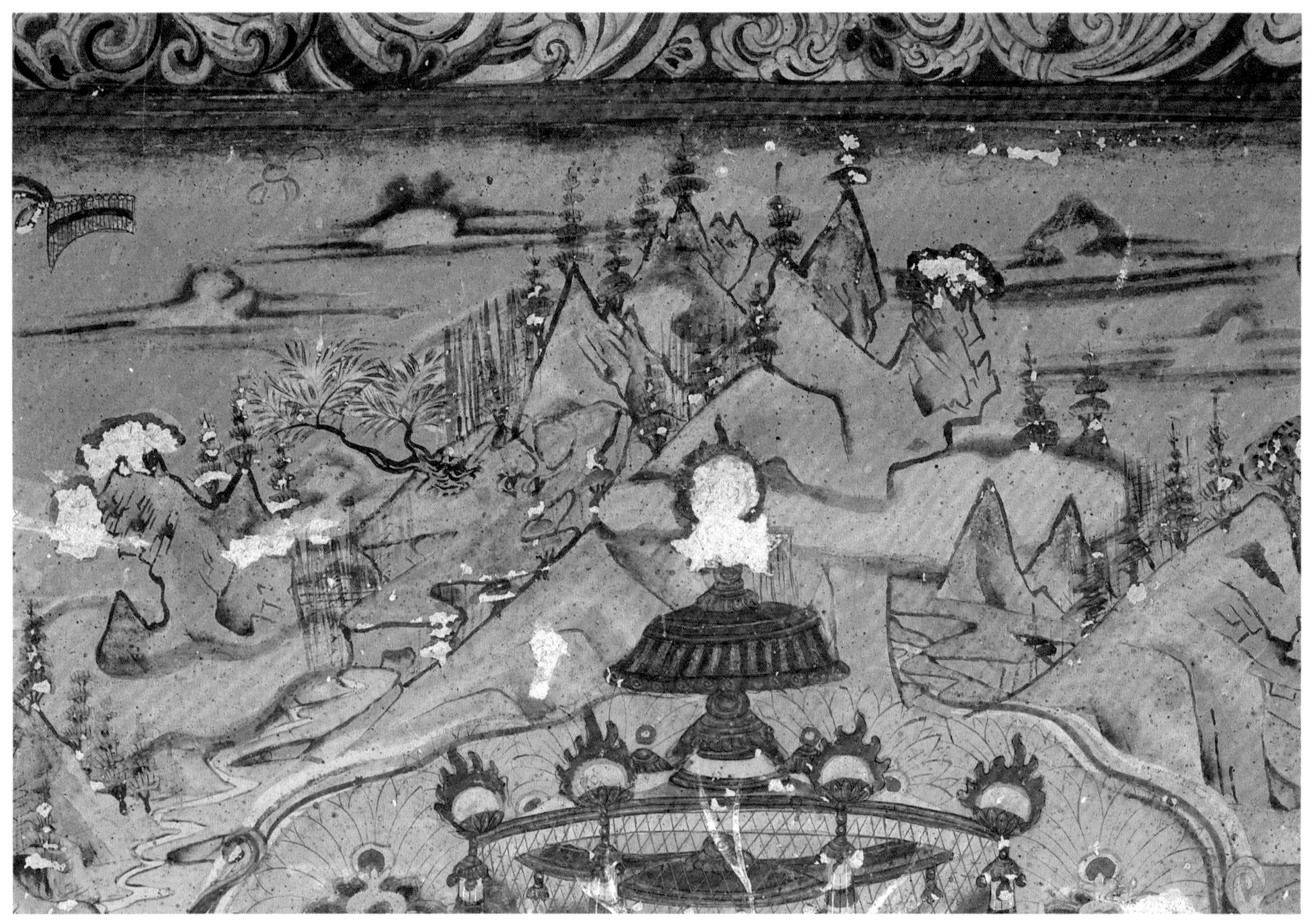

144 **金剛山**

金剛經變中畫出山地縱向的景色，山的顛峯畫成鋭角形，表現出岩石的堅硬，較低的山巒中描繪出樹木和泉水，有一種清冷幽深之感。

中唐 莫112 南壁西側

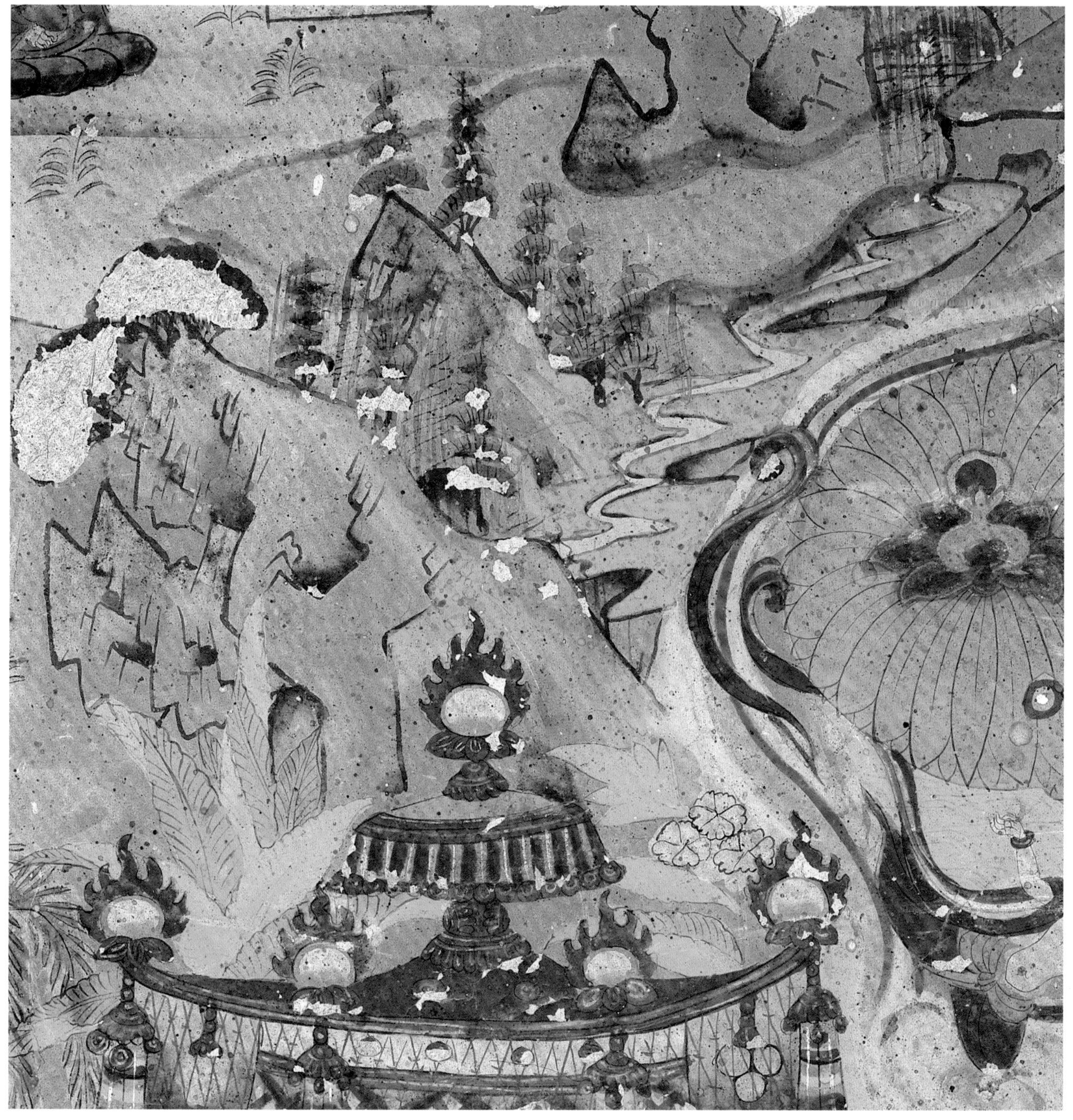

145 **山泉芭蕉**

在金剛山的腳下，山泉從懸崖間流出，近處有垂柳芭蕉。懸崖用皴法加暈染，樹木和青草施用石綠，色彩明亮。

中唐 莫112 南壁

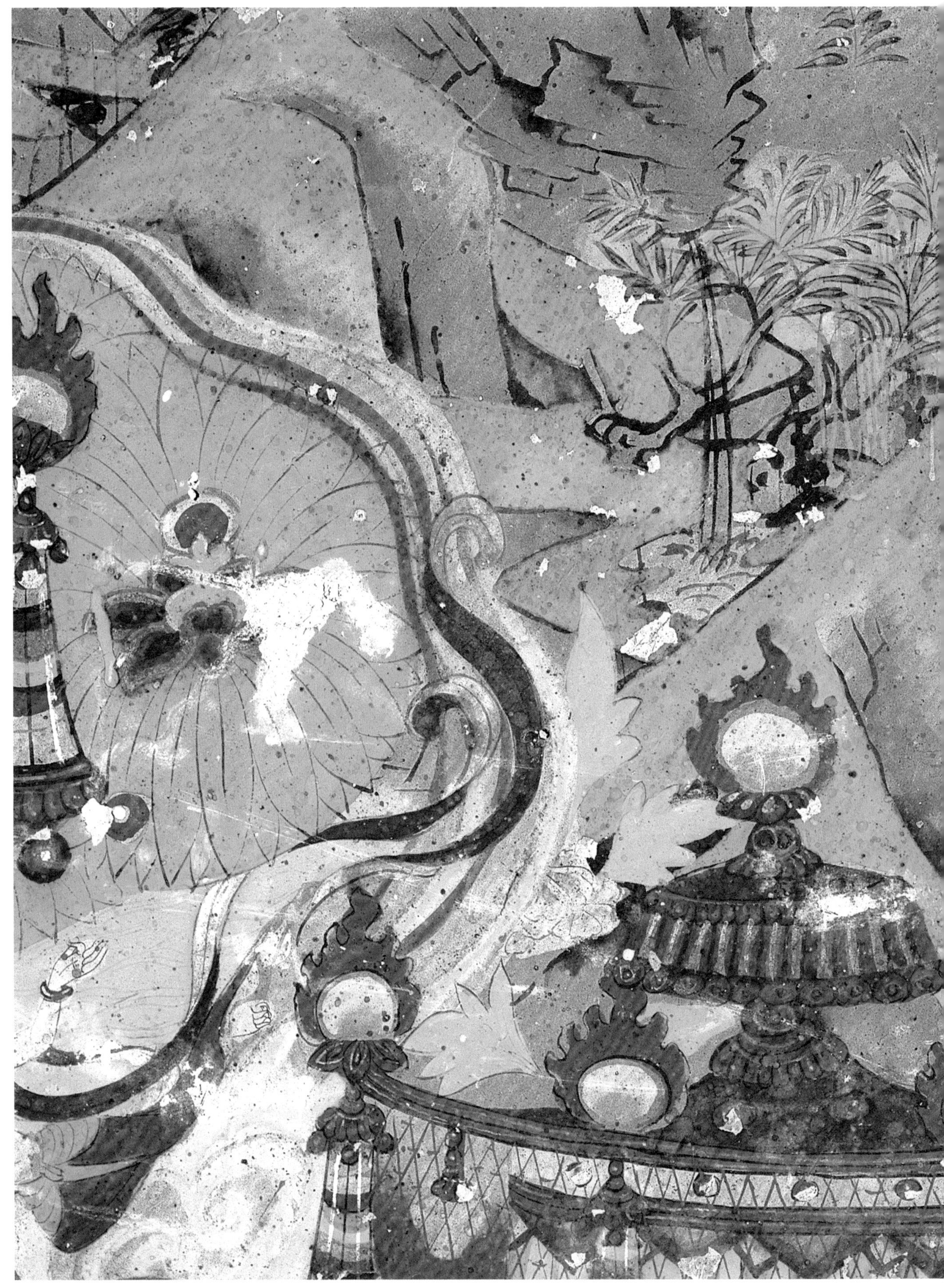

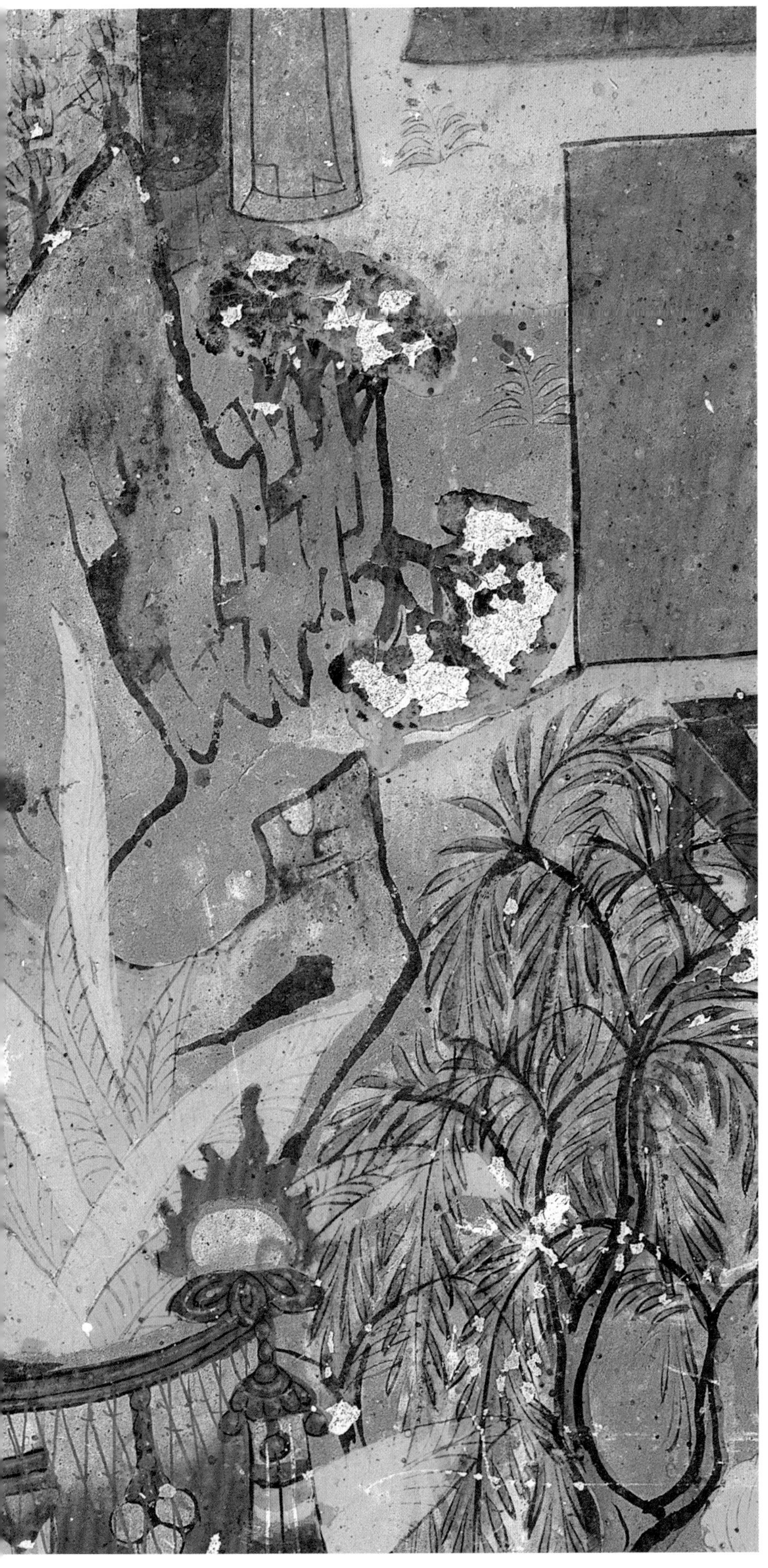

146 山間瀑布

山崖高聳，裸露的岩石和草坡面表現得很真實。山谷後面的懸崖上垂掛着瀑布，在水面上濺起浪花，岸邊長着樹木。

中唐 莫112 南壁

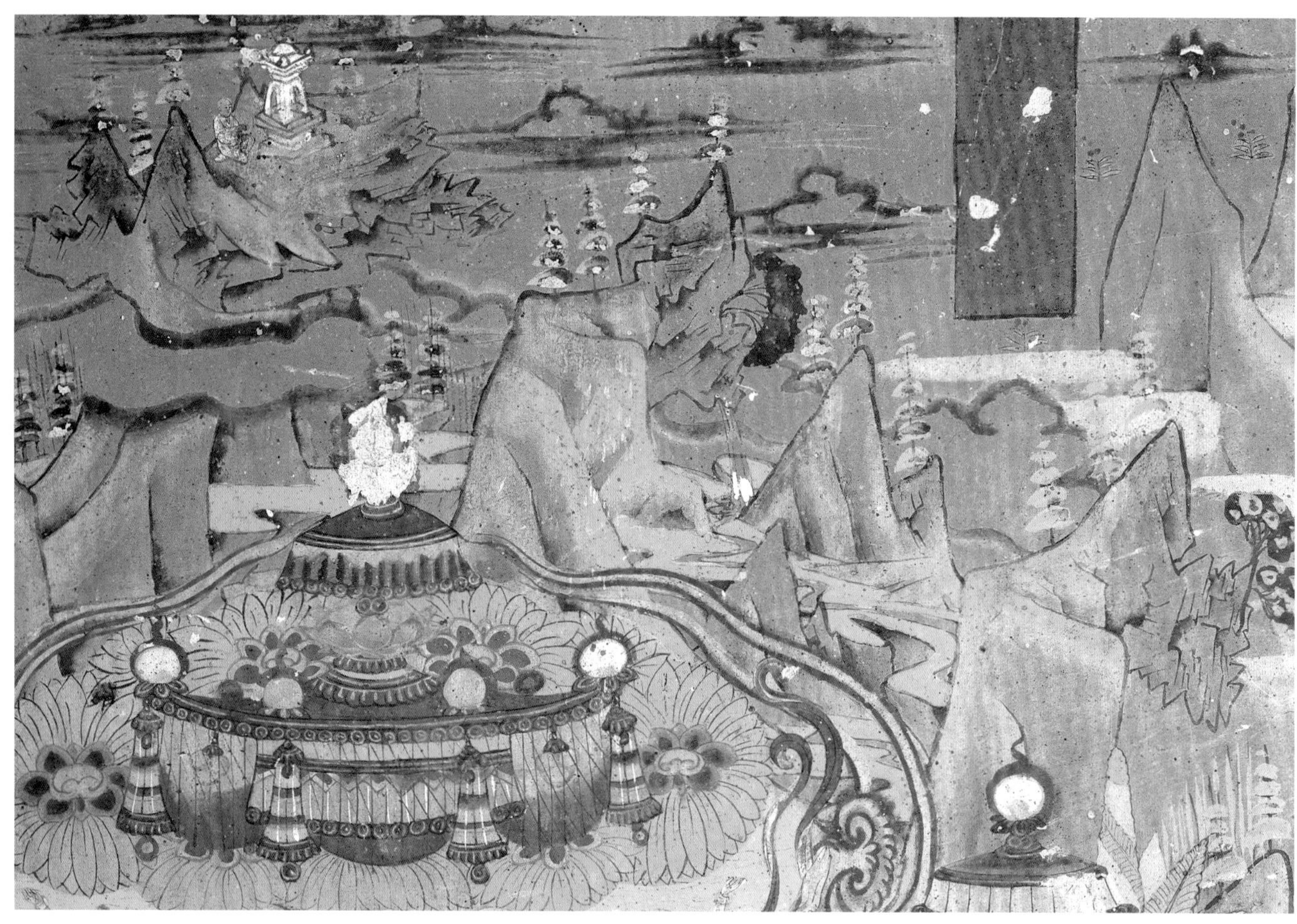

147 **高山拜塔**

“鹿母夫人故事”描繪的一個場景。高山的懸崖上建有佛塔，一個僧侶在塔前跪拜。懸崖之下表現有山峯、坡地、溝壑、瀑布，地勢險要，景色幽深。

中唐 莫112 北壁西側

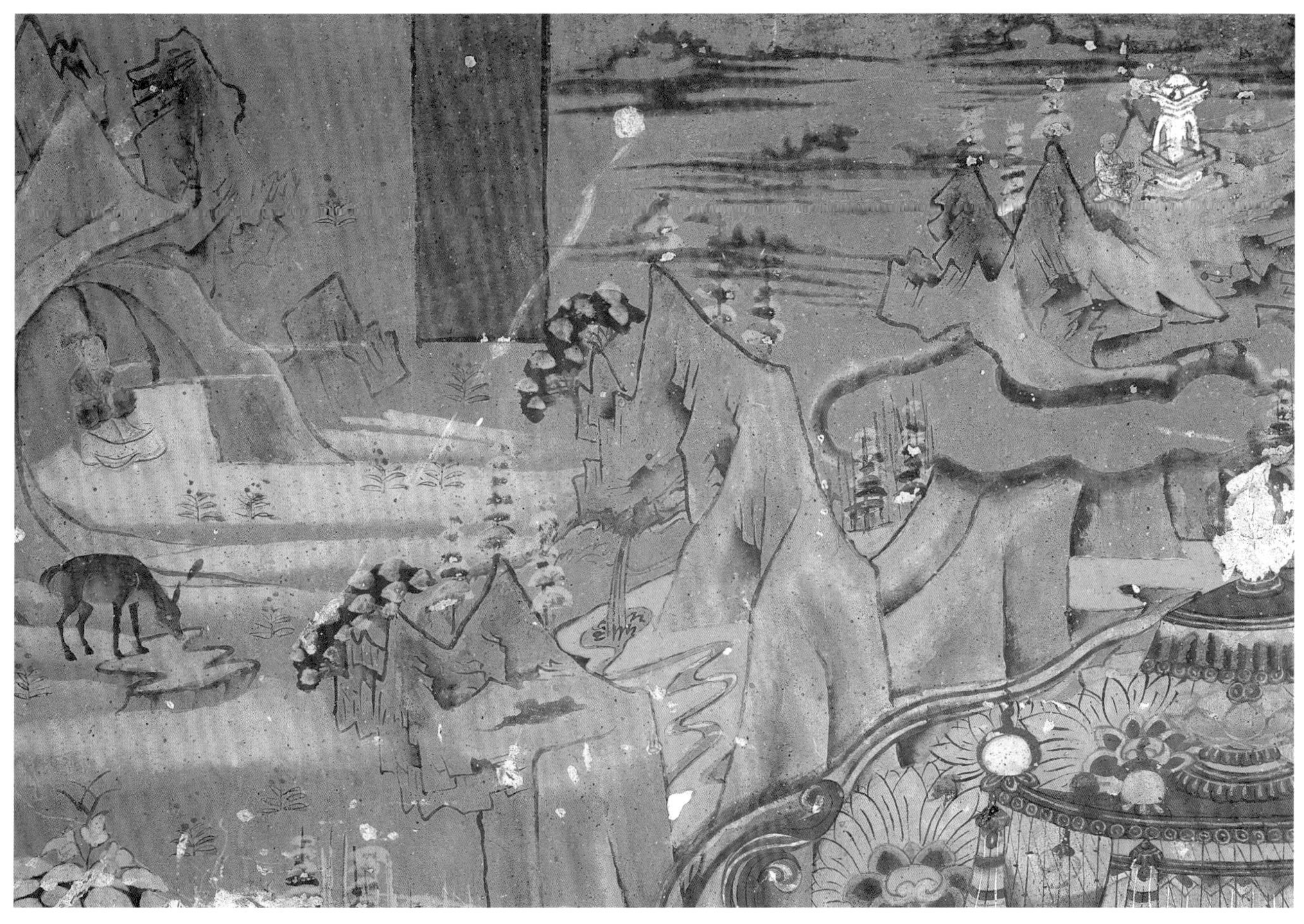

148 山中修行

在“鹿母夫人故事”中，畫有一山岩形成的石窟，窟內有少女修行。一隻雌鹿正在吃草。陡峭的山崖中有泉水流出，山峯呈鋭角凸起，色彩簡淡，並用水墨暈染。

中唐 莫112 北壁

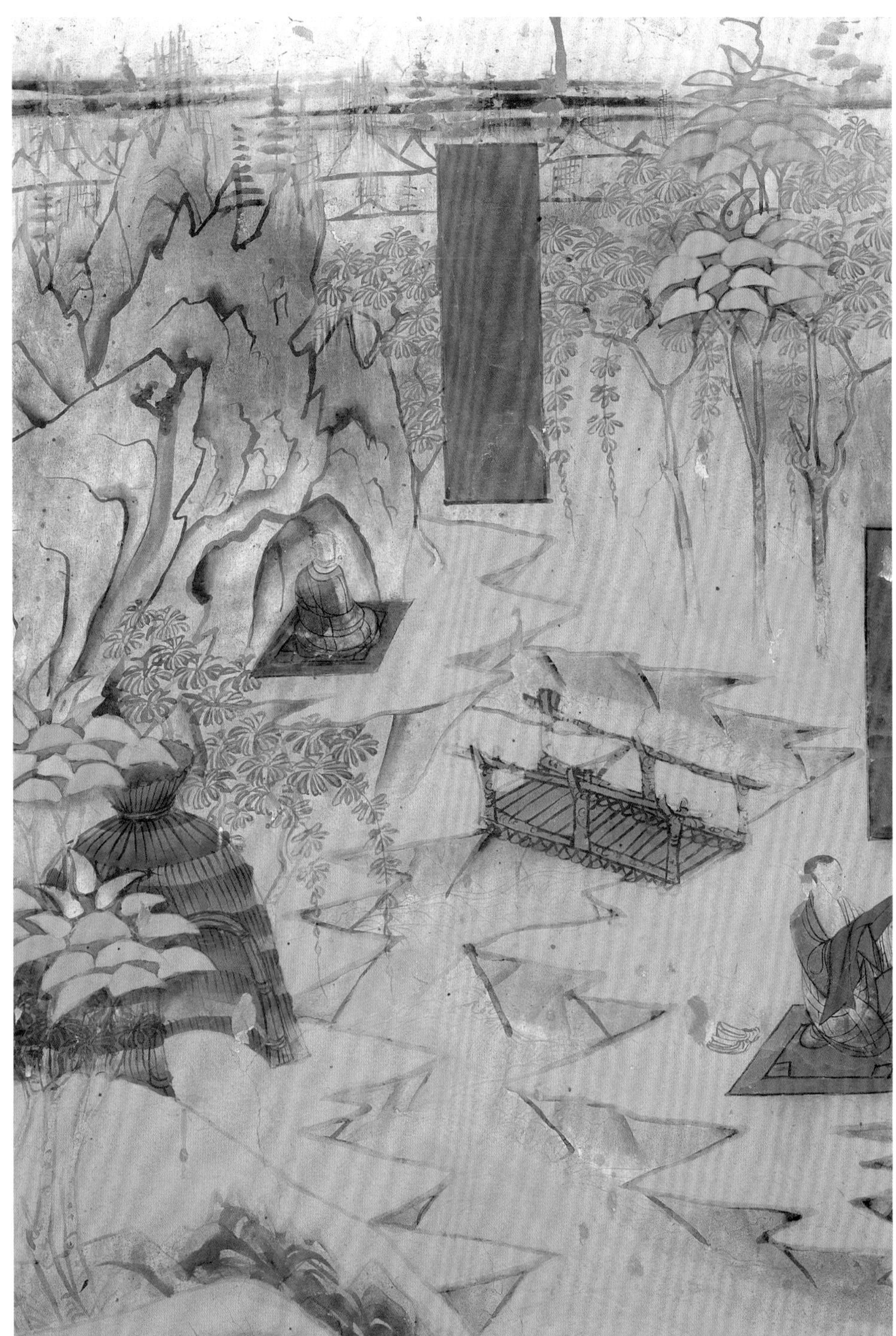

149 山中修行

山崖下有一洞窟，佛弟子迦葉正在洞中禪修，斷崖之間架着木橋，橋下河水湍急。山岩除了皴筆外，還以淡墨渲染，表現出水墨畫的豐富技法。右側的樹木描繪細膩，上部的遠景山巒以簡單的三角形表示。

中唐 榆25 北壁

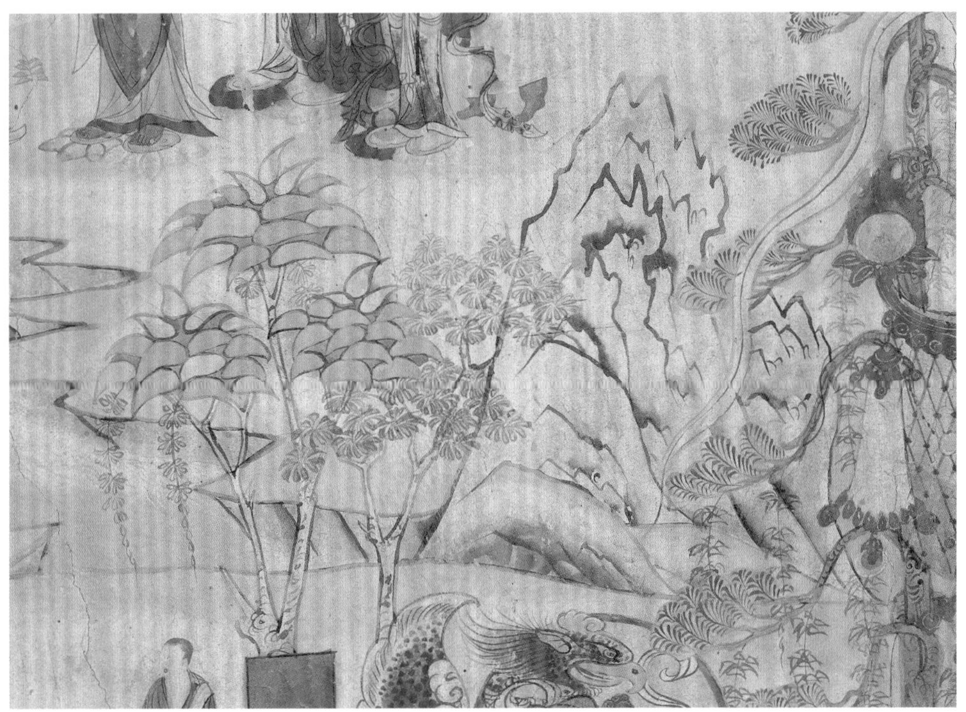

150 河流、山峯、樹木

河流彎彎曲曲，岸邊呈鋸齒形。丘陵用青綠加以渲染，山峯用墨色皴出。樹木畫得各有特色。

中唐　榆25　北壁

151 山水

遠山用淡墨暈染，視點較高，透過近景的樹木，可見遠處的山巒和廣袤的原野，飛天及雲霧的描繪，更增添了這種空曠感。

中唐　榆25　北壁

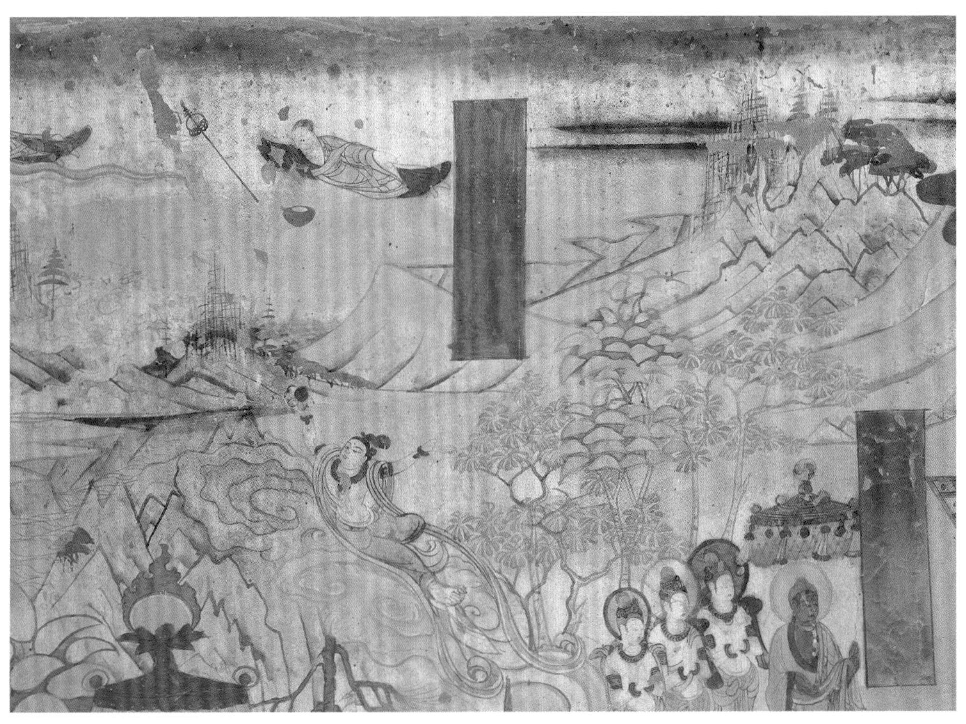

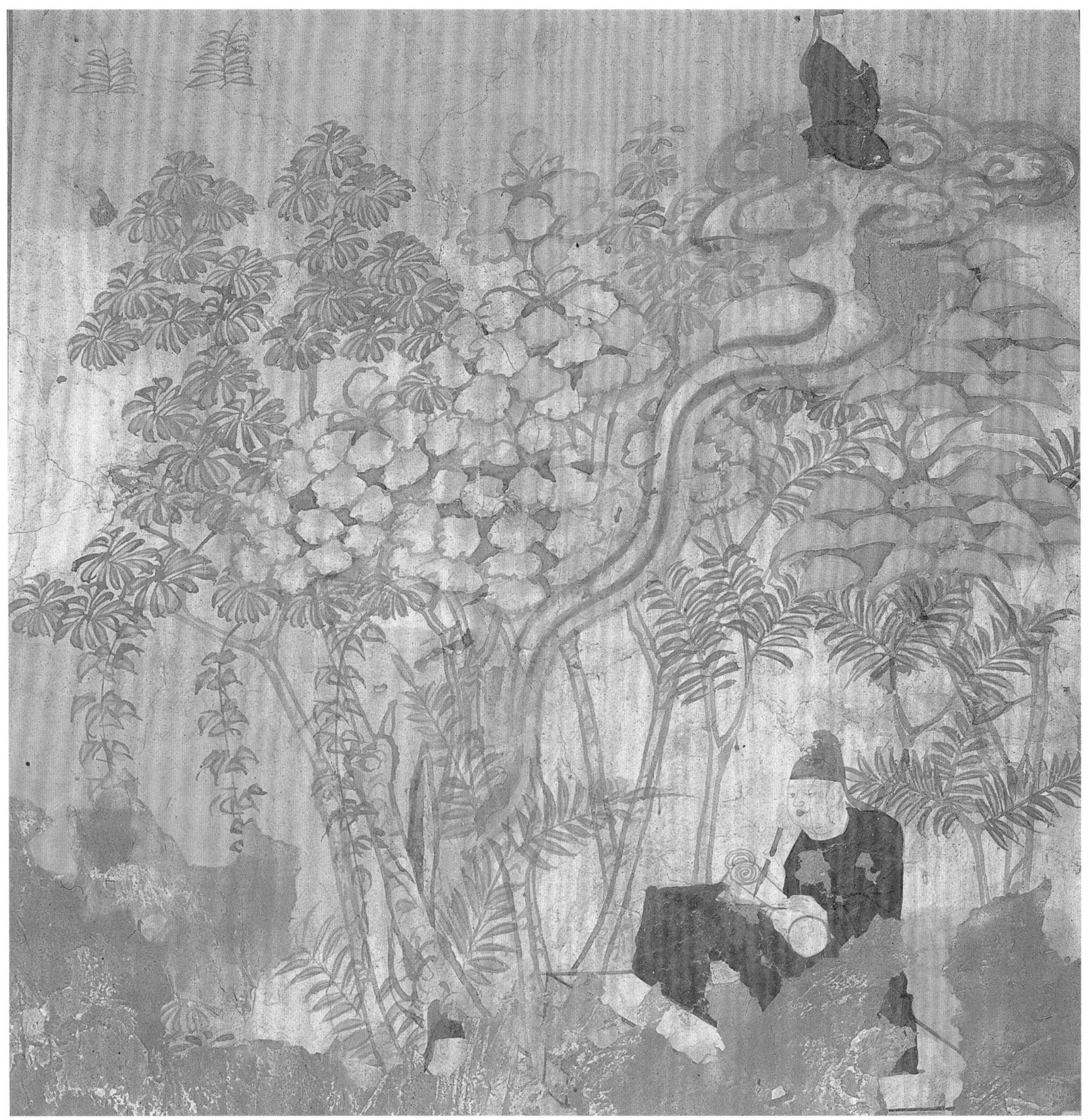

152 林間寫經

一位佛教徒在樹下寫經，茂盛的樹木枝葉交錯，藤蘿低垂，大樹間生長着灌木叢。畫面層次豐富，頗有生活情趣。

中唐 榆25 北壁

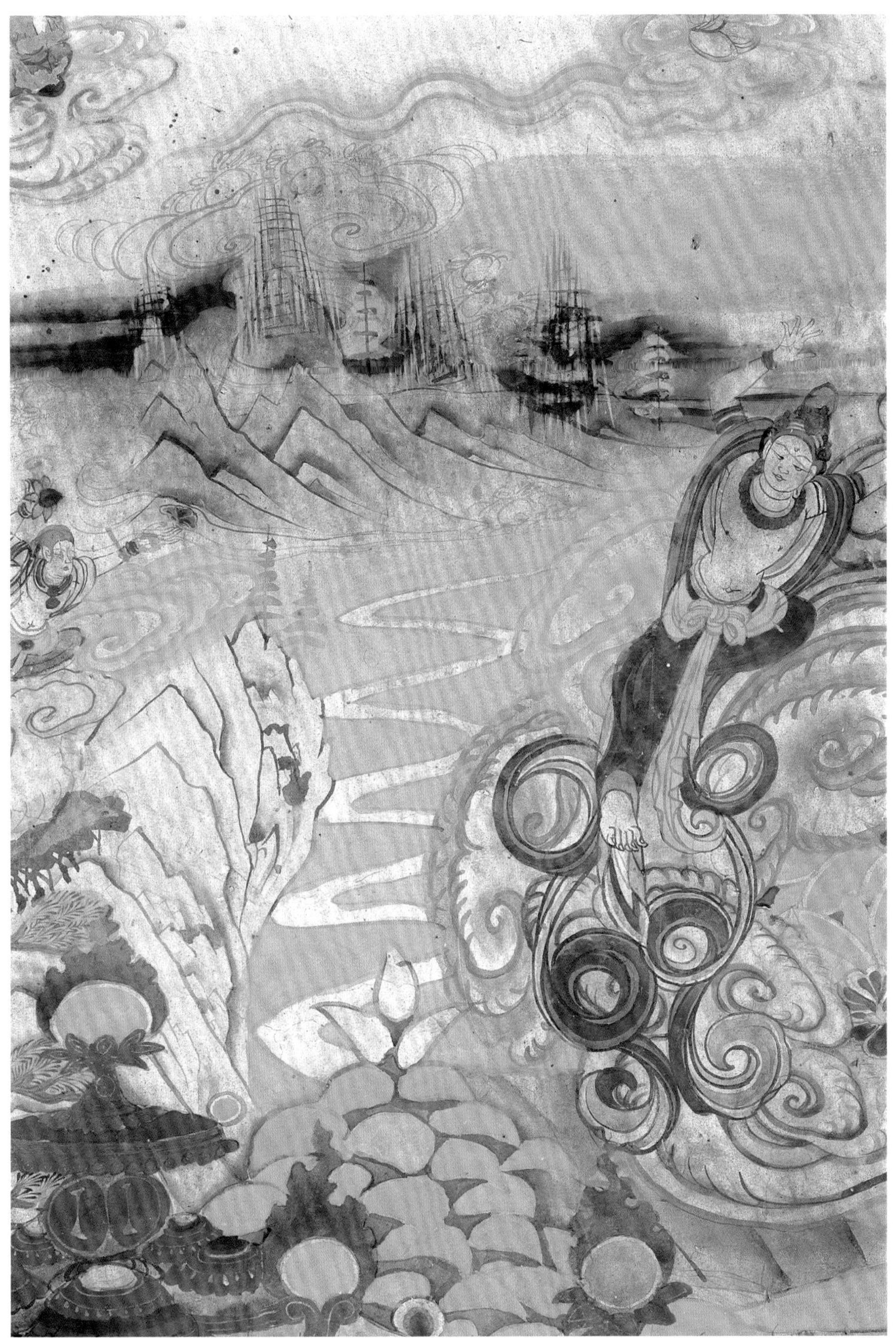

153 長河遠山

在彌勒說法的背景中，左側是懸崖聳立，右側是彎彎曲曲的河流通向天際，遠處的山峯頂部都呈尖銳狀三角形，山上的樹木體現出北方寒林的特徵。

中唐 榆25 北壁

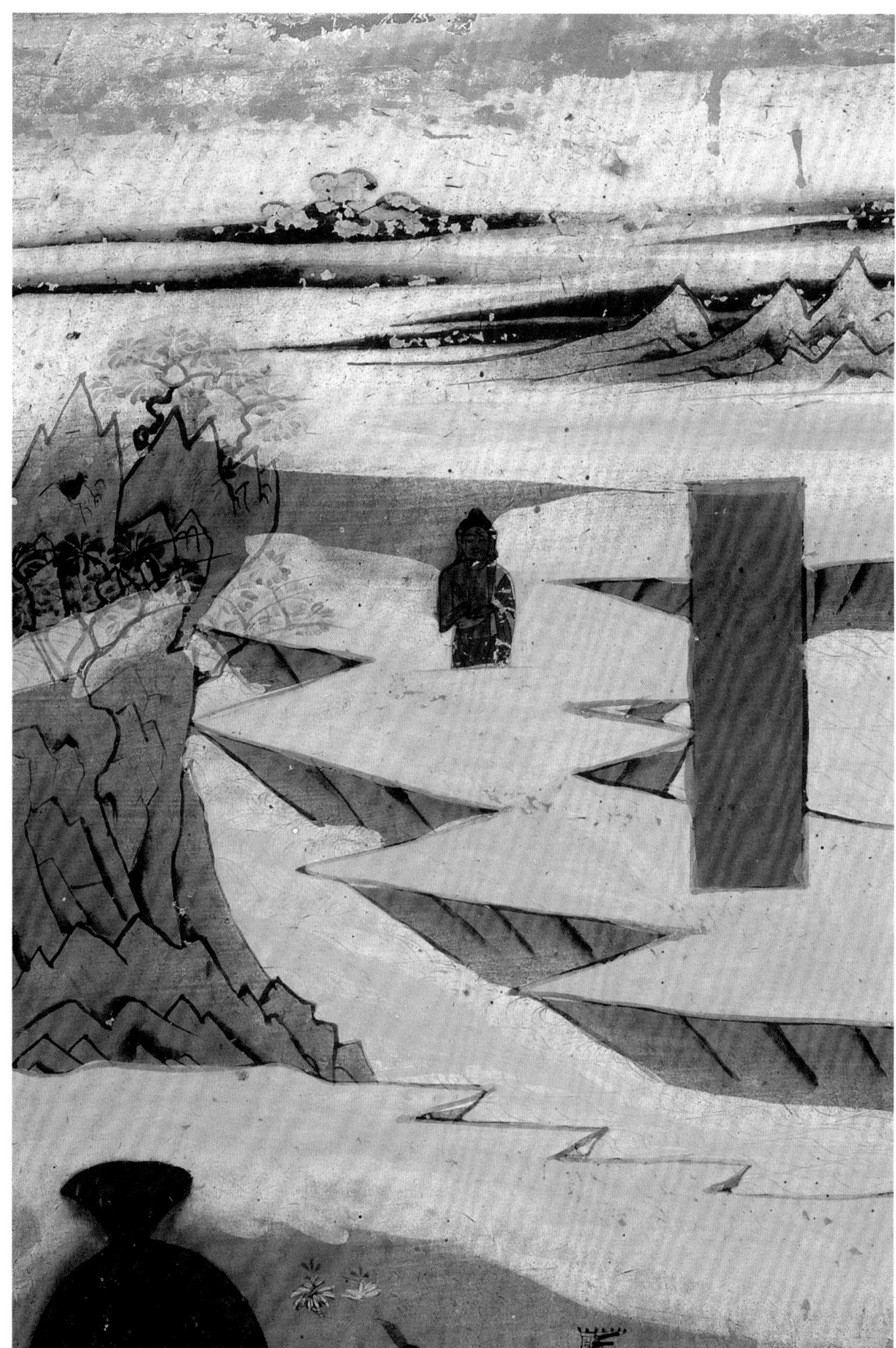

154 **山水**

懸崖下面是河流環繞，右側畫出平原，右上部畫遠山，給人以空曠悠遠的感覺。河岸線畫成鋸齒狀，反映出中唐以後形式化的傾向。

中唐 榆25 南壁

第三節　屏風畫中的山水

屏風，作為一種室內陳設，很早就產生了。現存的實物中，最早的是馬王堆漢墓出土的漆屏風，文獻記載有三國時期的曹不興畫屏風的故事，北魏的畫像石中也有屏風的形象。唐代以來，畫家們畫屏風的故事更是屢見不鮮，但在壁畫中仿照屏風把牆面分隔成一個個長方形，成為聯屏的形式則是流行於唐代。據考古發現，唐代壁畫墓中有六曲或別的形式的屏風畫的，大多出現在8世紀中葉以後，繪製的內容很豐富，有樹下人物、山水、花鳥等，大體是仿照死者生前所用屏風的式樣加以描繪的。在敦煌壁畫中，大致也是在這個時期開始出現屏風畫，如盛唐第79窟龕內的屏風畫等。但在洞窟中成為普遍的形式，則是在中唐以後了。第54、112、468、231、154窟的屏風畫在山水畫描繪方面較有代表性。

中唐的屏風畫除了畫在佛龕內，還畫於主室四壁的下部。龕內的屏風畫通常畫佛傳或本生故事畫。由於龕內有塑像遮擋，通常不能看到全部，所以，有的僅僅畫出山水樹木，成了塑像的背景，或僅畫出沒有被塑像遮擋的部分。畫在主室四壁下部的屏風畫則大多畫出與其上部的經變畫相對應的內容，如觀無量壽經變，盛唐以前往往是在淨土圖兩側以條幅的形式畫出“十六觀”和“未生怨”的故事，中唐以後則把“十六觀”和“未生怨”的內容以屏風畫的形式畫在下部。

屏風畫無疑為山水畫提供了新的表現場所，雖然壁畫都是以聯屏的形式來描繪佛經故事，但每一扇屏風都具有一定的獨立意義，畫師可以利用屏風自由地進行山水佈局，於是屏風畫的山水呈現出無限豐富的內容。第159窟五台山圖的屏風畫是比較獨特之例，把金字塔形的五台山圖畫在屏風的中央，這是否就是當年吐蕃到內地求得的《五台山圖》呢？雖然屏風畫的單扇呈條幅的形式，通常都把畫面分隔成段表現故事情節，但也不是截然分開，而是用山水把全畫面有機地聯繫起來，從山水畫的角度來說，則是在構圖上更趨向於完整了。如第231窟龕內表現薩埵太子捨身飼虎的屏風畫，由於人物較小，山水成了壁畫的主體。右側是突兀的懸崖，懸崖下面是一片平地，地上畫出眾虎圍繞薩埵太子啖食的場面。左側畫出一組低矮的山巒。中央部分的山水佈局十分完整，顯然是延續了盛唐以來的樣式，山與樹木、人物的關係和諧。在色彩的運用上，山崖的頂部施較淡的石青色，下部的山坡和原野都用石綠畫出，其中又以赭石色相間，表現陰陽向背。大量的石綠色把畫面統一起來，造成均衡的效果，雖然不像盛唐山水畫那樣鮮明、強烈而富有感染力，但對山水細部的處理則有所進步，不論是對岩石的皴筆還是淡墨的暈染都比較自然。形成了一種新的山水結構。

每一扇屏風通常要畫出二至四個情節，因此往往利用山水或建築分隔出一個個小環境，從中再安排故事情節。第231窟龕內的屏風畫，表現報恩經變中“善事太子入海求寶”的故事，共有四個情節，通過自上而下的呈“S”形的一條河流，把畫面聯繫起來，在河的兩岸畫出山巒，但全畫面看來，體現出山水畫的構思。第238窟龕內南壁的屏風畫中，也是表現“善事太子入海求寶”的故事，構圖較疏朗，通常一扇屏風裏描繪兩三個場景，如南壁西側的下部是表現一羣牛走過，中部是山丘和樹木，上部在山崖旁有二人作對談狀，最上部是遠山及遠景的樹叢。分開來看，可以看作是兩個場景，合起來看，山水風景由近及遠，又是一幅完整的山水畫。這樣的屏風畫，在敦煌數量不少。相比之下，情節較少的屏風，山水佈局相對地較完整，如第54窟龕內西壁的屏風畫，只有兩組說法場面，畫面左側畫出山峯及樹木，右側則是平緩的山坡，上部畫出遠山，色彩極其簡淡。第468窟龕內的屏風畫是較為成功的例子，這裏每一扇屏風都畫出兩組說法圖，全畫面呈平遠景色，沒有雄偉高大的山崖，在說法場面中只畫出一兩棵老樹，兩個場景之間以曲折流下的河流分隔開來，畫面最上部畫出遠山，由遠及近畫出疏疏落落的樹叢，這樣自然和諧的山水意境，代表了這一時代的風格。

中唐第154窟龕內兩側的屏風畫大多沒有畫出人物情節，似乎是沒有佛經內容的山水畫。但當時龕內本有菩薩和弟子的塑像，這些屏風式的山水畫是作為菩薩或弟子的背景畫出的，現在塑像已失去，致使左側或右側露出一半的空白，山水畫看起來不完整。此圖表明，在唐代後期的確出現過沒有佛教內容的純粹的山水畫。在156窟的維摩詰經變中，維摩詰的身後畫出一組屏風，屏風上都繪有山水畫。這大約是當時現實生活的真實寫照。屏風在唐代貴族的家庭流行，而屏風中畫山水則是十分普遍的。

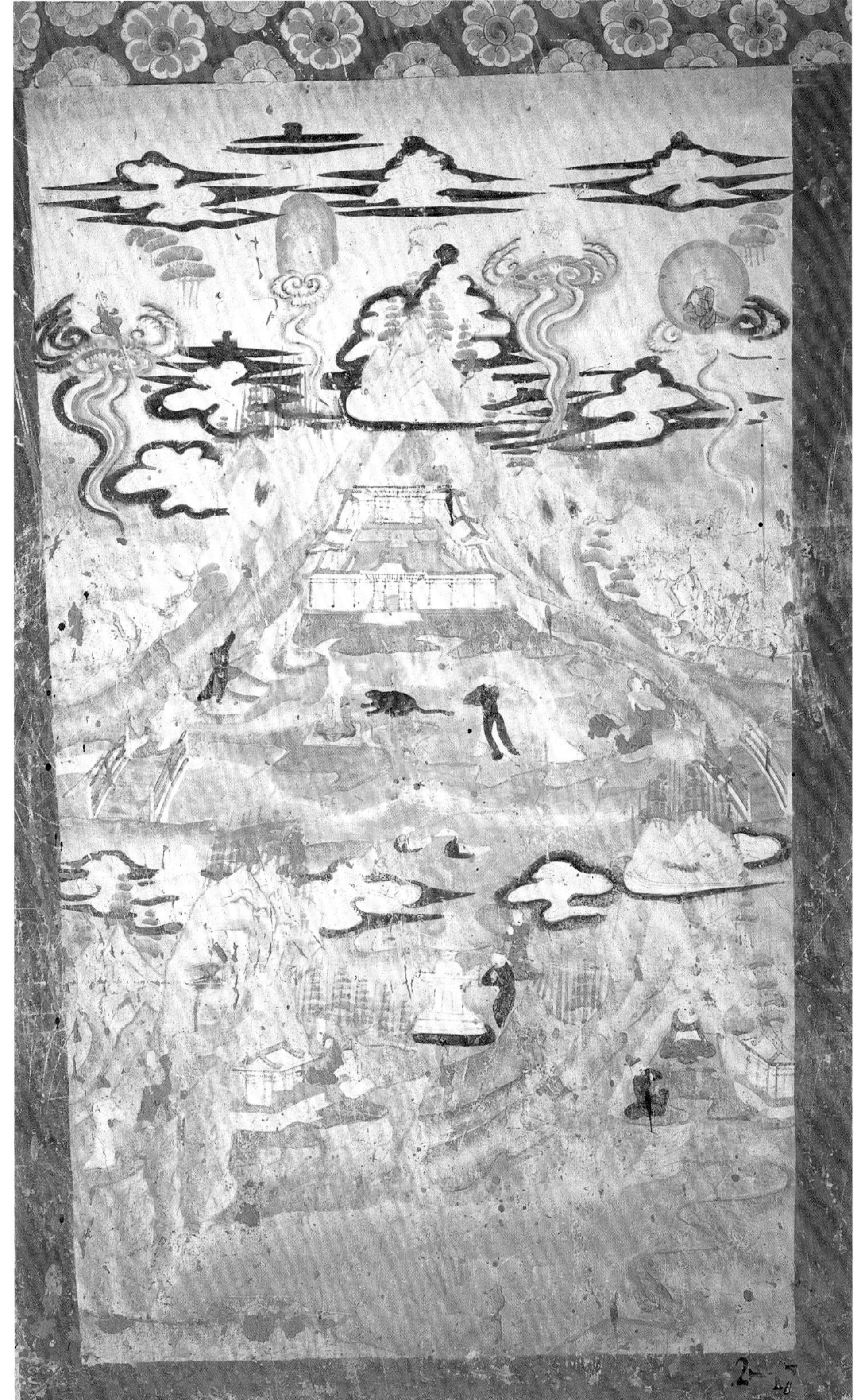

155 屏風畫五台山圖

在文殊變的下部，用四扇屏風畫出了文殊菩薩的道場五台山。山峯呈金字塔形，畫於中央，山中有寺院、塔及人物的活動。

中唐 莫159 西壁北側

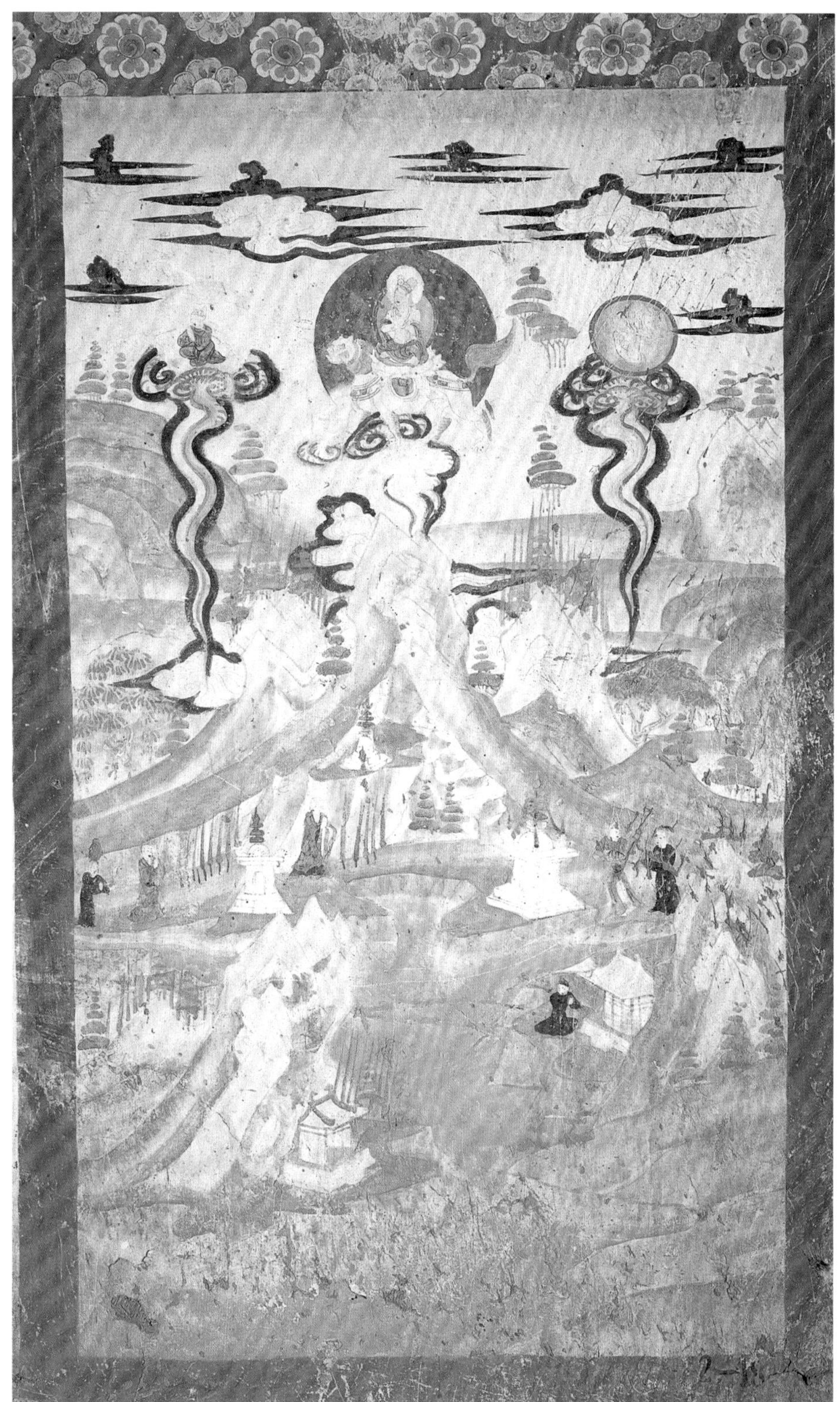

156 屏風畫五台山圖

此圖與前圖一樣，是畫在文殊變下部的五台山屏風畫，中央是聳立的山峯，山中畫出塔以及禮拜的信眾。山頂上畫出文殊菩薩騎獅在雲中化現的情景。

中唐 莫159 西壁北側

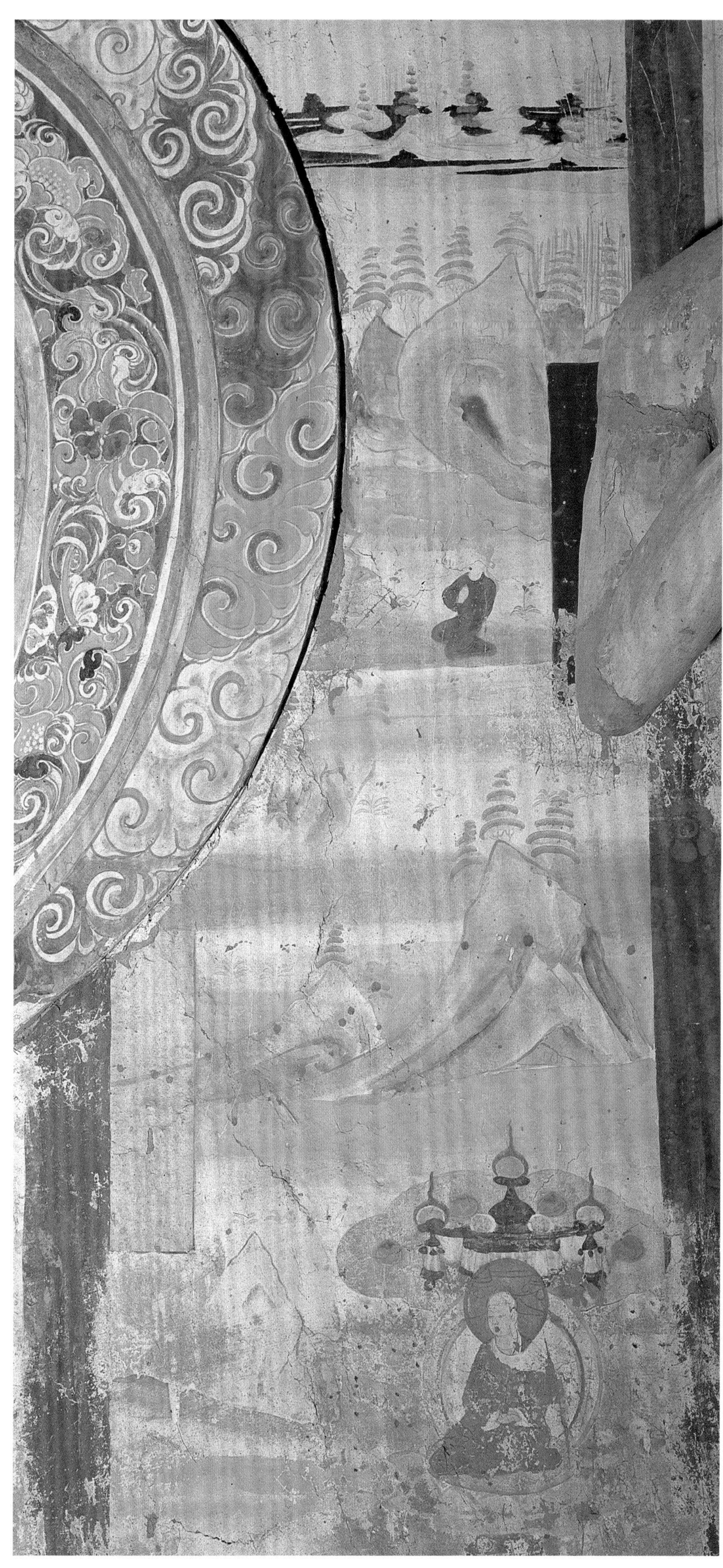

157 **屏風畫山水**

此圖是佛像旁邊的屏風畫，大體把屏風分作三部分，最上段是遠景，中部和下部由山石分隔出場景以表現人物，這是屏風畫常見的佈局方法。

中唐 莫159 龕內西壁

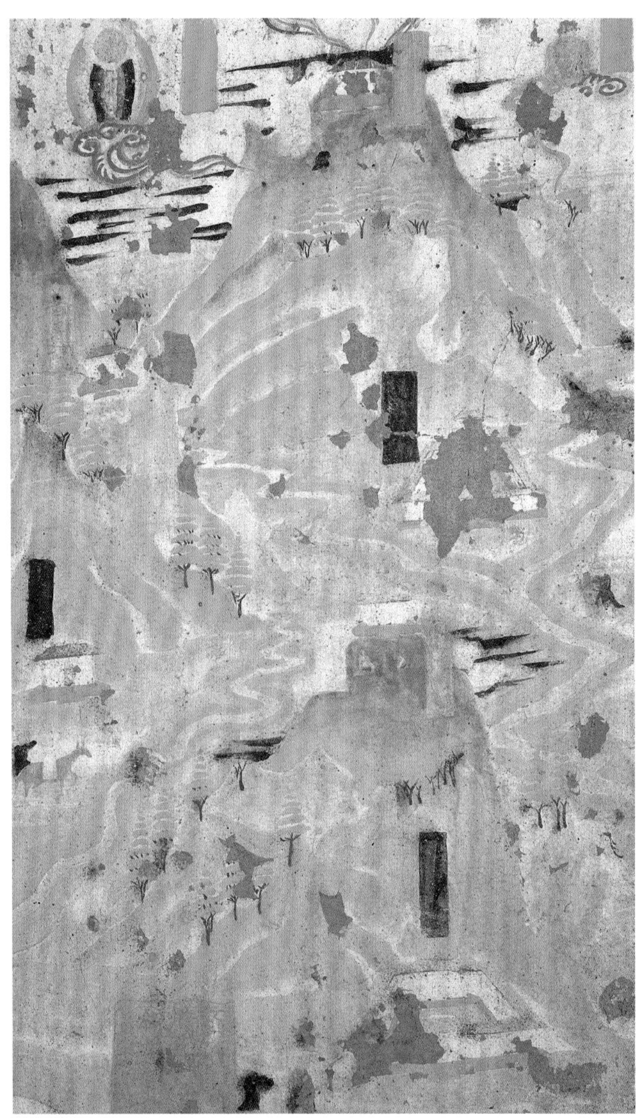

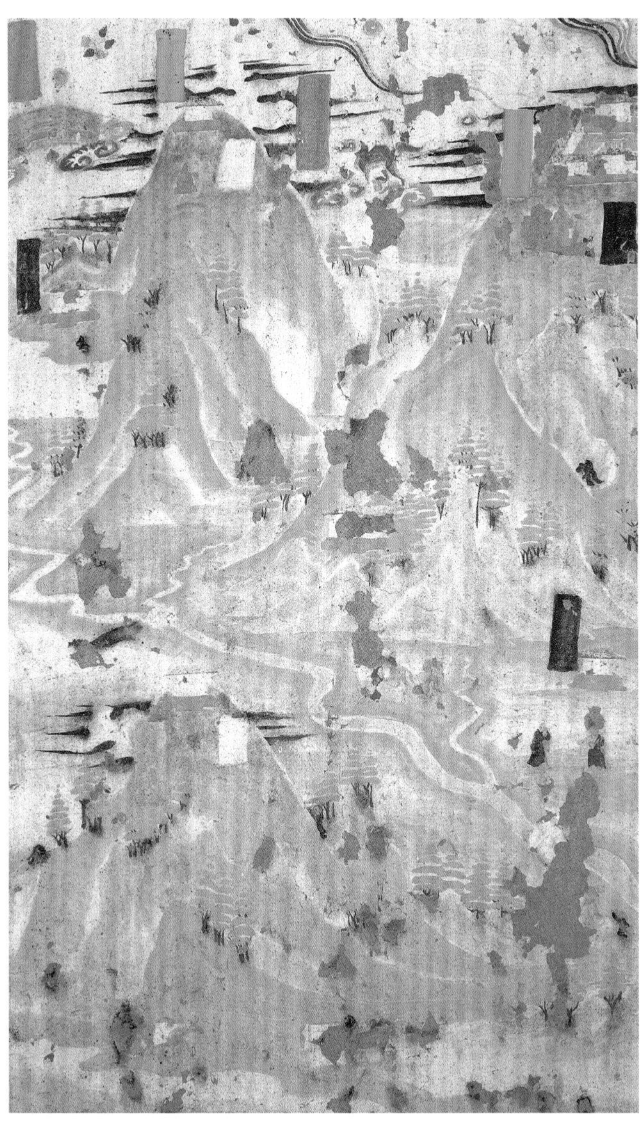

158 **屏風畫五台山圖**

屏風畫中是文殊菩薩的道場五台山。高山聳立在中央，山兩側分別有泉水流出，山中畫出寺院及人物活動的情景。全圖主要用石綠色表現山水的氣氛。

中唐 莫361 外層龕西壁

159 **屏風畫五台山圖**

此圖與前圖一樣，是五台山屏風畫，兩座山峯之間有河流，下部左側畫出近景的山峯，近景與遠景之間是一片平地，由近及遠，表現出自然過渡的距離感，顯得十分寫實。

中唐 莫361 外層龕西壁

160 **人字形洞穴**

險峻的山崖呈人字形聳立，岩石下面形成一個巨大而深邃的山洞，有人在山洞裏活動。這種獨特的構思，雖帶有宗教特色，但在藝術上也可謂極其大膽。

中唐 莫361 外層龕南壁

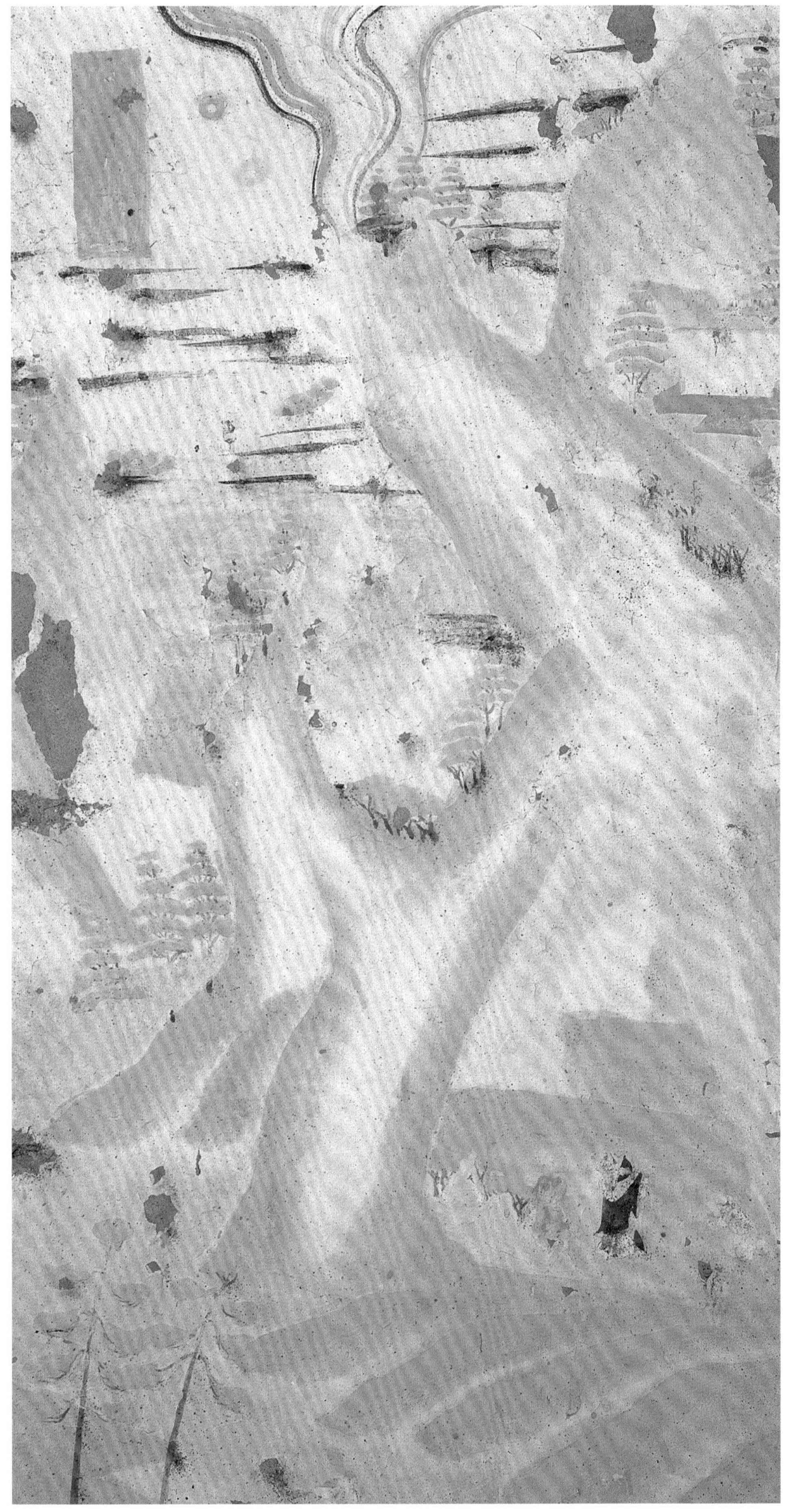

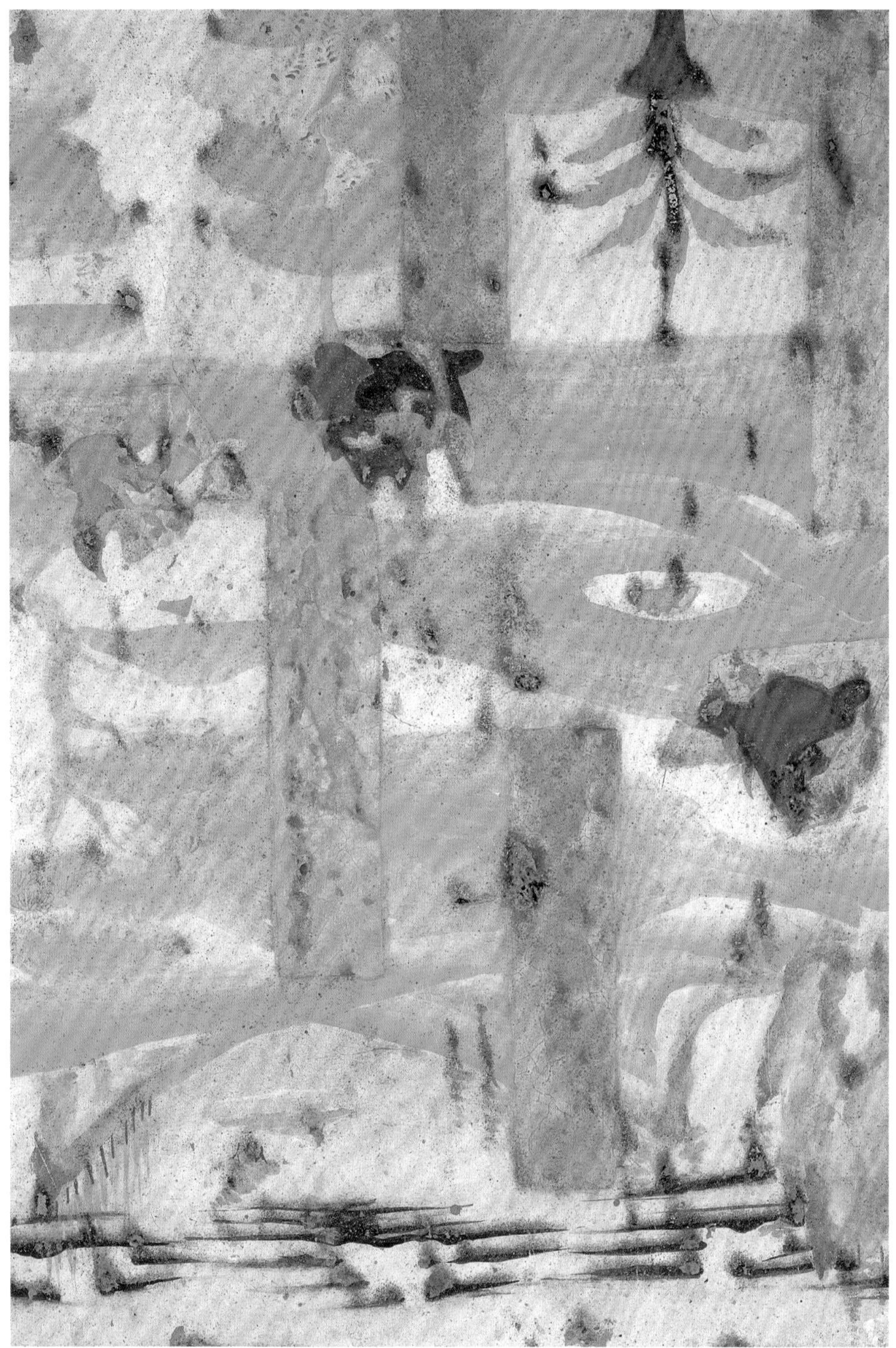

161 山水情趣

中唐以後，壁畫中多描繪一些平凡的生活場景，一棵樹，一座塔，庶民們在聽僧侶說法等等，這些場景又往往畫於自然山水景色之中，使之具有真實感，並增添了田園情趣。

中唐 莫361 內層龕西壁

162 芭蕉樹下說法

僧侶在芭蕉樹下講法，遠處畫出山巒及河流的景色，天空彩雲飄渺，表現出自然的透視感。樹畫得簡潔形象。

中唐 莫361 外層龕西壁南側

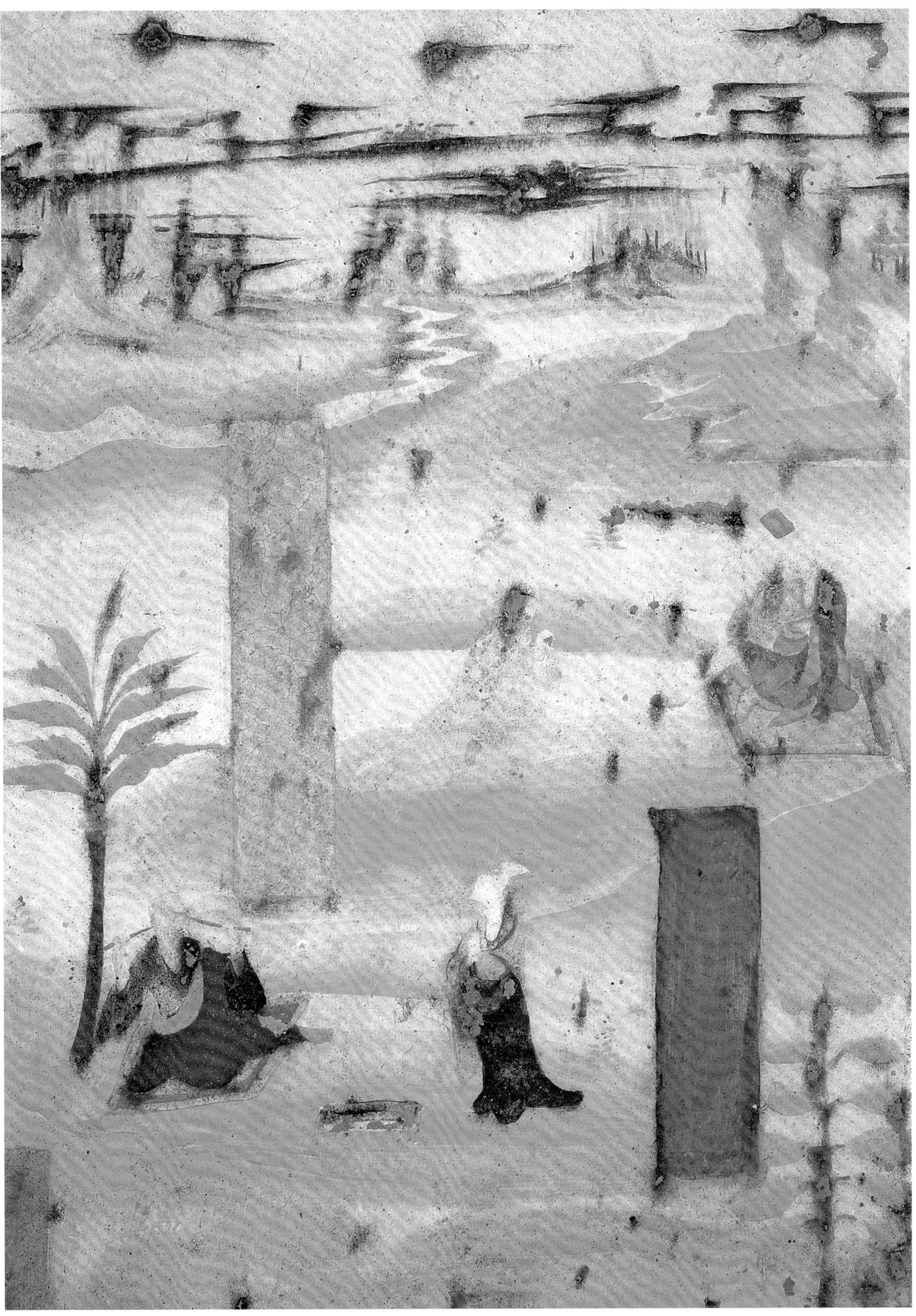

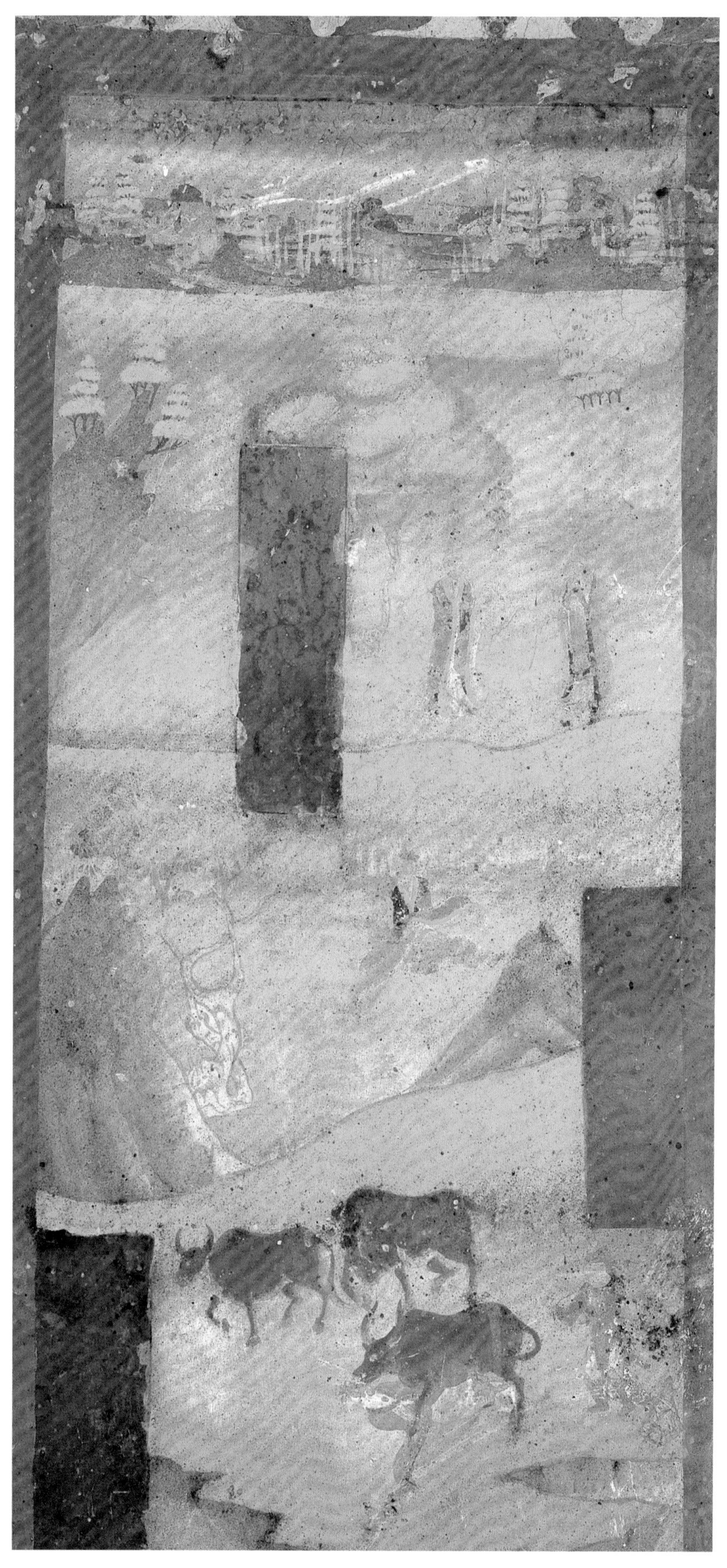

163 **山間牛羣**

故事的情節表現善事太子遇害倒在地上，一羣牛從他身旁經過，牛王救活了太子。牛羣以及山川樹木均畫得精細寫實，頗似一幅牧牛圖。

中唐 莫238 龕內西側南壁

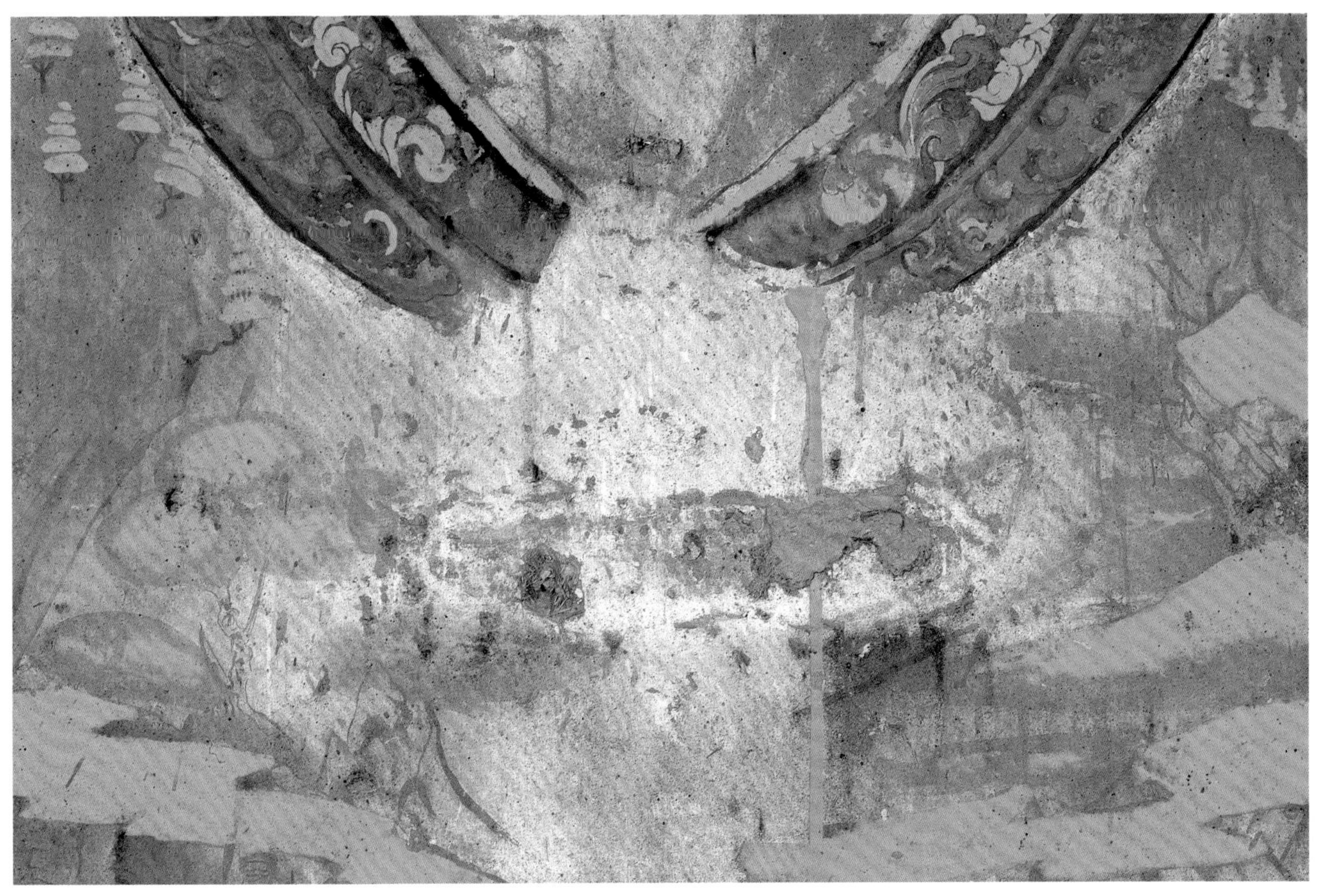

164 **背屏山水**

龕內中央原有佛像，所以，畫面中部是空白，兩側畫出山崖作為佛的背景。左側的樹木以大塊綠色的暈染代替了枝分葉縷的描繪，是中唐以後技法的一個特徵。

中唐 莫238 龕內西壁

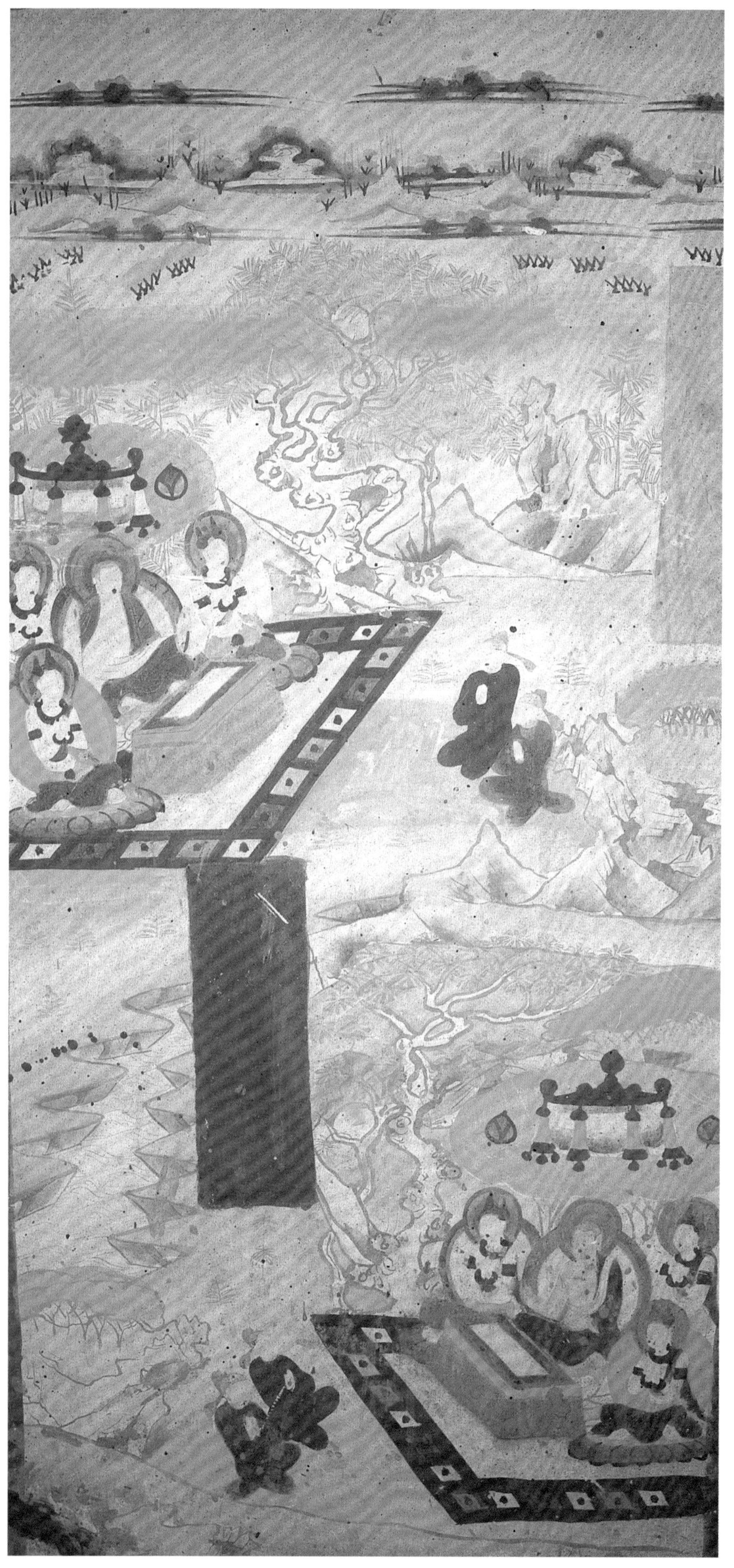

165 屏風畫山水

屏風畫在一扇中要畫出幾個場景，通常利用山水景物分隔出一個個空間，同時又表現出完整的風景。此扇中的山水呈“S”形構成，分隔出兩個說法場面。

中唐 莫468 龕內北壁

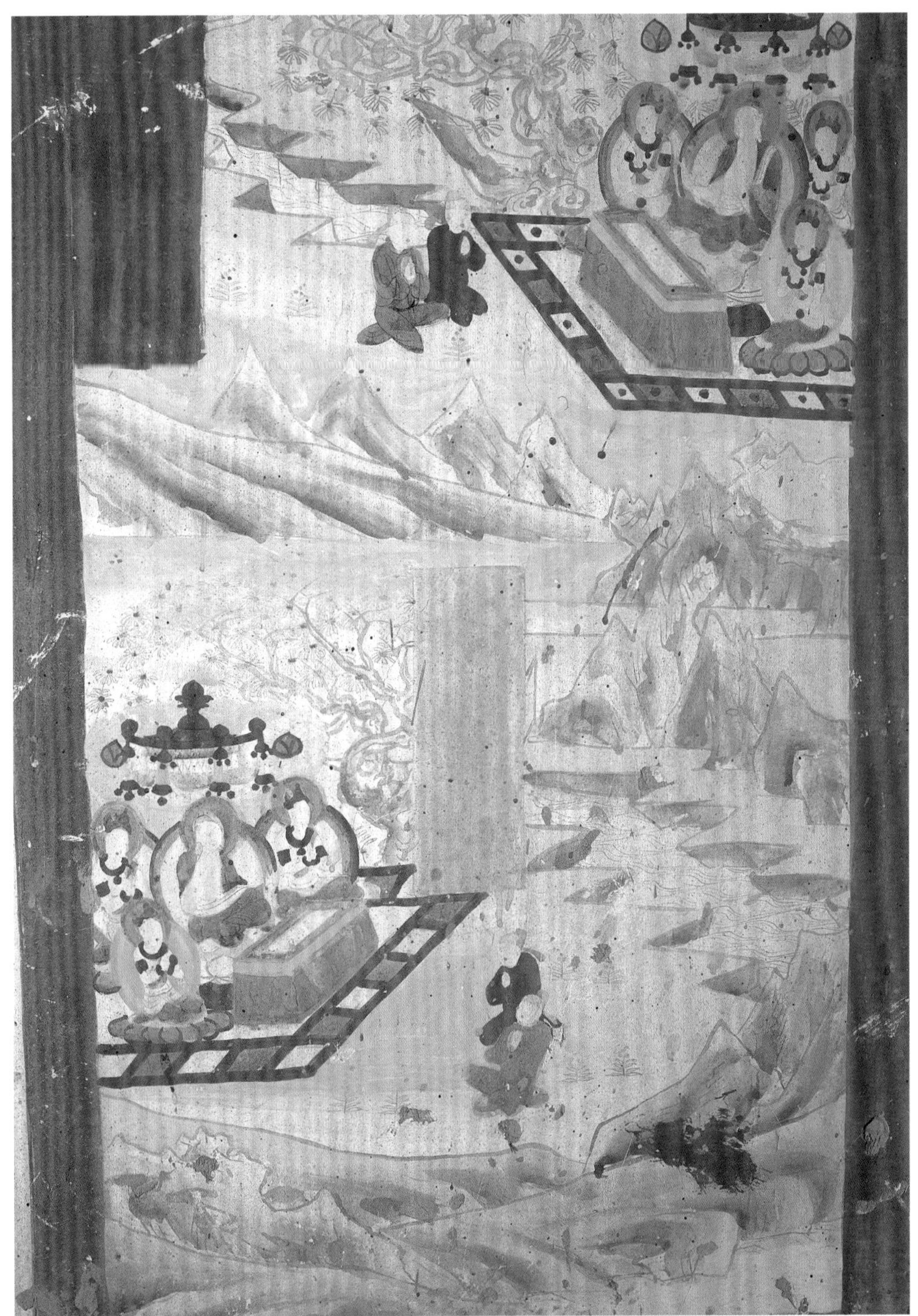

166 屏風畫山水

畫面表現佛說法的場景。樹的枝幹屈曲盤結，枯枝及露根的畫法較有特色，丘陵及遠山的層次分明，岩石的皴法和暈染都表現出熟練的技巧。

中唐 莫468 龕內南壁

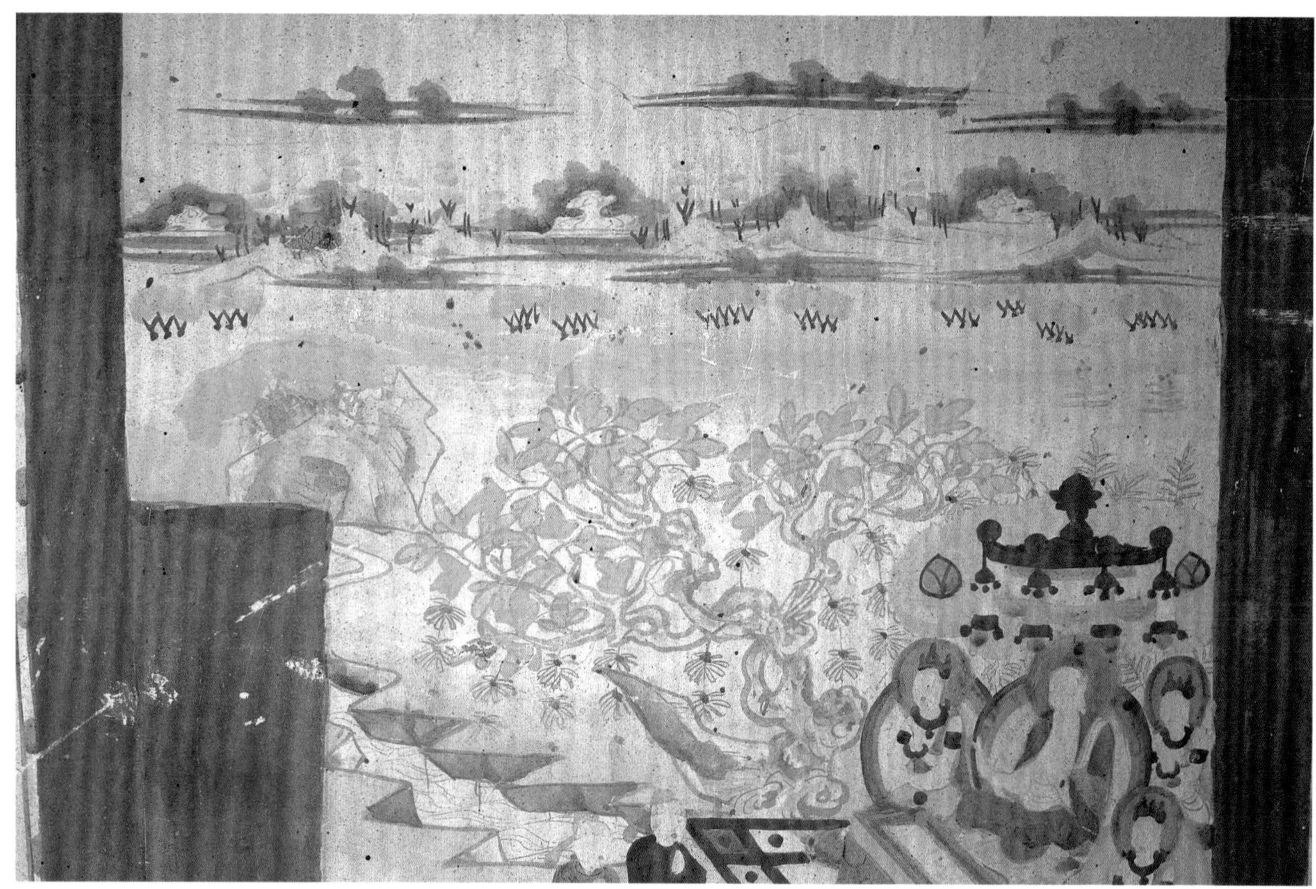

167 屏風畫山水

此圖是前幅屏風畫的上部。河流由遠至近，岸邊呈鋸齒狀，樹幹扭曲，生有疤結，生動自然。樹石的後面是平原，遠山與雲霞連在一起，表現出空闊的意境。

中唐 莫468 龕內南壁

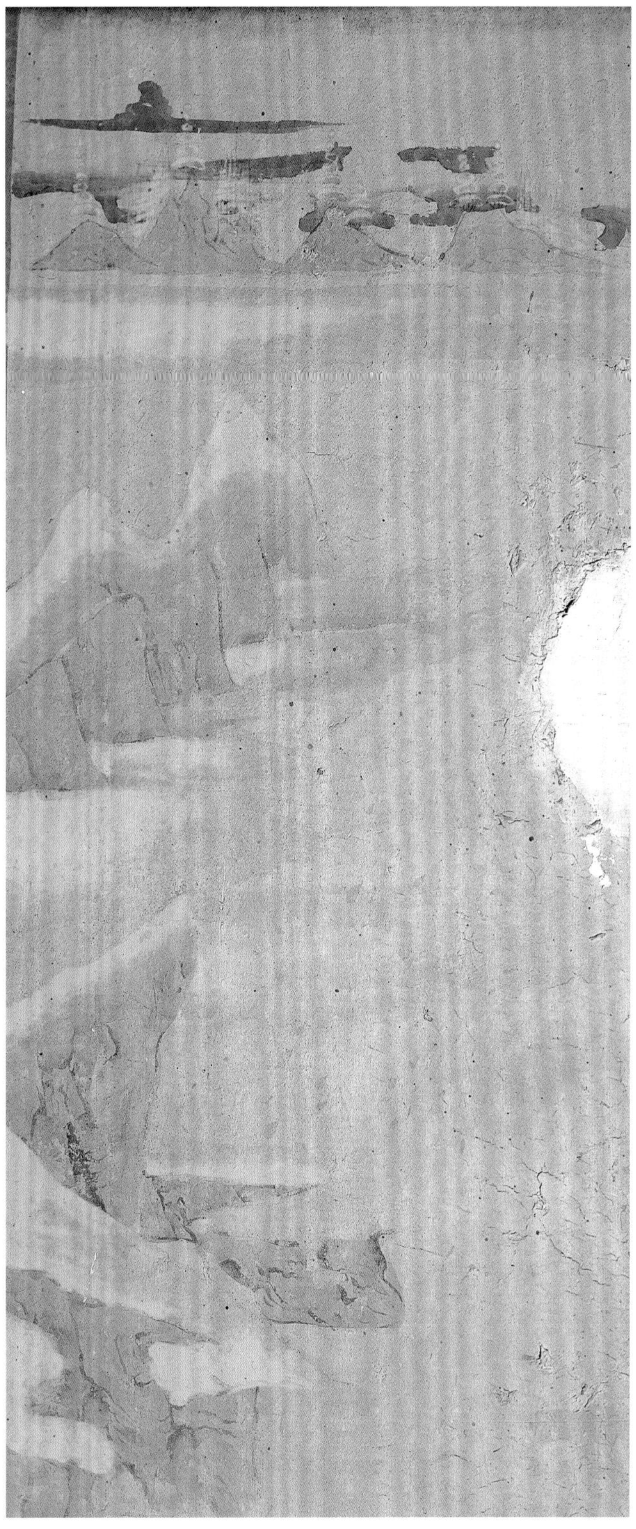

168 **背屏山水**

屏風畫只是作為塑像的背景，沒有特別的故事內容。在佛龕內畫出屏風的形式，大約是受到當時社會流行使用屏風的影響。畫面筆墨嫻熟，色彩鮮明，意境冷清。

中唐　莫154　龕內北壁東側

169 **背屏山水**

此圖與前圖相對，是佛像背景的屏風畫。畫面一側曾被塑像遮擋，只一側畫出山水，其構圖方式好似後世的條幅山水畫。

中唐　莫154　龕內北壁西側

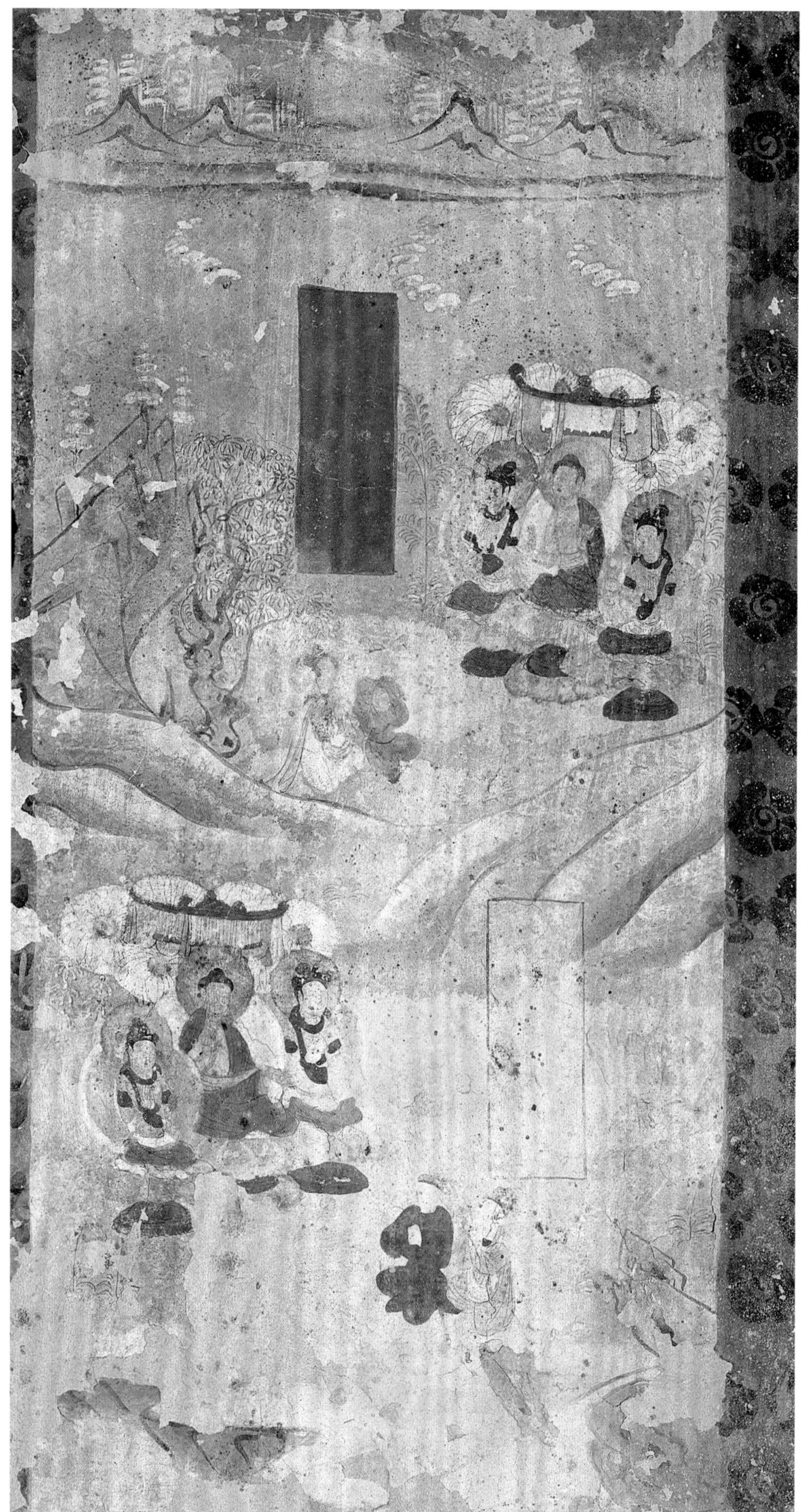

170 屏風畫山水

屏風畫上部畫遠山，中部沒有表現高山大川，而是畫出岩石和樹木，下部近景為斜坡和岩石。這種表現恬靜的小景畫面，是中唐以後山水畫的一個變化。

中唐 莫54 龕內西壁

深秀簡素　水墨流芳

晚期：五代至元（公元910——1402年）

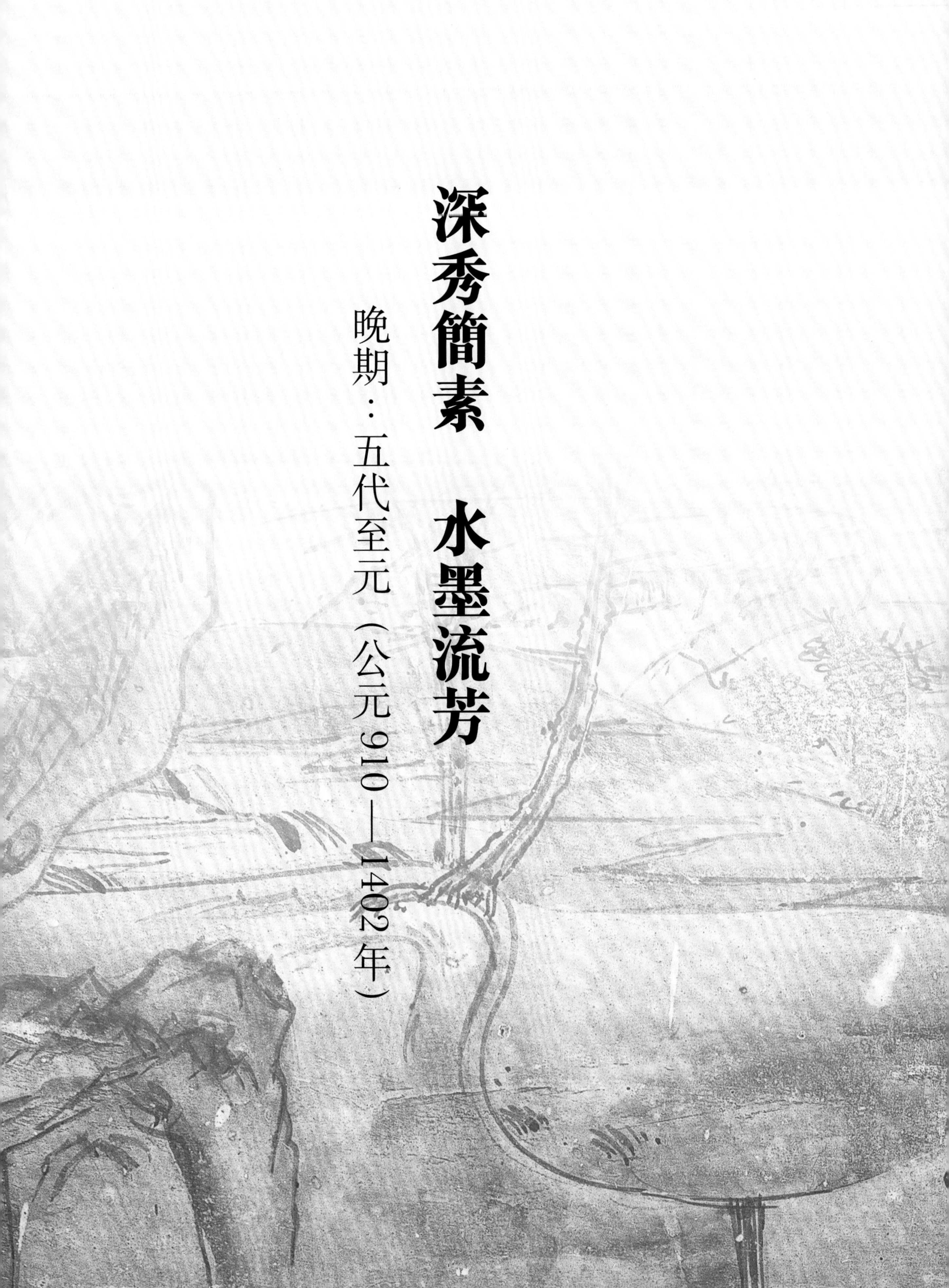

公元914年，曹議金接替了張氏的歸義軍政權，繼續統治敦煌一帶，曹氏世代相襲，延續了一百多年，這一時期相當於中原的五代到北宋。曹氏家族崇信佛教，大肆營建莫高窟和榆林窟，並仿照中原建立畫院，這一時期的壁畫主要是曹氏畫院的畫工繪製的。畫工們努力保持前代繪畫的傳統，缺乏創新，用色單調，總的趨勢是走向衰落。

公元1036年，西夏佔領敦煌，進行了長達兩個世紀的統治。公元1227年，敦煌歸入蒙古元朝的版圖。西夏和元代，在莫高窟和榆林窟都營建或改建了不少洞窟，留下了一批具有時代特色的壁畫。西夏前期的壁畫中，很少描繪山水畫，西夏後期到元代，出現了一些與傳統青綠山水畫風格迥然不同的山水畫，可以看出北宋以來的中原山水風的影響。特別是榆林窟第3窟的大型水墨山水畫，標誌着一個嶄新時代的開始。

第一節　曹氏畫院的院體山水

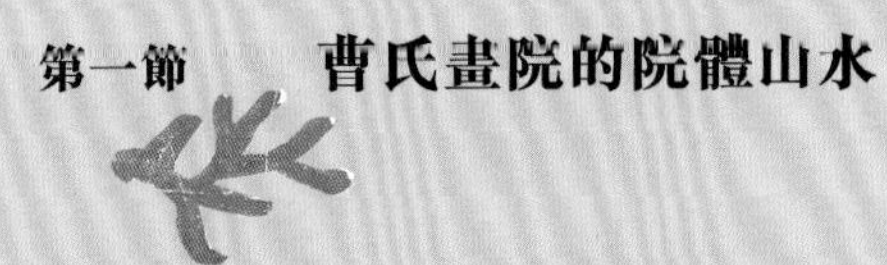

五代到北宋，正是中國山水畫由着色山水向水墨山水轉變的重要時期。但這一時期西北地區的政治形勢非常嚴峻，敦煌與中原的往來十分困難，文化藝術處於相對停滯狀態。曹氏統治者仿照中原王朝在敦煌設立了畫院，壁畫都由畫院的畫工們製作，從而形成了敦煌地區的"院體"畫風，這種畫風具有一定的保守性。莫高窟第61、98、36窟，榆林窟第19、38窟等壁畫中的山水代表了這一時期的特點。

五代時期敦煌壁畫的山水繼承了中晚唐的傳統技法，除了在經變畫中畫出相應的山水外，主要的仍畫於屏風畫中。在技法上，大量採用墨線勾勒，但顯得較粗糙，顏色的種類較少，構圖也很單調，很少出現像唐代那樣引人入勝的山水畫面。值得一提的是《五台山圖》，五台山位於山西境內，因山有五頂，故稱五台。由於海拔較高，山中氣溫很低，即使在盛夏也很涼爽。這些特點與佛經中所記載的文殊菩薩所居的清涼山十分相似。早在南北朝時期，佛教徒們就把五台山與文殊菩薩聯繫起來，並產生了種種傳說。這樣就使五台山的佛教寺院越來越興盛，到了唐代，高宗還專門派使臣去五台山檢驗佛跡，並畫出了《五台山圖》。於是，《五台山圖》連同五台山信仰就在全國傳播開了。遠在西南的吐蕃贊普也曾派人到唐朝求取《五台山圖》。日本遣唐僧圓仁曾專門訪問過五台山，在他回日本時，還把《五台山圖》帶回了日本，可見《五台山圖》流傳之廣。

敦煌壁畫中最早出現《五台山圖》是中唐時期的第159、361窟等，可能與文獻記載的吐蕃遣使求取《五台山圖》有關，這幾幅《五台山圖》都畫成屏風畫的形式，也許就是模仿唐代會頤所創的"五台山圖小帳"。五代時期，《五台山圖》更為流行，並與文殊變結合起來，內容更豐富了。榆林窟第19、32窟中的《五台山圖》都是作為文殊變的背景畫出的，由於山水的面積很大，使全圖具有山水畫的意味。榆林窟第32窟的文殊變是以文殊菩薩在五台山化現為中心畫出的，中央畫文殊菩薩騎獅子從雲中化現，四周則畫出五台山和山中的寺院，與之相對應的普賢變，也畫出普賢菩薩化現於雲端，周圍畫出山水及毗沙門天王決海的情節。兩鋪壁畫都褪色嚴重，皴法及暈染效果已看不出。榆林窟第19窟的文殊變中，在文殊菩薩及侍從羣像的上部，畫出五台山及各種神異化現情況，畫面以土紅線描出山巒的輪廓，山峯較圓，山中無皴筆，只以赭石色平塗，畫法仍是唐代以來的傳統技法。

第61窟的《五台山圖》可以說是《五台山圖》在敦煌發展的最高表現，

第61窟開鑿於公元947至951年，窟內供奉的主尊為文殊菩薩，所以也叫“文殊堂”，西壁配合文殊像畫出巨幅五台山圖，長13.45米，高3.42米。圖中詳盡描繪了東起河北正定、西至山西太原方圓五百里的山川地貌及風土人情。畫面左側為南台、西台，下部為太原城至五台山的道路，上部畫毗沙門天王、阿羅漢等赴會的情景；畫面右側為北台、東台，下部分別畫出由河北道鎮州（今河北省正定縣）到五台山的道路。全圖以中台及其下的文殊真身殿、萬菩薩樓為中軸線，兩邊各以五座大寺分佈在東、南、西、北四台之間。南下角是太原城，靠近中部有河東道山門；與之相對的北下角是鎮州城，靠近中部有河北道山門。這樣通過大山和大型建築構成骨架，使畫面形成了一個基本對稱的格局。這樣的佈局無疑是受到了經變畫構圖的影響。山水畫表現手法基本沿襲唐代以來的傳統。五座主峯大致呈金字塔形，山頭較緩和，令人想起董源山水畫中常見的穩重而莊嚴的山峯。在近景表現中有所變化，畫出尖鋭的山峯，皴法則近似斧劈皴，筆力雄健。

在藏經洞出土的絹畫中也有一幅《五台山圖》（EO.3588，法國吉美博物館藏），其繪製時間大約在曹氏歸義軍晚期，畫面中央是文殊菩薩，背景畫滿了山水，即五台山。這幅山水畫是以着色為主的，山的輪廓線較柔和，山巒的形狀較單調，以綠色暈染，值得注意的是在山上分佈着同一形狀的樹木，畫法較為獨特。

五代時期往往在前室甬道的門兩側畫出《龍王禮佛圖》，如第36窟的前室西壁，表現龍王及眷屬從大海中浮出的情景，大海中掀起的巨浪，以及岸邊險峻的山崖、岩石都表現得很有特色，輪廓線轉折強烈，並用類似斧劈皴的手法表現出岩石堅硬的質感。對松樹等樹木也作了細緻的刻畫，給人留下很深的印象。此圖用色較少，僅用石綠、赭紅色及墨，具有單純、明快的風格。這樣的龍王圖在榆林窟第38窟也有類似的表現。

這一時期的屏風畫也大體上繼承了唐代以來的傳統，但構圖較滿，一扇屏風中畫有很多內容，往往採取橫向分割的辦法，由上而下分出三四個部分，山水背景相對來説缺少變化，通常只畫一些緩坡和簡單的樹木，如第61窟南、西、北三壁下部屏風畫中，人物眾多，山水只是為人物活動提供的背景，仍為三角形山巒的連續，樹木也有模式化的傾向。第98窟的屏風畫也有類似的特徵，大體是以圖解佛經為主要目的，對於山水景色的考慮較少。

值得注意的是在第98、66、55窟等大型洞窟的背屏後面都畫出巨大的佛像，佛像身後則是作為背景的山巒，這些山巒的畫法大體是用粗獷的筆鋒勾勒，有時加以水墨暈染，山岩的形狀也是當時流行的樣式，山頭較尖銳，稜角分明，雖不免有些粗率之感，但卻流露出自由、豪放的精神。

曹氏歸義軍晚期，大約相當於中原的宋代，敦煌壁畫中的山水畫越來越趨向於形式化，雖然開鑿了一些大型洞窟，但在壁畫上沒有多少創新。在莫高窟第55窟和榆林窟第38窟壁畫中，山水畫出現較多，這時的用色更為簡略，除了石綠和簡淡的赭石色外，幾乎沒有其它顏色。如第55窟東壁的金光明經變中《流水長者子品》和榆林窟第38窟彌勒經變中的迦葉禪窟，山巒均用墨線勾勒，加以簡單的皴法，或用淡墨暈染，表現出奇崛的山峯，大約是由於褪色的原因，壁畫顏色顯得很淺淡。

五代時期的山水用色多是青綠並用，山頭往往用石青，但此時的石青比起晚唐時期的石青色，似乎純度不夠，顯得不太明亮。到了宋代，石青用得更少了，有的山頭畫出的藍色顯得發灰，山水主要用石綠染出，由於赭石色也用得較淡，色彩呈現出清淡的傾向。表現海浪，往往於綠色中用白線畫出波浪，使畫面具有明亮的特徵。此時樹木的畫法較為簡略，往往省略了一枝一葉的細膩刻畫，而是在樹幹上部用一片綠色染出。

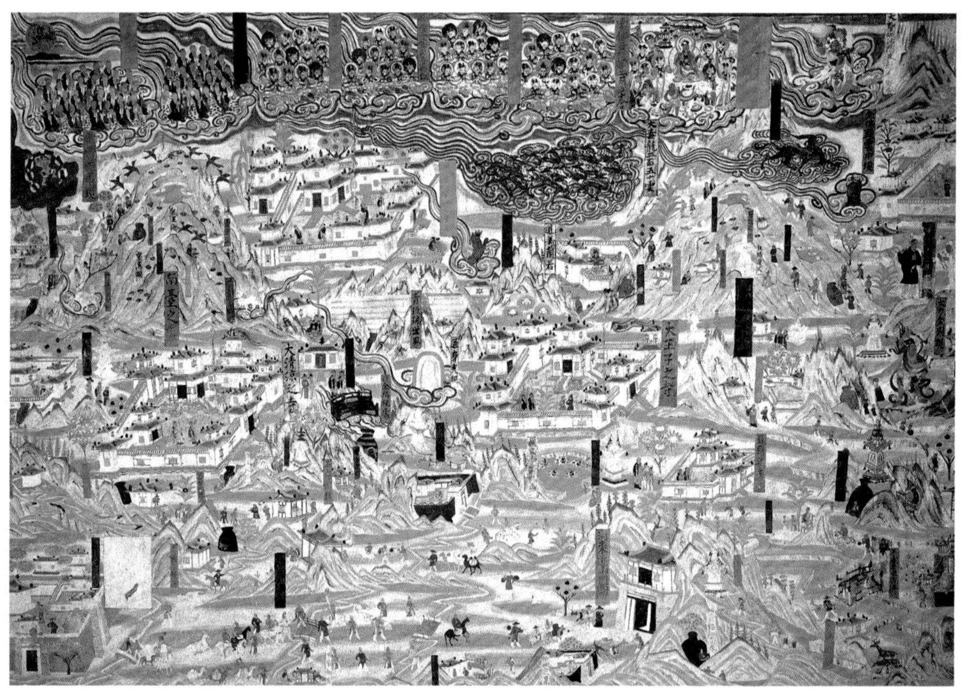

171 五台山圖

五台山圖是一幅以表現真實地理為目的的山水畫，全面繪出山西五台山及周圍的風光景色，以及寺院、城池、房屋，其間又穿插各種神異化現及人物活動的情況。山水的表現以五座山峯為主，又分別描繪一些小型的山巒和河流等，顯得主次分明，豐富多彩。全圖長達13米多，可稱得上是巨幅山水人物畫。此圖為其中一部分。

五代 莫61 西壁

172 五台山圖（局部）

畫面中繪有五台縣城通往萬菩薩樓之間的景色。近處的山峯畫得較小，山中有草庵，表現修行僧人的生活。遠處有寺院及佛塔。

五代 莫61 西壁

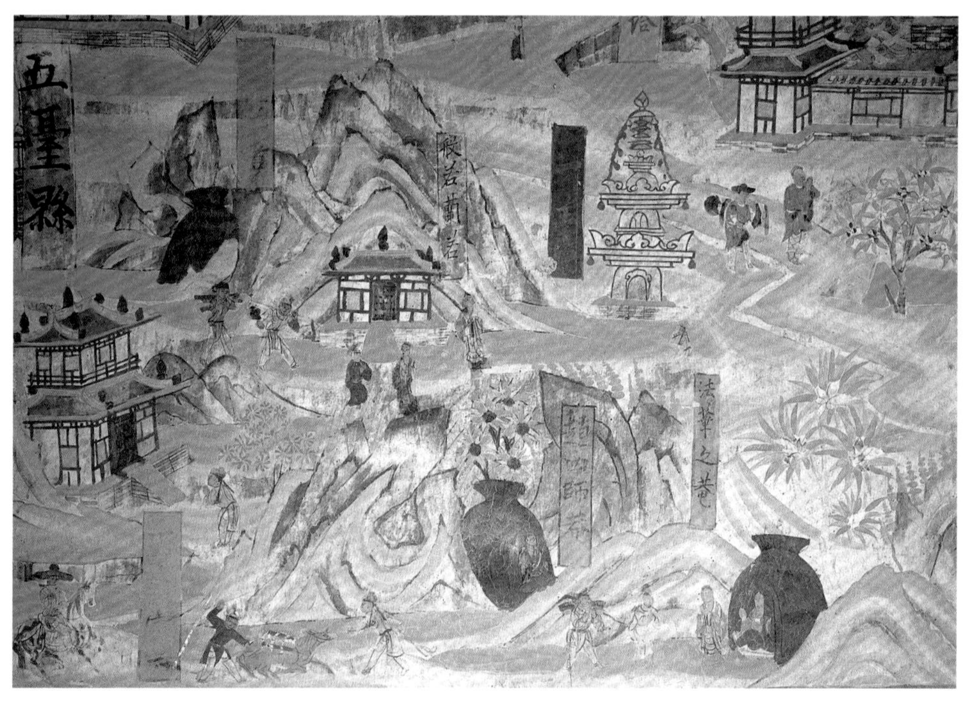

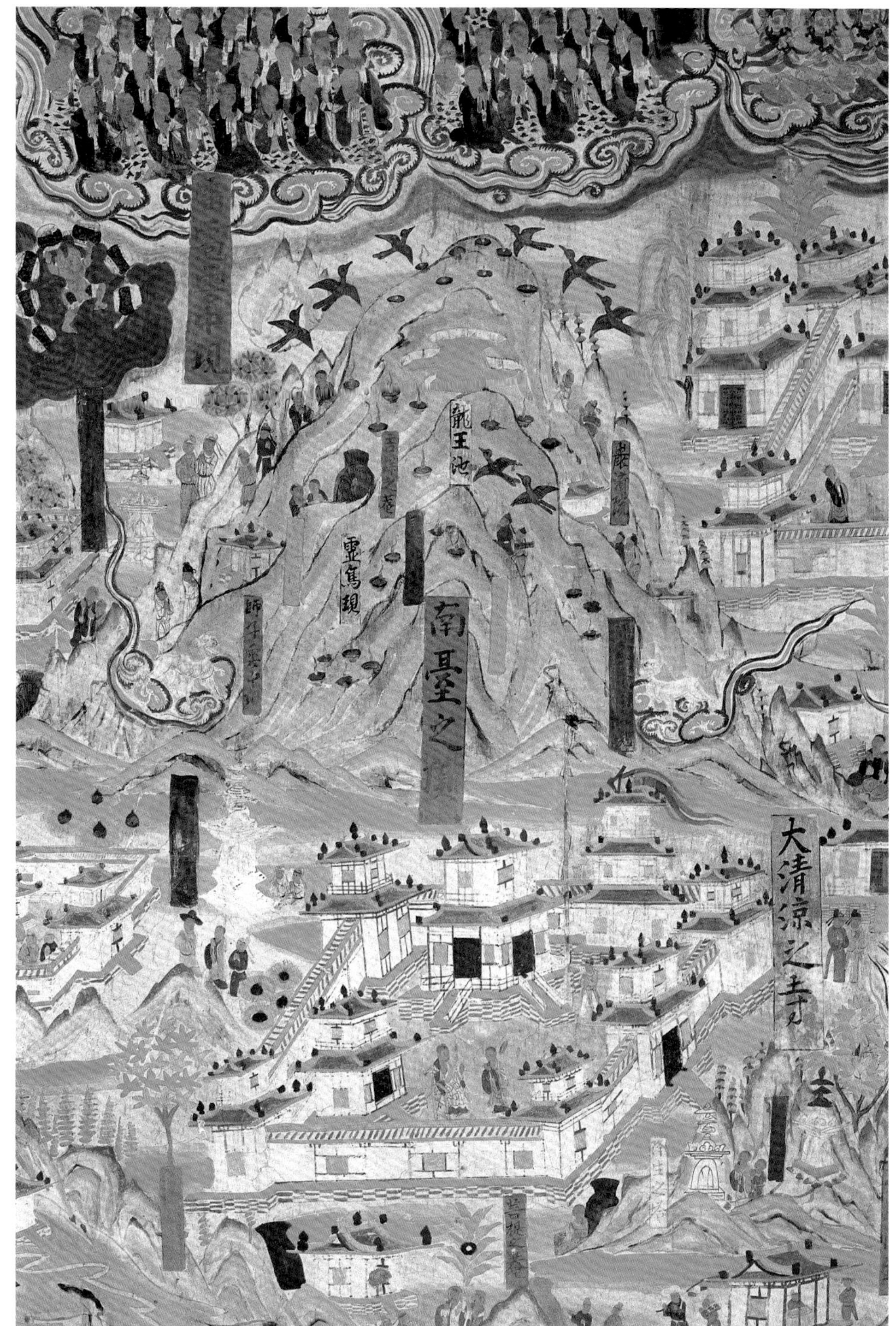

173 五台山圖（局部）

五台山的南台，山峯渾圓，山上有水池稱作“龍王池”。山中還有正在登山的僧俗人物。天上有飛鳥，左側還畫出了烏雲中的雷神。畫面表現出很強的裝飾風格。

五代 莫61 西壁

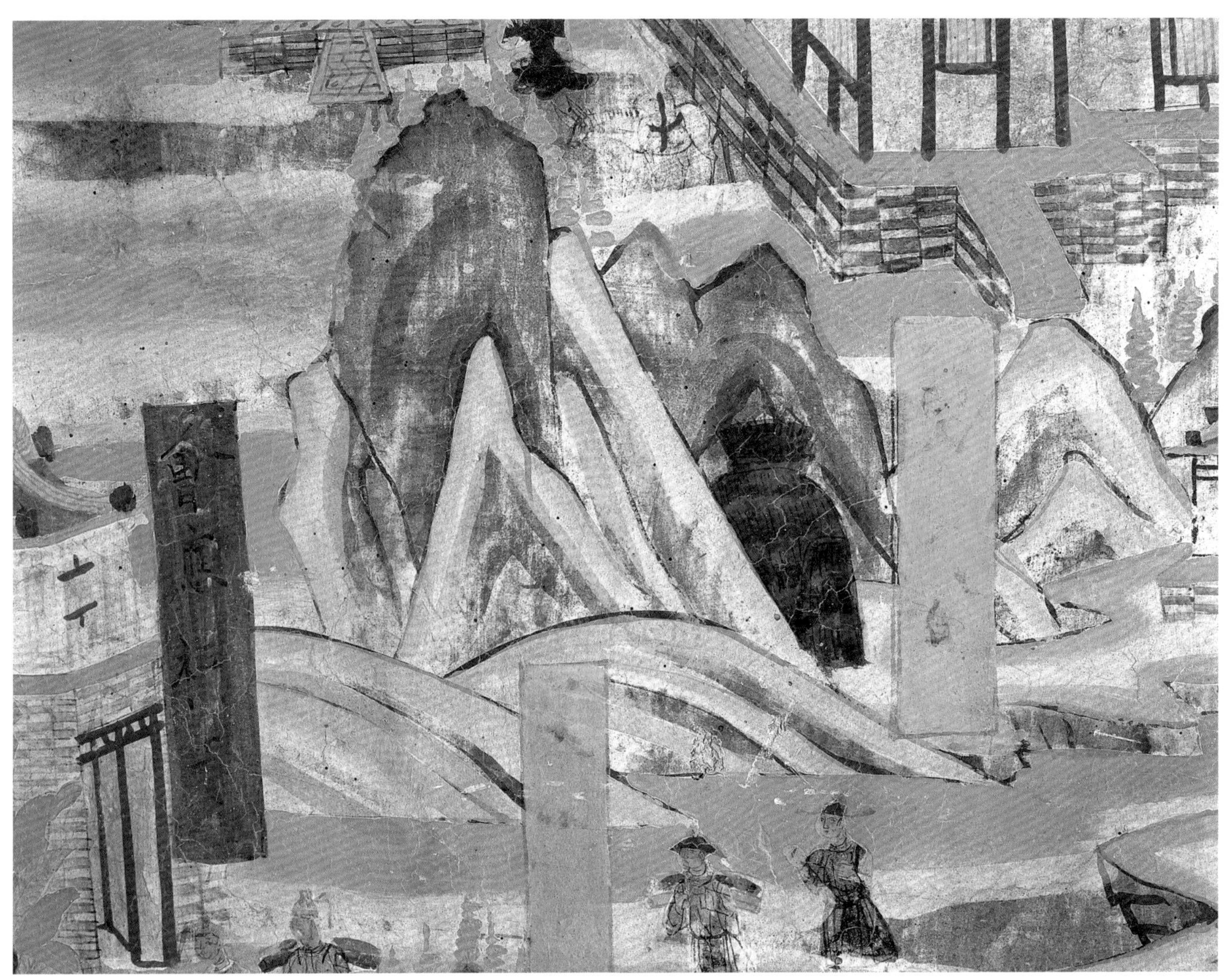

174 五台山圖（局部）

在表現山岩時，輪廓線內用黑、黃、白、綠四色分層染出，勾勒皴擦的用筆都有轉折強烈的特點，反映出此圖注重近景岩石的表現，而山水畫的整體性則相對不足。

五代 莫61 西壁

175 五台山圖

在文殊變中的五台山圖，除了畫有山中寺院及人們禮佛的場面外，還畫出雲中的龍、天人從天而降的種種神異現象。山頭渾圓，用赭色線畫出山的輪廓，用石綠畫出山間的水池和溪流。

五代 榆19 西壁門南側

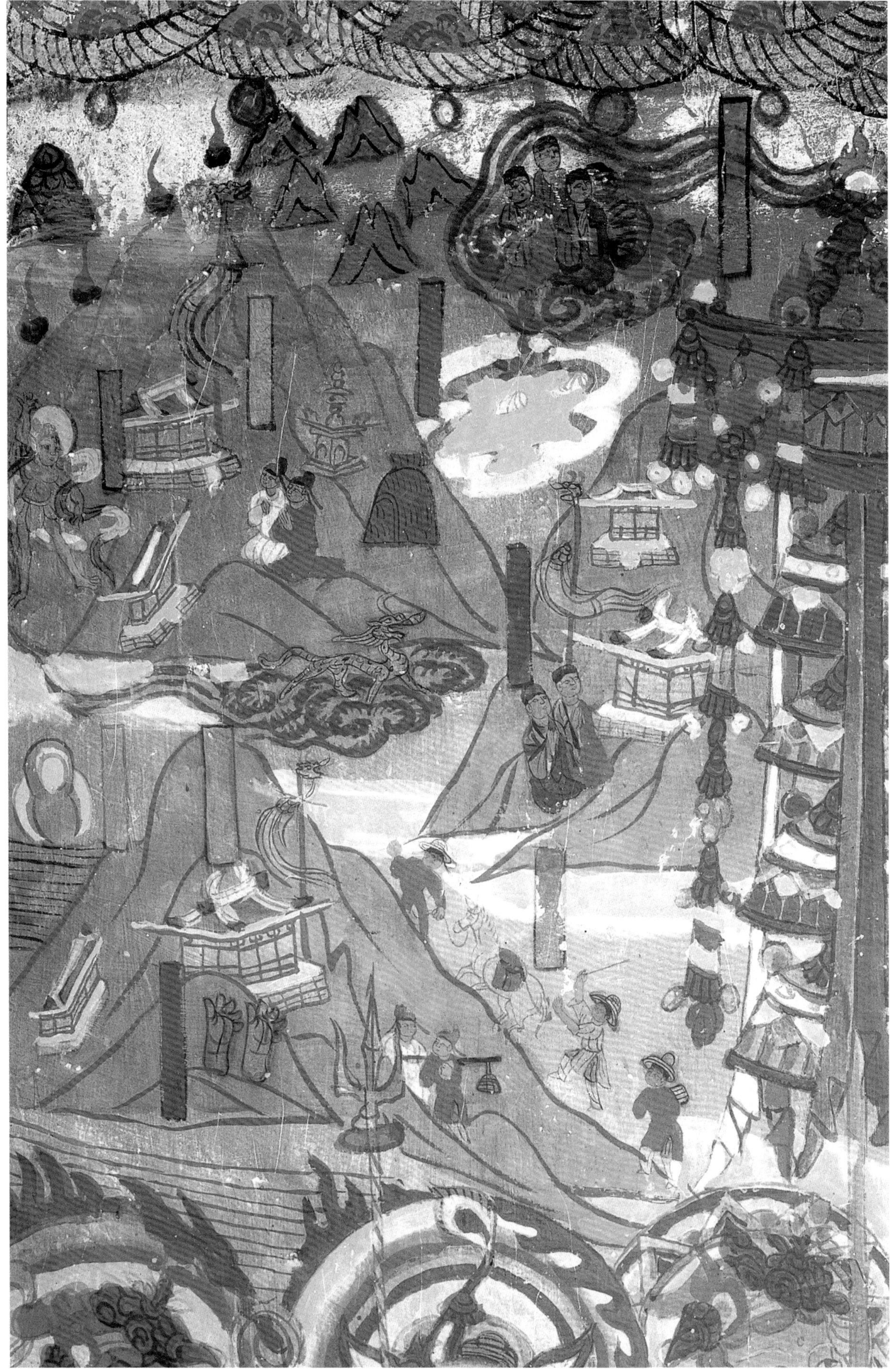

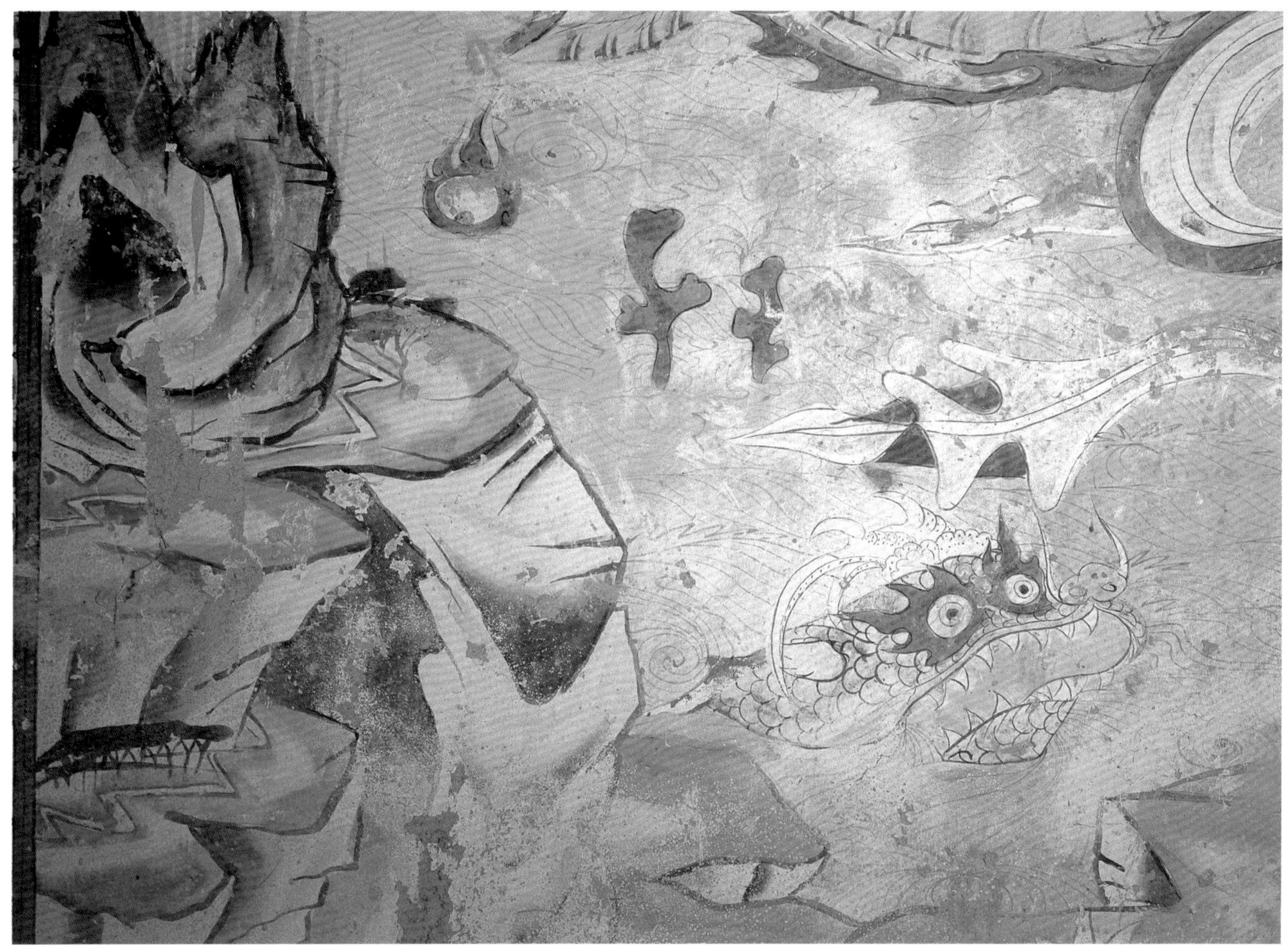

176 山海圖

畫在《龍王禮佛圖》中的山水，綠色的大海波濤洶湧，一條鼇魚從海中仰起了頭。海岸的岩崖陡峭險峻，山崖之上有山峯、樹林和溪水。對山石的描繪用筆挺拔有力，加以淡墨暈染，色彩簡潔。

五代 莫36 西壁

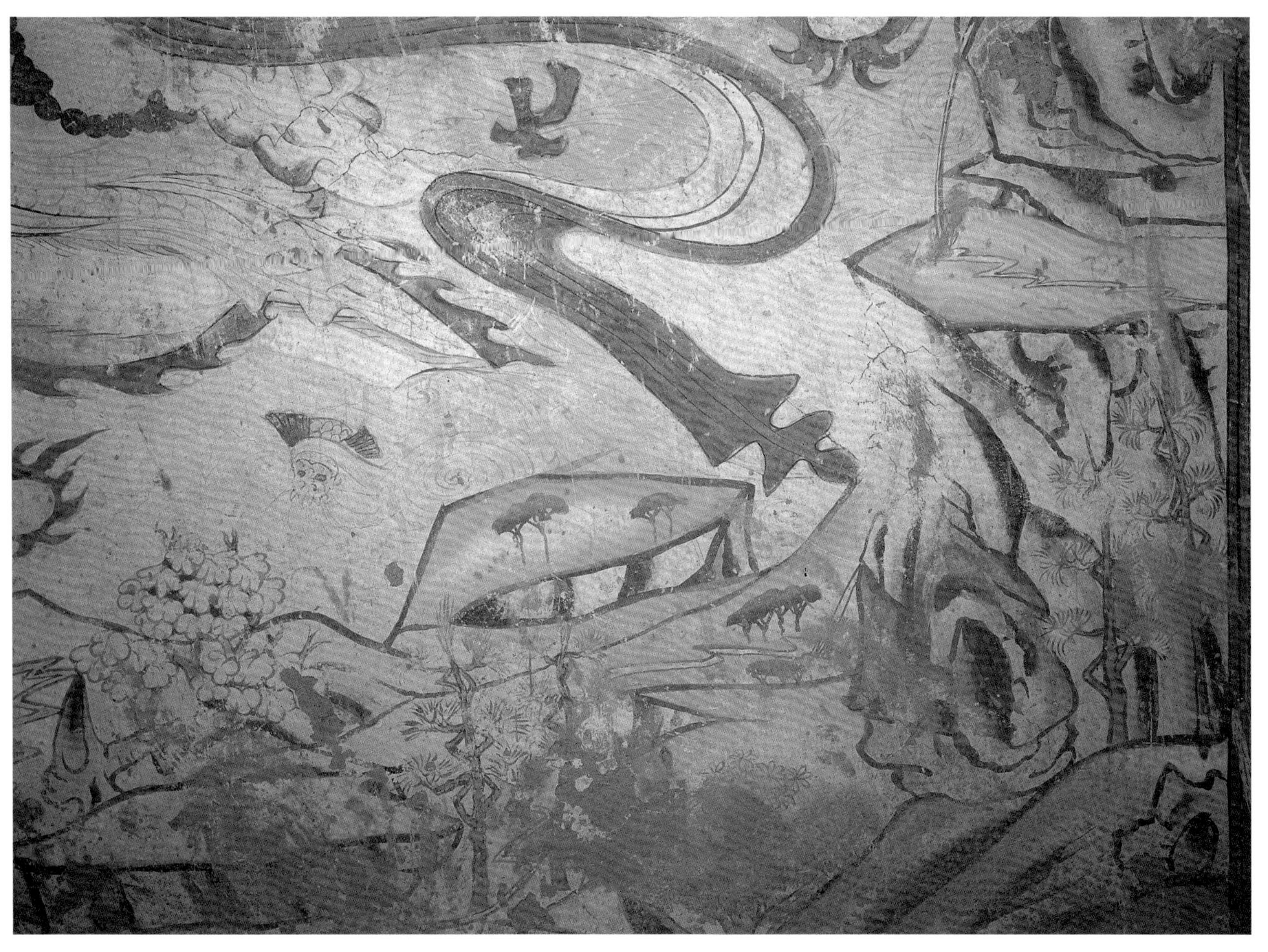

177 **山海圖**

在《龍王禮佛圖》中，海岸山崖奇險，岩石間有瀑布流下，近處的松樹、梧桐枝幹曲折，靠近海岸的岩石上畫出低矮的樹叢。

五代 莫36 西壁北側

178 **山海圖** 見下頁 ►

此圖接前圖的左側。海中鼇魚擺尾，海岸是險峻的山崖，筆法粗獷，筆鋒堅硬是這時期的特點。

五代 莫36 西壁北側

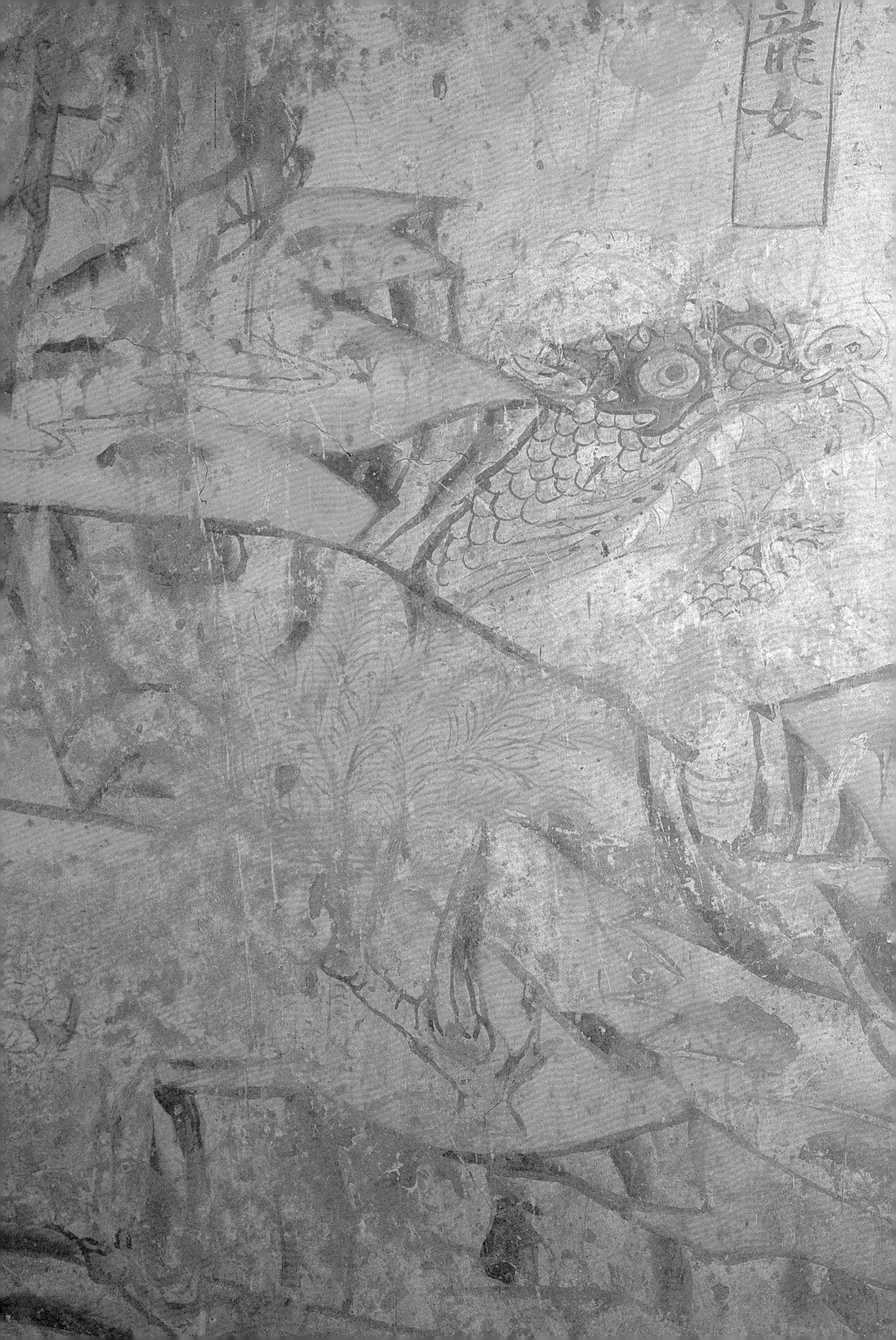
龍女

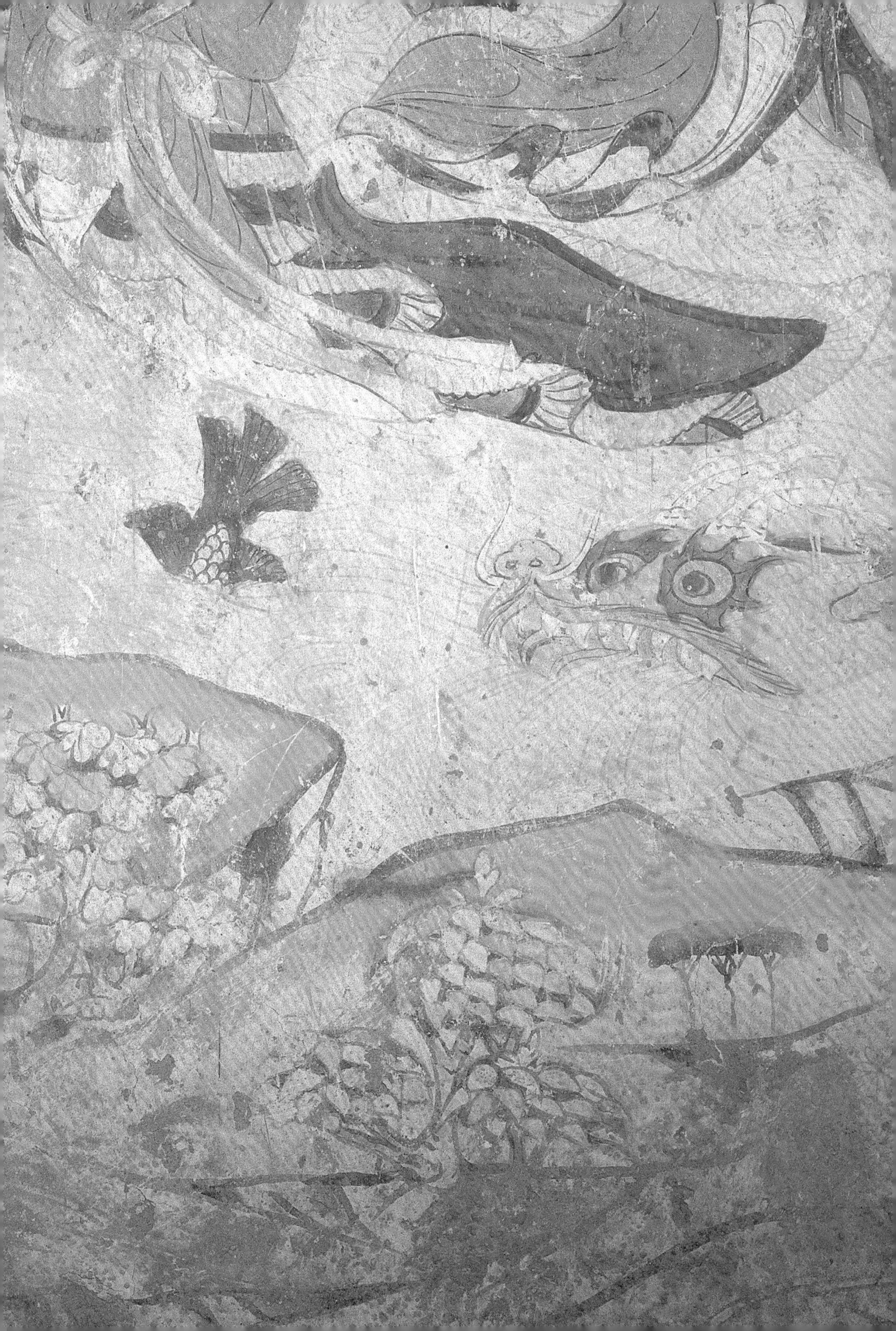

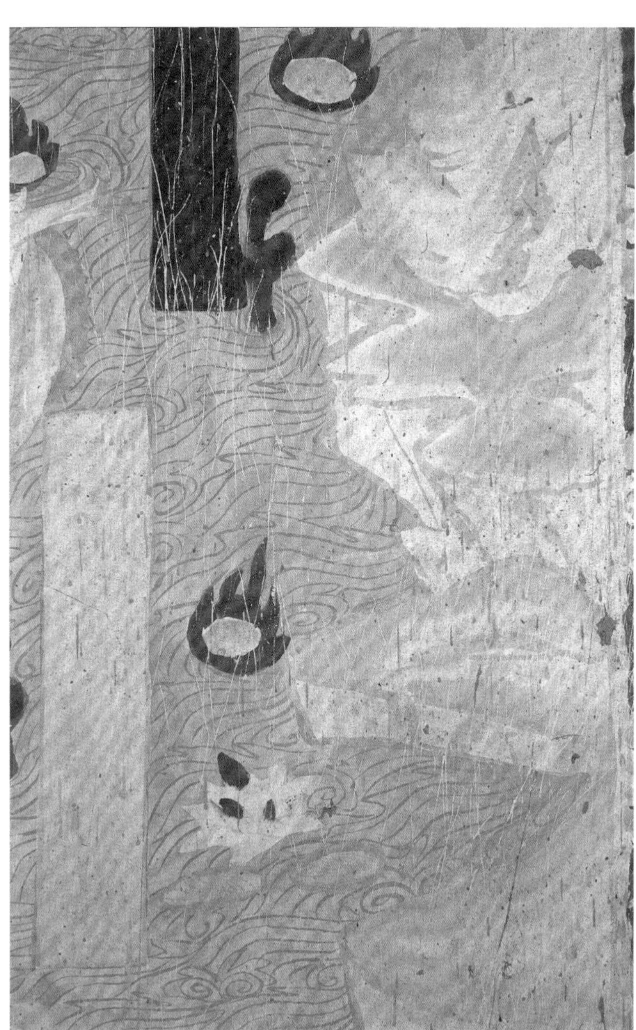

179 **山海圖**

畫在《龍王禮佛圖》下部的山水，左側是大海，海中露出寶珠、珊瑚，右側是山峯和原野，以及曲折的河流。

五代 榆33 東壁南側

180 **高山原野**

呈銳角形的山峯並立，顯出粗筆意味，用綠色畫出山頭上的樹木和原野，山間的朵朵浮雲已變色，遠山呈水平相並列，具有裝飾效果。

宋 榆38 東壁南側

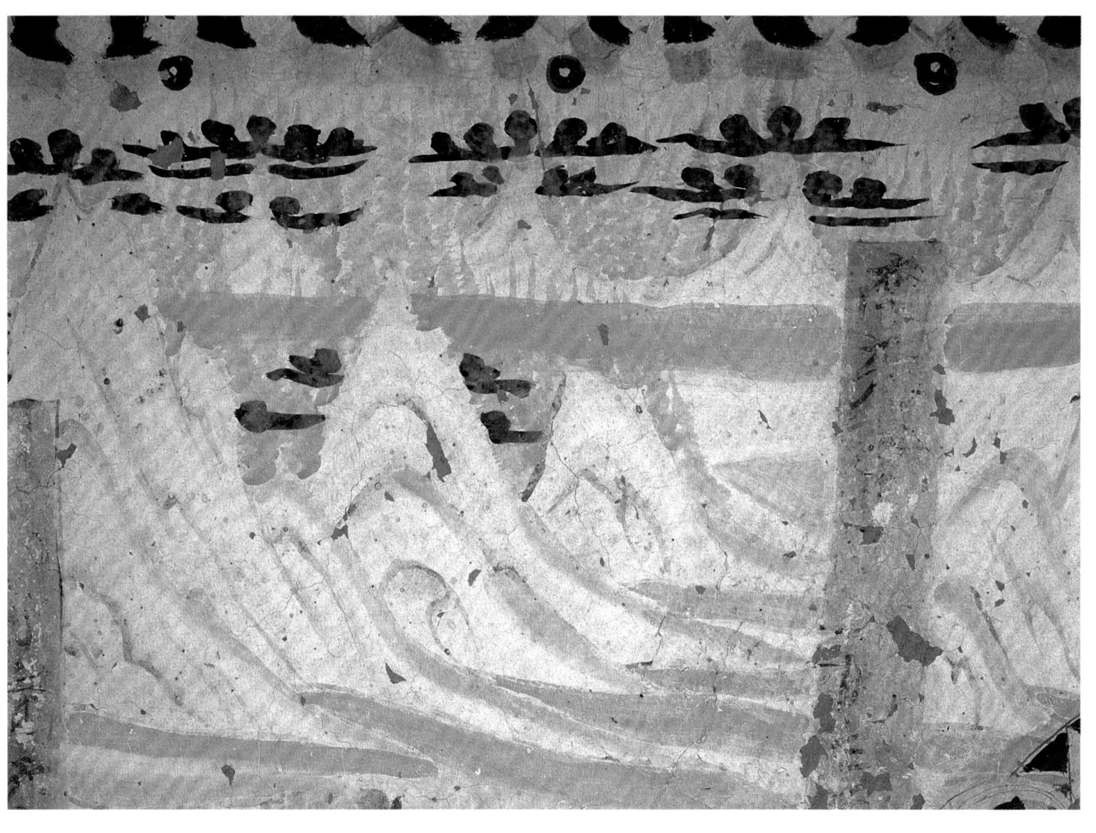

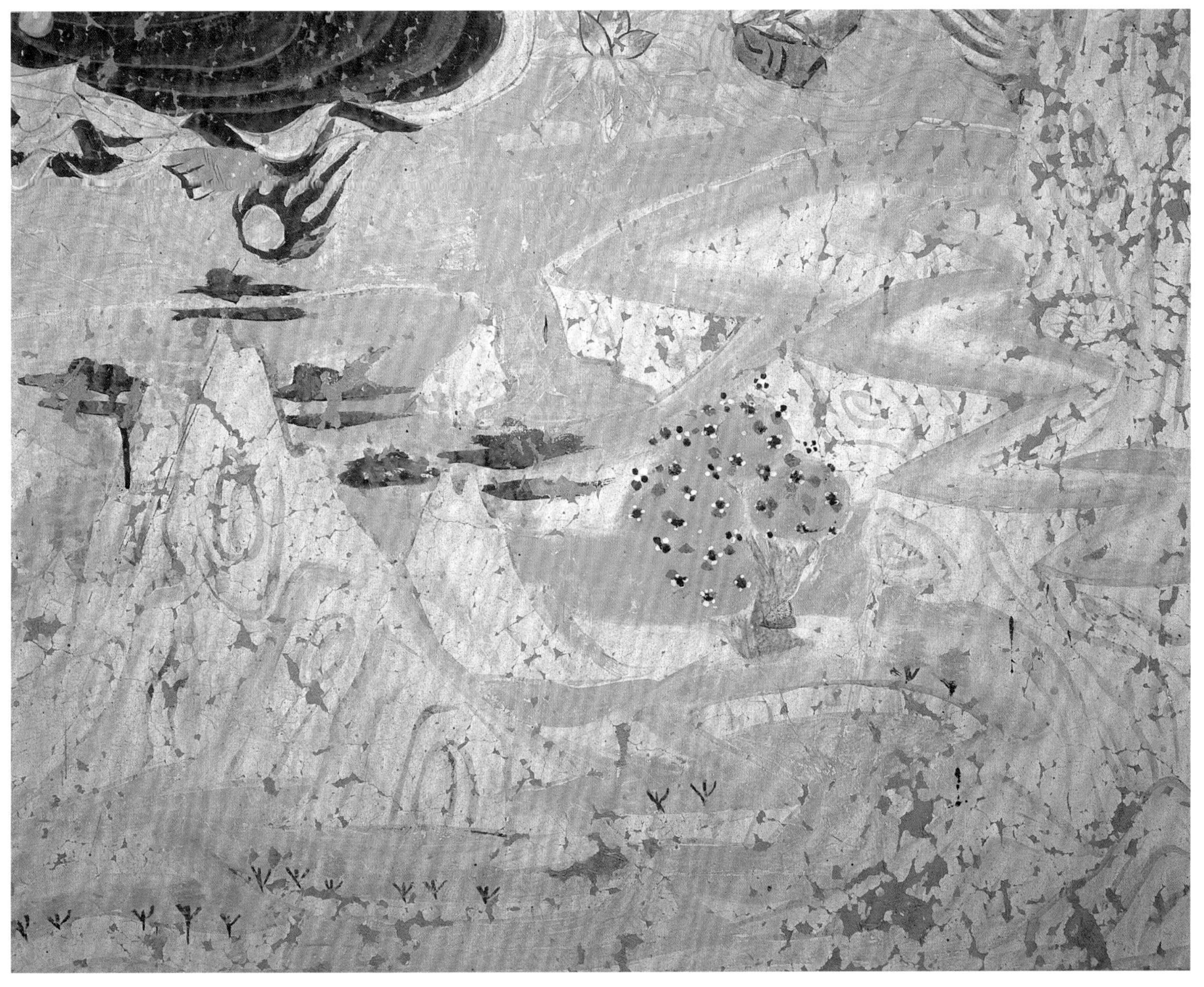

181 懸崖流水

懸崖岩石突出，一直延續到海邊，上有山泉流過，泉水流下，匯成河流。懸崖下是山峯、坡地、河流，河岸邊長着樹木。山頂部分雲遮霧繞，畫面視點較高。

宋 榆38 東壁南側

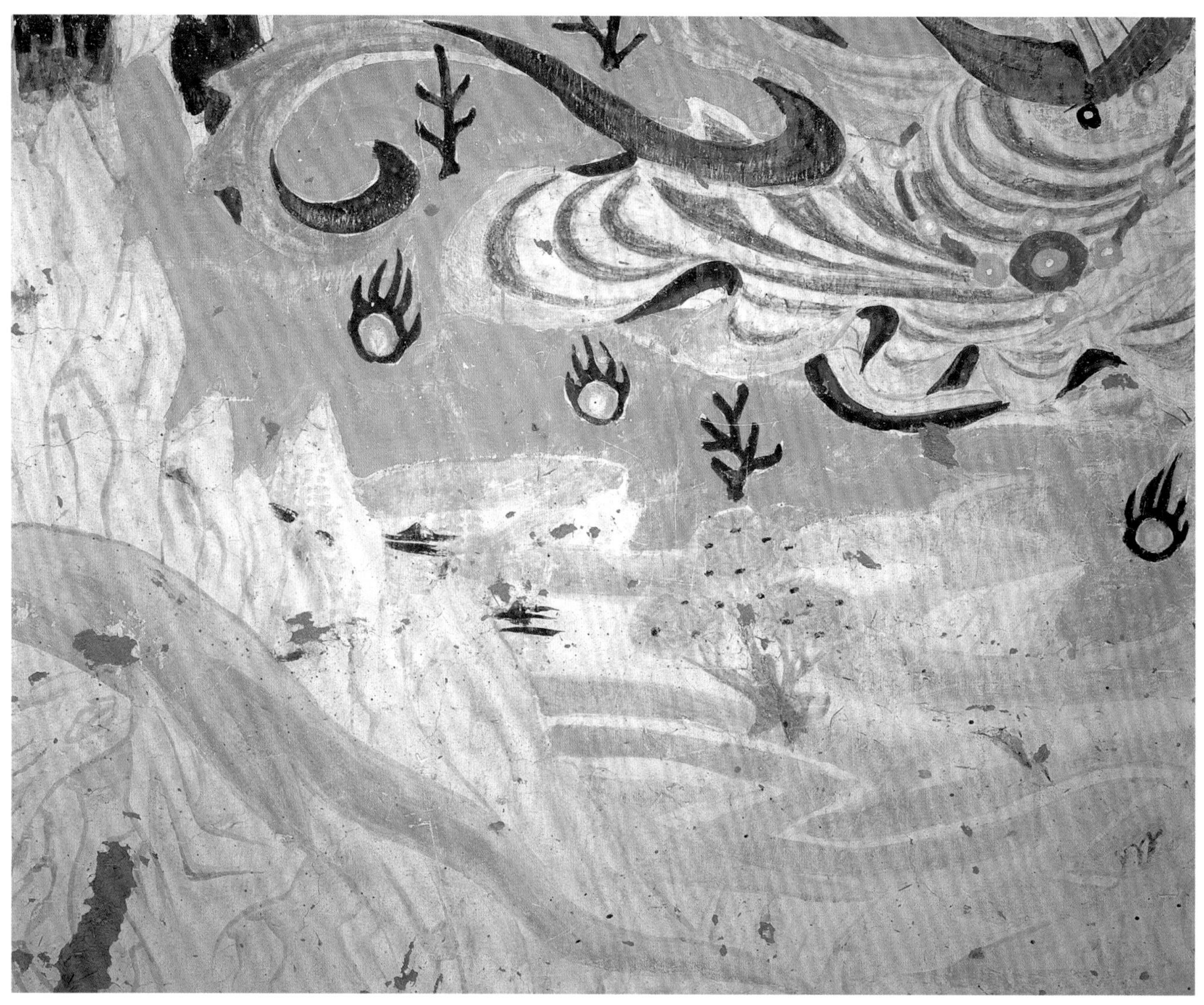

182 **高山大海**

山峯聳立，山下有河流和樹木，用色清淡，以石綠為主，突出墨線的筆法特點。

宋 榆38 東壁北側

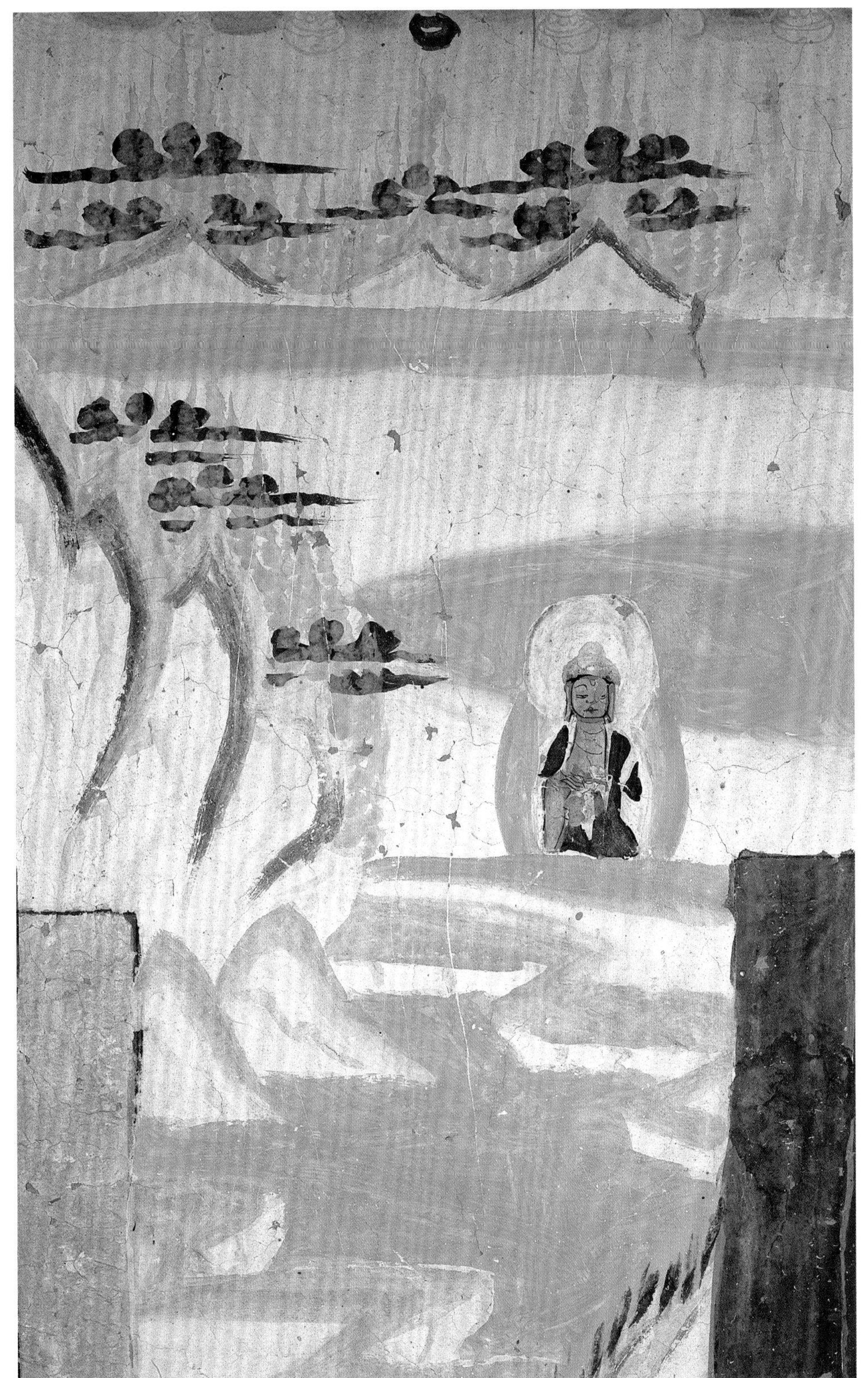

183 高山原野

在“未生怨”故事畫中，表現佛從天而降為韋提希夫人説法的場景。左側是懸崖，右側畫出河流和原野，這是唐代以來的即定格式，這裏畫得更為抽象和形式化，色彩也較單調。

宋 榆38 北壁

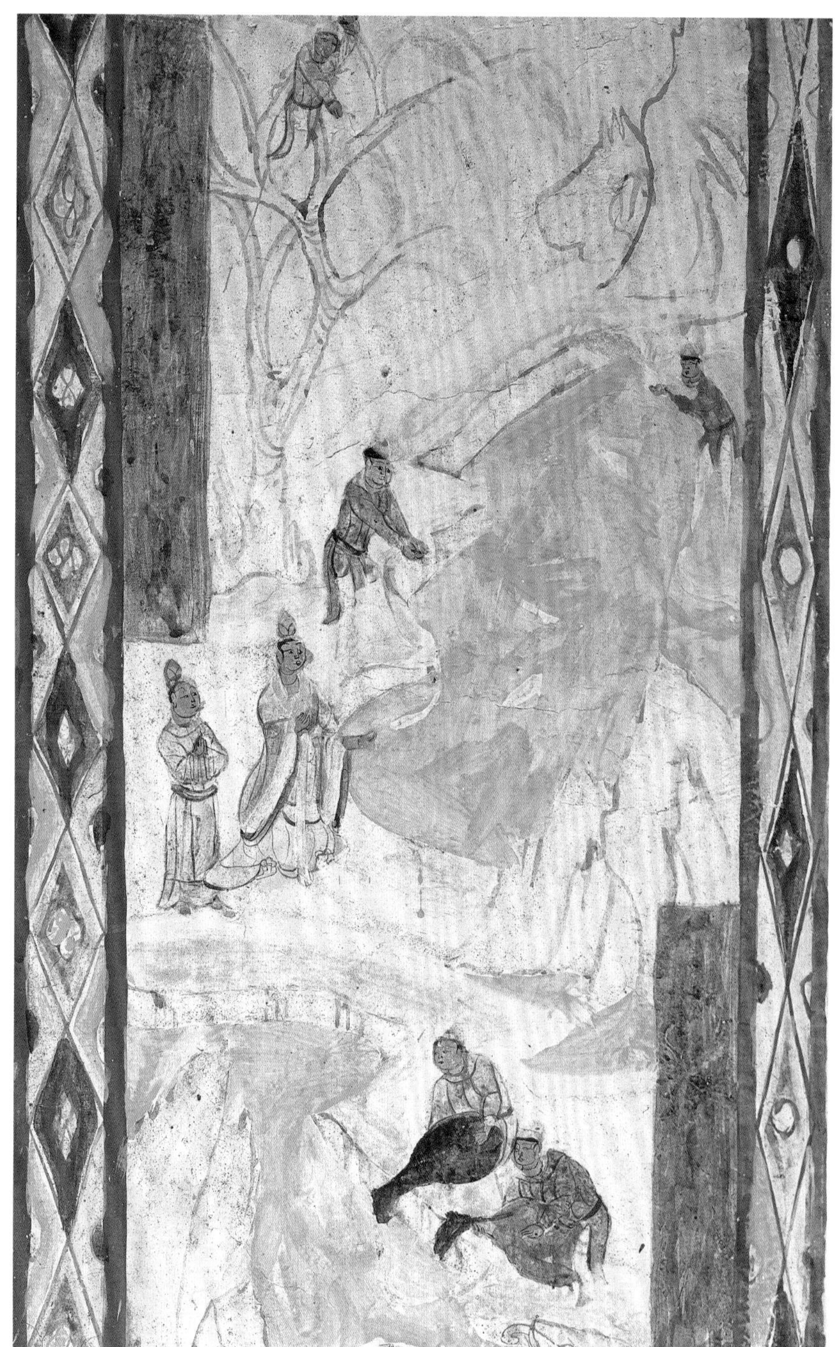

184 **山水**

在“流水長者子”故事畫中，描繪了流水長者與其子為救魚活命而向水池中灌水的情景。輪廓線以淡墨勾勒，稍有形式化的傾向，色彩簡淡，甚至不用色彩，行筆較粗糙，皴擦顯得草率，是這一時期山水壁畫的一個傾向，也表明敦煌晚期山水畫的衰微。

宋 莫55 東壁南側

第二節　西夏及元代的水墨山水巨製

西夏人同樣崇信佛教，在河西一帶修建了不少寺院和石窟，但這一時期在敦煌新營建的石窟並不多，只是大量改建前人的洞窟，重新繪製壁畫。西夏前期的壁畫大多沿襲曹氏歸義軍時期的風格，形式更加簡化了，千佛畫得較多，雖然也有一些淨土變，但佛像千篇一律，建築物整齊劃一，偶爾畫一些蓮荷，也具有圖案化的傾向。山水風景表現極少。西夏晚期出現了新的壁畫風格，如榆林窟第29窟，體現出西夏民族的特點。

西夏時期的壁畫中，山水畫的成分較少，在一些《水月觀音圖》和《羅漢圖》中，作為背景也畫有一些簡單的岩石，如第237窟前室門上部的水月觀音中，表現觀音菩薩坐在水邊的岩石上，岩石的形狀很像太湖石，用墨線勾勒出輪廓，顏色已經脱落，水的表現也看不出來了。第97窟的《十六羅漢圖》中，也畫有不少岩石，用粗線勾勒，岩石的形狀還是沿襲五代以來的特點，但卻沒有五代那種雄健的筆力，暈染也極少，給人一種簡率之感。榆林窟第29窟是可以明確斷定為西夏時代的洞窟，開鑿於公元1193年，窟中的文殊變和普賢變中，用水墨畫出了山水圖景，但山巒像圖案一樣沒有變化，這是一獨特的畫法，大約是受到來自吐蕃的影響。這樣概念化的山水很難説是山水畫，只能視為山水圖案。

榆林窟第2窟西壁門兩側都畫有水月觀音，相傳水月觀音畫題最早是唐代畫家周昉所創，在唐代以後敦煌壁畫中較為流行。此窟西壁北側的觀音菩薩坐在岩石上，後面露出幾叢修竹。岩石下面有碧綠的水池，畫面右上方畫出一彎新月，旁邊是彩雲繚繞。在觀音腳下的山水具有遠景的效果，右側岸邊還畫出唐僧一行正在仰望菩薩。這種近景岩石與遠景山水的組合，給人以超脱現實之感，從而表現出觀音的神聖。西壁南側的觀音菩薩也坐在岩石上，一輪圓月形成一個透明的光環，籠罩在觀音身上。觀音腳下的水邊，草木豐茂，流水潺潺，富有意境。圖中的岩石修竹、山泉流水、浮雲明月等景物都描繪得十分嫻熟，表現出很高的繪畫造詣。此窟東壁在故事畫中，也畫出了一些水墨山水，如東壁南側的説法圖背景，用墨筆勾勒出山峯的輪廓，再用水墨水暈染，表現出雄奇的景色。

西夏晚期到元代，敦煌較多地受到來自中原的影響，特別是兩宋以來中國內地流行的水墨山水畫影響到了敦煌一帶。在榆林窟第3窟出現的水墨山水巨製，反映了一種前所未有的新風，是敦煌晚期山水畫的傑出代表。

在榆林窟第3窟內，繪於西壁窟門兩側的文殊變和普賢變特別引人注目。文殊變高375厘米，寬250厘米，畫面的上部描繪出山水景物，象徵五台山。山呈

“品”字形佈局，主峯突起，在雄偉的山峯下建有寺院殿宇建築，烘托出宗教氣氛。主峯的前面畫出兩峯相對如闕，從兩峯間向外湧出一片火來，右側的山下有一個山洞，兩道森森的大門半掩，從中透出一道神秘的光來。在主峯右側有一道虹橋，橋上人物徐徐前行。這些景象都與五台山的種種傳說有關，如在莫高窟第61窟的《五台山圖》中，就有“化金橋現處”、“金剛窟”、“那羅延窟”等題記。雖説是宗教的內容，畫家卻能使山水景物保持完整，並增添了神秘的色彩。在主峯的右側又輔以三重山巒，由遠及近，使主峯顯得厚重、豐富。右下部接近大海的地方，畫出水濱淺灘上的岩石和樹木。左側的壁畫有部分脱落，不過還是可以看出構圖的意圖。遠處的山峯與中央的主峯相對，明顯地形成主客對照，房屋建築大多掩映在山巒和樹木之中，並多作側面描繪，與主峯下描繪畫建築的正面相對，形成賓主揖讓之勢，左側下部突出一組山岩，把近景和遠景連繫起來。同時又於近景和遠景之間畫出雲霧和樹木等，體現出迷茫的空間感。

門南側的普賢變高365厘米，寬204厘米。上部也畫出山水，畫幅可以從中軸線分為兩個部分。左半部分以兩座雄偉的山峯佔據了畫面的主要位置，在兩峯之間，有一道瀑布瀉出。主峯後面的遠景是雲霧繚繞的樹叢，由遠及近可以看到淡墨畫出的山峯及流水，近處的巨石上有泉水流下。在左側下部的台地上畫出唐僧取經，又與上部的山水隔水相望。畫面中央的一組山巒，看起來具有照應左右兩側的作用，在兩側的山岩下都畫出巍峨的樓閣殿宇，在山峯左下部的山岩下，則畫出簡單的茅屋及有柵欄的院落。

右半部的山水較單純，有一座山峯聳立，近處的山脈蜿蜒而上與其相連，其間崎嶇的岩崖十分險要。山左側畫出雲霧中的樹叢與畫面左半部的山峯相接，在靠左側的山峯中畫出亭閣及殿宇，與這一片景色相呼應。其中又以淡墨畫出溪水，具有深遠之感。畫面右側用淡墨畫出平遠的景色，下部是綠樹及茅屋、柵欄。通往這些房屋可以看見岸邊樹叢傍的小路，表現出山的“可居”、“可遊”的特點。近岸邊畫出巨大的岩石。

若從兩鋪經變的全圖來看，由於畫中心是以文殊、普賢為主的人物，而山水畫在彼岸應為遠景，但山水的處理又可獨立成篇，山、水、樹、石、建築等景物之間分別體現出遠近關係，表現出高遠、深遠、平遠三遠景色的不同特點。

普賢變中佔主要地位的山峯，畫得雄奇壯觀，具有五代初年的畫家荊浩、

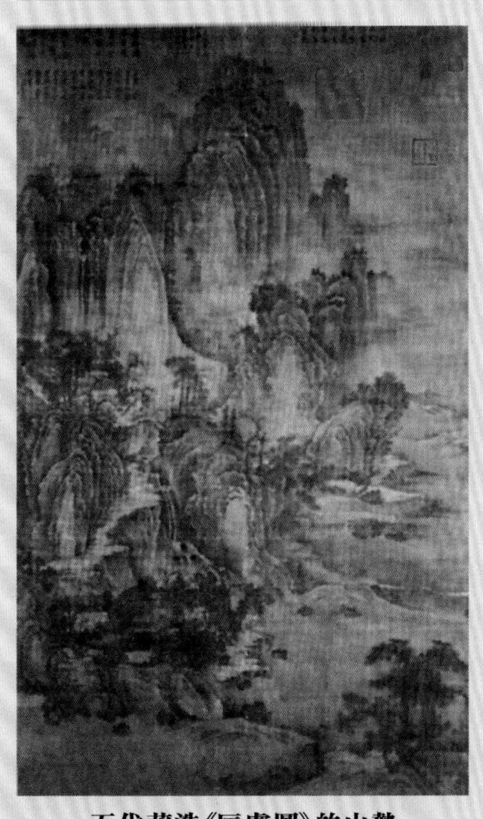

五代荊浩《匡廬圖》的山勢

畫法明顯來自范寬的影響。但是更多的樹木體現出江南一派山水畫的意境，普賢變左上部山水中，用點法畫出雲遮霧障的樹木，與“米家山水”畫法十分相似。另一種樹法出現在文殊變的山水中，畫面左側的水濱畫有一株挺拔的樹，筆法剛硬，類似南宋馬遠的樹法。

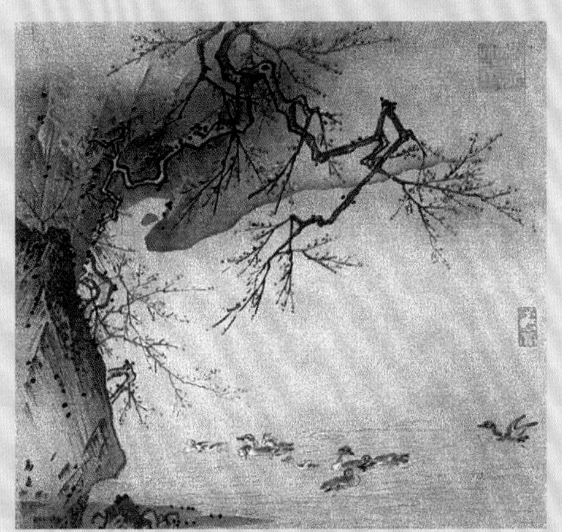

南宋馬遠《梅石溪鳧圖》的樹法

關仝一派的典型畫風。從山勢看，就高遠取景，強調主峯的雄渾，可以看出類似北宋畫家范寬的華北山水畫的風格特徵。若從空間的處理來看，榆林窟的壁畫顯然還有許多新的手法，如在多重山峯中表現出相互揖讓、向背關係，以及從中體現出的深重、繁富的層次，特別是在構成上有意用三遠法表現高遠、深遠、平遠的作法，使畫面顯得無限豐富。

樹法中有一部分頗似北宋名家技法，如普賢變右側表現枯枝的技法，其

此窟窟門上維摩詰經變中殘存一幅山水小景，這幅畫純用淡墨暈染，沒有輪廓線，為沒骨山水。右側畫出山中有一所房屋，屋子前有曲欄，曲欄環抱的大約是水池。中央的兩座山峯墨色濃重，畫面左側作遠景，可以說是一幅平遠山水圖，與米友仁的畫風十分接近。如果不是對水墨技法的高度掌握，是不可能在粉壁上畫出這樣的效果的。

關於榆林窟第3窟的開鑿年代，有西夏和元代兩種看法，若從山水畫來看，在元代的大一統形勢下，出現這種大規

模的山水畫新風，可能性更大。

榆林窟第4窟開鑿於元代，也在門兩側畫出文殊變與普賢變，這裏作為背景的山水畫不是水墨畫而是鮮艷的着色山水，也就是青綠山水。然而，這裏的青綠山水與唐代以來的青綠山水有所不同，其中融入了兩宋以來新的筆墨技法。山峯具有厚重的質感，山上畫出建築和樹木，岩石施以皴法，用石青和石綠色染出，山峯背後畫出的樹木遠景等，與榆林窟第3窟的樹木畫法一致。山巒的形式及色彩暈染等技法與南宋趙伯駒的《江山秋色圖》（一説為北宋晚期）相接近。

敦煌的西夏、元代山水畫雖然數量不多，但在藝術水準上具有較高的造詣，基本可與中原畫壇相銜接，這對於中國山水畫的傳承體系研究具有重要的意義。毫無疑問，敦煌壁畫上的山水在中國山水畫史上所佔地位是無可替代的。

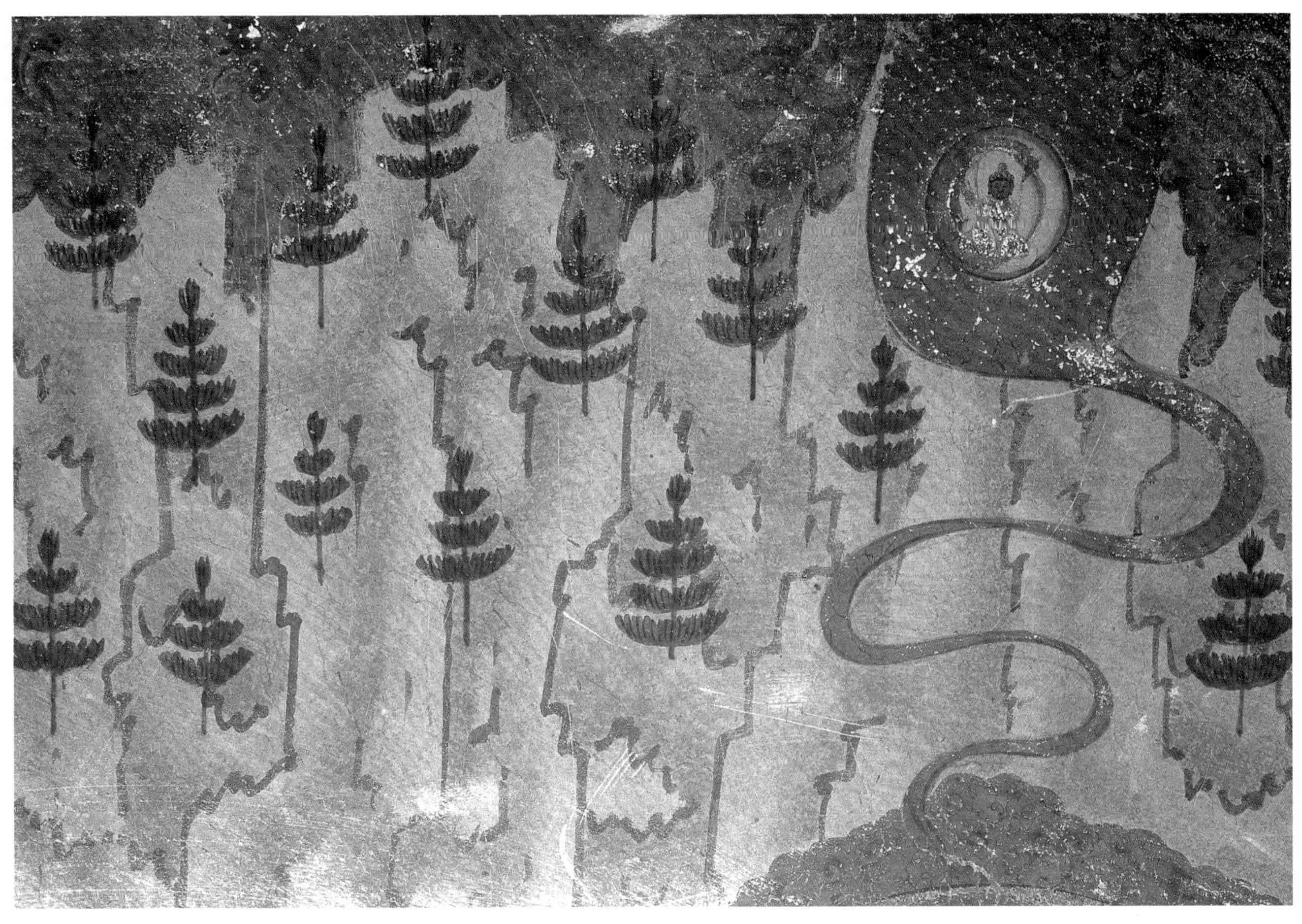

185 **山石樹木**

山的畫法很獨特，山巒就像岩石一樣，樹木像花草一樣點綴其間，山中的層次以淡墨暈染，表現出一定的立體感，畫面具有圖案般的裝飾性。

西夏　榆29　東壁

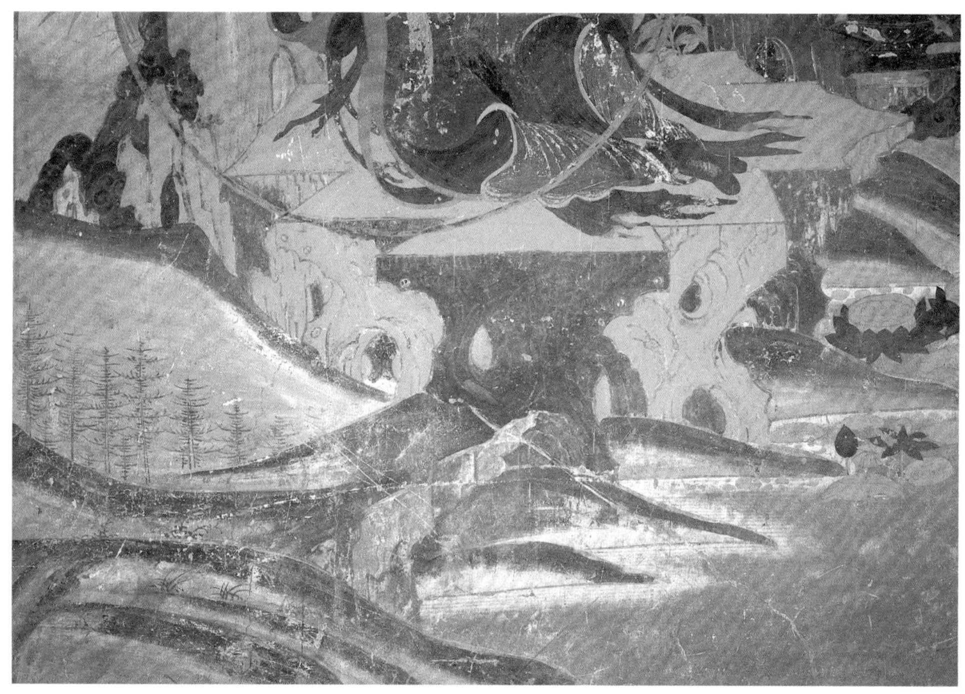

186 **樹林及洞石**

畫在觀音座下的岩石用青綠色染出並用金線勾勒，顯得十分富麗。左側山間樹林表現出北方寒冷地帶的針葉林特徵。

西夏 榆2 西壁北側

187 **山間流水**

岩石下的流水描繪工細，可見水面濺起的浪花。水草的描繪也運筆挺拔，富有書法意味。

西夏 榆2 西壁南側

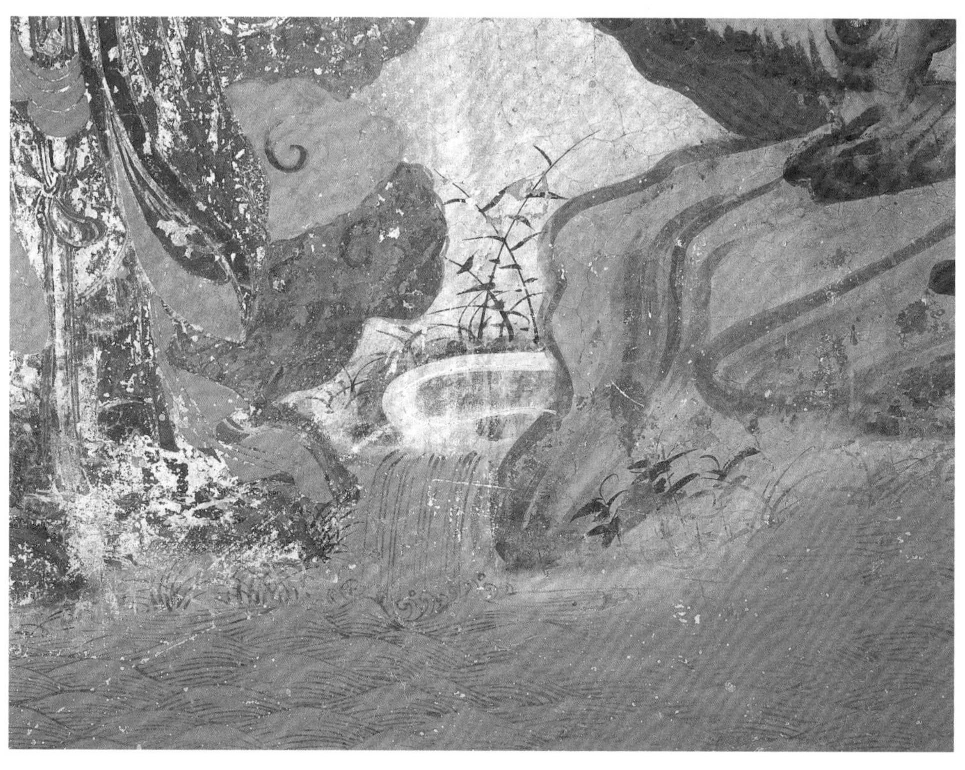

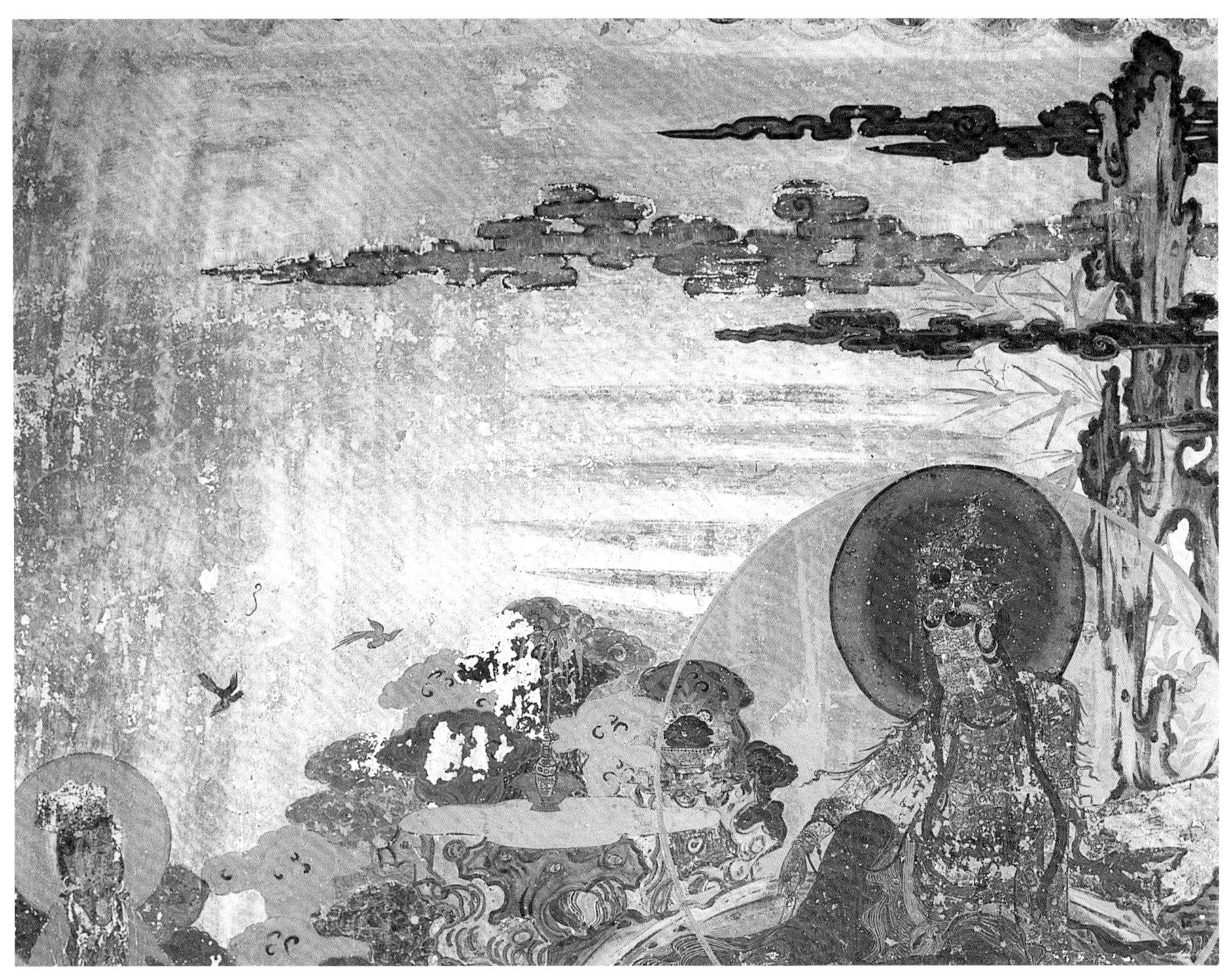

188 洞石、翠竹、流雲

觀音菩薩身後的洞石以及上部的彩雲描繪華麗，岩石後伸出的竹以雙鈎繪出，色彩層次豐富，意境清新，富有裝飾性。

西夏 榆2 西壁南側

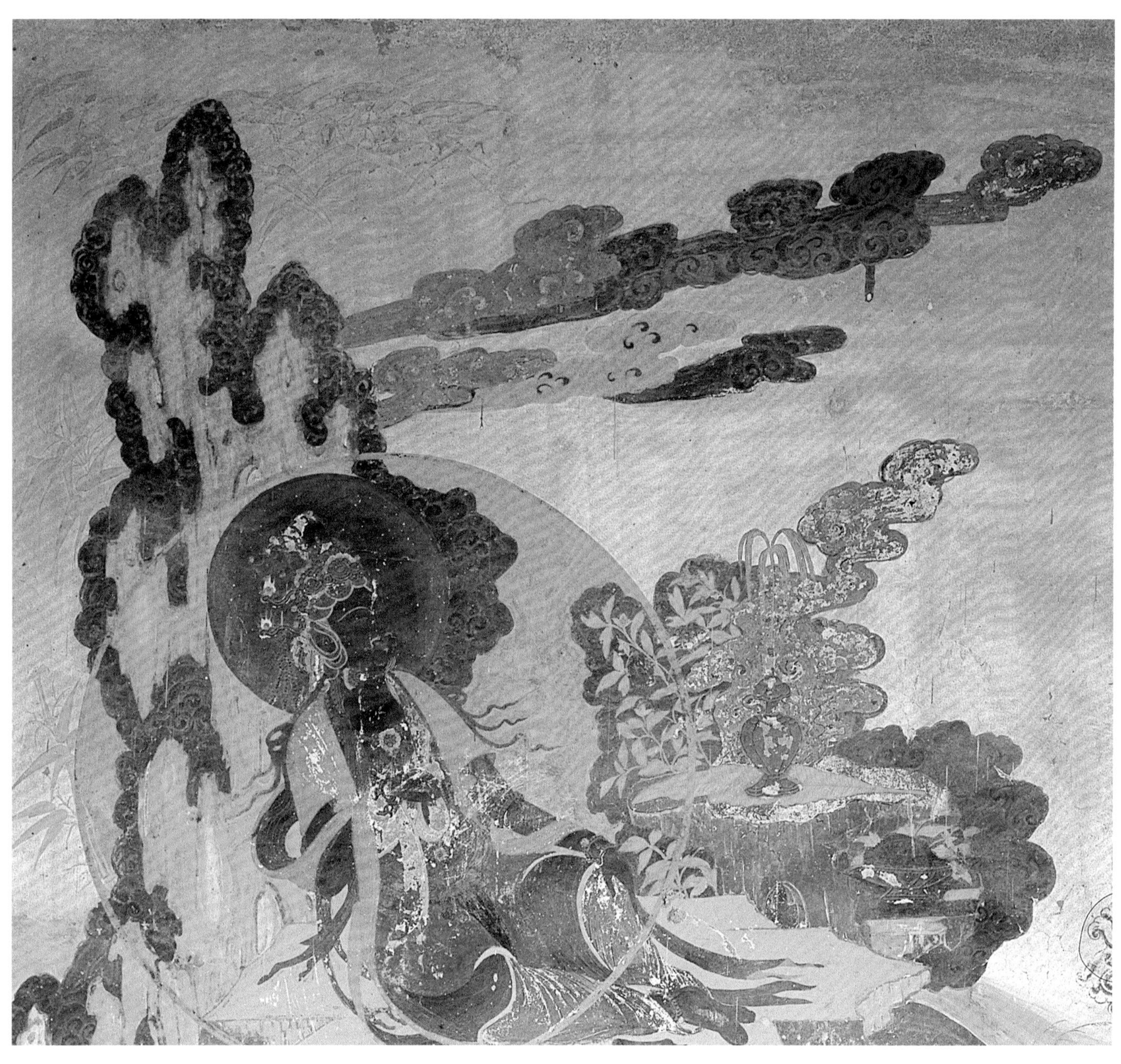

189 **洞石、翠竹、流雲**

觀音菩薩身後的洞石玲瓏剔透，具有太湖石的特點，環周生出如意形雲朵，翠竹色彩濃重，畫面富於裝飾性。

西夏 榆2 西壁北側

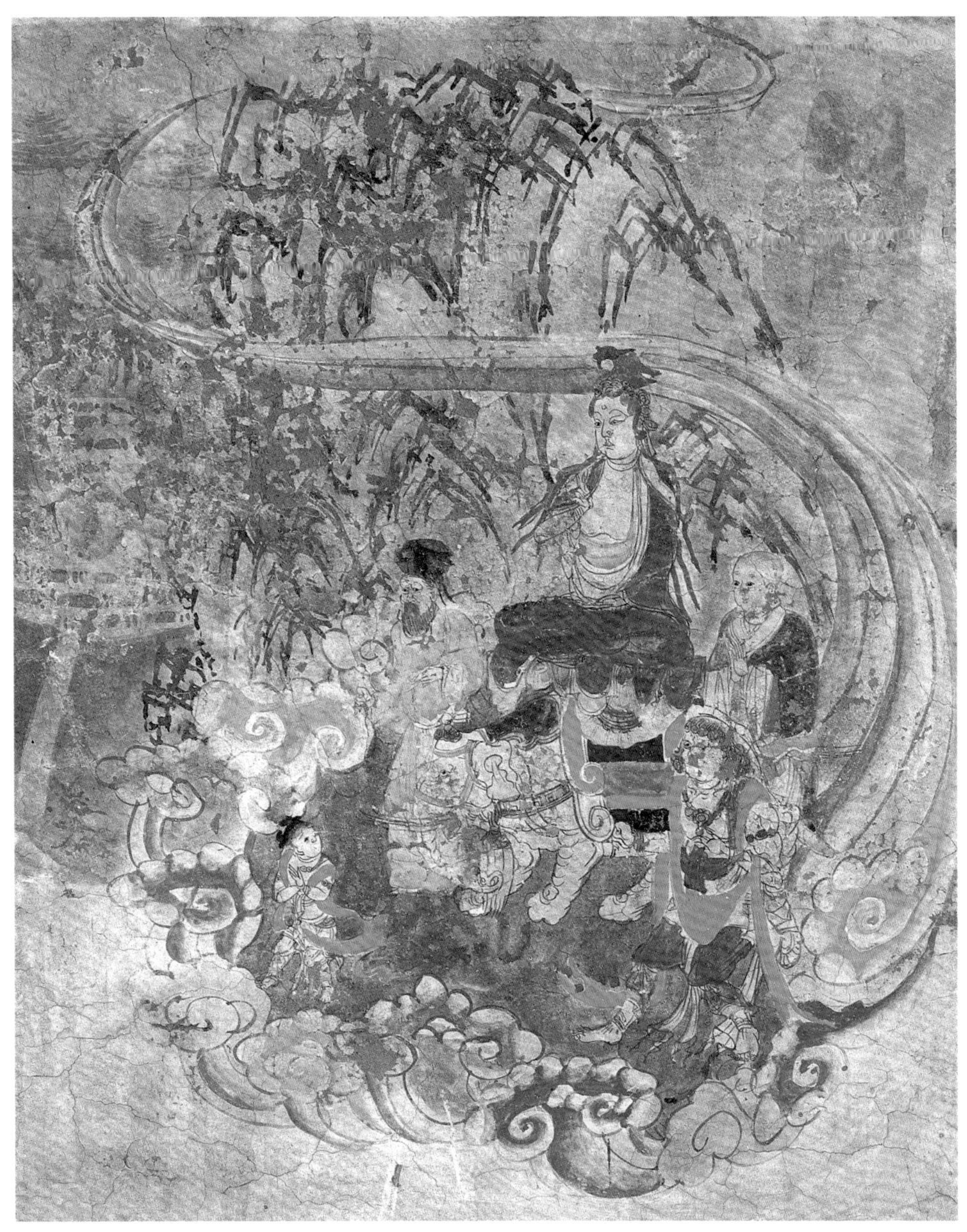

190 高山

畫在普賢菩薩身後的高山好似一朵含苞待放的蓮花，氣勢通貫，筆墨流暢，山頭皴法類似折帶，較為獨特，表現出兩宋以來水墨山水畫對石窟壁畫產生的影響。

西夏 榆2 東壁

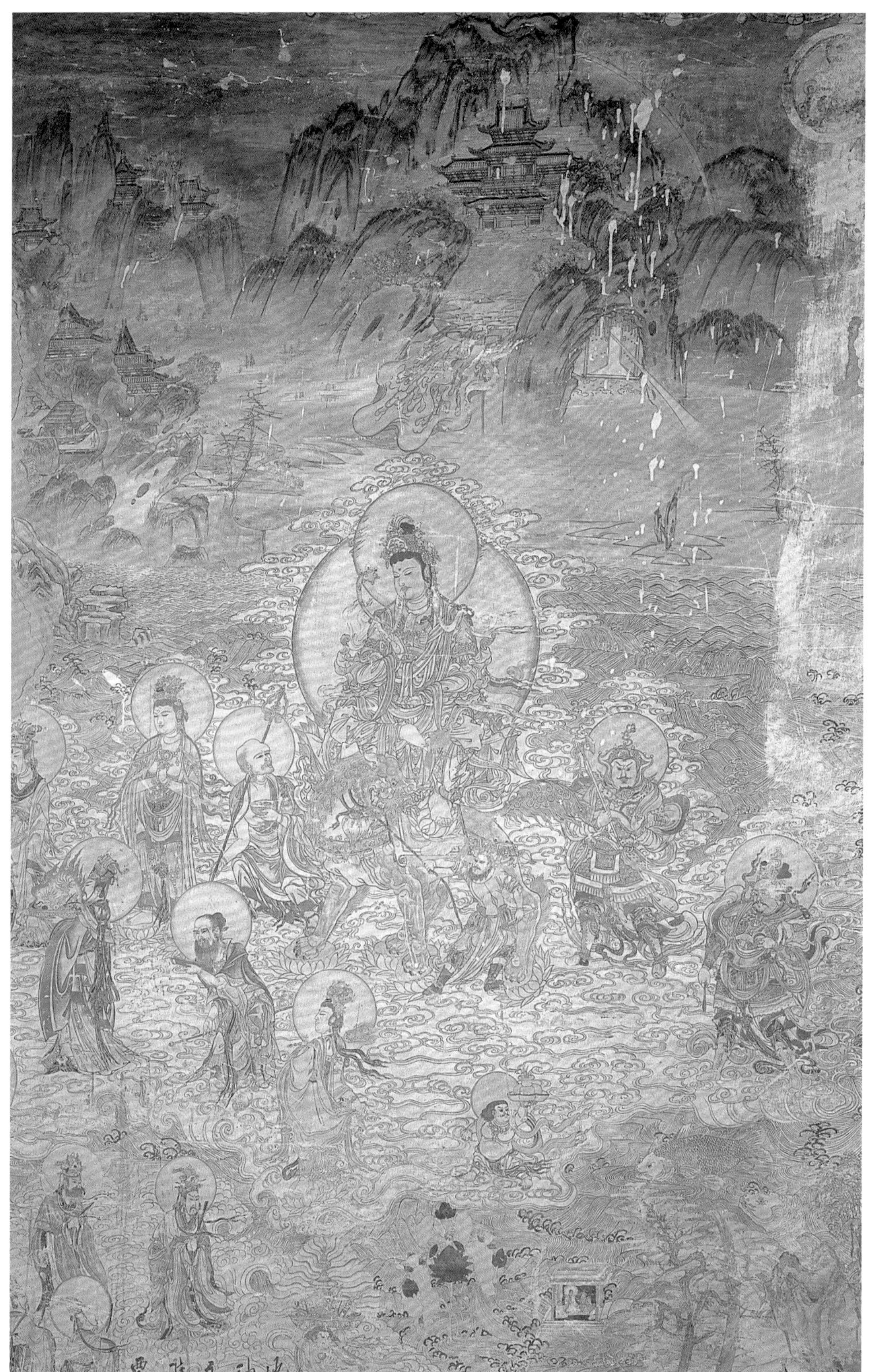

191 五台山

畫在文殊變中的五台山，中台山腰處建有寺廟，四周羣峯環抱，山山建寺，右側的山上還有彩虹橋，下有洞窟，窟中透出一束光線。這些景色都與文殊菩薩的道場——五台山的傳説相關。

西夏至元 榆3 西壁南側

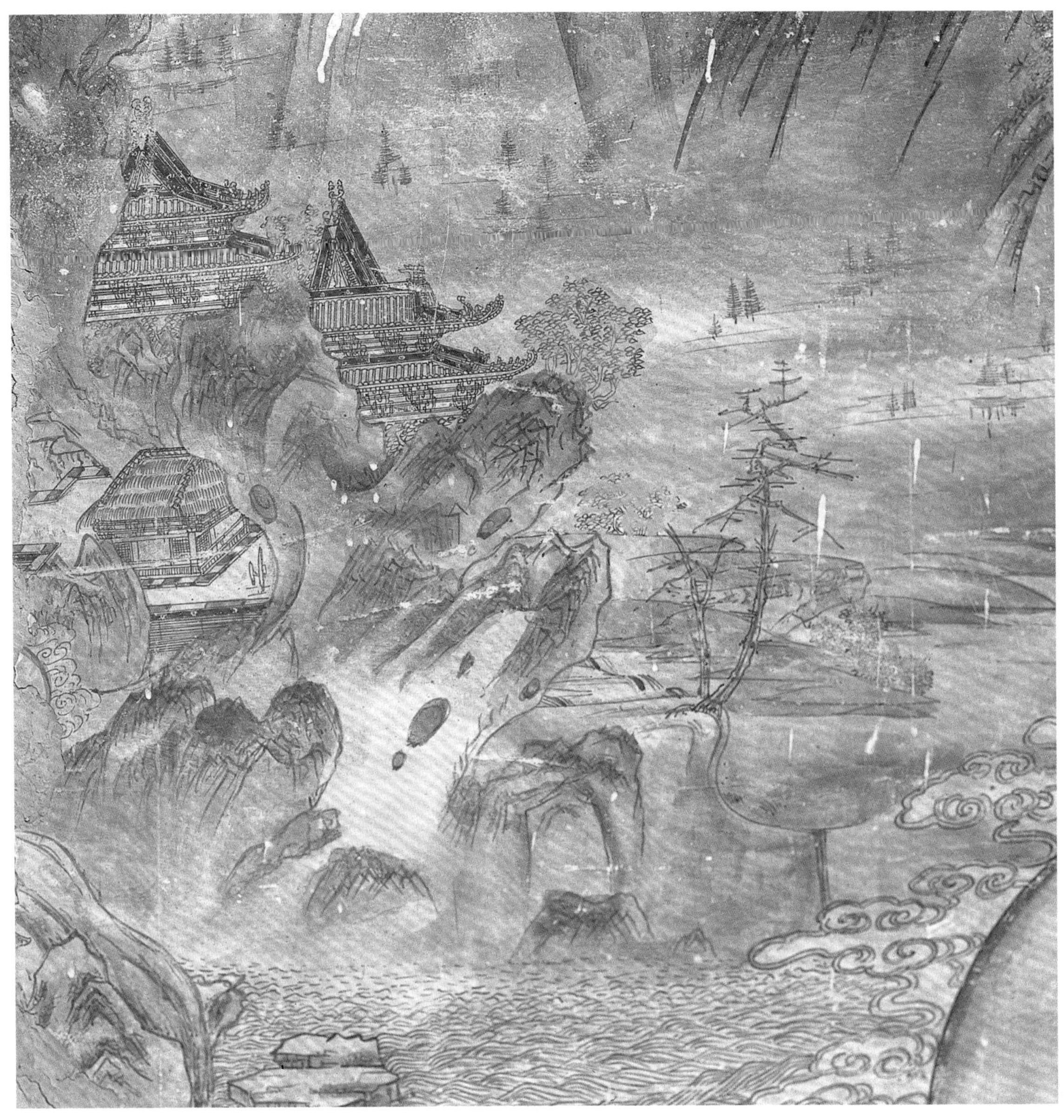

192 **五台山（局部）**

在峻峭的山崖上，有一莊嚴的寺院，山腰處有一茅庵，體現出文人式的雅趣，這是宋代以來山水畫的一種特徵。

西夏至元 榆3 西壁南側

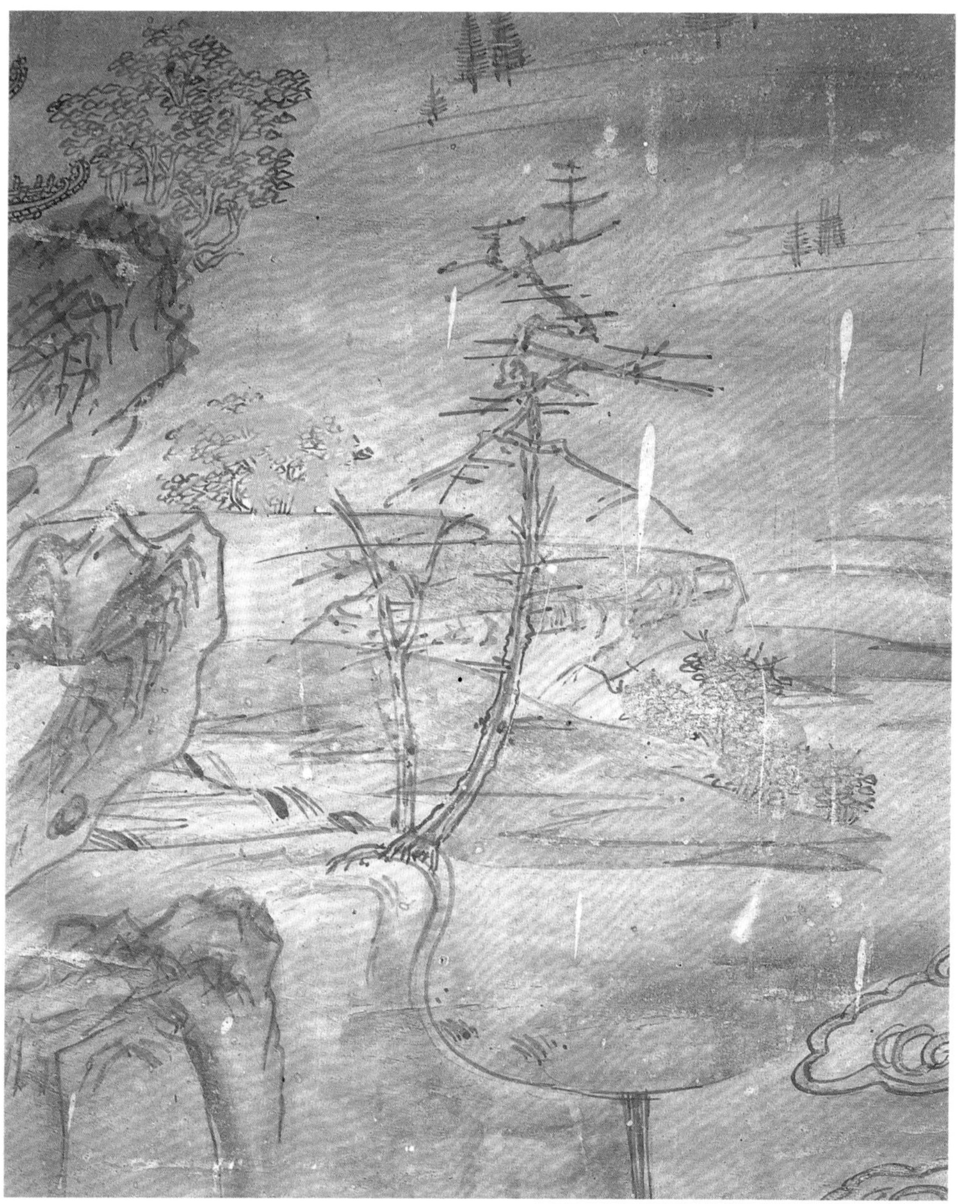

193 **樹木**

畫在水濱的枯樹，樹的枝幹挺拔，行筆勁健有力，具有南宋畫家馬遠畫風。

西夏至元 榆3 西壁南側

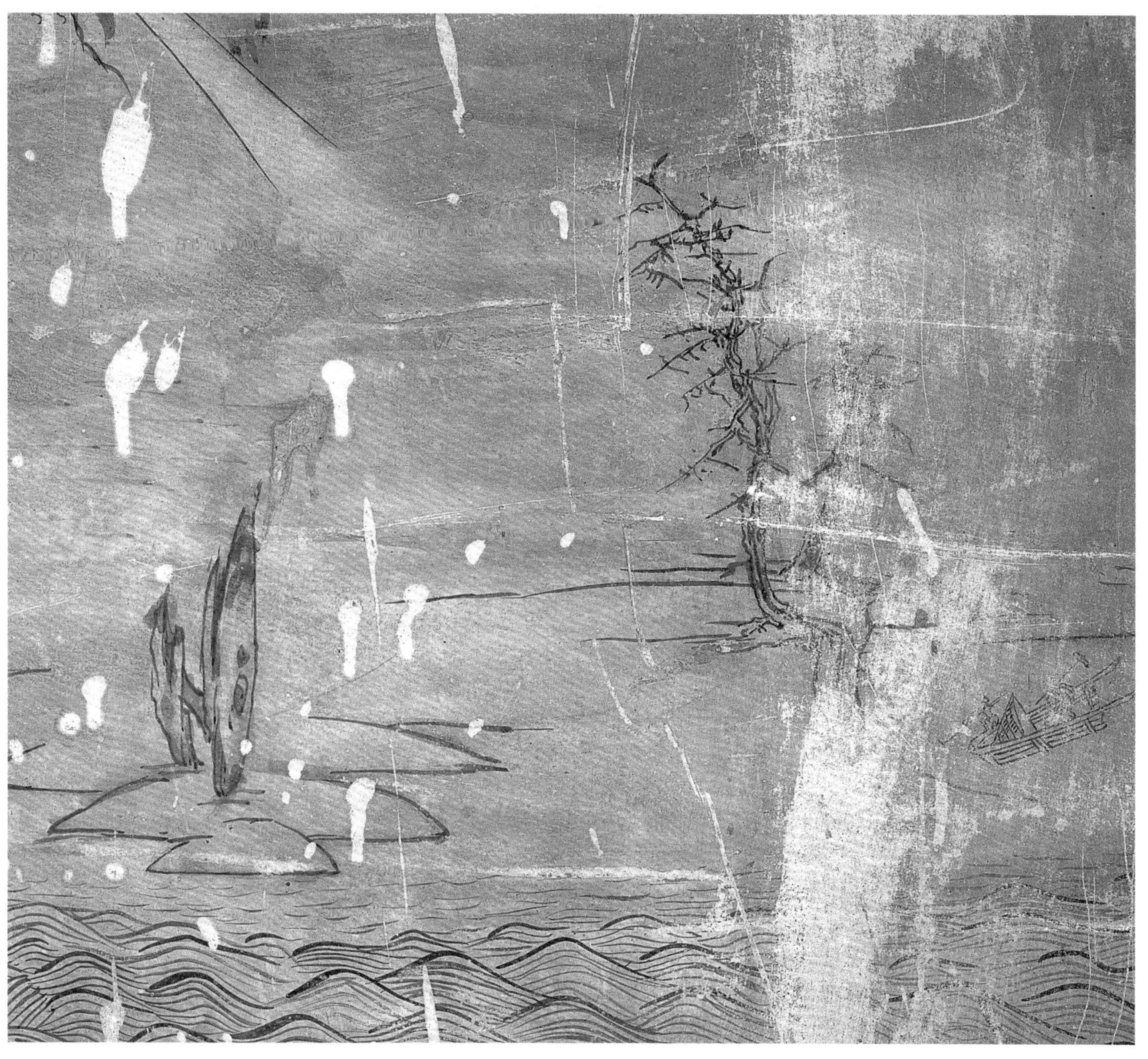

194 **水濱樹石**

在大海之濱空曠的淺灘裏，樹立着孤零零的兩塊石頭和兩棵樹，這樣的景色頗有點類似宋代的小景畫的意境。

西夏至元 榆3 西壁南側

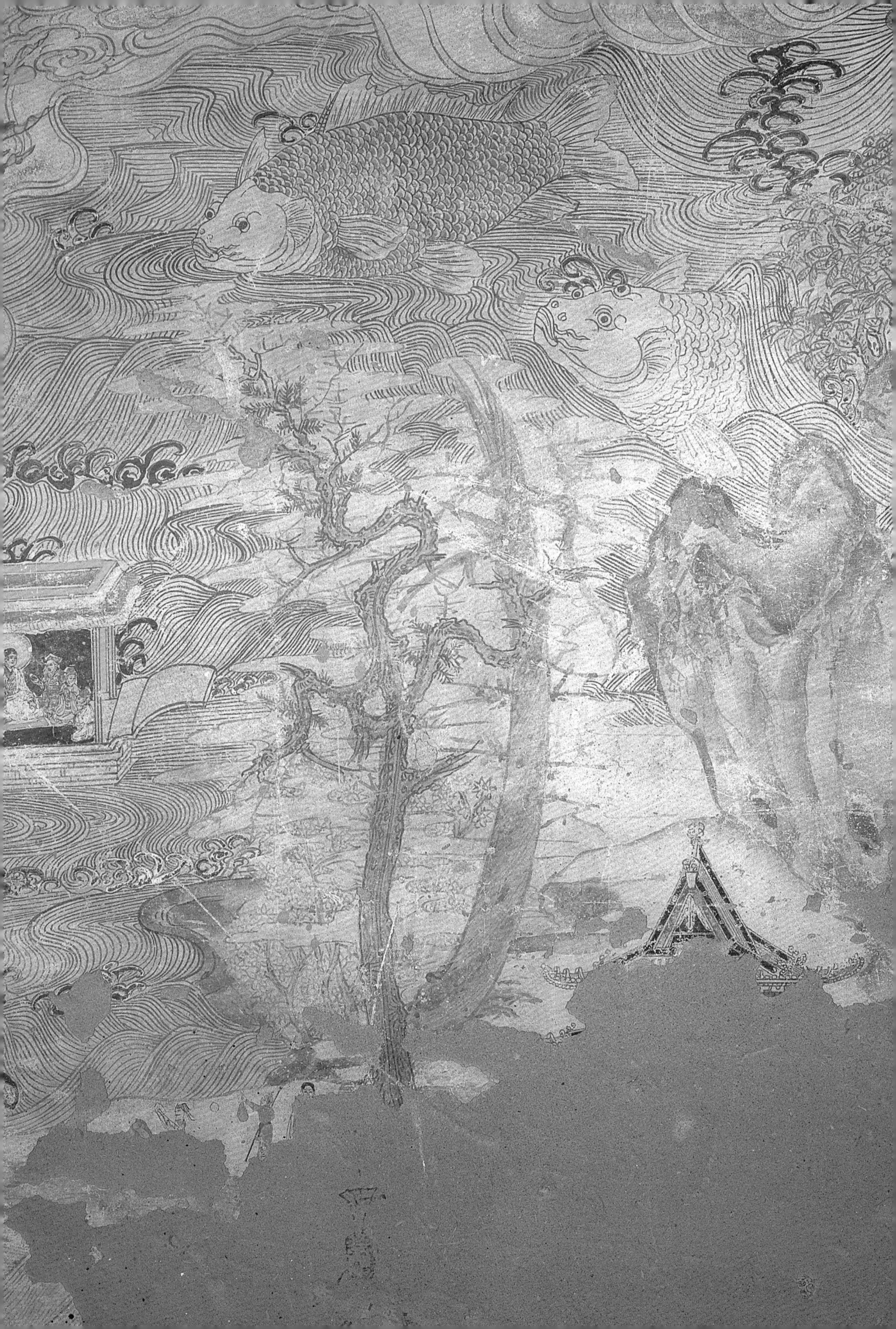

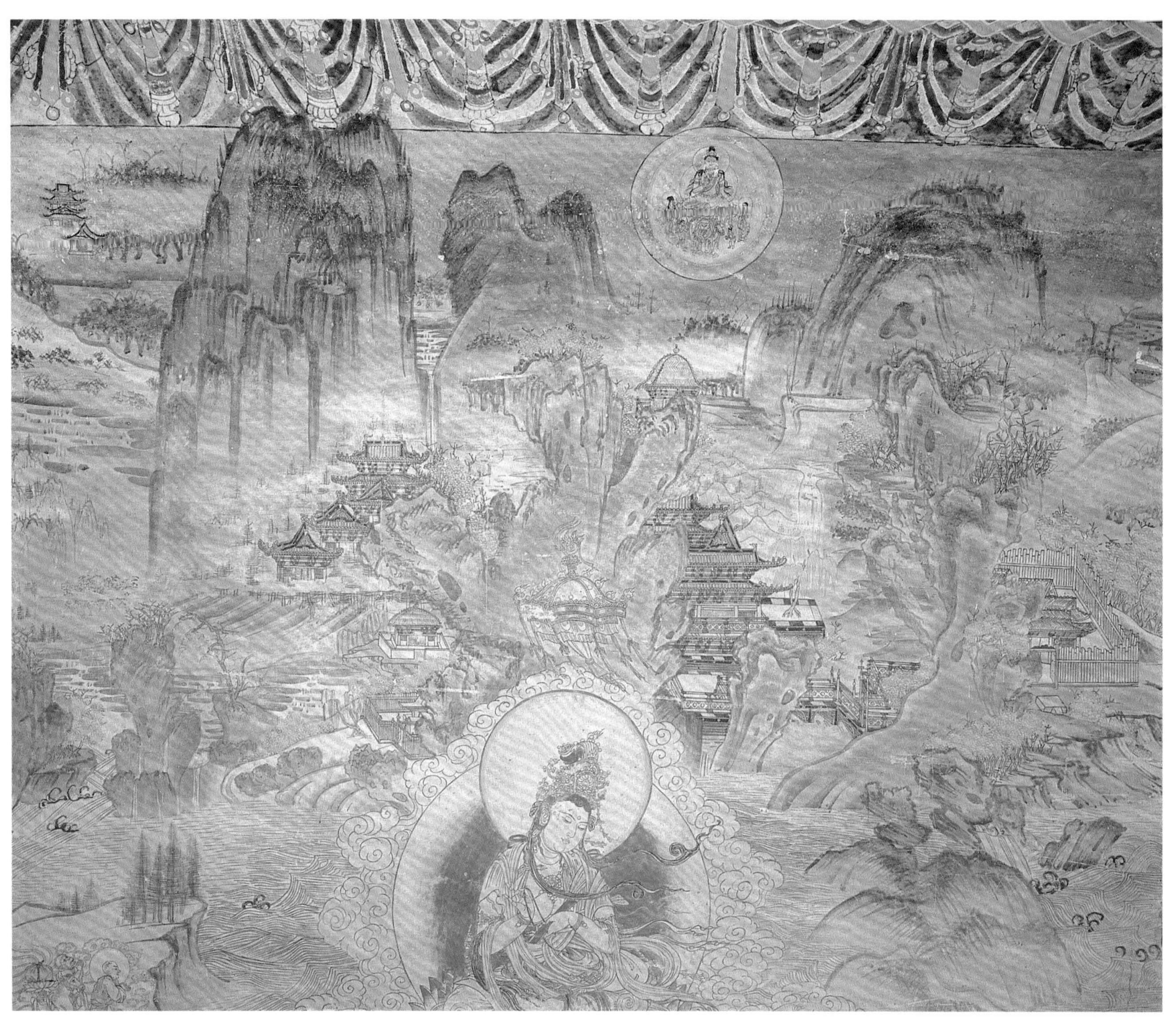

196 高山

畫在普賢變中的高山，山峯陡峻，兩峯之間有泉水流出，右側的山崖呈"S"形延續到近景。山峯間畫出遠景，其間溝壑縱橫，樹木蒼鬱。雲霞飄渺，寺院隱現。不僅整體構圖宏偉，氣勢磅礴，而且細部刻畫也極為豐富，饒有情趣。

西夏至元 榆3 西壁北側

195 樹石

畫在近景中的樹石，左側兩棵古樹，從枝葉上看，像是松樹。背後還襯托着樹叢，右側畫出山崖，樹石後面，可見海中巨大的魚。

西夏至元 榆3 西壁南側

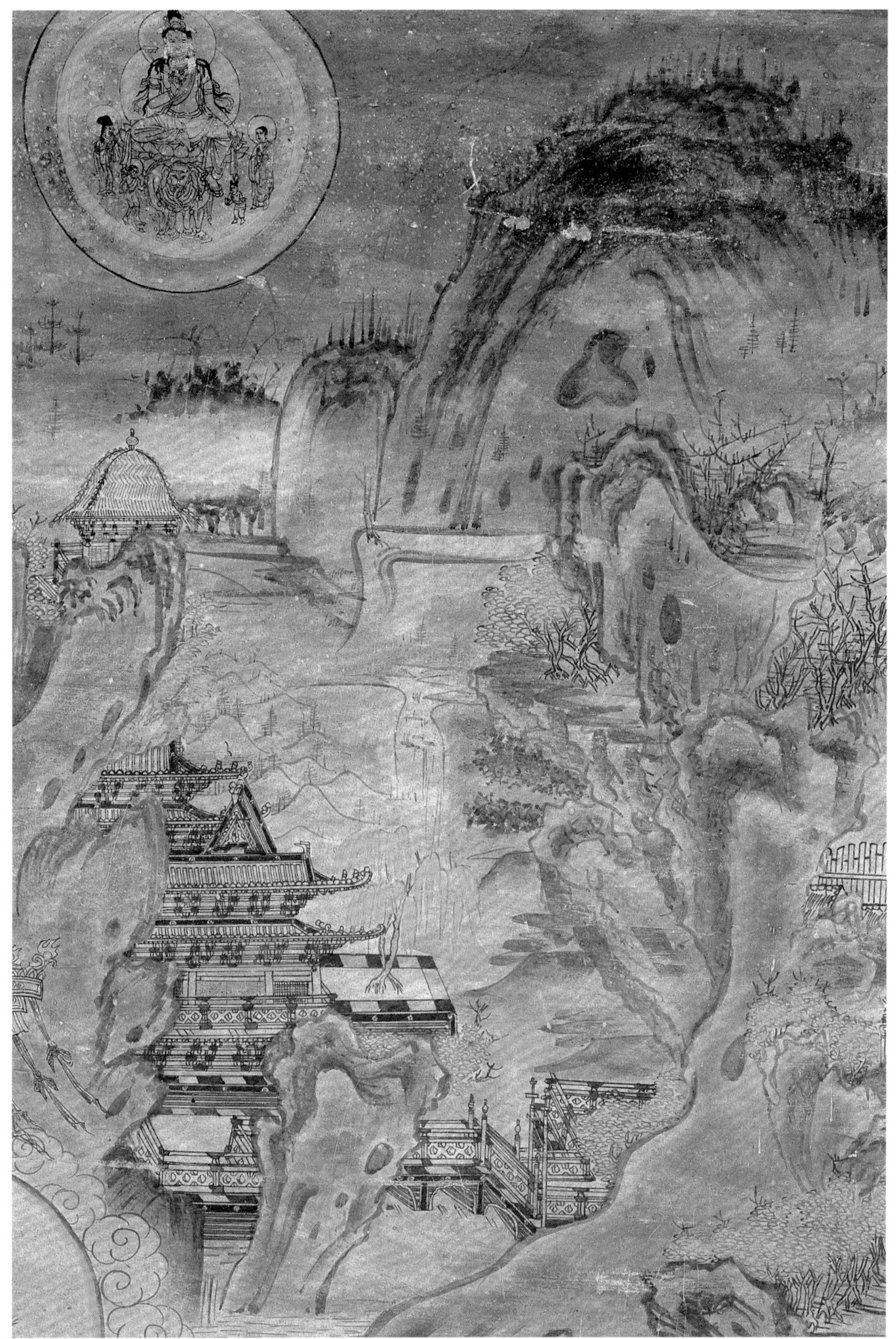

197 **深谷殿閣**

此圖是前圖的局部。山脈走向曲折，峽谷中的殿閣山環水抱，叢林及雲霧，形成深遠迷茫的氣氛。

西夏至元 榆3 西壁北側

198 **山中流泉**

兩峯之間在遠景中畫出泉水經數次跌落，然後流出，形成瀑布。近處的山崖和廟宇與瀑布遙相呼應，構圖完美和諧。

西夏至元 榆3 西壁北側

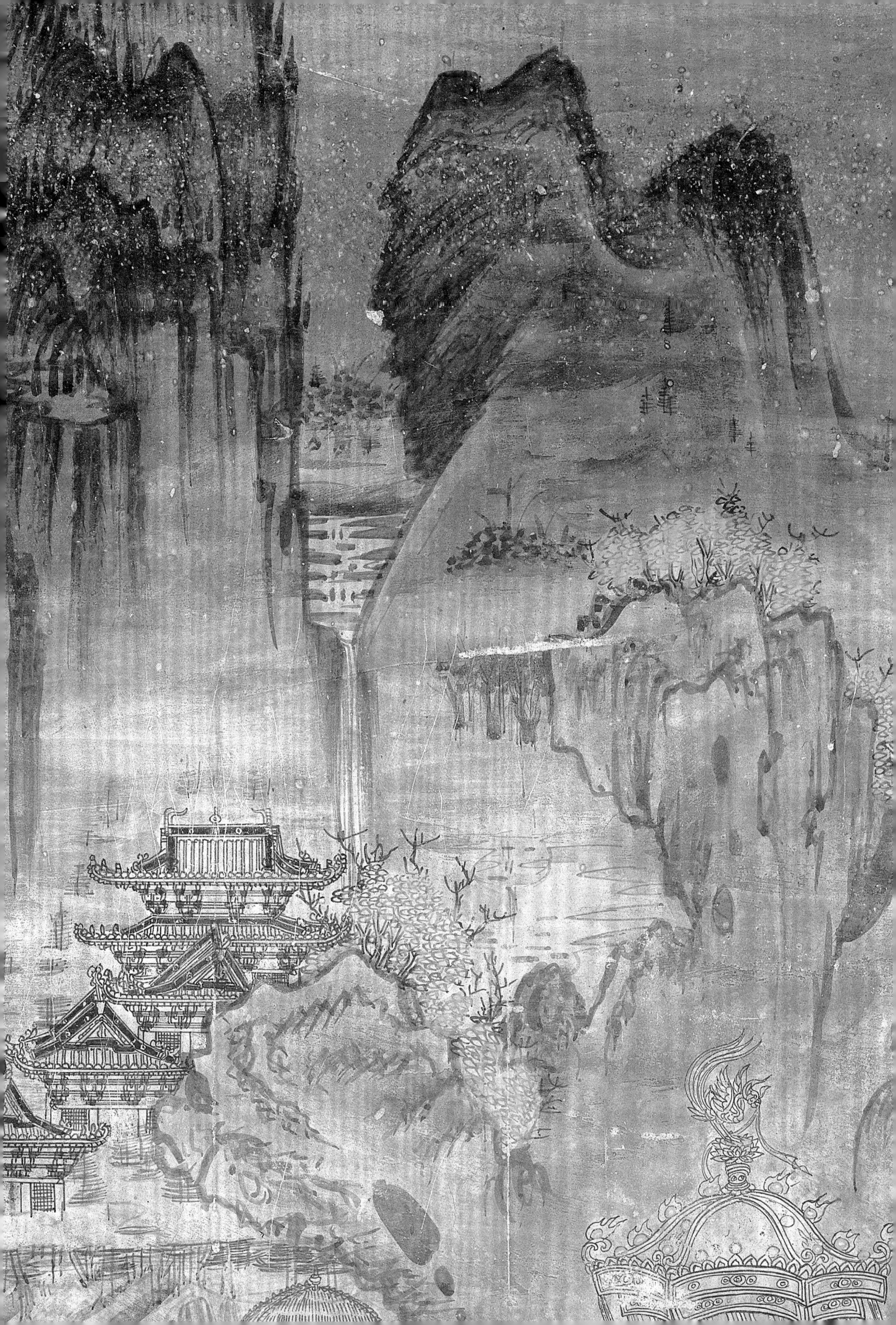

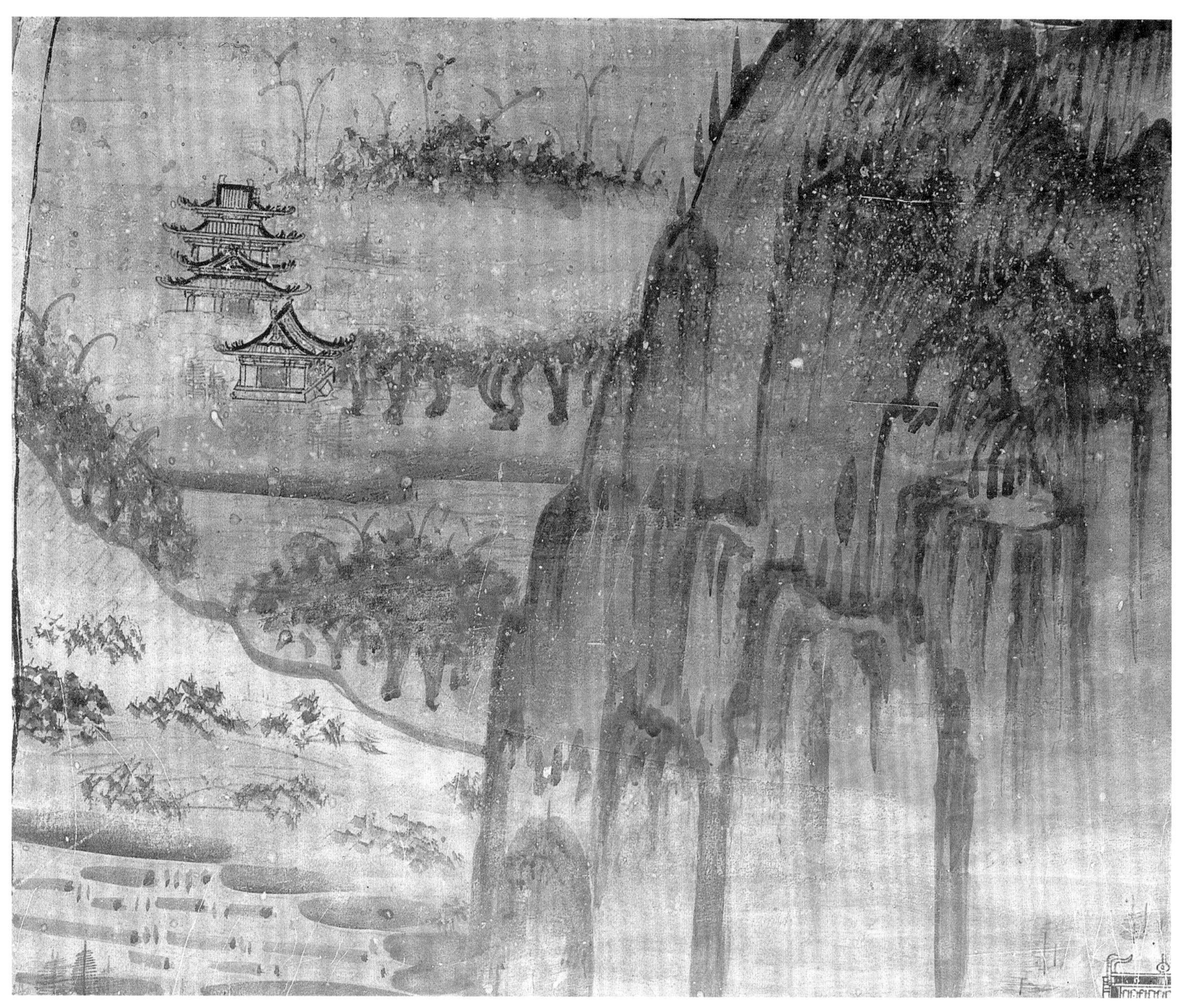

199 山中霧氣

山峯的岩石層層疊疊，山後的遠景是寺廟和樹林，樹林被雲霧遮住，只能看見上部的樹梢和下部的樹根，給人以寒煙如織的感覺。山的皴法與暈染結合，描繪出石面的向背。

西夏至元 榆3 西壁北側

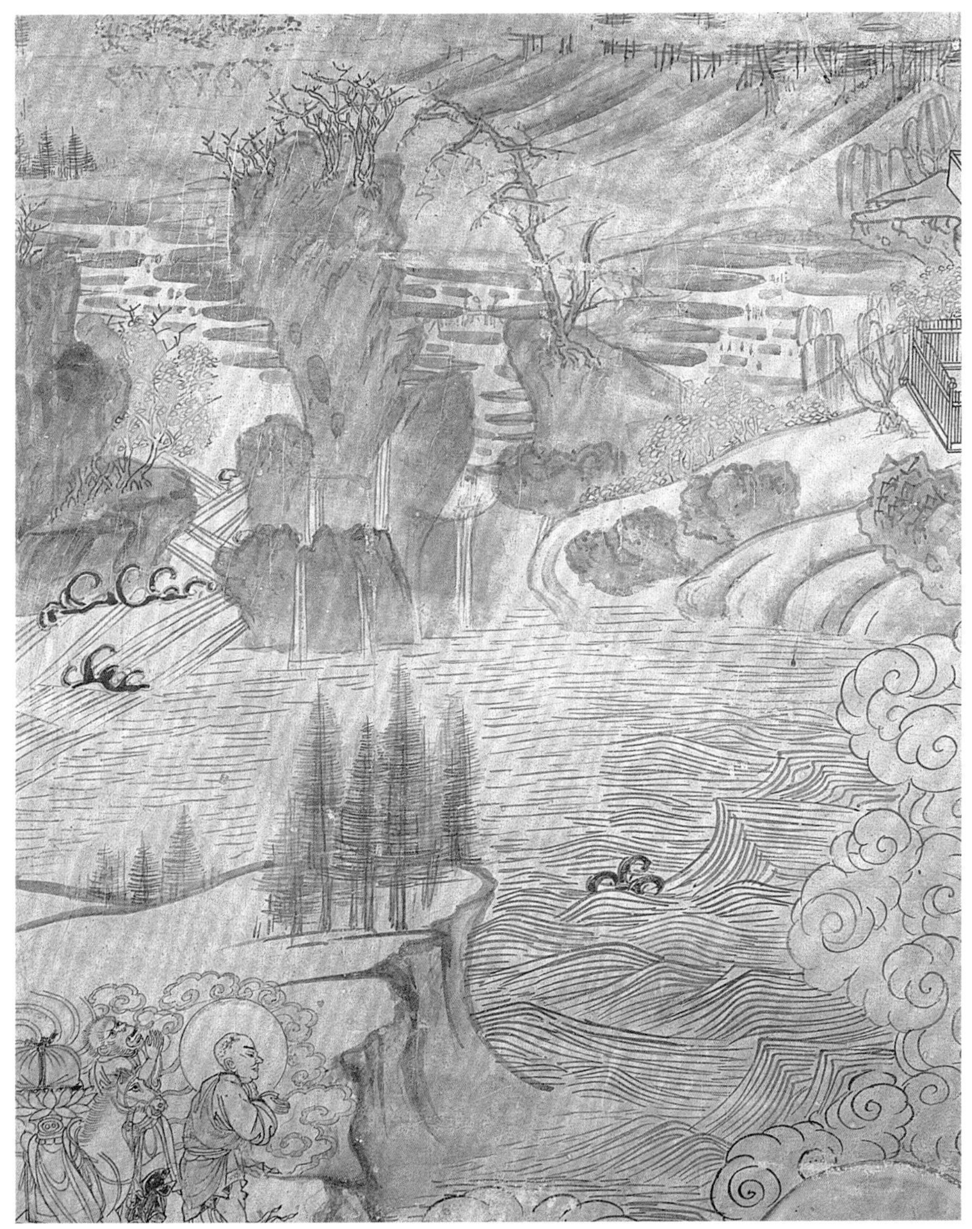

200　海邊台地

近景是大海邊的台地及寒林，與之隔水相望的景物是遠處的河流及樹叢。

西夏至元　榆3　西壁北側

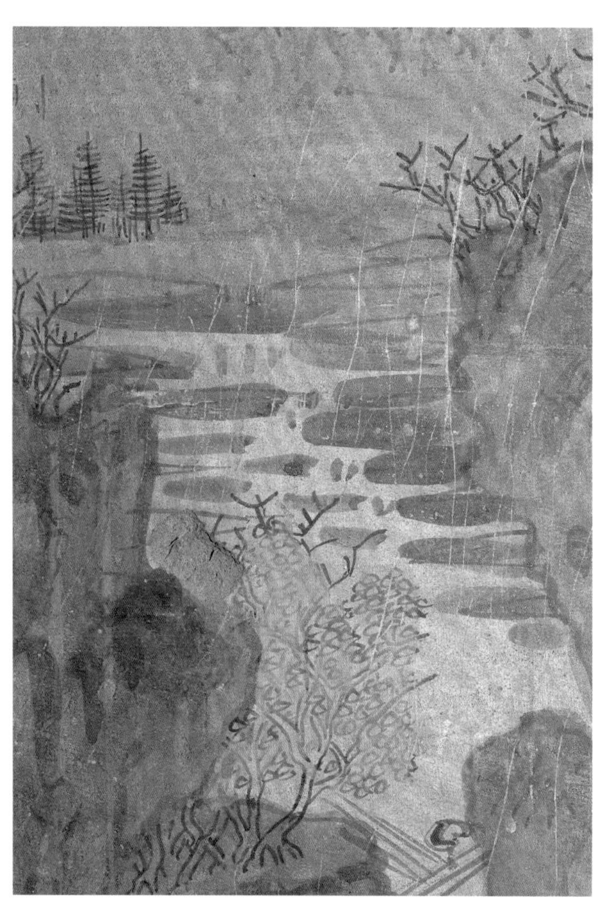

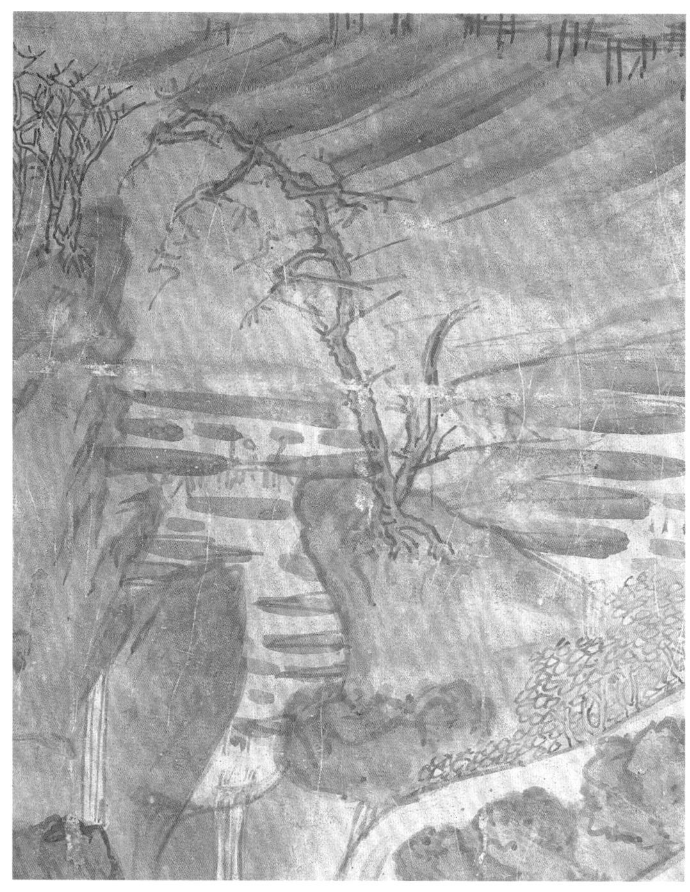

201 汀渚流泉

從遠處流下的泉水，蜿蜒重疊，經岩石上流出，遠近的層次表現清晰。

西夏至元 榆3 西壁北側

202 枯樹

樹葉已掉光了的枯樹，聳立在岩石上，旁邊還有一株只有半截的樹幹向右傾斜。枝幹硬健，佈局也很有章法。

西夏至元 榆3 西壁北側

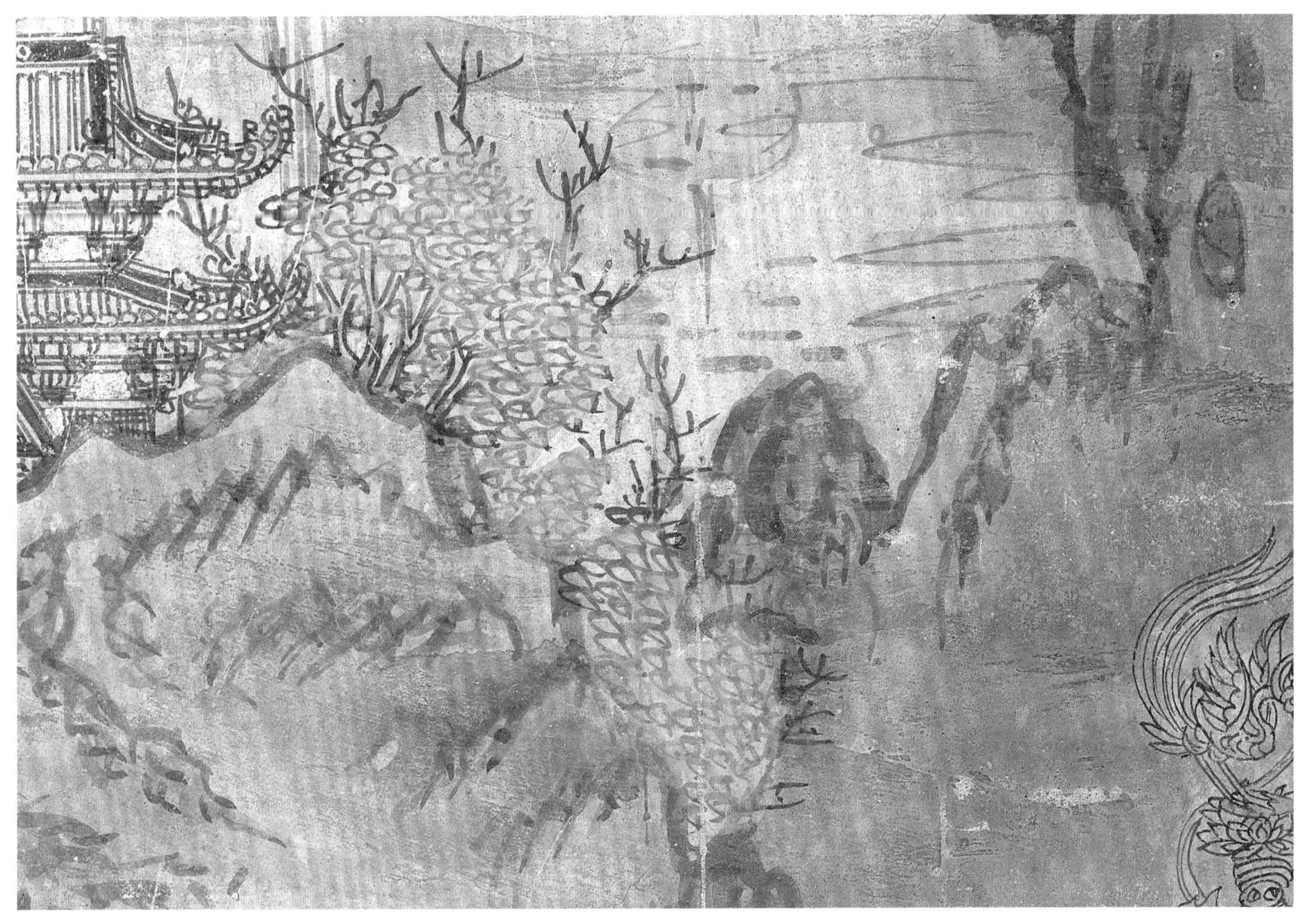

203 **岩間樹叢**

岩石突起，後面露出殿宇及雜樹叢，岩石用折帶皴法畫出，樹葉用夾葉法畫出，樹梢行筆挺拔。

西夏至元 榆3 西壁北側

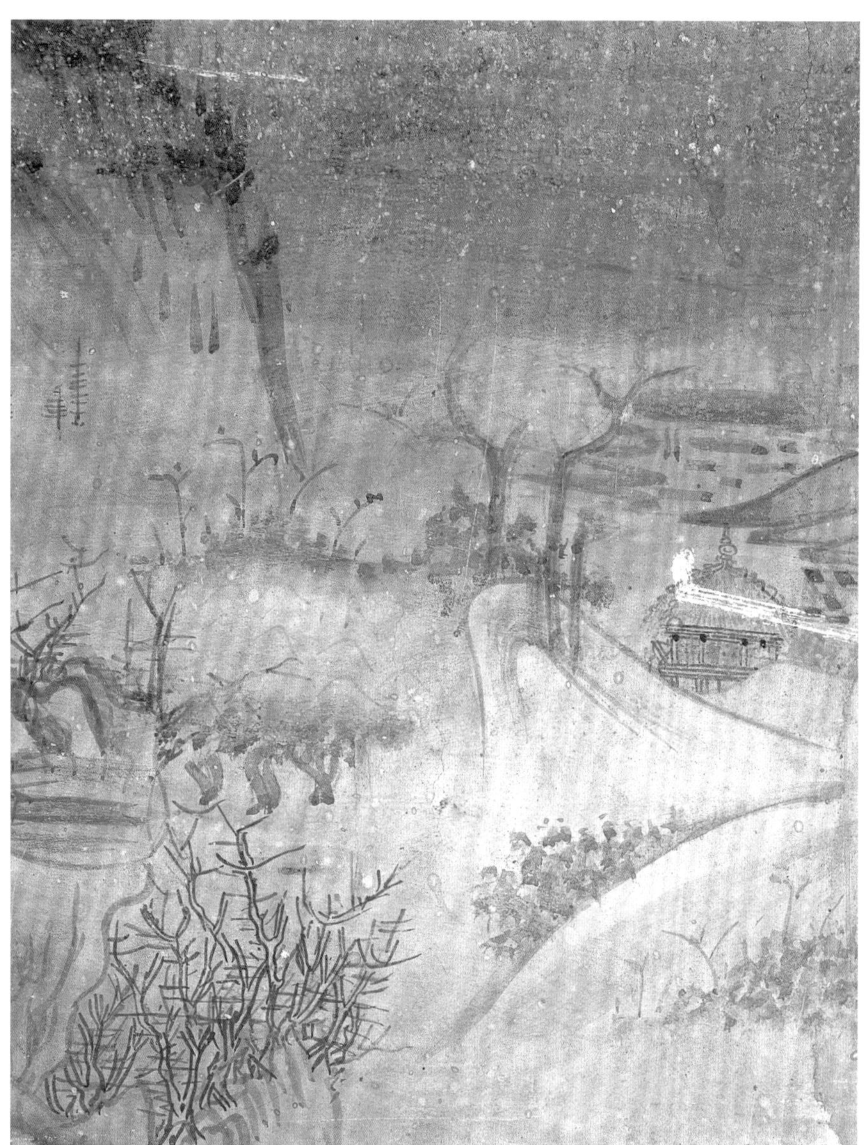

204 樹叢

在普賢變的遠景中，岩石上的兩株枯樹像鹿角一樣長在聳立的山崖上，左側樹叢的水墨暈染使畫面具有雲環霧繞的特徵。

西夏至元 榆3 西壁北側

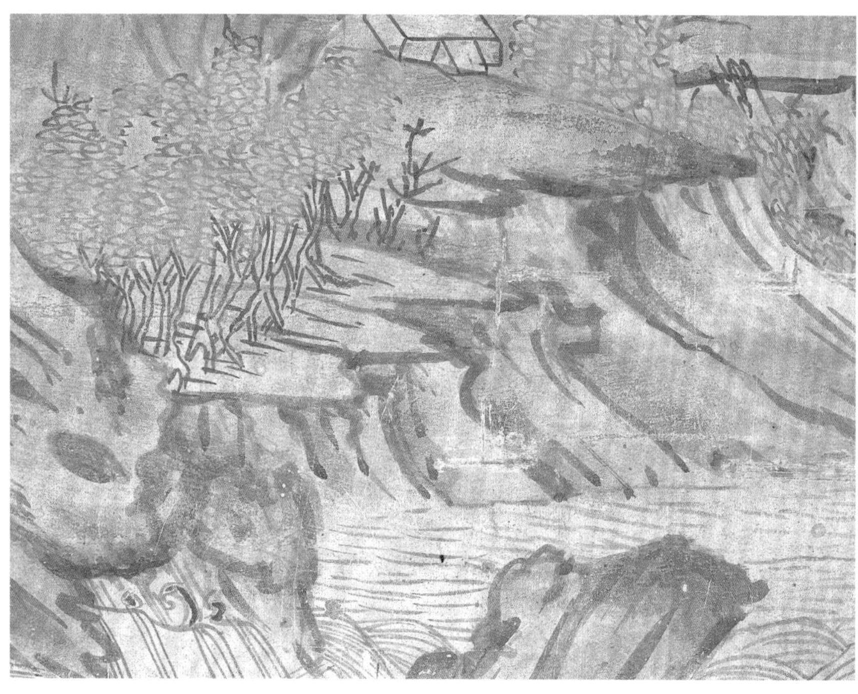

205 坡岸樹叢

岸邊的台地上長着叢林。皴法和暈染結合，表現出遠近的關係。

西夏至元 榆3 西壁北側

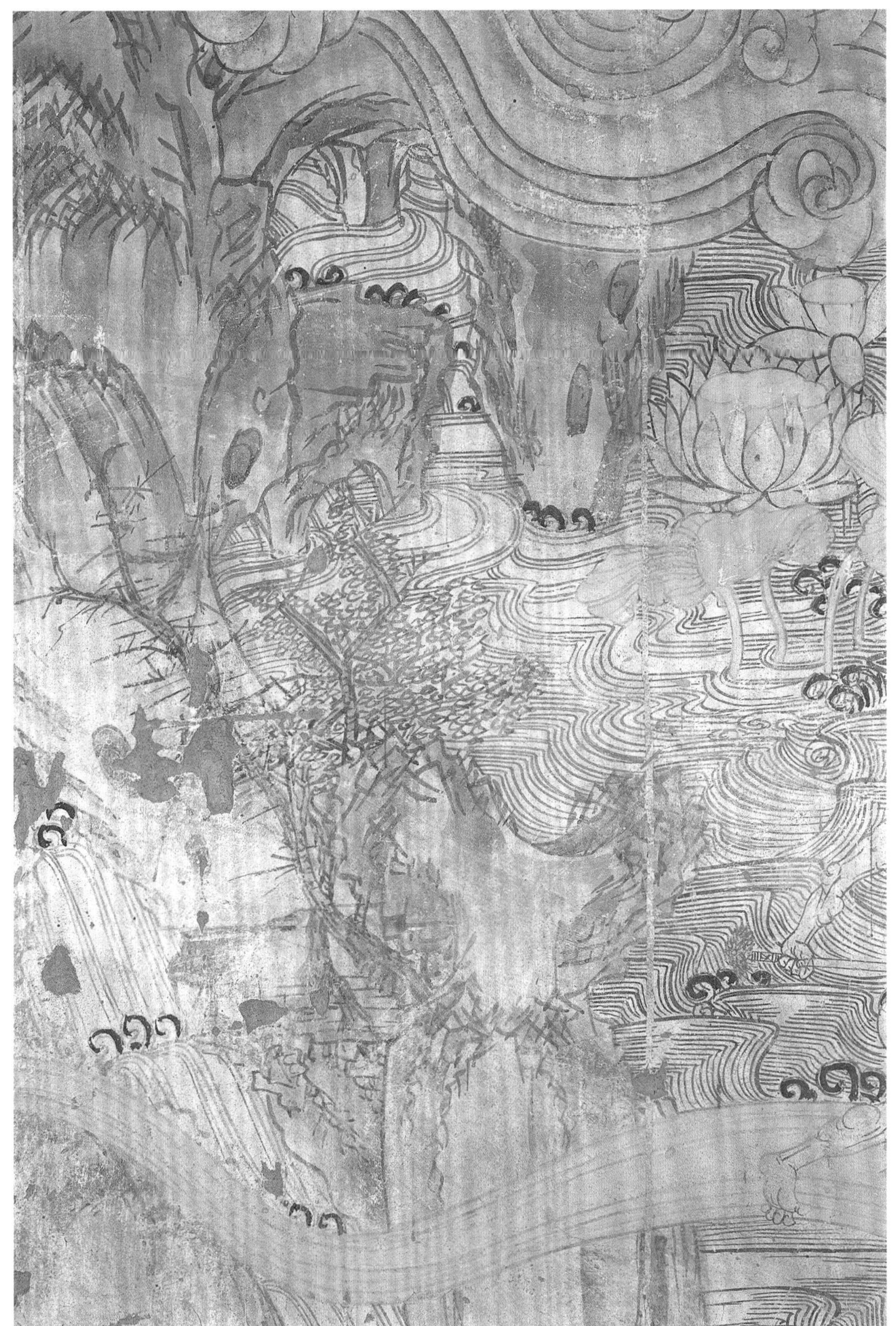

206 山石、雜樹、跌水

岸邊的岩石在水的沖刷之下形成孔洞，岩石上長着雜樹，水的波紋細密，微微泛起浪花，一股激流從岩石間跌宕流下。

西夏 榆3 西壁北側

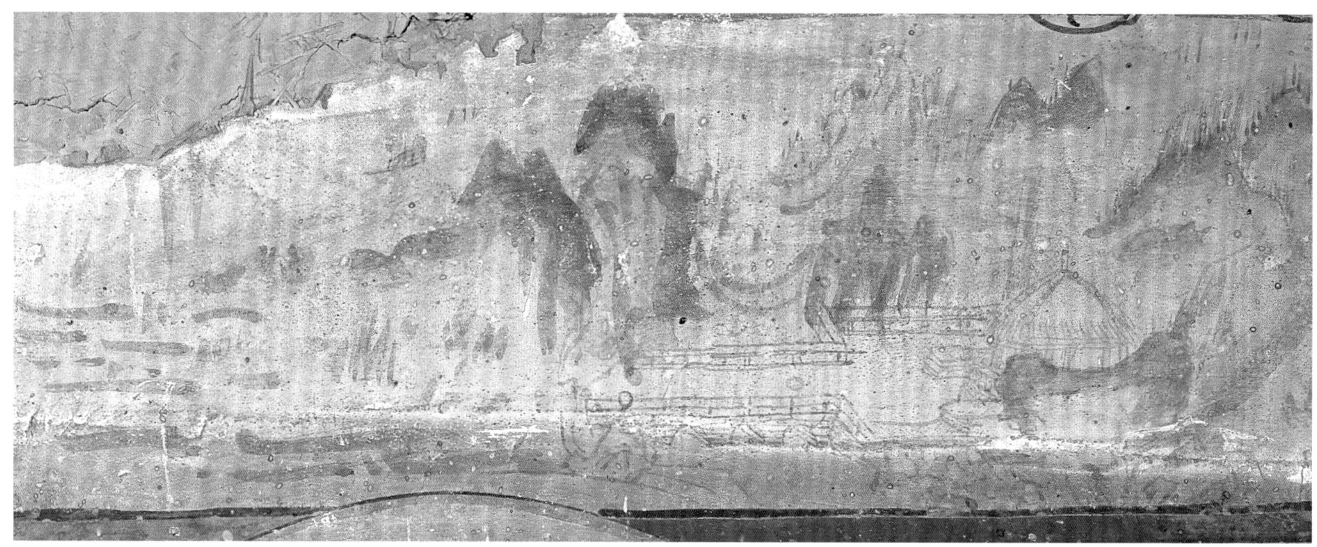

207 水墨山水小品

這是畫在洞窟門上的一幅獨立的山水小品。山峯以水墨畫出，略加勾勒，山下石橋和草亭。

西夏至元 榆3 西壁北側

208 山間寺廟

山谷間的樹木，顧盼有姿，筆法活躍，從山峯到天空，色彩華麗，變化豐富。

元 榆4 西壁北側

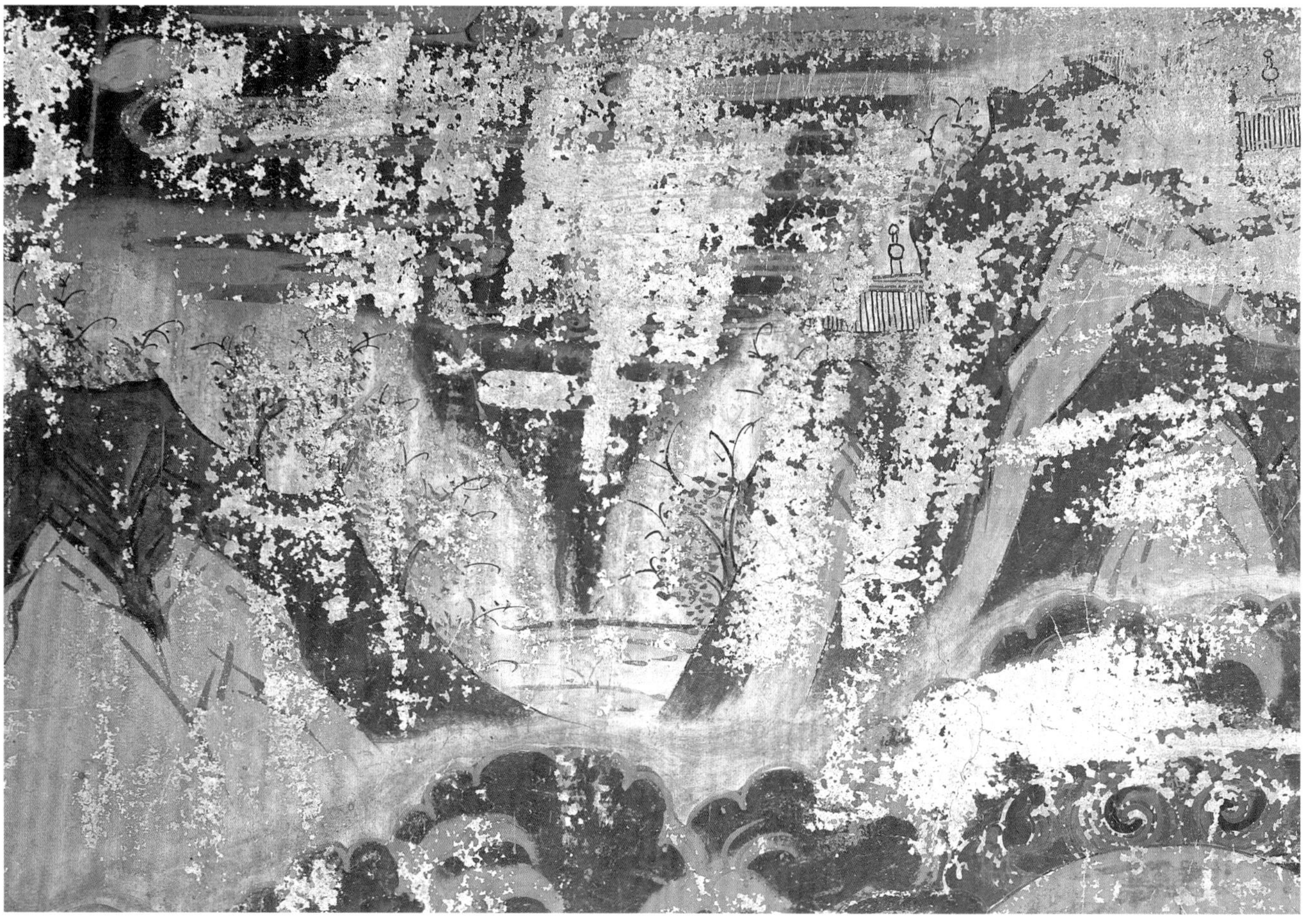

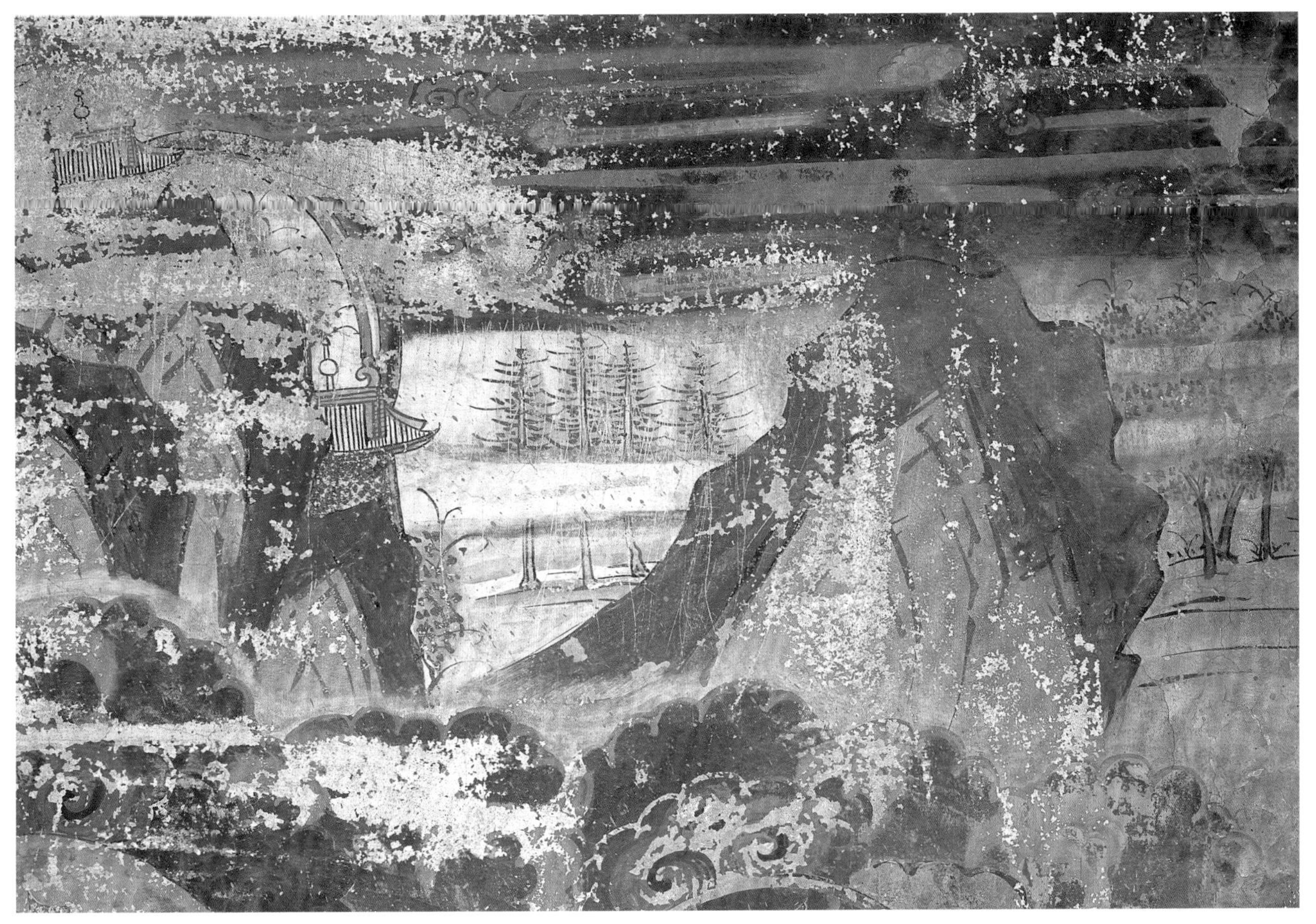

209 **寒山煙樹**

普賢變中的背景山水。山峯畫得具體而寫實，以青綠重色渲染，後面的樹林上畫出一道白色的雲氣，體現出迷朦的意境。

元　榆4　西壁南側

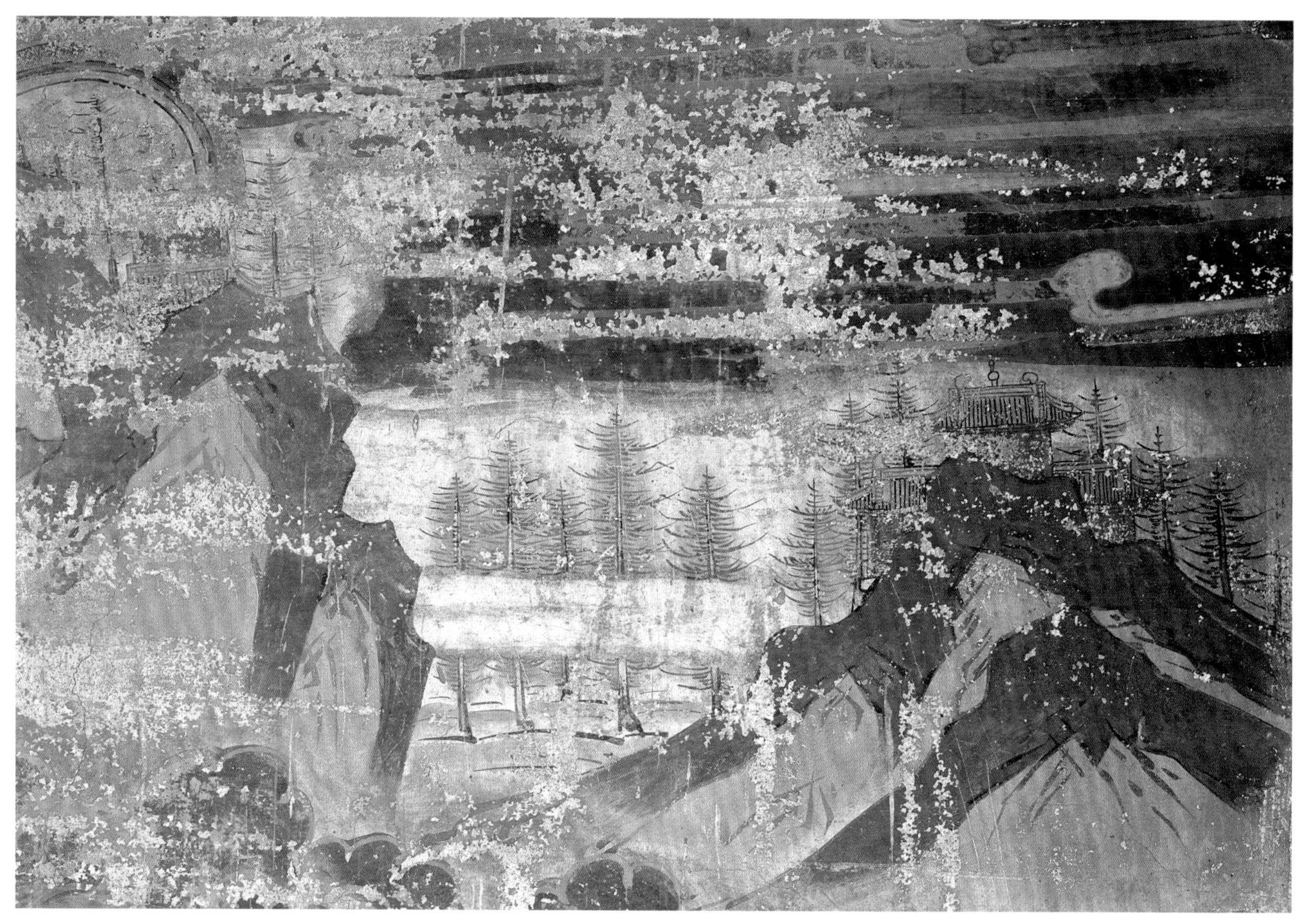

210 **寒山煙樹**

山巒的顏色以石青石綠為主，富有裝飾性，山谷間畫出樹林，並用雲氣表現出空間感。

元 榆4 西壁北側

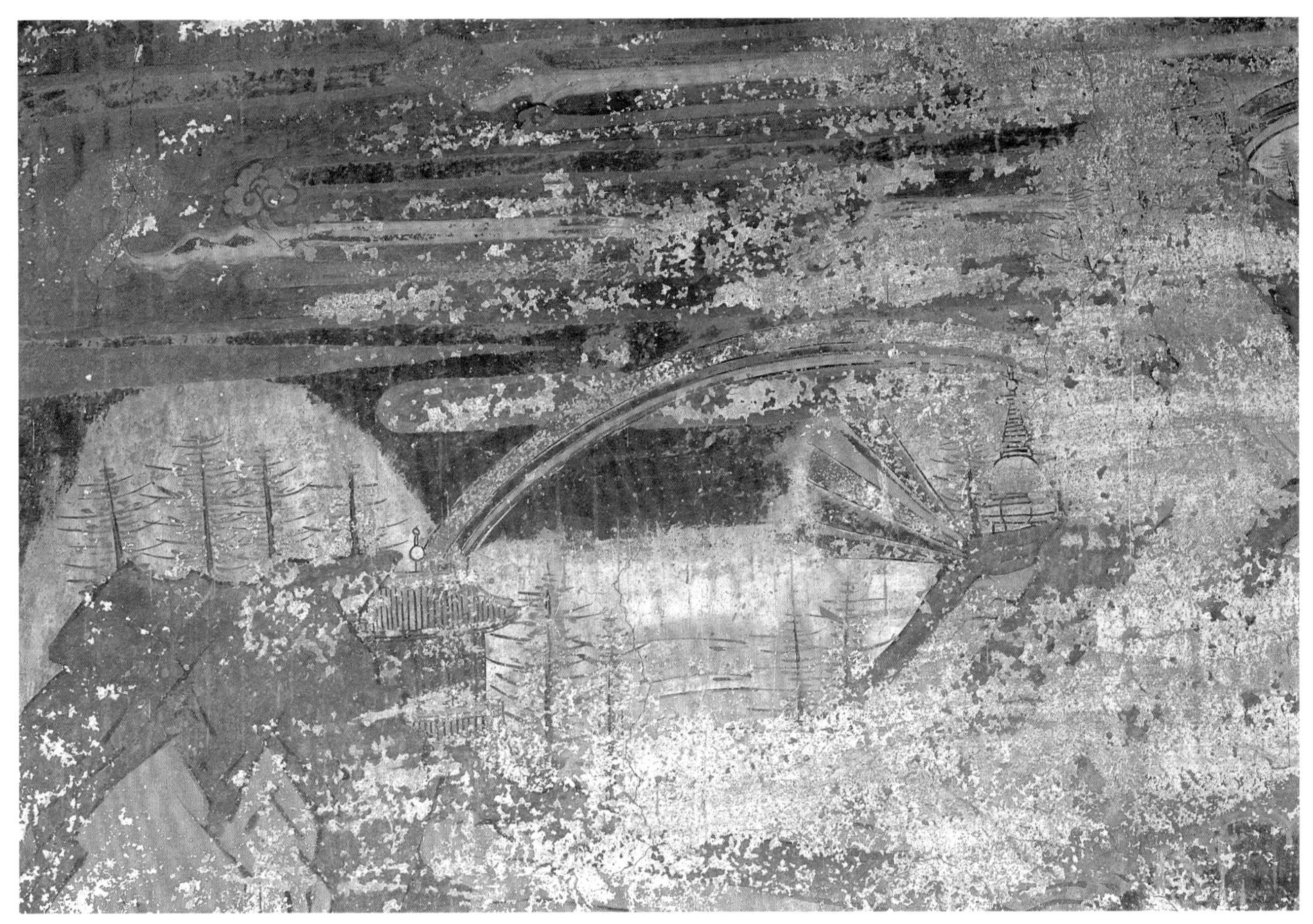

211 山林彩虹

山間林壑優美，寺廟與寶塔山之間有彩虹相連。天空畫出層次豐富的美麗的彩雲，雲頭為如意形，帶有圖案特點。

元 榆4 西壁南側

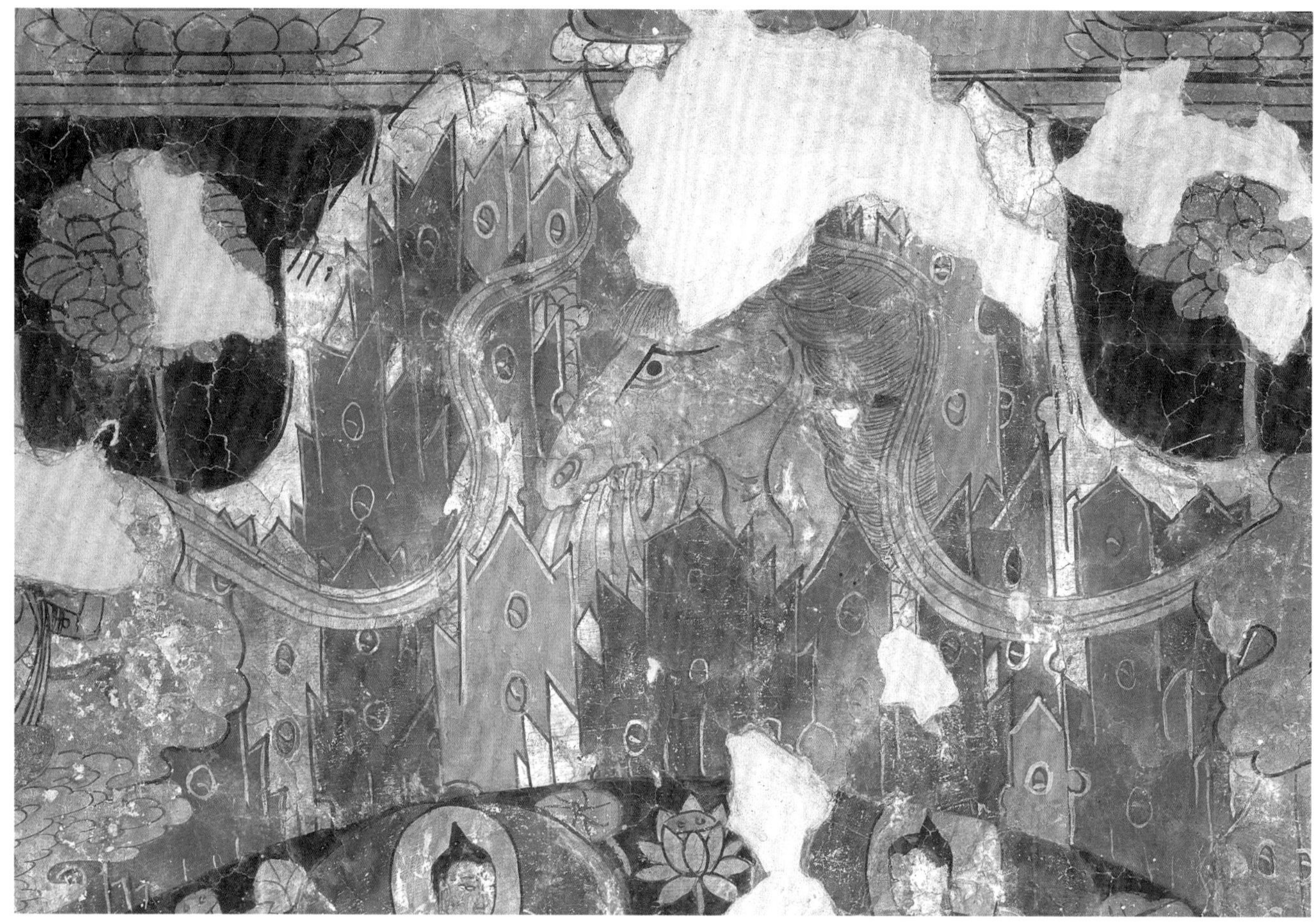

212 **曼荼羅中的山水**

具有藏密風格的山水，以幾何圖形畫出岩石，用圓圈表示紋理，岩石中畫有馬頭吐水，山峯後的雲霞也富有裝飾性。

元 榆4 西壁北側

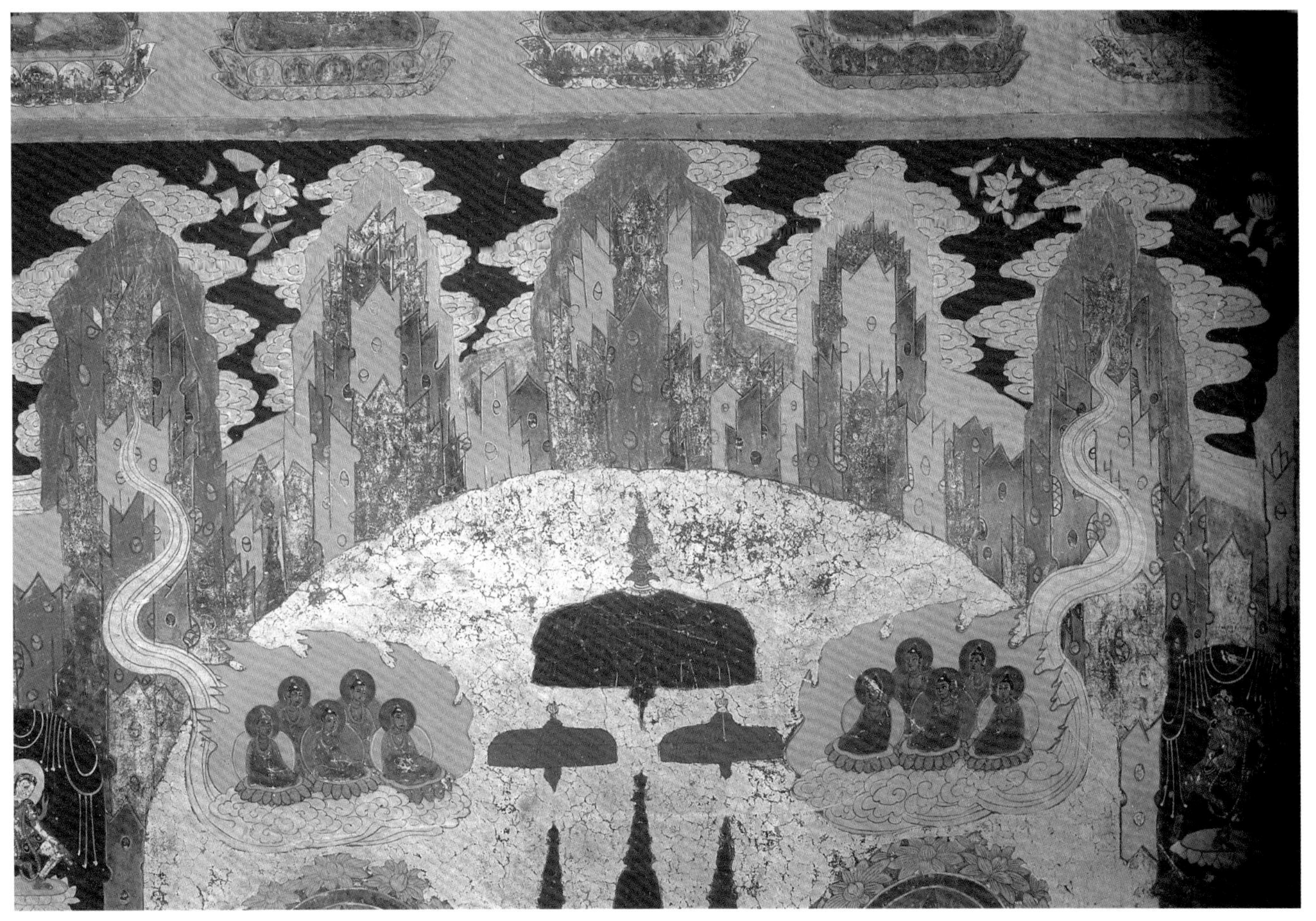

213 **曼荼羅中的山水**

畫在藏密風格的曼荼羅里的山水，山石、樹木、雲霞都以圖案的形式畫出，這大約是傳自西藏的畫法，這樣的山巒圖案除了在西藏古格王國遺址的壁畫中有發現外，在漢族地區的壁畫中還沒有出現過。

元 榆4 西壁北側

附錄

與敦煌壁畫相關的山水畫作編年簡表

歷史時代	起止年代	與敦煌壁畫相關的山水畫
東晉	4世紀	酒泉丁家閘墓壁畫山水
東晉	公元363年前後	顧愷之畫《洛神賦圖》，有摹本傳世。
北魏	公元525年	洛陽孝子棺線刻畫（美國納爾遜博物館藏）
西魏	公元538～539年	敦煌莫高窟第285窟壁畫山水
隋	公元581～600年	展子虔畫《遊春圖》，有摹本傳世。（北京故宮博物院藏）
隋	公元581～618年	敦煌莫高窟第420窟壁畫山水
唐	公元704年前後	吳道子畫蜀道山水。新疆阿斯塔那墓壁畫山水
唐	公元705年	陝西乾縣懿德太子墓壁畫山水
唐	公元706年	陝西乾縣章懷太子墓壁畫山水
唐	公元706年前後	敦煌莫高窟第217窟壁畫山水
唐	公元710年	陝西乾縣節愍太子墓壁畫山水
唐	公元713年	李思訓為左羽林將軍，創青綠山水。
唐	公元742～756年	吳道子、李昭道於京師大同殿畫蜀道山水壁畫。
唐	公元776年	敦煌莫高窟第148窟壁畫山水
唐	公元783年	張璪於長安畫山水屏風。
唐	8世紀中	陝西富平縣唐墓屏風畫山水 新疆吐魯番阿斯塔那墓六曲屏風畫《樹下老人圖》 日本醍醐寺藏《繪因果經》山水 日本奈良正倉院藏屏風畫《樹下美人圖》、琵琶捍拔畫山水等。
唐	公元867年	敦煌莫高窟第85窟壁畫山水
唐	公元884～907年間	荊浩畫《匡廬圖》。（台北故宮博物院藏）
遼	公元940～968年	遼寧法庫葉茂台遼墓出土山水畫軸
五代	公元947～951年	敦煌莫高窟第61窟壁畫《五台山圖》
宋	公元1023年前後	范寬畫《溪山行旅圖》、《臨流獨從圖》等。（台北故宮博物院藏）
宋	公元1072年	郭熙畫《早春圖》、《關山春雪圖》等。（台北故宮博物院藏）
宋	公元1078年	郭熙畫《窠石平遠圖》等。（北京故宮博物院藏）
遼	公元1080年	吉林哲里木盟1號遼墓壁畫山水
宋	公元1100年	趙令穰畫《湖莊清夏圖》。（美國波士頓美術館藏）
南宋	公元1130年 公元1134年	米友仁畫《雲山圖卷》。（美國克里福蘭美術館藏） 米友仁畫《遠岫晴雲圖》。（日本大阪市立美術館藏） 米友仁畫《瀟湘奇觀圖卷》。（北京故宮博物院藏）
金	公元1158年	山西繁峙岩山寺壁畫山水
南宋	公元1170年	舒城李氏畫《瀟湘臥遊圖卷》。（日本東京國立博物館藏）
西夏	公元1184年	甘州畫師高崇德在榆林窟繪製"秘密堂"。
西夏	公元1193年	敦煌榆林窟第29窟壁畫山水
南宋	公元1194～1224年間	馬遠、夏圭、李嵩等並為畫院待詔。
南宋	公元1228年	武元直畫《赤壁圖卷》。
元	公元1365年	山西大同馮道真墓壁畫山水
元（或西夏）		敦煌榆林窟第3窟壁畫水墨山水

圖版索引

插圖索引

敦煌石窟分佈圖

本全集所用洞窟簡稱：莫即莫高窟，榆即榆林窟，東即東千佛洞，西即西千佛洞，五即五個廟石窟。

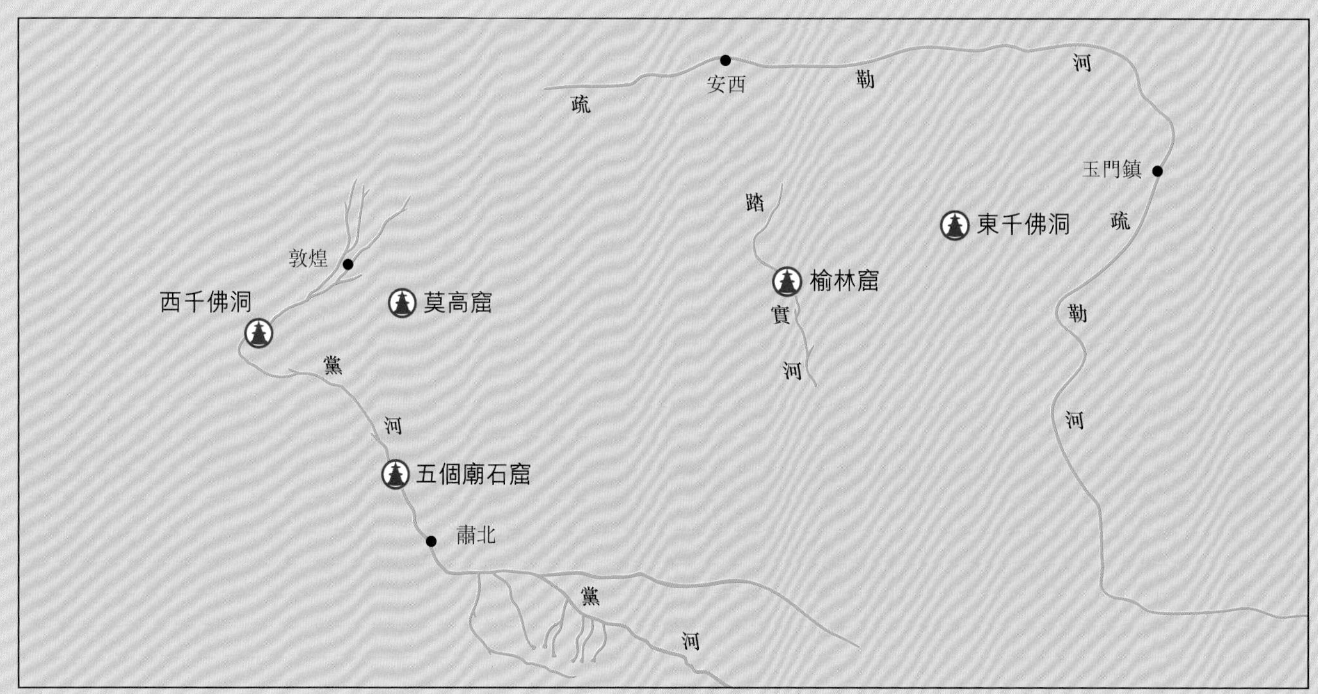

敦煌歷史年表

歷史時代	起止年代	統治王朝及年代	行政建置	備　注
漢	公元前 111　公元 219	西漢 公元前 111 ～公元 8 新 公元 9 ～ 23 東漢 公元 23 ～ 219	敦煌郡敦煌縣 敦德郡敦德亭 敦煌郡	公元前 111 年敦煌始設郡 公元 23 年隗囂反新莽；公元 25 年竇融據河西復敦煌郡名
三國	公元 220 ～ 265	曹魏 公元 220 ～ 265	敦煌郡	
西晉	公元 266 ～ 316	西晉 公元 266 ～ 316	敦煌郡	
十六國	公元 317 ～ 439	前涼 公元 317 ～ 376 前秦 公元 376 ～ 385 後涼 公元 386 ～ 400 西涼 公元 400 ～ 421 北涼 公元 421 ～ 439	沙州、敦煌郡 敦煌郡 敦煌郡 敦煌郡 敦煌郡	公元 336 年始置沙州； 公元 366 年敦煌莫高窟始建窟 公元 400 至 405 年為西涼國都
北朝	公元 439 ～ 581	北魏 公元 439 ～ 535 西魏 公元 535 ～ 557 北周 公元 557 ～ 581	沙州、敦煌鎮、義州、瓜州 瓜州 沙州鳴沙縣	公元 444 年置鎮，公元 516 年罷，為義州；公元 524 年復瓜州 公元 563 年改鳴沙縣，至北周末
隋	公元 581 ～ 618	隋 公元 581 ～ 618	瓜州敦煌郡	
唐	公元 619 ～ 781	唐 公元 619 ～ 781	沙州、敦煌郡	公元 622 年設西沙州，公元 633 年改沙州；公元 740 年改郡，公元 758 年復為沙洲
吐蕃	公元 781 ～ 848	吐蕃 公元 781 ～ 848	沙州敦煌縣	
張氏歸義軍	公元 848 ～ 910	唐 公元 848 ～ 907	沙州敦煌縣	公元 907 年唐亡後，張氏歸義軍仍奉唐正朔
西漢金山國	公元 910 ～ 914		國都	
曹氏歸義軍	公元 914 ～ 1036	後梁 公元 914 ～ 923 後唐 公元 923 ～ 936 後晉 公元 936 ～ 946 後漢 公元 947 ～ 950 後周 公元 951 ～ 960 宋 公元 960 ～ 1036	沙州敦煌縣 沙州敦煌縣 沙州敦煌縣 沙州敦煌縣 沙州敦煌縣 沙州敦煌縣	
西夏	公元 1036 ～ 1227	西夏 公元 1036 ～ 1227 蒙古 公元 1227 ～ 1271	沙州 沙州路	
蒙元	公元 1227 ～ 1402	元 公元 1271 ～ 1368 北元 公元 1368 ～ 1402	沙州路 沙州路	
明	公元 1402 ～ 1644	明 公元 1404 ～ 1524	沙州衛、罕東街	公元 1516 年吐魯番佔；公元 1524 年關閉嘉峪關後，敦煌凋零
清	公元 1644 ～ 1911	清 公元 1715 ～ 1911	敦煌縣	公元 1715 年清兵出嘉峪關收復敦煌一帶，公元 1724 年築城置縣

資料來源：史葦湘《敦煌歷史大事年表》等；製表：《敦煌石窟全集》編輯委員會（馬德執筆）